박병엽
증언록 2

전 노동당 고위간부가 본 비밀회동

김일성과 박헌영
그리고 여운형

구술 박병엽   **엮음** 유영구·정창현

박병엽 증언록2

전 노동당 고위간부가 본 비밀회동
김일성과 박헌영, 그리고 여운형

2010년 11월 10일 초판 1쇄 발행
2018년 5월 30일 초판 3쇄 발행
2020년 12월 10일 초판 4쇄 발행

엮은이 ㅣ 유영구 · 정창현
펴낸이 ㅣ 윤관백
만든곳 ㅣ 선인출판사

디자인 ㅣ 디자인하나

주 소 ㅣ 서울시 마포구 마포동 곳마루 B/D 1F
등 록 ㅣ 제18-1호
전 화 ㅣ 02) 718-6252, 6257
팩 스 ㅣ 02) 718-6253
E-mail sunin72@chol.com
홈페이지 www.suninbook.com

ⓒ 선인출판사, 2010

정가 20,000원

ISBN 978-89-5933-394-3 93300

＊잘못된 책은 바꿔 드립니다.
＊저자와의 협의하에 인지는 생략합니다.
＊사진의 무단 복제를 금지합니다.

박병엽 증언록2

전 노동당 고위간부가 본 비밀회동

김일성과 박헌영, 그리고 여운형

구술 박병엽 **엮음** 유영구 · 정창현

차례

"때로는 증언이 기록의 한계를 넘는다."

1998년 9월 7일 오후였다. 오랜만에 전화를 드렸더니 서울대학병원이라고 했다. 산책을 나갔다가 갑작스럽게 심근경색으로 쓰려져 병원에 실려왔다는 것이다. 경과가 좋아 다음날쯤 퇴원을 할 수 있다고 했다. 그런데 이틀 후 뜻밖에도 돌아가셨다는 소식이 들려왔다. 마지막 전화 통화 후 몸 상태가 급격히 나빠졌다고 한다. 아마도 과도한 스트레스 때문이었을 것이다. 분당의 아파트로 이사한 후 IMF가 터지면서 눈덩이처럼 불어나는 대출이자가 그를 괴롭혔다.

분당의 아파트에는 아무도 출입할 수 없는 그만의 방이 있었다. 돌아가셨을 때 그의 방 한편에는 자신이 서울에 올 때 입고 있었던 두꺼운 내복 한 벌과 혹시나 하는 생각에 북에 계신 어머님께 드리려고 준비해 놓은 옷 한 벌이 가지런히 정리돼 있었다고 한다.

독특한 경력의 소유자

박병엽(1922~1998), 그는 남북관계사에서 참 독특한 경력의 소유자였다. 아직도 공개할 수 없는 영역이 존재할 정도로 말이다.

그는 필자에게 지난 북한 현대사와 남북관계사 속에서 발생한 사건, 그 사건에 관계된 인물들에 대해 많은 증언을 남겼다. 그의 기억력은 상상을 초월할 정도였다. 웬만한 조선로동당 문헌은 줄줄이 외고 있었다. 그 많은 당대회, 당 전원회의, 당 정치위원회 회의 등에서 이뤄진 보고와 토론내용을 빠짐없이 기억했다. 곡절 많았던 북한의 정치사 속에서 계속된 사상투쟁과 검열과정을 견뎌낸 결과라고 생각된다.

1990년대 초 그의 증언이 『중앙일보』를 통해 공개됐을 때 한 현대사연구자는 그가 '가공의 인물'이 아니냐는 반응을 보였다. 그의 증언이 문헌에도 나오지 않는 새로운 사실과 상세함을 담고 있었기 때문이었다.

혹자는 그의 경력과 증언이 과장됐다는 평가를 내리기도 했다. 일부 그런 부분이 없는 것은 아니다. 실제로 그의 증언에는 그가 직접 체험한 내용과 문헌을 읽어 알게 된 부분이 간혹 혼재되어 있다. 그러나 필자는 그가 1980년대 초반 서울에 왔을 때 그를 직접 만나 대화를 나눴던 통일부 전직 고위간부로부터 '그의 존재'를 확인할 수 있었다. 통일부에서 나온 『북한 인명록』에도 그가 1960년대에 재북평화통일촉진협의회 부장을 지냈다는 기록이 나온다. 물론 가명이다.

그가 1960년대에 어느 정도의 위치에 있었는지를 확인해주는 증언이 하나 있다. 1970년에 남파됐다가 체포된 후 1988년에 석방된 김진계(1918~1991) 씨의 증언이다. 그가 구술해 출간된 『조국 : 어느 '북조선 인민'의 수기』에는 그를 소환하고 교육시킨 조선로동당 중앙당 지도원(후에 책임지도원으로 승진)의 이야기가 비교적 상세히 나와 있다. 필자는 1990년 말 고향인 강원도 명주군 사천면의 바닷가에서 '남쪽의 아내'와 노후를 보내고 있는 그를 만난 적이 있다.

이 보다 앞서 그는 자신을 찾아온 한 인물을 만났다. "아니 지도원동지가 어떻게 이곳에…." 한 동안 그는 말을 잇지 못했다고 한다. 20년 전 남파될 때 평양에서 마지막 인사를 하고 헤어진 '책임지도원'을 남쪽에서 다시 만났으니 그 놀라움이야 미루어 짐작할 수 있다. 그 '책임지도원'이 바로 박병엽 선생이다.

1946년부터 중앙당에서 활동

그는 필자에게 자신이 살아온 인생역정에 대해 구체적으로 털어놓은 적이 없다. 다만 그가 증언하는 과정에서 언뜻 언뜻 비친 내용을 통해 추정할 뿐이다. 딱 한 번 그는 어린 시절에 대해 털어놓은 적이 있다. 1994년 관악산 등반을 마치고 저녁식사를 하는 자리였다.

그는 전라남도 강진에서 태어났다. 10살이 채 되지 않아 돈을 벌기 위해 함경남도 공장지대로 가는 부친을 따라 낯설은 흥남, 원산 등지를 떠돌아야 했다.

"흥남인가? 처음으로 아버지와 함께 공중목욕탕에 갔던 것이 아직도 기억에 생생하다. 아버님은 비료공장 등에서 노동자로 일하셨다. 1929년 원산 총파업 이야기, 당시 함남지역에서 활동하던 몇몇 사회주의자들의 이름 등을 1930년대에 들었던 기억이 난다."

그가 언제, 왜 평양에 왔는지는 들은 기억이 없다. 굳이 이야기하지 않는 것은 묻지 않았다.

"1945년 8월 해방이 됐을 때 평양에 있었다. 자위대에 들어가 활동하다 항일빨치산 출신인 김익현을 만났다. 그의 추천으로 공산청년동맹에 가입했다."

그는 해방 후 입국한 김일성을 1945년 10월 10일에 열린 '북부5도당 책임자 및 열성자회의'에서 처음 봤다고 한다.

"'북부5도당 책임자 및 열성자회의'가 열렸을 때 다른 청년 자위대원들과 함께 행사장 경비를 섰다. 그때 김일성, 안길 등을 비롯해 남쪽에서 온 권오직 등을 멀리서 봤다. 그때야 누가 누군지 모를 때였지. 옆에서 누구라고 얘기해주니까 알았지. 가끔씩 행사장에 들어가 봤는데 굉장히 열띤 분위기였던 것으로 기억된다."

그는 1946년 8월 북조선로동당이 결성되자 중앙당의 대남부분의 연락원으로 배치된다. 이 책에 등장하는 한은필, 최광호 등이 그의 직속 상관이었다. 서울에도 몇 차례 내려왔다.

"1980년대 후반에 수술을 받으러 서울대종합병원에 입원한 적이 있는데, 1946년의 흔적을 찾기는 쉽지 않더군. 그때 병원에 입원한 여운형 선생을 문병하기 위해 북쪽대표단과 함께 갔던 적이 있었지."

1949년 북로당과 남로당이 합당해 조선로동당이 결성되자 그는 중앙당 사회부 지도원으로 활동했고, 1953년 '박헌영 · 이승엽사건'이 터지면서 대남연락부가 재편될 때 대남연락부로 자리를 옮겼다. 이후 책임지도원, 과장으로 승진했다. 한때 '남조선문제연구소'(현재 조국통일연구원)에서 일하기도 했고, 1970년대 중반이후에는 주로 대외정보조사부에서 활동했다. '남조선문제연구소'에 있을 때 그는 로동당 고문헌실에 있는 당 문헌과 남북관계 비밀문헌, 남쪽 출신 '월북자'들의 경력파일 등을 집중적으로 검토할 기회가 있었다고 한다. 1970년대에는 '업무상 과오'로 평안북도 정주에 있는 한 공장의 지배인으로 내려갔다 올라온 경험도 있다.

첫 만남

필자가 박병엽 선생을 처음 만난 것은 1993년 5월 사당동에 있는 한 레스토랑에서였다. 1992년 12월 그의 목소리를 처음 들은 지 6개월 만이었다. 필자는『월간중앙』측의 의뢰로 그의 육성이 담긴 8시간 분량의 녹음테이프를 녹취해 정리하는 일을 한 적이 있었다. 첫 인상은 그야말로 깐깐하고 꼬장꼬장한 영감님이었다. 그는 외부인사 만나기를 극도로 경계했다. 익숙한 관계가 되기 전까지 정면으로 앉기조차 꺼려했다. 물론 사진 촬영은 '절대 불가'였다.

그해 5월 두 차례의 만남을 통해 '박헌영·이승엽사건'의 전모에 대해 집중적으로 증언을 들었다. 그후 1993년 12월부터 1994년 6월까지 이 사건에 대해 미진한 부분을 보충하면서 북한현대사 전반에 대해 증언을 듣는 기회를 가졌다. 이 책 후반부에 실린 '박헌영·이승엽사건' 이야기는 주로 이때 들은 증언의 일부분이다.

1994년 7월 김일성 주석이 사망하고 김정일 국방위원장이 조선로동당 총비서에 취임하면서부터는 주로 김정일 위원장에 대한 증언을 상세히 들었다. 그 증언들의 상당부분이 1999년에 초판이 나온 『곁에서 본 김정일』에 실렸다.

그가 분당으로 이사한 후에는 격주로 토요일마다 분당에 내려가는 일이 일상이 돼 버렸다. 그와의 만남은 단순히 북한의 과거와 현재에 대해 사실을 알아 가는 과정으로 끝나지 않았고, 북한을 움직이는 사람들과 그들의 사고방식을 이해하는 소중한 경험이 되었다. 그는 평소 국내외 북한전문가들이 분석한 북한과 자신이 체험한 북한의 괴리를 기회 있을 때마다 지적했다. 필자도 그 범주에서 자유로울 수 없었고, 그는 필자의 관념적이고 주관적인 '북한역사상(北韓歷史像)'을 깨고 객관적이고 내재적인 북한 이해를 가능하도록 이끌어줬다. 그런 점에서 5년간 그는 북한현대사 연구를 지도해 준 '실질적인 스승'이었다.

활용과 검증은 연구자의 몫

이 책에 수록된 증언내용은 대체로 1990년부터 1993년까지 박병엽 선생과 나눈 이야기들이다. 그에게는 이때가 한국 사회에 나온 후 가장 정확하게, 활발히 증언을 하던 시기다. 그후 북한현대사 연구는 괄목할 만한 성과를 냈다. 연구자가 접근하기 어려웠던 북한 내부 자료나 소련·중국 등 해외자료도 많이 공개됐다.

그러나 20년 가까이 흐른 지금 다시 읽어봐도 당시 상황에 대한 그의 증언이 가진 정확성과 가치는 전혀 빛이 바래지 않았다. 물론 세세한 날자나 일부 사실의 오류는 있다. 중요한 것은 전반적인 사건의 흐름이다. 특히 최근에 공개된 국내외 자료들은 그의 증언의 신뢰도를 더욱 높여 줬다고 본다. 이제 그의 증언의 활용과 검증은 온전히 북한연구자들의 몫이다.

『박병엽증언록』제1권이 주로 해방 후부터 1948년 북 정권수립 때까지의 이야기를 담았다면, 제2권은 해방정국에서 이뤄진 김일성·박헌영·여운형·백남운·홍명희 등 주요 정치지도자들의 비밀회동에 대한 숨겨진 이야기를 담고 있다. 1권이 3년간 역사의 흐름을 보여준다면, 2권은 그 흐름을 주도해 나간 인물들에 초점이 맞춰져 있는 셈이다.

증언록을 정리하면서 못내 아쉬운 점도 있다. 1945년부터 1948년까지 해방정국과 관련된 그의 모든 증언내용을 싣지 못한 점이다. 지금으로선 세월이 조금 더 흐른 후 후속작업을 통해 보충할 수밖에 없을 것 같다. 이 점 독자 여러분의 양해를 구하는 바이다.

2주 후면 박병엽 선생의 12주기다. 자주 찾지 못하는 송구한 마음을 이 증언록으로 조금이나마 대신하고자 한다.

2010년 8월 25일 서교동 현대사연구소에서
정 창 현

1

김일성과 박헌영의 비밀회동

제1차 회동 (1945년 10월 8~9일)
제2차 회동 (1945년 12월 29일~1946년 1월 1일)
제3차 회동 (1946년 4월 3일~6일)
제4차 회동 (1946년 6월 27일경~7월 12일경)
제5차 회동 (1946년 7월 16일경~22일경)
제6차 회동 (1946년 10월 11일과 그 이후)

1946년 4월 조선공산당 책임비서 시절 박헌영의 모습. 1946년 북조선임시인민위원장 시절 선전용으로 배포된 김일성 위원장의 모습.

박헌영(1900~1956)은 일제시기부터 해방직후 시기에 사회주의운동을 대표하는 인물 중의 한 명이다. 그는 충청남도 예산에서 태어나 1919년 경성고보(현 경기고등학교)를 졸업했다. 그후 중국 상해로 건너가 1921년 이르쿠츠크파 고려공산당 상하이 지부에 입당해 그해 고려공산청년동맹 책임비서가 됐다.

1922년 1월 김단야·임원근과 함께 모스크바에서 개최된 코민테른의 극동인민대표대회에 참가했고, 4월 국내공산당 조직을 위하여 귀국하다가 일본경찰에 체포되어 징역 1년 6개월을 선고받고 복역했다. 1924년 출옥 후『동아일보』와『조선일보』에서 기자로 활동했다. 그후 1925년 4월 18일 서울에서 조직된 조선공산당 창립에 참가했고, 이때 고려공산청년회 책임비서가 됐다. 그러나 그해 조선공산당사건으로 체포됐다 1927년 병보석으로 석방됐고, 다음해 소련으로 망명했다. 1929년 소련공산당에 입당했고, 1933년 조선공산당 재건을 위해 다시 국내로 침투했다 체포됐다.

6년을 복역한 그는 1939년 이관술과 김삼룡이 주도한 경성콤그룹에 가입해 책임자로 선출되었으나 1941년 경성콤그룹사건이 터지자 광주 인근에 은신해 있다 해방을 맞이했다.

해방 후 조선공산당 재건을 주도해 당수에 취임했고, 1946년 조선공산당·남조선신민당·조선인민당이 삼당합당을 통해 남로당이 결성되자 부위원장에 취임했다. 그러나 1946년 9월부터 미군정의 지명수배를 받자, 이북으로 도피했다. 1948년 9월 북 정권이 수립되자 초대 내각의 부수상 겸 외무상이 됐다.

박병엽은 그가 1946년 월북하기 전 5차례 김일성 북조선임시인민위원장과 비밀회동한 사실을 처음으로 공개했다.

> > >

제1차 회동
: 1945년 10월 8~9일

해방과 함께 38선이 그어지고 이남에 미군이, 이북에 소련군이 들어오면서 남북은 서로 판이한 정세 아래 놓이게 된다. 당시의 정세를 어떻게 이해할 것인가의 측면에서 김일성과 박헌영은 서로 달랐다. 서울의 조선공산당 중앙위원회에서 8월 25일경 통과되어 당 정치노선으로 결정된 박헌영의 「8월테제」에는 38선이라는 특수정세문제에 대한 언급이 없었다. 당연히 남북의 공산주의자들이 정세에 대한 인식을 같이하고 정치노선과 조직노선을 일치시켜 조직적 행동통일을 꾀하는 것이 주요 과제로 등장하지 않을 수 없었다. 김일성과 박헌영의 비밀회동은 남북의 공산당이 연계되어야 하는 상황의 산물이었다.

노선 차이로 비밀회동 필요성 대두

김일성과 박헌영의 첫 만남에서 제기된 과제로는 북조선분국 창설문제도 있었지만 더 중요한 것은 혁명의 참모부인 조선공산당 중앙의 위치를 어디에 두느냐 하는 것이었다. 이것은 김일성의 생각이자 소련군정의 생각이기도 했다. 박헌영은 이 문제를 심각하게 생각하지 않았다.

김일성과 소련 측은 일본이 공산당을 탄압했는데 같은 자본주의국가인 미국이라 해서 큰 차이가 날 리 없다, 이남에서 공산당에게 정세의 주도권을 줄 리가 없다고 생각했다. 이런 생각에서 공산주의운동의 중심인 당 지도부를 어디에 둘 것인가 하는 문제를 제기했던 것이다.

다음 과제는 북조선만의 중앙기구, 즉 특수환경에서 이북만을 지도할 수 있는 북조선 지도기구가 필요하다는 것이었다. 이북의 공산주의자들이 이 지도기구를 독자적으로 만들어 운영하는데 있어서 장애가 있었는데 다름 아니라 서울의 조선공산당 중앙이 이북의 지방당 조직과 연계를 맺고 있었기 때문이다. 북부5도당 책임자 및 열성자회의('서북5도당대회')를 개최하기 위한 예비회의에서 박헌영의 서울중앙을 지지하는 국내파 공산주의자들이 중앙의 승인을 받아야 한다며 반발하고 나섰던 것이 그 구체적인 표현이었다.

결국 김일성은 비밀리에 박헌영과 만나 이 문제를 협의하지 않을 수 없었다. 국내파 공산주의자들이 예비회의에서 김일성 측의 입장에 반대하고 나서는 상황에서 10월 10일부터 열성자회의를 개최하자니 김일성은 박헌영과 사전협의라는 방법을 모색하게 되었던 것이다.

1945년 미군 관계자들이 38도선을 방문해 둘러보고 있다. 당시까지만 해도 38선은 철책선도 없는 상징적인 선이었고, 남북 왕래도 비교적 손쉽게 이루어졌다.

김일성은 예비회의에서 국내파 공산주의자들의 반대에 부딪치자 "당신네들의 의견이 정 그렇다면 박헌영의 허락을 받기 위해 주영하·장순명 동지를 서울에 보내자"고 제의해 10월 6일 저녁에 이들을 서울로 파견하게 된다. 이날 저녁 주영하와 장순명은 소련군 지프를 타고 평양을 출발해 비밀리에 38선을 넘어 7일 아침 서울에 도착했다. 이들의 임무는 박헌영을 평양에 오게 하거나 서울 형편이 곤란할 경우 박이 38선 개성 근방에라도 오도록 하는 것이었다. 이들이 파견될 때 김일성은 "박헌영 동지를 만나 얘기가 잘 안되면 38선 인근에서 나와 만나자는 말을 전하라"고 말함으로써 박헌영과 비밀리에 만나자는 뜻을 밝혔다.

주영하와 장순명은 박헌영을 만난 뒤에 서울의 소련영사관을 통해 평양 소련군사령부에 "박헌영이 김일성을 만나기 전에는 입장을 밝히지 않겠다고 한다"는 전문을 보냈다. 소련군정과 김일성 측은 "개성 북방의 소련군 38경비사령부에서 만나자"는 답신을 보낸다. 이런 우여곡절 끝에 김일성과 박헌영의 첫 번째 비밀회동은 1945년 10월 8일 저녁부터 다음날 새벽까지 대여섯 시간 동안 이뤄졌다.

개성에서 첫 회동

김일성은 8일 오전까지 북부5도당 책임자 및 열성자회의를 위한 예비회의를 끝내고 그날 오후 개성 방면으로 향했다. 이날 저녁에 소련군 38경비사령부의 회의장으로 사용하던 관사(옛 철도관사)에서 박헌영을 만나 밀담에 들어갔다. 김일성과 함께 내려간 사람은 로마넨코 민정사령관과 이주연·박정애 등이었고 박헌영은 권오직·이인동·허성택, 그리고 김일성이 파견한 주영하·장순명을 데리고 비밀회동에 참석하였다.

김일성과 박헌영의 1차 만남은 비밀회동이었던 만큼 그동안 거의 알려져

박헌영을 수행해 비밀회동에 참석했던 허성택 조선공산당 서기국원은 1908년 함경북도 성진에서 태어났고, 1920년 후반부터 성진에서 혁명적 비합법 농민조합인 '적색농민조합운동'을 전개했다. 1933년 소련으로 망명해 동방노력자공산대학을 나왔고, 1935년 귀국해 조선공산당 재건 운동을 했다. 1945년 9월 조선공산당 서기국원이 되었고, 11월 조선노동조합전국평의회 위원장에 선출됐다. 1948년 북한 정부가 수립되자 초대 내각의 노동상에 임명됐고, 1957년 조선직업총동맹 중앙위원을 거쳐 9월에 석탄농업상에 임명됐다 1959년 해임됐다.

있지 않았다. 나도 이 만남에 배석했던 권오직과 주영하의 「자술서」를 읽고서야 이 사실을 알 수 있었다. 권오직과 주영하는 1952년 12월의 당 5차 전원회의 이후 일제시기 이래 자신들의 활동에 관한 상세한 「자술서」를 썼다.

주영하나 권오직은 '박헌영·이승엽사건'에 관련된 인물이었기 때문에 5차 전원회의 문헌토의사업을 할 때 집중적으로 검토를 받았다. 이들은 거의 1년 동안 일제 때 공산주의운동, 해방 후 공산주의운동, 당 생활의 구체적인 행적 등을 빠짐없이 「자술서」에 쓰지 않으면 안 될 형편이었다. 권오직은 「자술서」에서 김일성과 박헌영의 첫 만남과 토론과정에서 공산주의운동의 실질적인 주도권을 김일성에게 넘겨준 셈이라고 쓰고 있다. 박헌영이 이론적으로나 정치적으로나 혹은 현실 파악에서 김일성을 당해내지 못했다는 것이다.

이 내막을 자세히 아는 사람은 이북의 대남사업 간부들 가운데도 몇 명 안될 것이다. 전금진은 이를 알 수 있었겠으나 한시해·안경호 등은 알 수 없

었을 것이다. 이 내막을 알려면 조선로동당 고문서실에 소장되어 있는 옛 문
서, 「자술서」를 봐야 할 터인데 그런 사람은 거의 없는 것으로 안다. 우리야 5
차 전원회의 토론에 참가해 '박헌영 · 이승엽사건' 관련자들의 자술서를 직
접 담당했던 경험이 있어 내막을 알 수밖에 없다.

　당시 '박헌영 · 이승엽사건' 관련자들을 10개월 정도 당 강습소에 넣어두
고 매일 자술서를 쓰게 하였다. 회의에서 담당 부장 · 부부장들이 참석, 지도
하였는데 우리는 부장 · 부부장들의 회의지도 자료를 만드는 과정에서 엄청
난 양의 자술서를 꼼꼼하게 검토하는 일을 맡았다. 당시의 기록이 모두 고문
서실에 들어가 있기 때문에 지금(1991년 시점) 이북의 40~50대 간부들은 김
일성과 박헌영의 비밀회동 자체를 잘 모를 것이다. 나의 기억으로는 박헌영
의 자술서는 수천 페이지에 이르러 책으로 10권 분량은 족히 됐다. '박헌
영 · 이승엽사건'의 재판도 하루이틀하고 만 것이 아니라 열흘 남짓, 보름 남
짓하면서 몇 달을 끌었다.

9월 14일 발표된 조선인민공화국 조각 명단이 실린 『매일신보』 1면 기사. 박헌영과 여운형은 9월 6일 미군 진주를 앞두고 '조선인민공화국' 정부 수립을 선포했다.

비밀회동을 기록한 권오직의 「자술서」

김일성과 박헌영의 첫 만남에서 논의된 문제는 당시의 정세 · 정치노선 · 조직노선 등 세 가지였다. 조직노선과 관련해서는 서울의 장안파 문제도 다뤄졌다. 당시의 정세와 관련해서는 해방에 즈음해 38선이 그어지고 이남에 미국군대가, 이북에 소련군대가 각각 진주한 상황과 조선 해방에서의 연합군의 역할문제가 주로 논의되었다. 주영하 · 권오직의 「자술서」에 따르면 첫 만남에서 김일성과 박헌영 사이에는 정세판단을 놓고 인식차이를 보였다고 한다. 김일성의 주장은 이러하였다.

"소련군대는 사회주의국가의 공산당의 군대인데 비해 미국군대는 자본주의국가의 군대이다. 따라서 미군과 소련군이 제2차 세계대전에서 연합전선을 폈던 연합군이라 하더라도 그 성격은 근본적으로 다르다. 그리고 조선 해방에서의 역할 면에서 보더라도 미군은 소련군과는 달리 총소리 한번 내지 않고 전투 없이 진주했으므로 역할이 다르다."

이에 비해 박헌영은 이러한 인식이 없었기 때문에 미군과 소련군은 연합국이고 미 · 소는 같은 진보적 민주주의국가라는 견해를 갖고 있었다. 이러한 견해차이로 상당한 논쟁이 벌어졌다. 김일성은 정세문제와 관련하여 이남과

「8월테제」를 일부 수정해 조선공산당이 발간한 「현정세와 우리의 임무-정치노선에 대한 결정(잠정적)」의 목차와 본문. 원래 1945년 8월 20일 경 정태식·박극채 등 조선공산당의 이론진이 작성한 것을 '조선공산당재건준비위원회'가 발표한 이른바 「8월테제」를 9월 20일 조선공산당중앙위원회 이름으로 일부 수정해 다시 발간(9월 25일)한 것이다.

이북의 공산주의운동의 조건이 다르다는 입장을 펼쳤다. 즉 남북의 공산주의자들이 운동과정에서 전반적인 보조를 맞추면서도 미군과 소련군이 있는 조건에서 당 활동은 지역적 특성을 반영하여 달라야 한다. 이북에서는 소련이 공산당을 주권당으로 보장하고 있으나 이남에서는 미국이 인민위원회를 탄압하고 인민공화국을 인정하지 않고 있다는 것이다. 그러나 박헌영은 이런 차이를 보지 못하였다. 따라서 논란이 일 수 밖에 없었다.

조선공산당 중앙위원회와 그 분국은 조직 성격상 정치노선이나 조직노선이 같아야 한다는 일반론이 제기될 수 있다. 박헌영은 일반론을 강조하였다. 그러나 김일성은 조선공산당 중앙위원회의 「8월테제」의 기본정신에 입각하는 것은 좋으나 정세를 고려하여 지역적 특성에 맞게 독자적인 정치노선·조직노선을 결정해야 한다는 주장을 강도 높게 폈다. 머리를 맞대고 논의한 결과, 「8월테제」를 참고로 해서 이북 정세에 맞게 정치노선·조직노선에 대한 결정서를 채택하도록 한다는 합의에 도달하였다. 박헌영이 「8월테제」를 기본으로 하여 그에 준한 결정이 내려져야 한다는 원칙을 강조했기 때문에 절충적인 타협을 했던 것이다. 그러나 실제로 북부5도당 책임자 및 열성자회의에서 채택된 정치노선은 「8월테제」를 거의 그대로 베껴 놓은 것으로 되었다.

결정서의 작성 및 채택 과정 자체를 박헌영을 지지하는 국내파 공산주의자들이 주도했기 때문이다.

아무튼 김일성이 "당 중앙의 위치가 해방지구에 있어야 하지 않느냐"는 입장을 펴면서 김일성과 박헌영은 상당히 심각하게 논란을 벌였다. 권오직의 「자술서」에 따르면 김일성은 이때 '근거지' 라는 말은 쓰지 않고 혁명의 '지탱점' 이 이북에 있어야 하지 않는가 하는 식으로 박헌영을 설득하려 했다고 한다. 그러자 박헌영은 김일성처럼 정치적 · 혁명적 관점에서 이 문제를 파악하지 않고 행정적 · 지역적 개념에 의거해 중앙은 서울이어야 한다는 주장을 폈다고 한다.

권오직은 「자술서」에서 "새파란 젊은이가 불같은 정열로 뿜어내는 논리에는 박헌영도 어떻게 대응해야 할지 몰라 했다. 북조선분국을 설치하기 위한 협의 자리였으나 이미 이때 실제 주도권은 김일성에게 있었다고 느꼈다" 라고 썼다. 결국 공산주의운동의 중앙이 1946년 10월에 이르면 이북으로 옮겨지고 마는데 박헌영은 이러한 앞날을 예측하지 못했고 김일성과 소련군정 측은 해방 2개월 뒤인 1945년 10월의 시점에서 이러한 정세를 어느 정도 예측했었다고 할 수 있다.

지나간 역사를 달리 가정해보는 일은 의미가 없겠지만, 박헌영이 이 무렵 정세를 제대로 파악했거나 김일성의 의견에 동조했더라면 박헌영이 뒷날 중앙을 차지했을지도 모를 일이다. 첫 비밀회동에서 김일성과 로마넨코 소장은 공산당의 중앙을 이북에 둘 것과 박헌영이 이북에 올라와서 활동할 것을 권유하였으며, 일설에는 훗날 서울의 소련영사도 박헌영에게 이를 권유했다는 얘기도 있다. 그러나 공산당 중앙의 위치문제는 김일성과 박헌영의 만남에서 의견교환에 그쳤을 뿐 결론에 이르지 못하였다.

논쟁 끝에 분국 설치 합의

김일성과 박헌영 간의 쟁점에는 이북 5개 도를 끌어나갈 '북조선적'인 중앙조직을 만드는 조직문제도 포함되어 있었다. 김일성은 북조선적인 중앙조직을 가져야 한다고 주장했고 박헌영은 계속 '일국일당(1國1黨)원칙'을 고수하였다. 박헌영은 논의 도중에 "정 그렇다면 소련공산당 중앙위원회처럼 서울의 조선공산당 중앙위원회에 북부지도국을 하나 만들자. 김일성 동지는 서울로 와서 당비서 겸 북부지도국장을 하면서 이북 5도당을 지도하면 되지 않느냐"며 역제의를 하기도 했다고 한다. 박헌영의 이 발언은 소련공산당 중앙위원회에 러시아중앙국, 우크라이나중앙국 등 중앙국이 따로 있어 지방공산당 조직을 지도하던 예에서 착안한 것이었다.

서울로 와서 비서 겸 국장을 맡아 이북을 지도하라는 박헌영의 역제의를 받은 김일성은 웃으면서 조선의 사정과 러시아의 사정은 다르다고 설명했다고 한다. 소련공산당은 혁명 후 주권을 장악하고 집권당이 된 상황에서 소비에트연방공화국 자체의 땅이 광대하고 지역적 발전 정도의 차이가 극심한 다민족국가이기 때문에 중앙위원회가 일률적으로 지도할 수 없는 조건이었고, 따라서 중앙위원회 안에 중앙국을 설치할 필요성이 있었다는 것이다.

김일성과 박헌영의 갑론을박이 계속되면서 동석자들도 논쟁에 끼어 드니까 박헌영은 로마넨코 민정사령관에게 의견을 물었다고 한다. 로마넨코는 "김일성 동지와 같은 생각이다"라며 소련군정의 입장을 밝혔고, 그제야 박헌영도 "그러면 중앙위원회에 속한 북부5도당을 통일적으로 지도할 수 있는 중간지도기구로서 북조선분국을 설정하자"고 나와 합의에 이르게 되었다. 즉 이북에 독자적인 당 중앙을 설치하는 것이 아니라 5개 도당을 통일적으로 지도하는 중앙지도부 격으로 당 중앙위원회에 속하는 분국을 만들고 이북 5도 당원들은 분국에 직속하도록 하는 것으로 합의했던 것이다.

김일성과 박헌영의 첫 만남에서의 합의에는 북조선분국 결성에 대한 문제, 정치노선과 조직노선에 대한 결정서를 따로 채택하는 문제, 분국 결성 뒤에 사후승인을 받는 문제, 그리고 열성자회의에서 서울 장안파를 비판하는 특별성명을 채택하는 문제 및 정세변화와 관련해 서울중앙과 북조선분국이 밀접한 연계를 가지고 협의하는 문제 등이 포함되었다. 대여섯 시간 논의 끝에 새벽녘에야 합의를 보고 이들은 헤어졌다. 박헌영과 함께 참석했던 권오직과 이인동은 열성자회의의 옵서버로 참석하기 위해 평양으로 올라왔다. 이것이 김일성과 박헌영의 첫 번째 만남의 전모이다.

첫 만남 직후인 10월 9일 저녁인가에 평양에서는 서울중앙을 지지하는 국내파 공산주의자들이 이인동은 빼고 권오직만 참석시킨 비공개모임을 갖고 김·박 비밀회동의 결과를 논의하였다. 당시에는 이 사실이 전혀 알려지지 않았으며 나중에 폭로되었다. 국내파 공산주의자들이 이 비공개모임에서 김·박 비밀회동의 결과를 공유했기 때문에 그나마 열성자회의의 개최 및 진행결과에 대하여 어느 정도 승복하게 되었던 것이다.

그러나 국내파 공산주의자들은 정치노선에 대해서만은 끝까지 「8월테제」의 내용을 베꼈다. 이 때문에 정치노선에 대한 결정서는 전혀 실행이 되지 않았고, 11월의 북조선분국 제2차 확대집행위원회에서 새로운 정치노선이 채택되기에 이른다.

> > >
제2차 회동
: 1945년 12월 29일~1946년 1월 1일

김일성과 박헌영의 제2차 비밀회동은 박헌영이 1945년 12월 28일 저녁에 38선을 넘고 29일 오후 평양에 도착하여 1946년 1월 1일 오전까지 평양에 머무는 동안에 이뤄졌다. 김일성과 박헌영은 평양의 공산당 북조선조직위원회 사무실과 회의실(옛 동양척식주식회사 건물) 등에서 만났다. 박헌영의 평양 체류 사실을 비밀에 붙이기 위해 그는 일반호텔에서 숙박하지 않고 김일성의 사택(평양 보통문 바로 뒤편)에서 묵었다. 제2차 회동에서는 박헌영이 김일성과의 단독요담만 가진 게 아니라 이북 공산주의자들의 공식회의에 참가하는 등 공식일정에 따라 활동하였다.

박헌영의 월북은 모스크바삼상회의의 결정, 즉 '조선문제에 관한 의정서' 문제를 협의하기 위해서였다. 신탁통치 결정을 둘러싸고 남북의 좌익들이 공동보조를 취하지 않으면 안 될 정세였기 때문이었다. 남북의 공산당 세력이 기본원칙이나 방향에서 동일한 투쟁전략을 세워야 할 필요성이 있었다. 남과 북의 형편이 달랐기 때문에 전술적 차이야 있을 수 있지만 큰 틀에서 공동보조가 필요했던 것이다.

박헌영 급거 평양 방문

사실 모스크바삼상회의가 소집되자 김일성 측은 조선문제에 관한 결정이 나올 것으로 예상하고, 그 결정이 소련 측의 주동적 역할에 의해 채택되리라는 것을 예상할 수 있었기에 결정 지지 태세는 갖추었다고 볼 수 있다. 그러나 4개항 결정사항에 대한 구체적인 내역에 대해서는 몰랐던 것으로 보인다.

김일성 북조선임시인민위원회 위원장이 한 정치행사에 참석해 연설하고 있다.

당시 공산당 북조선조직위원회 중앙사무실에서는 임시정부 수립에 대비해야 한다는 사전정보가 없었다.

만일 소련군정 측이 김일성 측에게 4개항 결정에 앞서서 '임시정부 수립' 문제를 귀띔했더라면 중앙사무실에서 이 정보가 흘러 다니지 않았을 리가 없다. 당시 중앙당 지도자들은 제각기 소련군정 측에 정보라인을 갖고 있어 촉각을 곤두세울 때여서 웬만해서는 비밀이 보장되지 않았다. 다만 김일성만은 로마넨코 민정사령관으로부터 단독으로 귀띔 받고 발설하지 않았을 가능성은 배제할 수 없다. 박헌영도 정확한 정보를 얻지 못했으며, 북측 당 지도부에 비해 신중치 못하게 서방측 보도를 보고 성급히 판단하여 실수를 저질렀다.

1946년 12월 23일에 시작하여 27일에 끝난 모스크바삼상회의는 조선문제에 대한 결정을 채택하고 이를 28일에 발표하였다. AP통신을 비롯한 서방통신들은 이 결정을 보도하면서 미국의 뜻을 반영해 조선에서 '신탁통치'

1945년 12월 말 김구 선생이 반탁운동을 호소하는 대중 연설을 하고 있다. 모스크바삼상회의에서 '신탁통치'가 결정됐다는 소식이 전해지자 김구 선생을 비롯한 우익세력은 즉각 반탁입장을 발표하고 대대적인 반탁시위를 전개했다.

가 실시될 것이라고 보도했다. 서울에서는 신탁통치 결정이 알려지면서 28~29일에 반탁 움직임이 거세게 일기 시작하였다. 그러나 평양에서는 별다른 움직임이 없이 잠잠했다. 이때까지만 해도 소련의 타스통신이 이 사실을 보도하지 않았고 모스크바에 갔던 소련군정 민정사령관 로마넨코와 서울의 소련영사관 총영사 프리얀스키가 아직 평양과 서울로 돌아오지 않았기 때문이다.

박헌영의 조선공산당은 서울의 대세에 따라 일단 반탁 입장을 밝혀놓았지만 서울의 소련영사관이 본국 훈령이 아직 없다며 함구하는 데다 이북에서는 신탁통치에 관한 별다른 움직임이 없이 잠잠하여 의구심을 갖게 되었다. 박헌영 자신도 답답해진데다가 당 지도부에서도 그의 평양 방문이 필요하다는 의견을 제기함으로써 그의 비공개 평양 방문이 이뤄지게 된다. 소련영사관의 샤브신도 박의 평양행을 권했다고 한다. 이리하여 28일 밤에 38선을 넘은 박헌영은 29일 오후 평양에 도착하여 김일성 등의 이북 지도자들과 만났

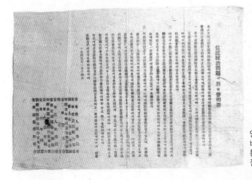

안동군인민위원회 등 안동지역 좌익단체들이 모스크바상상회의 결정을 지지하며 공동으로 발표한 [신탁통치문제에 대한 성명서]. 당시 조선공산당의 입장을 잘 보여준다.

으며 그날 저녁 공산당 간부들과 함께 저녁식사를 하였다.

　박헌영의 월북 때 동행한 사람은 김태준, 당시 서울대 교수였던 이론가 박치우, 그리고 조아무개 등 네댓 명 정도였다. 이에 앞서 월북해 활동하던 최용달도 박헌영이 참석한 각종 모임에 얼굴을 내밀었다. 최용달은 강원도 출신으로 원산총파업사건, 철도국사건의 연루자였다. 일제 때 경성제국대학을 나온 그는 공산주의자 미야케 시카노스케(三宅鹿之助) 교수가 관련됐던 경성제대사건에 연루됐으며, 보성전문학교 교수를 지내기도 한 인텔리 공산주의자였다. 그는 해방 직후 장안파에 속해 있다가 박헌영 쪽으로 돌아선 인물이었으며, 박헌영이 10월 8일의 첫 만남에서 인재를 파견해달라는 김일성의 요구를 받아들여 이북에 들여보낸 사람이었다. 최용달은 이북에 와서 5도 행정국의 사법국 부국장을 맡고 있었다.

　최용달 외에는 이순근이 이북에 와 노동국장인지 농민국장을 맡기도 하였다. 이순근은 10월 열성자회의에 참석한 뒤 이북에 눌러 앉았으며 최용달은 10월 말경 평양으로 왔던 것으로 기억한다. 아무튼 박헌영은 12월 말 월북해 김일성의 사택에서 기거했으며 그의 수행자들은 고려호텔에서 묵었다.

모스크바삼상회의 결정 대책 논의

박헌영은 12월 30일에 연안파 인사들을 만났고 이날 오후 공산당 주요 간부들과 협의회를 갖기도 하였다. 그는 소련군정사령부에서 군정 관계자들과 상견례를 가졌다. 31일 오전에는 이북 당의 집행위원 17명이 참가한 집행위원회 상무위원회 회의가 열렸다. 박헌영 등 이남에서 올라온 사람들은 방청객으로 회의를 지켜보았다. 당시 이 회의를 제4차 집행위원회라고 불렀던 기억이 난다. 12월 31일의 집행위원회 개최는 모스크바에 갔던 로마넨코가 30일에 평양으로 돌아왔기 때문에 삼상회의 결정에 관한 소련군정 측의 설명을 듣고 대책을 토론할 필요성에 따른 것이었다. 사실상 모스크바삼상회의의 결정을 어떻게 관철시켜 나갈 것인가를 토의하는 자리였다.

당시 서울총영사였던 프리얀스키도 모스크바에 갔다가 로마넨코와 함께 돌아와 평양에 머물고 있었다. 집행위원회 회의에서 삼상회의 결정 내용의 보고자는 허가이였다. 허가이는 이에 앞서 12월 17~18일에 열린 제3차 확대 집행위원회에서 당 조직국 부국장으로 뽑혔으며 1946년 1월 말에는 조직국 장이 되어 당 실무를 총괄하게 된다.

김일성은 12월 29일 박헌영과 만나 북조선분국의 제2차, 제3차 확대집행위원회 개최 상황, 조선민주당 창건 등 이북의 정세를 설명하였다. 박헌영은 서울중앙 내부에서 신탁통치문제를 논의하는 과정에서 반탁 입장이 거셌다는 점을 설명하였다. 이때는 이북의 공산주의자들이 이미 이남에서 신탁통치 문제로 소란스럽고 공산당도 반탁 입장을 밝힌 것을 알고 있었다. 박헌영이 이남의 상황을 설명하면서 반탁조치를 취했다고 말하자 이미 이를 알고 있던 김일성은 아무 말도 하지 않았다고 한다.

12월 30일 오후에 김일성과 박헌영이 참석한 가운데 공산당 간부들의 협의회가 열렸는데 훗날 박헌영은 「자술서」(박헌영·이승엽사건 때 그 자신이 직접 쓴 것으로 사실적인 내용을 많이 담고 있다)에서 이날 자리에 대해 "분국 지도부 동지들 앞에서 서울중앙의 반탁조치에 대해 설명하는 동안 나 자신이 쥐구멍에라도 들어가고 싶은 심정이었다"고 썼다. 삼상회의의 결정 내용을 구체적으로 알아보지도 않고 소련에서조차 이 문제에 대해 결론을 내리지 않은 상황에서 사전 협의도 없이 조선공산당 서울중앙이 반탁 입장을 결정하여 성명을 낸다, 대회를 개최한다는 등 너무 앞서갔기 때문이다. 박헌영은 결국 서울 측의 판단착오를 인정하고 김일성과 수습책을 논의하기에 이르렀다.

31일 오전 집행위원회 회의에서는 임시정부 수립문제를 포함한 모스크바 삼상회의 결정 4개 항목에 대해 토의하였다. 이 결정의 2항은 정당·단체 협의를 통해 임시정부를 수립한다는 것, 3항은 신탁통치를 실시한다는 것, 4항은 2주일 내에 미소공동위원회를 소집한다는 것이었다. 로마넨코는 평양에 돌아오자마자 소련 측 견해와 미국 측 견해가 달랐음을 설명했으며, 특히 미국이 신탁통치를 주장해서 하는 수 없이 절충안으로 5년간 후견제를 실시하기로 했으며, 후견제는 신탁통치와는 근본적으로 다르다고 밝혔다.

소련 측의 이 설명을 듣고 박헌영으로서는 난감할 수밖에 없었다. 31일 소련 타스통신이 후견제 실시에 대해 보도하자 서울 소련영사관도 공산당중앙의 이승엽·김삼룡에게 소련의 입장을 통보해 주었다고 한다.

회의에서 주로 논의한 것은 모스크바삼상회의 결정을 어떻게 실행할 것인가 하는 문제였다. 즉 결정 내용을 적극적으로 지지하는 것, 지지할 뿐 아니라 그 결정을 철저히 관철하도록 전당적·군중적으로 민주역량을 동원해 대대적으로 운동을 전개하는 과제가 논의되었다. 당시 회의 기록자료를 본 바에 따르면, 다음으로 많이 논의된 것은 조선의 제정당·사회단체들과 협의하여 이 대표들로 임시정부를 구성하는 문제였다. 특히 남북의 제정당·사회단체를 재정비하고 확대, 강화하는 방침에 대해 중점을 두었다. 이 가운데 당 조직을 확대하고 그 역할을 높이는 문제, 그리고 당이 중심이 되어 대중단체들과의 통일전선을 강화하는 문제들이 집중적으로 논의되었다.

논의 과정에서 임시정부 수립에서 전체적인 세력관계를 2대 1로 한다는 점이 중요한 현안으로 부각되었다. 이북의 통합된 세력 하나와 이남의 좌익 세력 하나를 합하여 둘의 세력을 형성하고 이남의 나머지 세력을 하나로 취급한다는 것이며, 한마디로 공산당이 임시정부에서 주도적인 지위를 차지하고 정권을 주도하는데 중점을 둔 것이었다. 정부를 구성하자면 여러 정부기관들이 있기 마련인데 이들 기관 내부의 전반적인 세력관계를 2대 1로 만들자는 것이었다. 이 현안이 회의에서 가장 알맹이였다.

그밖에 이날 회의에서는 세력관계 뿐 아니라 당과 근로대중단체를 확대·강화하는 것, 삼상회의 결정을 군중들에게 정확하게 인식시켜 남과 북에서 청원·지지운동을 전개하는 것 등도 논의하였다. 서울의 조선공산당이 반

1908년 함남에서 태어난 주영하는 1930년 조선적색노동조합 함남위원회 함흥위원회의 책임을 맡아 활동하다가 1935년 일본경찰에 적발되어 6년형을 선고받고 복역했다. 8·15해방 후 1945년 9월 원산시 인민위원회 위원장, 1946년 8월 노동당 중앙위원회 상무위원 및 정치위원 등을 거쳐 1948년 10월 주소련대사로 부임했으나 '박헌영·이승엽사건'이 터진 후 해임돼 지방 농장지배인으로 좌천된 것으로 전해진다. 그는 박헌영·김일성 비밀회동에 자주 배석해 그 전말을 잘 알 수 있는 인물이었다.

탁의사를 밝힌 상황에서 이를 어떻게 기술적으로 찬탁으로 돌릴 것인가 하는 문제가 중요했다. 결국 남과 북의 공산당은 1946년 1월 2일인지 3일에 삼상회의 결정을 지지하는 입장을 밝혔고, 잇달아 단체별로 군중집회를 갖고 진정서를 내는 방안이 마련되었다. 말할 것도 없이 이남의 반탁진영에 대해 어떻게 대처할 것인가도 많이 논의되었다. 공산당이 상황을 잘 파악하여 주도적으로 나서 반탁진영의 내부를 분열시켜야 한다는 것, 삼상회의 결정에 대한 지지여론을 확산시켜 반탁진영 자체를 고립시키는 것 등의 과제가 채택되었다. 그리고 2주일 이내에 미소공동위원회가 열릴 수 있도록 이남과 이북의 공산당 측이 소련군사령부 뿐 아니라 미군사령부에도 청원서 혹은 진정서를 보내는 것도 논의하였다.

그리고 남북 사이에 긴밀한 연락이 필요하다는 인식 아래 당시 38선이 점차 굳어지는 상황에서 박헌영으로 하여금 개성 · 연천 · 양양 등 38선 인근에 조선공산당 서울중앙의 연락거점(비밀거점)을 설치하도록 요청하였다. 연락거점은 사람도 안전하게 오갈 수 있고 문서도 오갈 수 있도록 하기 위해서였다.

한편 김일성도 공산당 북조선조직위원회 내에 이남 당과의 연락 업무를 주로 맡게 될 연락기구를 만들겠다는 뜻을 밝혔다. 이 기구는 1946년 1월 20일쯤 만들어졌는데 처음에는 연락실이었다. 「박헌영 자술서」 「주영하 자술서」 등을 보고 안 사실이다. 이북에서는 1960년대 말에 평양 교외에 '남조선혁명사적관'을 만들었는데 이곳에 남조선혁명관계 자료가 상당히 많이 있었다. 지금은 없어졌는지 알 수는 없지만 옛날 문서들이 남조선혁명사적관 중앙문서고에 있었고 이곳에서 자료작업을 한 일이 있어 그 진술서들을 볼 수 있었다.

다음으로 김일성은 박헌영에게 재정지원을 하겠다는 뜻을 밝혔다. 당 창구가 남북교역문제를 관리하는 방안이 제시되었다. 남과 북에 각각 교역업무를 취급하는 상사를 만들어 이들이 교역하는 형식으로 자금이나 이북 신문 등 문서류를 오갈 수 있게 하자는 것이었다. 그리고 두 사람은 이남의 지도자들에 관해 깊은 이야기를 나누었다. 주로 대화에 올랐던 인물은 여운형·백남운·김구·김규식·홍명희 등이었다. 김구·김규식은 이 시점에만 해도 반동으로 치부되었다. 여운형은 영웅심이 강한 사람이므로 활용할 필요가 있고 인민당과 통일전선을 꾸려야한다는 점이 강조되었다. 홍명희에 대해서는 쟁취할 필요가 있다고 보고 홍명희 진영에 사람을 들여보내기로 하였다.

　김일성과 박헌영은 연안파에 대해서도 의견을 나누었다. 김일성은 이들이 공산당에 들어올 게 아니라 당시 형편으로는 별개의 당을 만들어야 한다는 입장을 취하였다. 김일성은 모스크바삼상회의 결정에 따라 정당단체협의

박헌영이 서울로 돌아온 직후인 1946년 1월 3일 조선공산당과 좌익단체들은 대대적으로 모스크바삼상회의를 지지하는 집회를 열었다.

회가 열릴 것을 대비하여 공산주의자들이 여러 정당·단체를 갖고 있는 것이 유리하다는 입장을 폈다. 이 문제와 관련하여 박헌영은 한빈 등을 만나 의견 교환을 하였다. 김일성과 박헌영은 31일 회의에서 여러 문제를 토의한 뒤 오후에 다시 단독으로 만나 여러 문제에 대한 의견을 교환했다.

주영하의 「자술서」를 보면 박헌영이 김일성과의 제2차 회동 때에는 당 중앙을 이북에 넘겨주는 셈이 되고 말았다고 씌어져 있었다. 이북에 당 중앙을 넘겨준다는 것은 김일성에게 공산주의운동의 주도권을 넘겨준다는 것을 뜻한다. 어찌 보면 1946년 2월 이북에서 북조선임시인민위원회가 설립되고 3월에 토지개혁이 시작되면서 이남에서도 인민위원회 정권창출, 토지개혁 실시의 구호가 등장함으로써 공산당 북조선조직위원회가 사실상 당 중앙이 된 것으로 평가할 수 있다.

박헌영은 이처럼 김일성과의 제2차 비밀회동에서 모스크바삼상회의 결정에 대한 대책을 받아 가지고 서울로 되돌아갔다. 박헌영은 1946년 1월 1일 평양에서 신년연회를 가진 뒤 평양을 떠났다. 나중에 확인한 바로는 1일 밤 박헌영은 38선을 넘어 2일 서울에 도착해 조선공산당 중앙 정치국회의를 소집하고 이 날짜로 이북과 마찬가지로 '모스크바삼상회의 지지(찬탁)' 성명을 내기에 이르렀다.

또 1월 3일에는 삼상회의 결정을 지지하는 집회를 열었다. 평양에서는 1월 6일 삼상회의 결정 지지 군중집회가 열렸다. 이북의 국내파 공산주의자들은 후견제와 신탁통치 사이에서 혼선을 일으켜 1월 6일 이전까지는 논란을 일으켰고, 이로 인해 공산당 내에서도 다소 혼란이 있어 시끄럽기는 하였다. 조선공산당 서울중앙 내부에서도 1월 2~3일 탁치문제를 둘러싼 논란으로 다소 혼란이 있었다고 들었다.

김·박 2차 회동은 모스크바삼상회의 결정에 관한 협의가 목적이었지만 이 회동 때부터 당 중앙의 실질적인 주도권이 김일성에게로 넘어가는 결정적인 계기가 되었다. 박헌영의 3차 월북 때부터는 나도 당으로 와서 이 업무의 실무를 맡아보았다.

숨겨진 일화들

김일성 · 박헌영의 2차 회동 기간에 벌어진 여러 가지 일화가 있다. 1946년 1월 1일 정월 초하루 신년연회 때였다. 허가이가 박헌영에게 러시아말로 "신년을 축하합니다"라고 하자 박도 그 정도의 러시아어는 할 수 있었기에 소련말로 되받아 인사했다고 한다. 박은 김일성에게도 러시아말로 인사를 했다. 김일성은 웃으면서 우리말로 "정초 인사까지 소련말로 하겠습니까"라고 농담을 건네자 좌중에 웃음이 터져나왔다고 한다. 이북에서는 전후 1955년 무렵까지 정월 초하루 신년인사를 러시아말로 할 정도로 '소련풍'이 심하였다.

박헌영이 쓴 「자술서」에는 그가 김일성의 처 김정숙을 만났을 때의 상황이 묘사되어 있다. 박이 김정숙을 처음 만났을 때인지 신년연회 때인지가 어렴풋한데 김정숙이 박에게 한국식 큰절을 해서 몹시 당황했다고 한다. 박헌영이 "그러지 마시라"고 했으나 김정숙이 정중하게 큰절을 올려 어쩔 바를 몰랐다는 이야기이다. 그는 진술서에 김정숙에게 좋은 인상을 받았다는 것과 회령 식혜를 맛있게 먹었다거나 음식을 잘하더란 이야기도 썼다.

박헌영이 이북 지도자들과 만나면서 가벼운 갈등도 있었다. 1945년 12월 29일 박헌영이 도착하기로 되어 있어 김일성을 비롯해 주영하 · 김용범 · 박정애 · 허가이 · 김열 등이 교외까지 나가서 맞이하였다. 당 총비서인 박헌영에 대해 어느 정도 예의를 갖추는 게 필요했기 때문이다. 박헌영은 자신이 '당중앙'이었기에 이북 지도자들과 첫 대면에서 '동지'라는 격이 있는 표현을 사용치 않고 '동무'라고 호칭하였다. 이에 대해 허가이 · 김열 등 소련서 나온 사람들이 불쾌감을 느꼈다고 한다. 뒷켠에서 누가 투덜대는 소리를 들은 김태준이 박헌영에게 이를 귀띔했으나 박은 대수롭지 않게 "그런걸 가지고 뭘 그러느냐. 그러면 뭐라고 부르느냐"라고 했다고 한다. 소련파는 당시만 해도 기세가 등등할 때인데 첫 대면에 '동무' 운운하니까 언짢아했다는 것이다.

또 승용차를 둘러싼 갈등도 있었다. 박헌영은 38선을 넘자마자 소련군이 제공한 지프를 타고 평양 근처까지 왔으며 김일성은 그곳에 승용차로 갔다. 평양 교외에서 잠시 상견례를 한 뒤에 차를 바꿔 타지 않고 그냥 그대로 박은 지프에, 김은 승용차에 타고 평양으로 향하였다. 나중에 박헌영계인 최용달이 나서 "총비서에 대한 예우가 잘못된 게 아니냐"고 지적하니까 주영하와 허가이가 "아무 차나 타고 왔으면 됐지. 무슨 소리냐"고 되받아 서먹해진 일이 있었다고 한다. 최용달은 훗날 제2차 당대회에서 자동차시비 문제 때문에 종파분자로 비판받았다.

12월 31일의 제4차 집행위원회 회의석상에서 좌석 배치문제로 약간의 감정대립이 있었다. 박헌영은 총비서니까 지구당 격인 분국회의를 지도해야 하는 입장이었음에도 불구하고 이 회의에서 방청석에 자리를 마련해놓아 하는 수없이 거기에 앉고 말았다. 회의가 시작되자 진행자가 당 중앙의 총비서가 참석했다는 식으로 표현하지 않고 "박헌영 동지를 비롯하여 몇몇 동지가 방청하고 있다"고만 말하였다. 이 날은 아무런 마찰도 없이 지나갔지만 다음날 신년연회에서 김태준인지 누군지 박헌영과 동행한 한 사람이 술을 마신 김에 주영하에게 "그런 법이 어디 있느냐"고 따졌다. 그러자 주영하가 "나한테 얘기하지 말고 직접 얘기하라"고 내뱉었다고 한다.

신년연회에서의 좌석배치도 갈등을 불러왔다. 박헌영은 총비서 자격으로 상석에 앉을 것으로 생각했겠으나 라운드테이블 상석에는 치스차코프, 그 오른편에 박헌영과 왼편에 김일성, 그리고 레베데프·로마넨코가 앉도록 배치되어 있었다. 이를 놓고 최용달이 문제 삼았지만 아무런 조치가 취해지지 않았다. 최용달은 앞에서도 언급한 대로 경성제대 법과 출신으로 보성전문 교수를 한 적이 있는 법률학자이며, 이북의 첫 헌법기초위원회의 부위원장을 지낸 인텔리이다. 나도 이북에서 최용달을 몇 차례 만난 적이 있는데 그가 자신의 이익을 위해 발언하거나 하는 사람은 아니었던 것으로 기억한다.

박헌영은 평양 체류기간에 고려호텔에 기거하던 조만식을 만나기도 했다. 조만식은 박헌영이 만나자고 하여 응하기는 했지만 몸이 아프다는 이유로 별말을 하지 않고 푸대접했다고 한다. 박헌영이 조만식과 제대로 의미 있는 대화를 나누지 못한 채 금방 나오고 말았다는 것이다.

>>>

제3차 회동
: 1946년 4월 3일~6일

　김일성과 박헌영의 제3차 비밀회동은 박헌영이 1946년 4월 2일 밤에 38선을 넘어 3일 오후 평양에 도착해서 6일 오전 11시경 점심을 먹기 전에 평양을 떠나 서울로 향하기 전까지 이뤄졌다. 김일성과 박헌영이 만난 장소는 2차 만남 때와 마찬가지였고 숙소도 김일성의 사택이었다. 박헌영은 미소공동위원회의 3호 결정(임시정부 수립문제)에 대한 공동대책을 마련하기 위해 평양으로 올라 왔다. 북측은 박헌영의 월북에 앞서 3월 말에 연락원을 서울로 파견해 4월 초에 집행위원회를 열어 3호 결정을 토론할 예정이니 평양에 올라오는 게 어떻겠는지 의사타진을 하였다.

　제3차 김·박 회동을 갖게 된 배경을 먼저 살펴본다. 1945년 12월 말 모스크바삼상회의의 결정에 따라 2주일 이내에 남북에 주둔하고 있던 미·소 군사령관이 만나 미소공동위원회를 개최하기 위한 예비회담을 갖도록 되어 있었다. 1월 16일에 소련 대표가 이남으로 내려가 예비접촉을 가졌다. 일주일 정도의 예비접촉을 거쳐 본격적으로 예비회담을 가진 것은 1월 25일부터 2월 5일까지였다. 이 예비회담을 마친 뒤 3월 20일부터 미소공동위원회를 구성하여 본회의를 개최한다는 성명을 발표하였다. 예비회담의 결정에 따라 3월 20일 서울에서 제1차 미소공동위원회가 열렸다.

임시정부 수립 현안으로 부상

　미소공위가 순조롭게 개최되어 1호, 2호 성명이 나오고 위원회가 열린 지채 열흘도 지나기 전인 3월 29일에 3호 성명이 나왔다. 3호 성명은 통일적 임시정부 수립 문제를 담고 있었다. 3호 성명을 구체적으로 보면 미소공위에서 1단계로 정당·단체들과 협의하여 임시정부를 수립하는 문제, 2단계로 신탁통치, 즉 후견제에 따라 4개국과 관계협약을 어떻게 작성·체결할 것인가 등을 미소공동위 사업으로 한다는 것이었다.

1단계에서는 협의대상, 즉 정당·단체의 대상문제와 협의 내용, 즉 임시정부의 구성·기구·정강정책·임시정부의 성원 문제 등을 처리하기로 되어 있었다. 2단계에서는 임시정부와 4개국의 협약을 조절하는 문제가 과제였다. 그 다음으로 이를 잘 처리하기 위해 미소공위에 3개 분과를 설치하는 문제 등이 있었다. 이상이 3호 결정의 골자였다.

미소공위의 사명이 미·소 양국의 합의에 의해 임시정부를 수립하는 문제였기 때문에 곡절을 겪을 줄 알았는데 열흘쯤 지나 임시정부 수립에 대한 3호 결정이 나오니까 일이 순조롭게 진행되는데 따른 대응책이 필요하였다.

1946년 4월 초 방북한 박헌영 조선공산당 총비서(왼쪽에서 2번째)과 김일성 북조선임시인민위원회 위원장이 인민위원회 보안대원들의 장기자랑 및 체육대회를 함께 구경하고 있다.

이북에서는 3호 결정이 나오기 전부터 미소공위의 첫째 임무가 임시정부 수립인 만큼 미소공위 개최 다음날에 공산당 북조선조직위원회 집행위원회를 열어 어떤 성격의 임시정부가 되어야 하는가를 미소공위의 회의 벽두에 밝혀야 한다는 의견이 지배적이었다. 북조선임시인민위원회의 설립이 이를 더욱 촉진시켰다.

처음에는 성명서를 발표할 것인가, 아니면 다른 방식으로 입장을 발표할 것인가를 놓고 설왕설래가 있었으나 임시정부의 정강정책의 가이드라인을 제시한다는 의미에서 구체적인 정강을 발표하게 된다. 임시정부는 최소한 이런 정강을 실시하는 정부가 되어야 한다, 그래야 이북에서 지지할 수 있다는 입장표명을 한 것이었다. 김일성이 북조선임시인민위원회 위원장 자격으로 3월 23일 20개조 정강을 발표한 것은 이 때문이었다. 이북에서는 이것이 원칙이었고 최소한 임시정부가 이 정도의 정책을 택해야 지지할 수 있다는 입장을 밝혔던 것이다. 북측이 이러한 전술을 마련했음에도 불구하고 이남에서는 이에 대한 명백한 지지가 제때에 나오지 않았다. 이 상황에서 3월 29일에 3호 결정이 나오자 이제 남과 북이 공동으로 대처해야 하지 않겠는가 하는 문제가 제기됐던 것이다.

이런 과제가 제기되니까 4월 초 공산당 북조선조직위원회 집행위원회에서 임시정부 수립대책을 토론하기로 하고 이 자리에 박헌영을 참석시켜 함께 토론하자는 의견이 나와 3월 말에 최광호 · 김덕영(해주의 공산주의자 김덕영과는 다른 실무자급)을 박헌영에게 연락원으로 보낸다. 최광호는 북조선분국 초기부터 일하던 연락업무에 뛰어난 실무자였고, 김덕영은 이 업무에 처음 뛰어든 청년이었다. 마침 박헌영도 이북에 다녀올 필요성을 느끼던 차에 이북에서 연락원이 내려오자 곧 4월 2일 밤에 38선을 넘게 되었다.

참고로 박헌영의 3차 월북 때 동행한 사람들 가운데에는 박치우가 포함되어 있었다. 박치우는 이때 이북에 와서 박헌영과 떨어져 강동정치학원의 정치담당 부원장을 지냈고, 1949년에 오대산빨치산 총사령부 정치위원을 하다가 6·25전쟁 전에 죽었다(정치위원이 되기 직전에 당연락부 부부장에 잠시 임명된 적도 있다). 오대산빨치산 총사령관은 북조선로동당의 연락부장이던 이호제였고, 참모장은 항일빨치산 출신이자 강동정치학원 군사담당 부원장이었던 서철이었다. 서철은 살아 남았지만 이호제와 박치우는 이남에서 활동하다 몰살당하였다.

이 부대의 빨치산 숫자는 5백명 남짓이었으며 원래 1병단 사령부로 불리던 남조선 빨치산을 총지휘할 기본주력부대였다. 1병단은 강동정치학원에서 교육받고 1949년 6월에 이남으로 내려갔다. 그 전에도 몇 차례 빨치산들이 이남으로 투입됐었고 1병단이 나간 뒤에도 한차례 투입됐었다. 이때 빨치산의 총지휘부로 나간 게 바로 1병단이었다. 1949년 6월 1병단이 나가기 전에 이미 이현상·김달삼·남도부 등은 모두 내려간 상태였고, 이를 전체적으로 지도하기 위해 기본부대가 나갔다. 그리고 빨치산 활동을 하던 박영발·방준표 등은 전쟁 때 도당 위원장으로 나갔다가 지리산빨치산으로 간 인물들인데, 당시까지만 해도 이남으로 안 내려갔을 때였다.

일각에서는 이현상의 거취와 관련하여 방준표·박영발·김응빈 등은 전쟁전인 1948년도에 해주 인민대표자대회가 끝나고 나서 도당 위원장급으로 모스크바 고급당학교로 유학을 갔었던 데 비해 이현상은 왜 못 가고 떨어졌는가를 두고 시비하기도 하는데, 당시 이현상은 방준표·박영발·김응빈 등과는 급수가 달랐다. 이현상이 명백히 상급이었다. 당시 유학생 추천 업무를 한 경험에 비춰볼 때 방준표·박영발·김응빈 등은 지방간부 밖에 되지 않았으나 이현상은 중앙조직부 부부장을 한 중앙간부였기 때문에 추천대상에 들어가지 않았던 것이다. 급수가 높았기 때문에 고급당학교 유학대상이 아니었다.

　박치우 외에 김일성과 박헌영의 회동에 참석한 주요 인물로 박문규가 있었다. 박문규는 일제 때부터 토지문제 전문가였기 때문에 1946년 3월 토지개혁법령이 발표되기 전에 법령 작성에 참가하기 위해 이북에 왔었다. 박헌영이 4월에 월북하자 박문규도 박헌영을 수행하게 된다. 박헌영과 함께 움직인 사람은 모두 4명이었는데 한 사람은 이름이 생각나지 않는다.

　박헌영이 4월 2일 밤 38선을 넘기로 되어 있어 공산당 북조선조직위원회 연락부 소속 실무자들이 승용차를 갖고 개성 방면으로 갔다. 승용차를 갖고 갔던 것은 박헌영의 2차 월북 때 차 문제로 약간 시비가 일었기 때문이다. 연락부 실무자들은 박헌영을 싣고 평양으로 가던 중에 사리원에서 점심식사를 하고 3일 오후 3~4시께 평양에 도착하였다. 평양 근처의 선교리 대동교 건너편, 지금의 낙랑구역까지 김일성 등의 북조선조직위원회 간부들이 마중 나와 있었다. 옛날에 제사공장이 있던 뚝방길에 나와 기다리고 있었다.

북측 지도자들과 두루 만나

　이북 지도자들은 박헌영을 극진히 맞이하였다. 박헌영도 2차 월북 때의 시비를 의식한 탓인지 이번에는 모두 '동지'라고 부르는 등 태도가 조금 바뀌었다. 이날 평양에 도착한 박헌영은 공산당 북조선조직위원회 사무실에서 김일성과 오후 내내 밀담을 나누었다. 박헌영은 저녁에 소련군사령부로 가서 다른 사람들을 만났고 만찬은 주요 지도자들 대부분이 참석한 가운데 함께 하였다. 소련군사령부의 로마넨코·레베데프 소장 등도 참석했다. 이때는 서울에서 미소공동위원회가 열리는 기간이었기 때문에 스티코프 단장은 서울에 가고 없었다.

　박헌영은 이번에도 김일성의 사택에서 체류하였고, 그의 수행원들은 대동강여관에서 숙박했던 것으로 기억한다. 박헌영의 2차 월북 때까지는 조만식이 아직 연금 상태는 아니었기 때문에 박헌영의 수행원들이 고려호텔에 묵었지만 3차 월북 때는 사정이 달랐다. 조만식은 고려호텔에 완전 연금 상태에 처해져 있었다.

박헌영은 4월 4일에도 김일성을 만났고 소련군사령부에 가서 협의하기도 했으며 북조선조직위원회 간부들과도 많은 이야기를 나누었다. 조직위원회 간부들과 논의한 현안은 주로 3호 결정, 즉 임시정부수립문제, 특히 이남에서의 반탁운동에 대한 대응문제였다. 박헌영은 4일 오후에 조선신민당 간부들과도 만났다.

박헌영이 세 번째 월북했을 때는 조선신민당의 한빈이 서울에 특별당부를 만들기 위해 이남을 한참 들락거리면서 열성적으로 일할 때였다. 한빈이 서울에 갔을 때 박헌영을 만나려고 했으나 박은 바쁘다고 만나주지 않았다고 한다. 원래 약속은 박헌영이 서울에 신민당의 특별당부를 만드는 것을 도와주기로 했다는 것인데 이행이 안됐다는 것이다.

한빈은 4일 오후에 박헌영을 만나 섭섭함을 털어놓았다. 한빈은 성격이 활달하고 괴팍한 편이었다. 사실 박헌영의 2차 월북 때도 박헌영과 최창익·한빈 등 연안파 지도자들 사이에 말다툼이 있었다. 일제 때의 운동 경력을 가지고 논쟁을 했던 것이다. 일제하의 1~3차 공산당 및 노동운동을 놓고 서로의 정통성을 주장했다고 한다. 박헌영이 1차 당, 2차 당, 3차 당 이야기를 하면서 3차 당, 즉 ML당이 별 게 아니었다는 식으로 말했던 모양이다. 최창익도 상당한 이론가였던 데다가 정치적 식견이 있고 논리가 정연하며 입심이 센 편이어서 당시 거만한 태도를 보일 때였다. 최창익은 박헌영에 대해서 "당신이 총비서라고 해봐야 예전에 공청 위원장이나 하다가 경성콤그룹을 만든 덕에 총비서가 되었지 별 게 있느냐"는 입장을 보였다. 이런 갈등이 있었던

5월 1일 노동절을 맞아 평양에서는 '민주개혁'을 지지하고 임시정부 수립을 촉구하는 군중시위와 각종 체육대회, 예술공연 등 다채로운 행사가 열렸다. 해방 후 처음 맞은 노동절 시위에는 노동자뿐만 아니라 토지를 분배받은 농민·청년·학생·여성 등 각계각층의 군중이 대규모로 참가했다.

데다 박헌영이 신민당 서울특별당부를 만드는 것을 지원하지 않자 발끈했던 것이다.

박헌영이 4일 오후에 신민당 간부들을 만난 것은 "신민당 간부들이 상당히 섭섭하게 생각하는 모양이니 한번 만나보는 게 어떻겠느냐"는 김일성의 권유 때문이었던 것으로 안다. 박헌영은 김일성에게 "내가 왜 도와주지 않아요. 잘 도와줬는데"라고 하자 김이 "그럴수록 만나 한번 의논하는 게 좋겠다"고 청하였고 그제야 박헌영은 신민당 간부들을 만나러 갔다고 한다. 그런데 성격이 괴팍한 한빈, 자부심이 강한 최창익, 게다가 성격이 괴팍한 또 한사람 김민삼 신민당 조직부장 등이 박헌영에게 기분 나쁘게 여러 가지로 쏘아붙이자 박도 마음이 상해 화해가 안 되었다. 이날 만남이 좋지 않은 분위기에서 끝났고, 이튿날 공산당 북조선조직위원회 집행위원회가 끝난 뒤 김일성이 박헌영과 신민당 간부들 사이에 개입하여 조정함으로써 "남조선신민당을 결성함에 있어서 조선공산당 측에서 사람을 보내어 지원한다"는 합의를 끌어내

고 화해시켰다.

박헌영은 4월 5일 북조선조직위원회 집행위원회에도 참석하였다. 집행위원회 회의는 조직위 사무실에서 이날 오전 10시에 열렸다. 참석자들은 집행위원을 비롯한 간부들이었다. 회의 참석자는 70명 정도였다. 이 회의에서는 이남에서 온 사람들도 자유롭게 발언하였다. 1945년 12월의 제4차 집행위원회에서는 삼상회의 결정에 대한 지지문제가 의제였으나 이번에는 임시정부 수립문제가 의제인 만큼 이남에서 온 사람들도 같은 자격을 가지고 발언권뿐 아니라 결의권도 가졌다. 김일성이 회의를 주재했지만 박헌영도 제4차 집행위원회 때의 방청객 자격과는 달리 김일성과 나란히 상석에 앉아 있었다.

미소공동위원회 실행대책 논의

토의 안건은 미소공동위원회의 3호 결정의 실행대책 문제였다. 3호 결정의 대략적 내용은 허가이가 설명했고 김일성이 구체적인 사항들을 언급했다. 그의 발언은 자연히 보고 형식으로 되었다. 그리고 임시정부 수립문제를 3호 결정에 근거해 하나하나 토론하였다. 우선 임시정부 수립의 정당·단체 협의 대상을 어떤 범위로 할 것인가 하는 것이 논의의 초점이었다.

김일성은 보고를 통해 첫째, 친일파·민족반역자들을 제외한 민주주의적인 정당·사회단체가 되어야 하며, 친일적·파쇼적 정당은 안 된다는 것, 둘째, 정당·단체를 조직해 8·15 이전에는 독립운동을, 8·15 이후에는 건국 사업을 전개한 업적이 있어야 한다는 것, 셋째, 모스크바삼상회의의 결정, 즉 임시정부 수립에 대한 결정을 적극적으로 지지해야 한다는 것 등을 밝혔다.

이 세 가지 조건에 맞아야 협의대상으로 참가할 수 있도록 해야 한다는 것이었다. 그리고 민주주의적 정당이면서 건국사업에 업적이 있어야 하지만 일정 수준의 군중적 토대도 있어야 한다는 점도 지적되었다. 예로부터 '3인 1당', '5인 1당'이라는 게 많았는데 건국 마당에서까지 이런 조직을 인정해서는 곤란하다는 것이었다. 이 문제를 토론하는 과정에서는 이의를 제기한 사람이 없었다고 한다.

　두 번째 의제는 임시정부의 기구, 즉 정부조직을 어떻게 할 것인가 하는 것이었다. 여기서는 입법·행정·사법 등 3권 분립의 방안이 마련되었다. 입법기구로는 임시정부이지만 정당·단체대표들, 지역대표들을 비율에 따라 뽑아 최고인민대표회의를 구성한다는 것, 행정기구로는 중앙인민위원회와 각급 지방인민위원회를 구성한다는 것, 사법기관으로는 최고법원·지방법원을 둔다는 것 등이 결정되었다. 이 가운데 최고인민대표회의의 구성문제가 논란거리였다. 즉 대표를 선출할 때 지역비례로 할 것인가 인구비례로 할 것인가, 다른 방법으로 할 것인가가 초점이었다. 이것은 이남에 인구가 많았기 때문이었다. 박헌영 등은 인구비례가 적절하다고 했지만, 논란 끝에 대표 선출 문제는 나중에 구체적인 실행과정에서 다시 취급하기로 하고 일단 지역대표를 둔다는 것까지만 합의하고 다음 문제로 넘어 갔다.

　다음으로 정강·정책문제가 논의되었다. 정강·정책문제는 북조선임시인민위원회가 내놓았던 20개조 정강으로 대체하자는 이야기가 나왔다. 이때 북조선조직위원회 기관지 『정로』의 책임자였던 태성수가 이북에서 20개조 정강을 발표할 때 이남 공산당에서 왜 이것을 제때에 받아들여 지지하지 않았는가 하는 문제를 제기하였다. 태성수·진반수·박영빈 등 비합법적 활동을 해보지 못한 소련파 지도자들은 이남의 정치상황이 매우 어렵고 복잡하다는 사실을 잘 인식하지 못했기 때문이었다. 태성수가 이 문제로 시비하려 하자 김일성·안길·김책·주영하·김용범 등이 나서 별문제 삼지 말고 넘어 가자고 하여 더 이상 문제가 되지 않고 넘어갔다. 20개조 정강을 설명하는 과정에서 다른 것은 별무리가 없었는데 토지문제는 논란을 일으켰다.

이북에서는 이 회의가 있기 한달 전인 3월 5일에 토지개혁법령이 발표되면서 토지개혁이 개시되었고 이 무렵에는 마무리되는 단계였다. 토지개혁은 특수한 형태의 사적 소유, 즉 무상분배하여 개인소유로 인정하고 소유증명서를 발급하되 마음대로 사고 팔지 못하며 소작을 주어서도 안 되는 제도였다. 그런데 토지개혁법령을 작성할 때 소련에서 나온 전문가들은 소비에트 식으로 국유화를 주장하기도 했다. 당시 토지국유화의 대상이 된 것은 일본인 소유에 한하였고, 일본인 소유라 하더라도 소작하던 것은 다 소작인에게 나누어주고 일본인들이 직영하던 과수농장 등은 국영화 하였다. 소련에서 나온 사람들이 국영화의 범위를 넓히자고 주장해 말썽이 많았다.

하여튼 이 회의에서도 박헌영은 그냥 가만히 있었는데 소련 출신 인사들이 이남에서도 정강정책이 실시될 수 있겠느냐며 문제를 제기하였다. 소련파 인사들은 국유화의 범위를 넓히자고 주장하였고, 주영하 같은 이는 전국적 범위에서 토지개혁을 하자면 이북에서 한 토지개혁보다 완화해야 한다고 주장하였다. 소련파 인사들이 국유화의 범위를 넓히자고 주장한 것은 이북에서는 지주 소유의 토지규모가 작지만 이남에서는 토지규모가 크다는 사실에 착안한 것이었다. 그러나 다수 의견은 국유화 범위를 확대하면 적들이 많아지기 때문에 무상몰수·무상분배라는 원칙만 정해놓고 면적 규정은 나중에 구체적으로 논의하자는 것으로 잠정 합의하였다. 이북의 토지개혁에서는 면적 기준을 5정보로 했는데 나중에 헌법상으로는 7정보로 바뀌었다.

그리고 어떤 자격을 가진 사람들을 임시정부의 성원으로 할 것이냐는 문제가 논의되었다. 여기에서 강조된 점은 첫째, 일제 때의 친일파·민족반역자와 하부관리에 이르기까지 제외한다는 것이었다. 둘째, 조국 해방을 위해 싸운 사람들, 해방에 이바지하고 공헌한 사람들로 한다는 것이었다. 특히 무장을 들고 해방을 위해 싸운 사람들로 한다는 것이었다.

　그러자 김열이 문제를 들고 나왔다. 일제 때 독립을 위해 싸운 적이 없으나 외국에서 살다가 건국사업에 참가한 자신과 같은 사람들은 무엇이냐는 것이었다. 과거에 독립운동도 하지 않고 무장을 들고 싸운 적이 없으니 임시정부에 참가하지 못한다는 것이냐는 것이었다. 소련에서 나온 동포뿐 아니라 중국 동포들, 이남의 미국 동포들은 임정에 참가할 수 없다는 이야기이냐는 지적이었다.

　이게 시빗거리가 되어 옥신각신하다가 진정되니까 이번에는 오기섭이 일제 때 지하활동을 하던 사람은 어떻게 되느냐는 문제를 제기하였고, 지하활동가들은 일제하에서 독립운동을 한 범주에 들어간다는 답변까지 나왔다. 오기섭은 공산주의 혁명가들이 무장투쟁을 한 사람들 못지 않게 감옥살이도 오래하고 갖은 고생을 했으니 별도규정을 넣어야 한다는 주장을 폈다. 이에 대해 같은 국내파 공산주의자인 최경덕이 나서 "아! 여보시오, 뭐 그런 것 가지고…"라며 공박하기도 했다. 당시 회의는 정말 자유로웠다. 회의 주재자에게 일일이 발언권을 얻지 않고도 보통 좌담식으로 자유롭게 토론하였다.

　또 다른 논의거리는 임시정부 성원의 비율을 어떻게 할 것이냐는 것이었다. 공산당과 좌익이 정권을 이끌어야 하니까 세력관계가 2:1의 비율이 될 수 있어야 한다는 입장에서부터 8:2 혹은 7:3, 6:4로 하자는 의견이 속출하였다. 결론을 내리지는 않았지만 대체로 6:4로 한다는 정도로 잠정 합의한 것으로 안다. 다음으로 좌익 중에서는 어떤 비율로 할 것인가, 즉 공산당과 나머지 좌익정당 신민당·인민당의 비율은 어떻게 할 것이냐도 논란을 불러왔다. 지금 생각해 보면 어린애 장난 같다고 여겨지지만 당시에는 이런 것들이 심각한 문제였다. 결국 구체적인 비율을 정하지는 않고 원칙만 정하였다. 4월 5일 회의는 오전 10시에 시작하여 오찬 후에도 이어졌다. 회의가 요즘처럼 질서정연하게 진행된 것이 아니었던 데다가 토론 원고를 들고 나와 읽는 것도 아니었기 때문에 시간이 많이 걸렸다.

임시정부 성원에 대한 토의가 마무리되고 난 다음 2단계 사업으로 협약 체결에 대한 원칙, 4개국 신탁통치에 대한 원칙 등이 논의되었다. 협정 체결을 어떤 형식으로 할 것인지에 대해서는 원칙만 그어놓는 정도로 토의했다. 즉 후견제이니 만큼 신탁통치를 담당할 4개국위원회를 두고 이 위원회가 임시정부의 상부기관으로 군림하는 것이 아니라 임정을 도와주고 지원해야 한다는 것과 지원 방도에서도 임정의 독자적 활동을 제약하지 않고 협의한다는 두 가지 원칙이 정해졌다. 지원과 독자적 활동보장의 원칙이 그것이다.

그리고 나서 박헌영은 이남에서 벌어지고 있는 반탁운동의 실태보고를 겸한 발언에 나섰다. 이때 좀 야박한 사람들은 박헌영에게 "결국은 공산당이 인민들에게 삼상회의의 결정 내용을 옳게 전달하지 못한 탓이 아니냐"고 비판하였다. 그런데 1월 중순부터 미소공동위원회를 개최하기 위한 예비회의를 가지면서 이남 일각에서 "신탁통치의 주모자는 소련이다"는 소문이 번졌다. 이에 대해 스탈린은 3월 23일에 소련주재 미국대사를 불러 항의하였고 삼상회의 결정 채택과정의 상세한 내막(미국 제안을 소련이 수용했다는 내용)이 3월 25일자 『프라우다』에 실렸다. 이 내용이 타스통신을 통해 흘러나오자 이북에서는 3월 25일 정당·단체·개인 별로 타스통신 지지성명을 냈고 이남에서도 야단법석이었다. 타스통신의 보도에 따라 찬탁진영은 좋은 계기를 맞이하였고 반탁진영은 타격을 입었다.

이 회의에서 박헌영의 공산당 측은 왜 이런 기회를 잘 살리지 못하느냐는 비판이 제기됐던 것이다. 박헌영은 이런 지적에 대해 아무 말도 하지 않고 가만히 앉아 있었다. 박헌영이 반박을 하지 않으니 입이 무겁고 신중하기로 소문난 박치우가 민망스러웠던지 "이남의 형편이 이곳 같지 않다. 우리도 계속 찬탁 선전에 관심을 기울였으나 3월 25일의 시점에서는 대세를 돌려놓기에는 시간이 너무 늦어버렸다"고 박헌영을 대신하여 말을 거들기도 하였다.

마지막으로 회의에서는 모스크바삼상회의에 의한 임시정부 수립을 촉진시키기 위한 군중운동, 즉 청원운동·진정운동을 벌이는 문제가 논의되었다. 이 회의에서 결정된 협의 대상이나 정강정책의 내용이 담긴 청원서나 진정서를 미·소 양군사령부와 미소공동위원회의 의장 앞으로 보내자는 것이었다. 이날 회의에서는 평양과 서울에서 4월 10일에 임시정부 수립을 촉진하기 위한 군중대회를 일제히 갖자고 합의하였다. 그 뒤에는 각 지역별로, 단체별로 군중운동을 하기로 했다. 그 결과 청원운동·진정운동이 대대적으로 벌어졌다. 농민단체, 청년단체 등이 나서 이름과 주소를 쓰고 도장을 찍은 서명지가 산더미처럼 쌓여 이를 트럭으로 소련군사령부에 넘기기도 하였다.

"사회민주당의 창당은 미국의 공작이 아닌가"

박헌영은 4월 6일에는 조직위원회에서 김일성을 잠깐 만나고 조직위원회내의 대남연락실 관계자들도 만났고, 허가이·김열 등 소련에서 나온 사람들도 만났다. 이 무렵 당내에서 조직국장을 하다가 조직담당 제2비서를 맡았던 허가이의 비중이 상당하였다. 김일성이 북조선임시인민위원회 위원장을 맡아 행정업무에 주력하고 있었기 때문에 조직위원회 책임비서였다고는 하나 당 사업에는 예전처럼 신경을 쓰기가 어려웠다. 무정도 제2비서 직함은 그냥 달고 있었으나 출근은 보안간부훈련소로 하였다. 허가이의 후임 조직국장은 김열이었다. 박헌영은 6일 점심을 먹기 전인 오전 11시쯤 평양을 출발하여 38선 근방에 가서 날이 어두워지자 38선을 넘었다. 당시 개성에는 38선 월경 업무를 취급하는 연락원들의 거점이 있었다.

김일성과 박헌영의 제3차 회동시기에 두 사람이 개별적으로 밀담을 나눈 내용에는 상당히 중요한 것들이 포함되어 있었다. 당시 이남에서는 미국이 인민당을 분열시키고 여운형의 정치적 입지를 좁히려고 여운형의 동생 여운홍을 사주해 사회민주당을 만들도록 공작하였다. 김일성은 "사회민주당의 창당은 미국의 공작이 아닌가"하고 의문을 제기하자 박헌영도 동감을 표시했으며, 김일성이 "이 사실을 폭로하여 여운형을 도와주자"고 하자 박헌영도 동의했다고 한다.

김일성이 또 박헌영에게 임시정부 수립과 관련하여 여운형 · 백남운 · 김원봉 · 홍명희 · 김창숙 · 장건상 · 김성숙 등 좌파 인사들도 만날 필요가 있다고 지적하자 처음에는 견제 심리에서인지 꺼리는 태도를 보였던 박헌영도 결국 동의했다고 한다. 이 밀담이 계기가 되어 박헌영이 4월 6일 서울로 돌아간 지 열흘 남짓만에 여운형이 평양을 방문하게 된다. 이것은 박헌영이 "여운형에게도 소련군정 지도자들과 접촉할 수 있는 기회를 주자"는 김일성의 제안에 일단 동의해 놓고도 이를 제대로 추진시키지 않자 김일성이 여운형의 월북을 위해 직접 사람을 파견한 결과였다.

아무튼 4월 5~6일의 김일성과 박헌영의 밀담에서는 통일전선을 실천에 옮기기 위해 좌익계 인사들과 접촉을 가지는 게 필요하다는 이야기가 주를 이루었다고 한다. 나중에 박헌영이 쓴 「자술서」를 보면 김일성이 이남 좌익계 인사들의 인적사항을 너무 잘 알고 있어 깜짝 놀랐다고 되어 있었다. 이것은 김일성과 박헌영의 제2차 회동 이후에 공산당 북조선조직위원회에 대남 연락실과 연구실을 두고 정보수집과 분석에 나섰기 때문에 가능한 것이었다. 연락실 성원은 7명쯤이었고 연구실은 이보다 조금 작았다. 연락실과 연구실 실무자들이 남조선신문 등을 깊이 연구한데다 김일성 자신이 사람 관련사항을 중시하니까 이남 지도자들에 대해 소상히 파악할 수 있었던 것이다.

그밖에 박헌영이 공산당 북조선조직위원회의 주요 간부들과 만났을 때 논의한 다른 사안도 있었다. 이남에서 이승만·한민당·임정계가 비상국민회의를 조직했다가 미군정의 자문기구로 변질되자 반탁운동에 앞장서온 임정계가 4월경 여기서 떨어져 나온 사정과 관련하여 결국 임시정부가 수립되는 시점에 이르면 반탁진영도 임시정부에 참가할 수밖에 없을 것이라는 점, 임정계 사람들은 반탁을 하지만 독립을 위해 힘쓴 사람들이었으니 임시정부 수립 때 협의대상으로 참가하게 될 것이라는 점 등을 토의하였다. 김규식의 사례와 같이 삼상회의 결정을 지지하지만 철저한 반공분자인 경우에는 어떻게 할 것인가를 둘러싸고도 설왕설래가 있었다.

김일성과 박헌영의 제3차 회동과 관련하여 한 가지 빠트릴 수 없는 사실은 4월 2일 김일성이 조만식을 방문한 것이었다. 김일성은 임시정부 수립문제가 나오자 최용건·이주연·김책과 함께 조만식을 만나러 갔다. 김일성은 조만식에게 미소공동위원회가 임시정부 수립에 관한 3호 결정을 발표했다는 사실을 전하면서 "마음을 돌려 달라"고 설득하였다. 그러나 조만식은 "후견이든 신탁이든 이 상황에서의 임시정부라면 결국 완전자주독립정부가 아니라는 이야기인데 그런 임시정부라면 관심 없으니 당신들이나 하라. 36년의 식민지 생활만 해도 진절머리가 난다"며 타협의 여지를 두지 않았다. 김일성은 이 면담을 끝으로 조만식과의 타협을 포기하게 된다.

제4차 회동
: 1946년 6월 27일경~7월 12일경

김일성과 박헌영의 제4차 회동은 박헌영이 1946년 6월 27일경부터 7월 12일경까지 약 보름간 평양과 모스크바에 머무는 동안에 이뤄졌다. 당시의 월북은 미소공동위원회의 휴회에 따른 대책, 조선정판사사건을 비롯한 공산당에 대한 미군정의 탄압, 3당합작 문제 등에 대한 종합 대책을 마련하기 위해서였다. 3당합당 문제가 가장 중심적인 현안이었다.

다만 완전한 대책을 마련하기 전에 3당합당 문제와 관련하여 일단 이남의 신민당과 인민당의 반응을 알아볼 필요성이 제기된 데다가 당시 이남에서 큰 수해가 났기 때문에 이북의 수재의연금을 이남의 공산당에 전달할 필요성이 있었다. 그밖에도 서울주재 소련영사관의 철수문제, 서울에서 일어난 화물자동차회사의 파업사태 문제 등 긴급현안이 생겨 박헌영은 일시적으로 다시 서울로 내려오게 된다.

제4차 회동과 관련하여 우선 김일성과 박헌영이 만나지 않으면 안 되었던 정세 상황부터 살펴볼 필요가 있다. 1946년 4월 중순에 나온 미소공위 5호 성명이 중요한 계기가 되었다. 3호 성명이 나온 이래 임시정부 수립의 협의대상, 참가대상의 자격을 규정하는 문제를 놓고 숱한 논의가 진행되는 가운데 결국은 삼상회의 결정을 지지해야 하고 특정 조직을 대표해야 하며 운동 실적도 있어야 한다는 것 등이 논의됐다. 최종적으로는 삼상회의 결정을 지지하는 서약을 하는 정당·단체들을 협의대상에 포함시킨다는 5호 결정이 나왔던 것이다.

미소공동위원회 휴회

미국과 소련 대표들은 5호 성명을 실행하기 위해 계속 협의하다가 결국은 임시정부 수립에 대한 구체적 합의를 끌어내지 못하고 5월 1일인가에 7호 성명을 발표하고 8일쯤 가서는 미소공동위원회가 무기한 휴회에 들어간다. 미소공위의 무기휴회로 남과 북의 민중들에게 한껏 기대감을 주었던 임시정부 수립문제도 무기한 휴회 상태에 들어가고 말았다.

미소공위의 휴회는 국제적으로도 큰 영향을 미치는 사건이었다. 제2차 세계대전 기간에 미국과 소련은 하나의 연합군으로 동맹군이었다. 전쟁 기간에 연합군으로서 동맹관계를 갖고 파시즘과 군국주의에 반대하는 전쟁에서 승리하였다. 그리고 포츠담선언이나 카이로선언 등을 통해 독일·일본에 관한 전후문제를 처리해왔으며 마지막 남은 것이 조선문제였다. 얄타협정이나 카이로선언에서 적당한 시기에 조선에 독립을 부여한다는 식으로 막연하게 합의했다가 1945년 12월 말에 가서야 비로소 전후처리의 마지막 문제인 조선문제 처리방침이 마련됐던 것이다. 모스크바삼상회의 결정은 얄타 합의를 반영하고 미국의 4개국 신탁통치안과 소련안을 절충해서 나온 것이다.

모스크바삼상회의 결정이 나오고 미소공동위원회를 열어 3월 말에 3호 결정이 나올 때까지는 미국과 소련이 연합국으로서 공동책임을 지고 조선문제를 해결하겠다는 입장에서 협력관계에 있었다고 보아야 한다. 그러나 3호 결정 이후 임시정부 수립문제를 토의하는 과정에서 이해관계가 심각하게 드러나면서 대립으로 치닫게 된다. 이것이 미소공위의 무기휴회를 낳았다. 미국과 소련이 이 단계에 와서는 연합군·동맹군으로서의 협조체제를 깨트리게 되었음을 뜻한다. 즉 미소공위의 무기휴회는 제2차 세계대전 기간에 형성된 미국·소련 주축의 연합동맹군 협조체제가 깨지고 대립체제로 180도 전환한 것이었다. 이는 당시의 정세에서 가장 중요한 변화였다. 전후 처리의 마지막 단계에 와서 양국은 각자 자신의 이익을 전면에 내세우게 되었고 이것이 대립의 이유였다. 미소공위의 결렬은 세계적 냉전체제의 서막이었다.

모스크바삼상회의 결정의 기본은 임시정부 수립문제였는데 미소공위가 진행됨에 따라 조선의 정세, 즉 세력판도에서 변화가 일어났다. 미국은 당초 조선문제를 토의할 때 4개 연합국에 의한 신탁통치안, 즉 선(先)신탁통치 후(後)정부수립의 입장을 취했지만 모스크바결정은 후견인안, 즉 선(先)정부수립 후(後)신탁통치의 입장으로 정리되었다.

미국이 선(先)신탁통치안을 완강하게 주장한 것은 4개국 연합국 구성에서 사회주의국가는 소련방 하나이고 자유민주국가는 3개국이므로 조선을 신탁통치하면 자신이 주도권을 장악할 수 있다는 계산에서였다. 모스크바결정이 나올 때까지도 미국은 4개국 신탁통치안을 줄곧 주장해왔으나 결국 소련안과 절충하여 임시정부를 수립하고 5년간 4개국이 후견인제로 한다는 결정이 나왔다. 미국이 양보했던 것이다.

그러나 미국과 소련은 미소공위가 열릴 당시의 조선 내부의 세력판도에 대한 정확한 감이 없었던 것으로 보인다. 미소공위가 순조롭게 열려 3호 결정, 5호 결정이 나올 때까지도 세력판도에 대한 타산이 두드러지지 않았던 것으로 안다. 남북관계와 이남에서의 좌우익관계가 그렇게 두드러지게 명확하지 않았던 것이다.

찬탁, 반탁 갈등 첨예화

미소공동위원회가 무기휴회에 들어간 데에는 조선 내부의 환경이 중요하게 작용하였다. 삼상회의 결정에 대해 찬탁이냐 반탁이냐를 둘러싸고 갈등이 첨예화됐기 때문이다. 미소공동위원회에서 양측의 갈등이 대립으로 치닫게 되는 원인에는 찬탁과 반탁을 둘러싼 조선 내부의 갈등이 작용했다는 점이 중요하다. 조선 사람들이 단합하지 못하고 충돌하니까 상황이 걷잡을 수 없게 복잡해졌던 것이다. 그때 만일 우리가 합작하여 통일적인 합의를 끌어냈더라면 미국과 소련으로서도 반대할 수 없었을 것이다.

이북에서는 반탁진영이 완전히 몰락하여 존재 자체가 없어졌다. 조만식이 연금되고 반탁진영이 각개 격파되었고 반대자는 자취를 감추게 되었던 것이다. 개별적으로 반탁운동을 전개하다 체포된 사람들은 시베리아로 끌려 가버렸다. 그리고 반탁진영의 주요 인사들은 대부분 월남해버렸다. 이런 정황 속에서 김일성은 조선공산당 북조선조직위원회의 당위원장이었던 데다가 1946년 2월부터는 북조선임시인민위원회 위원장까지 맡아 권력을 장악했으며 3월부터 토지개혁을 시작하여 정권 수립의 기초를 닦아나갔다.

어떻게 보면 소련군정 측과 이북 공산주의자들이 너무 서두른 감이 있었다. 이북에서 지탱점·근거지·민주기지를 만드는 일을 너무 서둘렀기 때문에 미국 측이 매우 놀라 경직되게 나온 측면도 있다는 것이다. 이남에서는 좌우익이 뒤엉켜 혼란이 극에 달하고 있었던 데 반해 이북에서는 착착 인민정권 수립과정이 진행되고 있다고 생각한 미국은 타협의 여지가 없다고 판단했던 것으로 보인다.

이남의 혼란상과 세력판도가 미국을 심히 자극했던 게 사실이다. 이남에서도 실질적으로는 좌익의 찬탁진영이 우세를 보였고 이런 상황이 미국으로 하여금 소련과의 합의에 이르지 못하게 했던 것으로 생각한다. 이남의 우익진영은 반탁을 부르짖기만 했지 친일파·민족반역자 운운하는 바람에 영향력을 확대하기가 곤란하였고 조직력이 약해 군중동원에도 성공하기 어려웠다. 군중은 좌익단체에 의해 조직적으로 동원되는 분위기였다. 미소공위에서 임시정부 수립문제를 논의할 즈음에는 이러한 세력판도가 확연히 드러났다. 더욱이 이북에서 정권 형태의 판을 짜는 것을 보고 미국 측은 극도의 위기감을 느끼게 되었던 것이다.

지금 와서 생각해보면 아쉬운 것은 이북에서 김일성 등의 공산주의자들과 소련 측이 정권 창출을 서두르지 않았더라면 미소공위에서 합의점을 찾을 수도 있지 않았겠는가 하는 점이다. 미소공위에서 임시정부 협의대상을 둘러싸고 벌어진 대립은 바로 이러한 상황의 반영이었다. 이처럼 미·소의 이해관계로 미소공위가 결렬되고 연합국의 협조체제가 무너지면서 대결과 냉전으로 치달은 것은 조선 내부의 세력판도도 한몫을 했던 것이다.

미국은 조선의 전후문제에 대한 명백한 자기 입장을 갖지 못한 채 한반도에 들어와 정책을 만들어나가는 과정에서 소련 측의 치밀한 상황 전개에 매우 놀랐던 것으로 보인다. 미국이 조선문제를 단순하게 여겼던 증거들이 있다. 일례로 미소공위의 대표단 구성을 눈여겨볼 필요가 있다. 소련측 대표는 스티코프 단장, 차라프킨 전권공사, 레베데프 소장, 발라사노프 정치고문, 코르크렌코 대좌 등 5명이었고 미국측 대표는 아놀드 소장 이하 정치고문인 랭든, 테라·부트·브리튼대령 등이었다. 스티코프는 스탈린 직계로 극동방면 군사령부의 정치위원이었고, 차라프킨은 소련외무성 일등서기관으로 독일 베를린문제를 처리할 때 스탈린을 동행했던 인물이자 모스크바삼상회의 결정 때 소련대표단 성원으로 참가하였다.

소련군 제25군 정치위원이자 이북의 정권 창출에 깊숙이 관여했던 레베데프, 제25군 고문이자 소련공산당 극동약소민족국 출신으로 일본대사관에 근무한 적이 있고, 일본어와 우리말에 능숙한 조선문제전문가 발라사노프 등 쟁쟁한 전문가들이었다. 이에 비해 미국 측은 아놀드와 랭든 이외는 대령급이었다. 대표단 구성에서부터 소련 측은 미소공동위에 큰 관심을 가진 데 비해 미국은 그렇질 못하였다. 미국 측 대표단의 구성을 보면 과연 이 사람들 가지고 조선문제를 해결할 수 있겠는가 하는 의구심이 들 정도였다.

1946년 5월 8월에 미소공동위원회가 결렬되고 5월 9일에 스티코프 단장 등 소련 대표들은 서울을 떠나버린다. 7월 초에 이르면 서울에 있던 소련총영사관도 아예 철수해버리고 만다. 5호 결정이 나올 때 서약서에 도장을 찍으면 참가대상으로 인정한다고 했으나(김규식 주장처럼만 했어도 괜찮았을 것이다), 반탁진영이 막무가내로 이것마저 반대하자 미소공위마저 깨져버리고 말았던 것이다. 좌우익 간의 첨예한 이해관계의 대립이 있었고 근본적으로 세력다툼에서 양보하지 않았기 때문이다.

미국의 좌익 탄압

미국은 미소공위가 결렬되자 이북이 공산화될 것으로 내다보고 대소련 정책을 바꾸는 한편, 이남에서 우익세력을 본격적으로 키워 좌익을 약화시키는 방법을 적극적으로 모색하게 된다. 이 무렵 미국은 통일적 임시정부를 수립할 경우 역량관계로 보아 좌익에게 정권을 넘겨주고 만다는 판단을 내리게 된 것으로 보인다. 이남에서만이라도 단독정권을 수립해 자신의 영향 아래 두어야겠다는 쪽으로 명백히 방향선회를 했던 것이다. 이것이 6월 3일 이승만의 '정읍발언'으로 표출된 게 아닌가 생각한다. 미소공위가 결렬되자 한 달도 채 안되어 미국은 좌익을 탄압하고 우익 단독정권을 수립할 계획을 세운 것이 분명하며 정읍발언에서 단독정부 수립안이 터져 나왔다. 한편 미국은 널리 알려진 정판사사건을 통해 본격적으로 좌익 탄압에 돌입하였고, 다른 한쪽에서는 좌우합작 카드를 내놓았다. 그리고 인민당 당수 여운형의 친동생 여운홍을 유인하여 인민당에서 떨어져 나와 사회민주당을 만들도록 종용하기도 했고, 여운형과 박헌영 간의 이간질에도 열을 올렸다. 좌익 탄압의 다른 한켠에서는 좌익 분열 정책을 꾀하였던 것이다. 미국이 총체적으로 단독정부 수립 쪽으로 정책 방향을 급선회했음을 뜻한다.

한편 김일성과 박헌영의 제4차 회동은 이북의 당시 분위기로도 그 중요성이 설명된다. 이북에서는 1945년 12월 중순의 조선공산당 북조선분국 제3차 확대집행위원회 이후부터 1946년 미소공동위원회가 들어설 단계가 될 때까지는 공산당의 지도체계가 다 짜이고 온전하게 당이 지도적·향도적 역할을 수행할 때였다. 그리고 1946년 2월 8일 북조선임시인민위원회가 설립되면서 정권문제도 해결되었다. 그전에는 협의기구에 지나지 않았던 5도행정국이 1946년 2월 단계에 와서는 완전한 중앙적인 정권기관으로 탈바꿈하였다.

또한 1946년 초까지는 공산주의청년동맹(민주청년동맹)·여성동맹·직업동맹·농민동맹 등 사회단체들도 조직되었고, 마지막에 민주주의민족통일전선(민전)이 결성되었다. 그 결과 북조선민전 조직이 1946년 5월까지는 중앙으로부터 도·시·군·리까지 완전히 정비되기에 이르렀다. 이 과정에서 이북을 혁명의 '지탱점', 즉 근거지로 건설하기 위한 민주개혁에 착수하였다. 3월 초에 시작된 토지개혁은 빠르게 완수되었고 중요산업을 국유화하는 등의 민주개혁을

'조선정판사위폐사건'을 보도한 당시 신문과 재판정에 나온 이관술 조선공산당 정치국원. 미군정은 제차 미소공동위원회가 휴회된 직후인 1946년 5월 이른바 '조선정판사위폐사건'을 발표하고, 이관술 등 조선공산당의 일부 간부를 체포했다.

실시할 토대가 마련되었던 상황이다.

이북의 당시 세력관계도 생각해볼 필요가 있다. 조선민주당에서는 조만식이 빠져나가고 민족계열 인사들이 대거 월남하여 최용건 중심으로 당이 재구성되었다. 천도교청우당은 김달현이 중심이 되어 1946년 3월부터 시작해 군 단위까지 조직되기에 이르렀다. 이것이 6~7월에 민주주의민족통일전선이 결성되는 기초가 된다. 이런 조직적 기초 위에서 민주개혁이 실시되었던 것이다.

그리고 모스크바삼상회의 결정이 나온 직후에는 이북에서도 반탁운동이 있었지만 4~5월을 거쳐 3호 결정이 나오면서 거의 없어진다. 이북에서 반탁을 주장한 사람들은 민주당 내의 조만식그룹, 공산당과 신민당의 일부 등에 불과하였다. 반탁 주장을 거세게 펼쳤던 사람들은 월남해버리거나 소련군에 의해 시베리아로 끌려가 버렸다. 이 과정에서 임시정부 수립 촉진을 위한 투쟁, 미소공동위원회 성공을 위한 투쟁이 전개되었고 반탁운동의 조직적 기반이 완전히 무너져버렸다.

이와는 달리 이남의 정세가 매우 엄중하여 김일성과 박헌영은 만나지 않을 수 없었다. 미소공동위원회가 무기휴회에 들어가자마자 정판사사건이 터져 공산당에 대한 탄압이 거세졌다. 정판사사건은 공산당이 불법 위조지폐를 찍어 경제를 혼란시킨다는 구실로 좌익 핵심세력들을 탄압하고 공산당과 군중들을 유리시키려는 것이었다. 당시 수도청장 장택상, 미군정장관이 정판사사건을 발표하고 탄압의 강도를 높이는 가운데 공산당의 일부 간부들은 체포되었고 공산당 본부건물을 수색하는 일이 벌어졌다. 이북에서는 이 사태를 보다 정확히 파악하기 위해서 5월 말경 사람을 내려보냈다. 미소공위가 깨지면서 정판사사건만 일어난 게 아니라 좌익언론에 대한 대대적인 탄압이 이어졌다. 『해방일보』를 비롯하여 인민당기관지 『조선인민보』 『현대신보』 『국제신보』등 네댓 가지 신문을 폐간하고 주필들을 구속했다. 이는 좌익진영의 선전 수단을 봉쇄하려는 조치였다.

미군정은 또한 시위집회에 관한 허가법 채택을 서둘렀다. 인민위원회에 대한 탄압도 거세져 군 단위에서는 인민위원회 해체령이 내려지고 지방 간부들이 구속당하였다. 미소공위가 무기휴회에 들어가자 우익경찰과 미군정 측은 공산당과 좌익진영에 대한 노골적인 탄압을 전개했던 것이다. 6월에 들어서면 이남의 좌우합작은 미군정의 조종 하에 놓이게 된다.

이남의 정세가 이렇게 돌아가자 김일성은 미국이 경찰을 앞세워 좌익진영을 전면적으로 탄압하는 한편, 좌익진영 내부의 와해전술을 쓰고 있다고 판단하였다. 특히 미군정 측이 공산당뿐 아니라 여운형의 인민당을 와해시키려고 동생 여운홍을 포섭해 사회민주당을 조직하게 한데다 인민당 내부을 이용해 여운형을 좌우합작에 끌어들이고 신민당까지도 군정 통치구조 속에 끌어들이려 하는 사실을 중시하였다.

이런 와중에 김일성은 5월 20일쯤 자신의 비서이자 당시 북조선임시인민위원회 위원장의 비서실장이었던 한병옥을 서울에 급파하였다. 한병옥은 서울로 내려갈 때 북조선공산당 중앙위원회의 대남연락부서 실무자인 한은필·최광호와 함께 갔다. 한병옥은 서울에서 박헌영과 여운형을 비롯한 지도자들을 만나고 정판사사건이나 언론탄압의 진상을 조사한 뒤 이북으로 돌아왔다.

좌우합작운동 시작

그런데 6월 초에 느닷없이 김규식과 여운형이 좌우합작을 주도하고 나섰다. 6월 중순에 김규식, 임정 출신인 한국민주당의 원세훈, 인민당의 여운형, 신민당의 허헌 등의 4자회담이 열렸고 합작 3대 원칙이라는 게 발표되었다. 여운형은 4월에 이북에서 김일성을 만날 때만 해도 이에 대해 이야기한 바가 없었다. 여운형은 미소공위가 무기휴회에 들어가면서 임시정부 수립이 마지막 단계에서 결렬된 것은 민족 내부의 분열, 좌우합작의 실패 때문이라고 판단해 나름대로 새로운 정치행보를 시작했던 것이라 할 수 있다. 한병옥이 서울에 갔다 온 뒤 6월 들어 새로운 상황이 조성됐던 것이다.

이 문제가 상당히 복잡하게 얽혀들고 여운형과 박헌영의 관계가 미묘해지자 6월 중순에 당시 북조선공산당 중앙위원회의 '통일전선부' 부부장인 성시백이 서울로 특파된다. 이때는 한은필은 안 내려갔고 최광호와 김영식이 동행했는데 김영식도 대남연락부서의 실무자였다.

성시백은 서울에 대엿새 있으면서 좌우합작운동을 파악하면서 박헌영과 만났고, 특히 중국계통에서 온 김규식 · 엄항섭 · 조소앙 · 송호성 등 여러 인사들을 만났다. 성시백은 비공식적으로 백남운 · 허헌과도 만났다. 그가 좌우합작에 대해 알아보니 박헌영의 공산당 측과 여운형의 인민당 측의 이야기가 정반대였다고 한다. 성시백은 서울에서 여운형을 직접 만나지는 못하였고 주변 인사들을 통해 여러 가지 정보를 입수하였다. 여운형은 좌우합작이 시급하고 미소공위 재개운동이 중요한 만큼 미국을 등에 업지 않으면 안 된다는 입장이었고, 박헌영은 이 상황에서 미국을 업자는 것은 자신의 정치적 야심을 채우려는 것밖에 안 된다는 주장이었다.

당시 좌우합작이 처음 나올 때 3대 원칙이 있었는데 첫째로 부르조아 민주주의공화국을 수립한다는 게 있었다. 성시백이 이 사실을 김일성에게 보고하자 김일성은 여운형의 주장에 일리가 있다고 긍정을 보였다. 김일성도 시종일관 민족통일전선을 강조해온 입장이었기 때문에 민족통일전선의 한 부분으로 여운형의 의도대로 도와줘야 한다는 태도를 보였다.

그리고 당시의 국제정세에서 빠트릴 수 없는 중요한 사실이 있다. 소련의 지원 아래 동유럽권에서 여러 사회주의국가들이 탄생하였고 이에 따라 국제공산주의운동에서 완전히 새로운 조건이 조성되었다. 예전에는 사회주의나라가 소련 하나인 조건에서 제2차 세계대전 이전에 유럽 각국에서 공산당들이 제3국제당, 즉 코민테른 아래 합법적으로 활동하다가 2차대전과 함께 코민테른은 해체되었다. 그러다가 1945년 이후 동유럽 나라들에서 사회주의정권이 탄생함에 따라 국제공산주의운동과 노동운동의 환경에서 새로운 조건이 형성됐다. 즉 사회주의진영이 형성될 수 있었던 것이다.

이것은 각국 당들이 노선과 조직 면에서 국제당의 중앙집권적 지도를 받을 필요가 없는 상황이 왔음을 뜻한다. 다만 각국 당들이 동일 보조를 취하는 것은 여전히 필요했으므로 연락기구를 만들 필요성에 직면하게 된다. 소련이 옛날처럼 제3국제당을 만들 수는 없지만 집권당들에 대한 통일적인 국제적 지도는 하지 않더라도 정책적 정보를 교환하고 지원하는 연대는 필요했던 것이다. 이러한 논의가 1946년에 들어와 소련공산당을 중심으로 본격적으로 진행되기 시작하였다. 그 결과 1947년에 소련공산당을 중심으로 코민포름이라는 국제보도국이 만들어졌다.

이 과정에서 1946년 6월 말에 소련공산당이 주관한 국제공산주의자들의 모임이 있었고, 이 모임 뒤에 코민포름이 창설되었다. 이 모임이 공식회의 형태를 띠었는지 소련공산당 지도자들과 다른 나라 공산당지도자들이 개별적으로 접촉했는지는 정확히 알지는 못하지만, 비공식적으로 극비리에 모스크바에서 접촉이 있었다. 소련공산당은 물론이고 동유럽의 각국 당 책임자들이 모스크바에 모여들었던 것인데 그 규모나 참석자 수는 잘 모르겠다. 다만 한 가지 이 접촉에 북조선공산당 대표뿐 아니라 남조선공산당 대표도 참석시키기로 한 것 같다.

김일성 · 박헌영, 모스크바 방문

이 상황에서 박헌영은 서울 정세를 이북 지도자들과 협의하고 모스크바 비밀접촉에도 참석할 겸해서 6월 27일쯤 평양에 왔다. 박헌영은 6월 29일경 이북 공산당지도자들과 한 차례 협의회를 갖고 6월 30일 혹은 7월 1일에 모스크바로 출발하였다. 박헌영의 모스크바 방문은 워낙 극비여서 아는 사람이 별로 없었다. 당시만 해도 소련이 미국과의 협력관계를 많이 의식하던 때였기 때문이다.

박헌영의 4차 월북 때 동행한 사람은 허성택 · 박치우 · 이호제 세 사람이었다. 박치우는 이때 평양에 와서 이북에 눌러 앉았고, 이호제는 조선공산당 서기국에서 일하던 인물인데 나중에 조선로동당 연락부장을 하다가 오대산 빨치산 사령관으로 내려갔다. 박헌영은 평양에 와서 4~5일 있다가 모스크바로 가 7월 10일쯤에 평양으로 다시 돌아온 것 같다. 당시에 이 일이 워낙 극비리에 진행되어 중앙당에 있던 일부 실무자들만 알고 있었다.

나도 이 사실을 까마득히 잊어버리고 있다가 박헌영의 딸이 1946년 여름에 박헌영을 모스크바에서 만난 일이 있다는 보도를 접하면서 다시 기억을 떠올리게 되었다. 모스크바에 있던 박헌영의 딸이 모스크바에서 그를 만났다면 7월에 만난 게 맞다. 박헌영이 모스크바에서 스탈린을 만난 것도 공식적으로 확인되지는 않았지만 사실일 것이다.

박헌영이 6월 말에 평양에 올 때 우리가 38선까지 승용차를 가지고 마중 나가 데리고 왔다. 당시 평양의 지도층 인사들이라고 해도 박헌영이 평양에 왔다는 것을 대부분이 모를 정도로 극비리에 추진되었던 일이다. 박헌영이 평양을 떠나 모스크바로 갔을 때 김일성과 허가이도 한 열흘 동안 보이지 않았다. 그래서 김일성과 허가이가 박헌영과 함께 모스크바에 갔다 왔다는 이야기가 대남부문 실무종사자들과 일부 고위간부들 사이에서 잠시 떠돌았다.

대남 실무자들은 박헌영을 평양으로 데려오기 위해 개성 인근의 금촌까지 마중을 나갔었다. 그때도 박헌영을 개성 쪽으로 월북시킬 것인가, 연천 쪽을 택할 것인가를 놓고 논의를 많이 하다가 개성 거점이 제일 든든하고 안전하여 그 쪽을 택하였다. 훗날 박헌영재판 당시에 증인으로 나온 사람들 중에 전구화라는 인물이 있는데, 바로 그가 연락책임자로 개성에 머물면서 사람들을 데리고 왔다 갔다 하였다. 이번에는 차도 좋은 것을 가지고 내려갔다. 소련군정에서 내준 김일성의 승용차를 김일성 승용차의 운전수가 직접 몰고 내려갔고 대남 실무자들은 지프를 이용하였다. 이때 김일성은 지금의 통일거리 건설지역인 낙랑구역 밖까지 마중 나갔다. 평양 외곽지역에서 시내 중심의 중구역까지는 30~40리는 족히 된다. 김일성뿐 아니라 김책·허가이·최창익·김두봉 등도 함께 나와 있었다.

평양 도착 뒤 4~5일 동안 공식회의는 없었지만 협의회는 가졌다. 박헌영은 소련군정 지도자들과 만나기도 했지만 이 기간에는 주로 김일성과 밀담을 나누는 일이 많았다. 공산당 관계자들, 인민위원회 관계자들, 신민당 관계자들이 자리를 함께 한 연회도 열렸다. 그리고는 6월 30일쯤에 평양을 떠나 7월 10일쯤 평양으로 되돌아 왔다. 평양에 되돌아와서는 하루반 정도 머물고는 곧장 서울로 갔다. 10일 저녁에 와서 12일에 다시 서울로 향하였던 것으로 안다.

정판사사건 심각하게 논의

박헌영이 평양에서 모스크바로 가기 전의 며칠 동안에 정식회의에서 큰 결정이 내려지거나 한 것은 없었다. 한 차례의 협의회와 여러 차례의 밀담이 있었을 뿐이다. 협의회에는 김일성·허가이·김책·주영하 등이 참석하였다. 이 자리에서 논의된 것은 미소공위 결렬 후의 서울사태, 정판사사건, 6월 3일 이승만의 정읍발언, 좌우합작문제 등이었다. 당시까지만 해도 좌우합작이 시작됐지만 아직 초보적인 단계여서 여운형이 자신의 취지를 북측의 김일성에게 전달하지 못한 상황이었다. 김일성 측이 성시백을 밀사로 파견했지만 그때는 여운형을 만나지 못했기 때문에 김일성 측으로서도 월북한 박헌영의 이야기를 주로 듣기만 하는 입장이었다. 협의회에서는 박헌영이 주로 이남의 정세를 설명하였고 나머지는 듣는 편이었다고 한다. 특히 심각하게 다뤄진 것은 정판사사건이었다.

정판사사건과 관련하여 김책·허가이·주영하 등은 공산당 측이 미군정으로 하여금 정판사사건을 조작할만한 빌미를 제공한 게 아닌가 하고 지적해 논란을 빚기도 하였다. 일제 때 일본인들이 근택빌딩과 근택인쇄소에서 지폐를 찍어냈다는 것은 쉽게 알 수 있었는데도 만약의 사태에 대비하여 화폐 찍는 기계나 정판기를 치워버리지 않은 게 발단이었다는 지적이 있었다. 조선 공산당 본부가 이 건물을 사용하고 해방일보사·해방출판사가 그 인쇄소를 쓰고 있었다면 미리 알아서 정판기 등의 기계를 다 치워버렸어야 하지 않았는가 하는 질책이었다.

정판사사건에 대하여 허가이 같은 이들은 박헌영 측이 미군정의 경제를 혼란시키기 위해 정말로 위조지폐를 발행했던 게 아닌가 하는 의구심을 갖고 있었고, 이북 공산당에서도 이런 식의 이야기가 있었다. 사실 경제교란이 미군정에 대한 하나의 투쟁방법이 될 수도 있었다. 일각에서는 실제 내용이 어떠하든지 간에 왜 서툴게 미군정에 구실을 주었는가 하고 비판하였다. 정판사사건에 대해서는 초보적인 논의만 하고 특별한 해결책을 찾지 못한 채 나중에 다시 대책회의를 갖자는 선에서 넘어갔다.

1946년 6월 29일의 협의회에서 좌우합작문제도 논의되었다. 박헌영은 여운형의 좌우합작운동에 대해 매우 비판적이었다고 한다. 여운형이 야심가여서 자신의 지위가 약해지니까 미국을 등에 업고 새 국면을 주도해나가려고 한다는 것, 미국의 입장에서는 정판사사건을 근거로 공산당을 탄압하고 다른 한편으로 남조선민전을 분열시키려고 여운형을 끌어들여 단독정부 수립의 정치적 기초를 마련하려고 한다고 강조하였다. 여운형의 태도는 아무리 좋게 보아야 미국의 전략에 말려들어 이용당하고 말 것이라는 것이 박헌영의 설명이었다고 한다.

1946년 6월 초순에 좌우합작의 새로운 기운이 일어났을 때만 해도 이북에서도 이것을 긍정적으로 보기는 어려웠다. 여운형과 미군정 관계자들이 군정 정치고문인 버치 중위의 집에서 회의를 열었기 때문이다. 좌우합작이 버치의 조종에 의한 것이라고 본 박헌영은 좌우합작운동이 미군정에 의한 조작이라고 비판할 수밖에 없었다. 그런데 6월 중순에 서울에 다녀온 성시백은 6월 10일자인지 11일자 여운형의 기자회견문을 평양으로 가져오면서부터 이북에서 여운형에 대한 평가가 바뀌기 시작하였다.

여운형의 기자회견문은 민주주의통일정부 수립은 이남에서의 좌우합작의 토대 위에서 북과의 합작을 통해서만 가능하다는 전제하에 자신의 좌우합작운동의 의미를 설명한 것이었다. 이것은 좌우합작운동에 대한 조선공산당 측의 비난을 염두에 둔 것이었다. 김일성은 이 기자회견문을 보고 여운형의 견해가 옳다는 입장을 피력하였고 이에 대해서는 당 중앙에서 이미 이야기가 한 차례 돈 적이 있다. 성시백은 이런 업무를 수행하는 과정에서 김일성의 직계가 된다. 그는 중국의 국공합작에 참여한 베테랑 공작원 출신으로 저우언라이(周恩來)의 추천에 의해 연안에서 평양에 파견된 특이한 인물이다. 저우언라이는 성시백 외에도 유명한 작곡가 정율성과 당간부 하앙천 등을 평양에 추천하기도 하였다.

이런 상황이었기 때문에 협의회에서 박헌영의 이야기가 액면 그대로 반영되는 분위기는 아니었다. 좌우합작운동이 미군정의 발기와 개입으로 진행되는 것이 분명하였지만 여운형이 실제로 미군정에게 이용당할 지는 더 관찰하고 연구해보자는 쪽으로 의견이 기울어졌다.

김일성은 박헌영과 모스크바로 향하면서 김책에게 지시해 성시백을 다시 서울로 내려보내도록 하였다. 성시백은 이남에서의 임무를 마치고 7월 5일쯤에 평양으로 귀환한 것으로 알고 있다. 성시백은 서울에서 여운형과 비밀리에 만나 그의 편지를 가지고 돌아왔다. 여운형은 이 편지에 좌우합작에 대한 자신의 생각을 밝혔다고 한다. 김일성에게 친서를 보낸 셈이었다. 성시백은 김일성이 모스크바에서 돌아온 뒤 친서를 보여주고 김일성의 답신(친서)을 갖고 7월 18일 전후에 다시 서울에 밀파되어 친서를 여운형에게 전하였다. 김일성은 극비리에 이러한 행동을 취하였고 북조선공산당의 대남연락 부문에서만 이 사실을 알 정도였다.

따라서 박헌영도 김일성과 여운형 간의 서신연락을 몰랐다. 김일성은 김일성대로 좌우합작이 자신의 정치노선인 통일전선 형성에 도움이 된다고 생각하였고, 여운형은 여운형대로 박헌영의 반발을 의식하여 김일성과 접촉할 필요성을 느꼈던 것이다. 4월 중순에 이미 여운형이 평양을 방문하여 임시정부 수립, 통일정부 수립문제를 김일성과 논의한 경험이 있었기 때문에 서신왕래가 어색한 일은 아니었다. 4월 중순에는 좌우가 통일정부 수립에 노력을 기울여야 한다는 민족통일전선의 강화라는 원칙적인 이야기는 있었으나 6월에 전개되는 좌우합작운동의 방식을 전개하자는 논의는 없었던 일이었다. 김일성과 박헌영이 서로 생각이 달랐음을 보여주는 좋은 예이다.

모스크바 방문 후 합당 거론

김일성과 박헌영의 밀담에서 정판사사건문제, 좌우합작문제, 미군정과 경찰의 전면적인 탄압공세에 대한 대처 전술, 즉 '정당방위 신전술' 문제 등이 논의되었다고 들었다. 전술문제, 좌우합작문제에서 김일성과 박헌영 사이에 견해차가 두드러졌다고 한다. 박헌영은 특히 최창익이나 한빈 등 신민당 측 사람들의 견해와는 상당히 다른 입장을 갖고 있었다. 그러다가 박헌영은 김일성·허가이와 함께 모스크바에 갔다 온 것이다.

이들의 모스크바행에 대해서는 최창익 등 조선신민당 측 사람들도 제대로 알지 못한 것 같다. 다만 어디에 갔는지 평양에는 잠시 없었다는 정도만 알고 있었다. 나중에 모스크바에서 돌아온 뒤에 최창익·김두봉 등 신민당의 지도급 인사들은 알게 되었다고 한다. 공산당·인민위원회 중앙에서도 이들의 모스크바 밀행 사실을 모르고 있었던 것으로 안다. 그 무렵 사법국장 최용달을 만난 일이 있었는데 그가 도리어 박헌영과 김일성이 어디 갔다는데 알고 있느냐고 물었던 것으로 보아 국장급들도 모스크바 밀행 사실을 몰랐던 것 같다. 그럴 정도로 비밀에 부쳐졌다. 박헌영은 모스크바에서 돌아온 뒤에도 신민당 인사들과는 만나지 않고 5차 월북 때에야 자리를 같이하게 된다. 박헌영이 4차 월북 당시에 신민당 지도자들과 만나지 않았던 것이 훗날 양자 간에 눈에 보이지 않는 대립을 낳게 된다. 4차 월북 때는 모스크바 체류 기간이 길어 평양에 머문 날은 일주일도 채 안 된다.

그런데 김일성, 박헌영 등이 모스크바 밀행에서 돌아오자마자 당 중앙에서 공산당과 신민당의 합당문제가 거론되기 시작하였다. 당 중앙에서 일하던 우리들도 깜짝 놀랐다. 이 결정이 내려진 배경을 잠시 살펴볼 필요가 있다.

당시 근로자당, 즉 대중정당을 발족시키는 문제는 조선에만 국한되는 문제가 아니라 국제공산주의운동에서 노선으로 채택된 것이라고 보아야 한다. 그 무렵 동유럽권에서는 대중정당의 발족이 한창 진행되고 있었다. 폴란드에서는 공산당과 사회당이 합당하여 통일노동자당으로, 헝가리에서는 공산당과 사회당이 합당하여 사회노동당으로, 동독에서는 사회통일당으로 각각 바

1946년 8월 열린 북조선공산당과 조선신민당의 합당대회 주석단에 나온 김일성 북조선공산당 책임비서와 김두봉 조선신민당 위원장. 두 당은 합당해 북조선로동당(위원장 김두봉)을 창당한다.

꿰었다. 다만 루마니아·체코·불가리아에서는 원래 공산당 세력이 강하고 주도권을 잡고 있었기 때문에 그럴 필요가 없었다.

대중정당 조직의 필요성이 제기된 것은 무엇보다도 사회당이 상당한 영향력을 갖고 있는 상황에서 독립된 국가의 주권을 장악하게 된 공산당이 민주주의혁명을 추진하는 단계였고 대중적 기반을 확고히 구축하는 게 요구되었기 때문이다. 조직노선에서 민주주의적 근로대중의 통일단결이 강조된 것이다. 이것은 당시 국제적 범위에서 하나의 노선이었다. 이 문제가 모스크바 비밀접촉에서 일정하게 논의됐음이 틀림이 없다. 김일성, 박헌영 등의 모스크바 밀행 직후에 바로 합당문제가 제기된 것에는 이런 배경이 작용했다고 보인다.

실제로 당시 남북의 현실로 보더라도 공산당이 대중정당으로 탈바꿈해야 하는 상황이었다. 민주주의혁명단계에서 강령도 유사한 데 갈라져 있으니까 각개격파 당하기가 쉬운 문제를 안고 있었다. 이북에서는 공산당 측이 이미 뒷날 신민당과 합당하기로 되어 있었기에 별 어려움이 없었다. 신민당 측은 자신이 집권당이 아니었기 때문에 권한을 행사하기가 어려워 빨리 합당하기를 바라는 분위기가 있었다. 공산당 측에서 볼 때는 신민당이 근로단체·농민단체·청년단체 등을 조직하지 않기로 사전에 약속되어 있었으나 이 약속이 지켜지지 않았고, 자꾸 산하 조직을 만들려고 하니 지방에서 분열과 알력이 심해져 난처한 김이 합당 문제가 제기되니 이를 환영하는 분위기였다.

이남에서는 미국이 좌익에 대한 탄압·분열정책을 쓰고 있었기 때문에 당을 옹호하고 지키기 위해서라도 합당할 필요성이 제기되었다. 당의 합법적 활동을 보장받기 위해서는 이미지를 대중정당으로 바꾸고 당수도 여운형이나 허헌 등 대중 정치인을 등장시킬 필요성이 있었다. 이에 대한 김일성의 입장은 확고하였다. 김일성은 통일전선 형성을 위하여 공산당을 대중정당으로 바꾸어야 한다는 분명한 입장을 갖고 있었다. 이남의 합당문제에서 박헌영은 매우 어려운 문제에 직면했다. 이북에서의 합당은 쉬웠지만 이남에서는 인민당의 여운형과 신민당의 백남운이 버티고 있어 상황이 복잡하였다.

김일성은 모스크바에서 돌아오자마자 합당문제와 관련하여 북조선공산당 중앙위원회의 지도원급 이상이 참가하는 비밀회의를 소집하였다. 이 회의에 박헌영은 참석하지 않았다. 공산당 중앙위원회의 실무자들이 참석한 내부 회의였다. 회의에서는 허가이가 발언하였다. 그는 합당문제가 중요하게 제기되고 있는데 아직은 시기상조이니 절대로 발설해서는 안 된다고 당부했다. 공산당 입장에서 사전에 내부적으로 충분히 토론을 거친 뒤에 준비를 갖춰야 한다는 이야기도 있었다.

그런데 이북에서야 북조선공산당이 조선신민당과 합치는 것이 그리 어렵지 않겠지만 이남에서는 사정이 좀 복잡하지 않느냐는 문제가 제기되었다. 결국 이남에서는 합당의 필요성을 제기해보고 여론이나 반응을 먼저 들어보는 게 선행되어야 할 것이라는 결론에 도달했다. 그러나 여론이나 반응을 알아보기 위해 밀사를 파견하는 것은 곤란하다는 인식을 당 지도부에서 갖고 있었다. 그래서 박헌영에게 서울에 다시 갔다가 평양에 오는 것이 어떻겠느

나는 제의를 하게 된 것이다. 이북에서는 지도부에서 합당문제가 본격적으로 논의되면서 중앙당 차원에서 뿐 아니라 도당 차원에서도 합당을 위한 회의가 계속 열렸었다.

북조선공산당 중앙위원회는 박헌영에게 서울로 가서 여운형 · 백남운 등을 만나 그들의 의견을 들어보고 그들이 협의차 이북에 오면 환영할 것이라는 입장을 전하도록 하였다. 또한 박헌영이 서울에 다녀와야 하는 다른 사정도 있었다. 서울의 소련총영사관 철수문제가 그것이다. 총영사관 철수는 서울의 공산당과 박헌영의 입장에서는 매우 중요한 문제였다. 박헌영은 당시 상당한 정보를 총영사관으로부터 입수했으며 이곳의 무전을 통해 이북과 긴밀한 연락을 취할 수 있었는데 총영사관이 철수하면 사정이 바뀌기 때문이었다.

이남에서 일어난 다른 긴급현안은 이남에서 큰 수해가 나서 이북의 수재 의연금을 이남 민중들에게 비밀리에 전달해야 했던 사정이 있었고 서울자동차주식회사의 격렬한 파업 사태에 대한 수습도 필요하였기 때문이다. 파업사태로 사상자가 발생하였고 이남의 공산당 내부에서 미군정의 탄압에 대한 정당방위로 정면 대결해야 한다는 의견이 지배적이라는 정보가 들어왔다. 김일성은 박헌영에게 미군정과의 투쟁은 필요하지만 지금 상태에서 정면대결을 해서는 안될 것이라는 입장을 밝혔다고 한다. 박헌영도 파업으로 인한 미군과의 정면충돌은 위험하다고 생각해 수습에 나서기로 하였다. 이러한 복잡한 정세 속에서 조선공산당의 총비서로서 감당해야 할 일이 많았기 때문에 박헌영은 다시 서울로 돌아가게 되었다.

박헌영은 7월 12일쯤 서울을 향해 출발했는데 이때도 연락부 실무자들이 그를 38선까지 차로 데려다 주었다. 박헌영의 서울행에는 박치우와 한은필이 따라 나섰다. 박헌영은 서울에서 여운형과 신민당 인사들을 만난 뒤 7월 16일경 다섯 번째 월북을 했다. 이때는 연천으로 들어왔다.

>>>

제5차 회동
: 1946년 7월 16일경~22일경

　　김일성과 박헌영의 제5차 비밀회동은 1946년 7월 16일쯤에서 22일쯤까지 박헌영이 평양에 체류하는 동안에 이루어졌다. 박헌영은 허성택·이태준·박치우와 함께 평양에 왔다. 박헌영의 5차 월북 기간에 7월 18일과 20일쯤 두 차례 북조선공산당 조직위원회 상무위원회의가 열렸다. 이때는 주로 3당합당 문제, 정판사사건 문제, 단독정부 수립문제, 좌우합작 문제, 그리고 박헌영이 제기한 '정당방위에 의한 신전술' 문제 등이 논의되었다. 합당사업과 관련하여 남북 공산당의 보다 긴밀한 협조와 연락을 위한 협의·연락기구 구성문제도 논의되었다.

　　정판사사건은 일제 때 서울 중부경찰서의 고등계 형사를 하던 자가 일제 때 근택빌딩에서 지폐를 찍던 원판과 용지가 그대로 있다는 것을 알고 평판공들을 매수해 이를 훔치고 외부의 인쇄업자를 매수하여 뚝섬 인근에 인쇄소를 차려 위조지폐를 찍었던 것으로 보고되었다. 미군정이 이 사건을 공산당의 인쇄물을 취급하던 정판사에 뒤집어 씌웠다는 것이었다. 상무위원회의에서는 정판사사건이 공산당을 탄압하려고 미군정이 조작한 사건이라고 결론지었다. 미군정이 당시 정치판도에서 우위를 보이던 좌익세력의 결집체인 민주주의민족전선을 파괴하려 하였고 바로 민전의 중심에 있는 공산당의 지도력을 파괴하기 위해 공산당에 대한 집중공세에 나섰다는 것이었다.

　　이 결론에 따라 상무위원회의에서는 정판사사건의 진상을 대중들에게 폭로하기 위해 공판투쟁을 잘 해야 한다는 대책이 마련되었다. 특히 군중투쟁 과정에서 미군정이 친일파와 음모를 꾸며 정판사사건을 조작했다는 것을 집중 폭로하기로 의견이 모아졌다.

좌우합작운동에 입장 차 노출

좌우합작 문제에서는 김일성과 박헌영의 의견이 달랐다. 김일성은 성시백을 통해 여운형의 편지를 받아보았기 때문에 여운형의 생각을 어느 정도 알고 있는 상황이었다. 좌우합작에 대한 여운형의 의도가 자신의 생각과 어느 정도 맞아떨어진다고 생각한 김일성은 미국의 의도가 어떻든 미국과의 싸움에서 이기려면 민족통일전선을 강화해야 하고 임시정부 수립을 위한 정치적 기초를 만들기 위해 좌우합작운동이 전개될 필요가 있다는 입장이었다.

그런데 박헌영은 회의에서 미국이 이용하고 있는 좌우합작운동을 철저히 분쇄해야 한다는 입장을 보였다. 북조선공산당 상무위원들 가운데 박헌영과 같은 의견을 보인 사람들도 있었다. 박헌영이 이런 입장을 표명하자 김일성은 여운형의 편지를 받았다는 이야기는 빼고 신문을 보니까 여운형이 미국의 입장을 좇아가는 것은 아닌 것 같다고 넌지시 말했다고 한다.

이에 대해 박헌영은 "그것은 김일성 동지가 여운형을 몰라서 하는 얘기다. 여운형은 대중 앞에 나서 선동하기를 좋아하는 야심가이고 철저한 친미주의자이며 부르조아 민주주의자이다. 여운형이 좌우합작운동을 끄집어내면서 3대 원칙을 제시했는데 첫째로 부르조아 민주주의공화국을 세운다고 하지 않았느냐. 또 그는 출신 자체가 양반지주출신이다"라면서 여운형에 대한 반대 입장을 보였다.

박헌영의 이러한 태도에 난감해진 김일성은 결국 여운형 문제에 대한 자신의 생각을 구체적으로 밝혔다. 김일성은 "내가 4월에 여운형을 만나봤는데 박헌영 동지의 평가가 근거 없는 것은 아니라는 점에 동의한다. 그러나 여운형은 일제 때 독립동맹을 만들어 어려운 조건에서도 끝까지 민족해방운동을 했고 8·15 후에도 인민공화국을 만들기 위해 분투했으며 지금은 민전 의장직을 수행하고 있지 않느냐. 그가 우리와 함께 민족통일전선을 형성하여 임시정부를 수립하기 위해 노력하고 있는데 우리가 이 양반한테 무엇을 더 바라겠는가. 그 양반의 기자회견 내용을 보더라도 공산당과 자신의 인민당이 같은 민족통일전선에 들어가자고 명백히 밝히고 있지 않은가. 당이 서로 다르더라도 당면한 강령과 투쟁목표가 같지 않느냐"고 하면서 박헌영의 생각을 바꿔놓으려고 애를 썼다. 박헌영을 공박하기보다는 설득하는 식으로 이야기를 풀어나갔다. 이런 얘기는 당시 상무위원회의의 기록에 나와 있다.

김일성은 이어서 당면한 좌우합작운동을 어떻게 평가할 것인가 하는 문제에 대해서도 입장을 밝혔다. 그는 미국이 자기 나름대로 좌우합작을 통해 공산당을 고립시키는 한편, 우익세력에서 이승만을 배제하여 중도좌파·중도우파로 단독정부의 정치적 기초로 세우려고 하는 것이 명백하다는 점을 지적하였다. 공산당의 입장에서는 이 상황에서 좌우합작운동 전체를 부정해 중도좌파나 중도우파들을 잃기보다는 이들을 적극적으로 쟁취하는 것이 필요하다는 점이 강조되있다.

김일성은 대체로 다음과 같은 논리로 자신의 생각을 펼쳤다.

"여운형의 이야기대로 김규식도 미국 창자를 가진 미국사람이 아니라 조선 창자를 가진 조선 사람이고 오랫동안 독립운동을 한 사람이다. 우리는 이런 사람을 발로 차 버릴 게 아니라 하나라도 쟁취해야 한다. 미소공위가 깨진 상황이라 해도 통일적 임시정부를 수립하는 것이 당면과제가 아닌가. 이것이 당면과제라면 어떻게 하든 우익반탁세력을 고립·배제시키고 광범한 통일전선 하에 협의대상을 더욱 폭넓게 확대해 나가야 한다. 김규식이나 한민당의 원세훈 같은 사람들은 반탁진영에 망라되어 있었으나 여운형의 말에 따르면 이제 통일적 임시정부를 세우는데 관심을 갖고 있다고 하니 이들을 적극적으로 끌어들이는 게 필요하다. 미국이 개입되어 있는 만큼 철저히 미국을 견제하면서, 미국의 의도대로 끌려가지 않도록 견제하면서 우리의 의도대로 좌우합작운동을 성공시키려고 노력해야 한다."

결국 이것은 서울의 공산당 지도부가 좌우합작운동을 적극 지지해야 하며 이를 절대로 깨서는 안 된다는 입장이었다. 여운형은 1946년 4월에 평양에 왔을 때 김일성의 사택에서 침식을 함께 하였다. 김일성은 여운형을 만난 뒤 민족통일전선 형성을 위해 같이 행동할 수 있는 사람이라는 인상을 가졌던 것으로 보인다.

김일성은 또한 "좌우합작운동이 우리의 의도대로 되지 않고 미국의 의도가 관철된다면 그때 가서 깨버려도 되지 않느냐"고 말하기도 한 것으로 안다. 박헌영은 결국 김일성의 의견을 접수하였다. 결론은 좌우합작운동이 독자적으로 전개되도록 영향을 미쳐 미국의 손길이 미치지 못하도록 견제하고 그 영향에서 떨어져 나오도록 한다는 것이었다.

당시 좌우합작운동의 추진자들이 미군정 정치고문 버치 중위의 자택에서 회의를 진행하는 것으로 보도되어 미국의 조종을 받는 듯한 인상을 주었지만, 이들이 독자적인 민족통일운동을 전개할 수 있도록 서울의 공산당이 도와줘야 한다는 결론이었다. 민족통일전선운동의 테두리 안에서, 임시정부 수립을 위한 테두리 안에서 좌우합작을 전개하고 미국의 간섭이나 조종에서 떨어져 나오도록 하자는 데 대해 박헌영도 "그렇게 하는 게 좋겠다"는 반응을 보였다고 한다.

3당합당 원칙 합의

다음으로 3당합당 문제가 많이 논의되었다. 이남에서 민주세력을 보호하고 옹호하며 합법성을 쟁취하기 위해서라도 3당합당이 절실히 요구된다는 입장이 재확인되었다. 당시 회의 기록을 보았던 기억을 더듬어보면 첫째 원칙은 조직문제에서 민주주의적 중앙집권원칙을 철저히 관철하고 당규약은 공산당규약을 기본으로 해야 한다는 것이었다. 당원들의 의무와 권리, 당 조직체계 등이 담긴 공산당 규약을 계승해야 한다는 것은 당 내부생활을 공산당에서 하던 식으로 그대로 끌고 나가야 한다는 것을 뜻한다. 둘째 원칙은 당 내에서 철저히 노동계급의 헤게모니가 보장돼야 한다는 것이었다. 셋째 원칙은 이북의 두 당, 이남의 세 당이 중앙 수준에서 연합중앙위원회를 열어 완전 합의제로 해야 한다는 것이었다.

그리고 창당과정에 대한 검토도 있었다. 당 창건과정에서 처음에는 중앙 간부들끼리 합의하고 이어서 두 당, 세 당의 연합중앙위원회를 소집하며 이 회의의 결의에 기초하여 지방당부터 창당하고 마지막에 중앙에서 창당대회를 여는 것으로 결정되었다.

다음으로 당의 지도부 구성에 관한 논의가 있었다. 특히 당위원장은 공산당의 책임비서가 할 필요가 없고 신민당이나 인민당의 대표적인 인물을 내세우는 게 좋다는 결정이 있었다. 이남의 실정으로 보아서는 당의 합법성 쟁취를 위해 신민당이나 인민당에서 위원장을 내야하며 공산당에서는 부위원장을 내는 게 좋겠다는 의견이 지배적이었다. 당정치국 구성에서도 마찬가지 원칙을 관철하기로 했다. 다만 프롤레타리아 헤게모니 원칙에 입각하여 지도부 구성에서는 철저히 노동계급의 헤게모니를 관철해야 한다는 방침은 그대로였다.

합당하는 당의 성격은 계급정당이 아닌 근로대중의 대중정당으로서의 면모를 갖춰야 한다는 방침도 마련되었다. 여기서 말하는 근로대중은 노동자·농민·근로인텔리를 말한다. 당 강령은 반제반봉건 인민민주주의혁명론에 입각해 당시 단계에서는 민주주의혁명단계만 규정하기로 하였다. 즉 당의 목적을 완전자주독립국가의 수립, 국체로는 민주주의 인민공화국, 정권형태로는 인민위원회 수립에 두고 반제반봉건 인민민주주의 혁명과업, 이를테면 토지개혁, 중요산업국유화, 친일파·민족반역자 숙청, 8시간 노동제, 세금제, 민주주의적인 교육제도, 자주적인 외교정책을 펴나간다는 목표를 포함시키기로 하였다.

하여튼 민주주의의 범위를 벗어나서는 안 된다, 어떤 계급성이나 공산주의의 냄새를 피워서는 안 된다는 것을 분명히 하였다. 강령에서부터 당의 대중정당으로서의 성격을 포함해야 하며 합법성을 보장해야 한다는 것이었다.

다음으로 합당과정에서 있을 수 있는 편향, 섹트주의(종파주의), 자색주의(자파주의), 지방주의 등에 대해 용납해서는 안 된다는 입장도 확인되었다. 이것은 앞서 이야기한 완전합의제의 필요성과 유사한 맥락이다. 김일성은 이남에서의 3당합당은 인민당의 여운형, 신민당의 백남운·허헌 등과 완전합의제에 의한 것이어야 한다는 것을 거듭 강조하였다.

이북에서의 합당사업은 별문제가 없을 것으로 예상되었기 때문에 합당사업의 성패를 좌우하는 이남에서의 3당합당에 중점을 두고 이북도 지원한다는 입장이 확인되었다. 합당과 관련하여 확인된 또 하나의 원칙은 최단시일 내에 합당을 실현한다는 것이었다. 이북에서도 단시일에 합당을 마쳐야 하지만 이남에서는 더욱 절실하게 합당사업을 조속하게 끝내야 한다는 것이었다. 가능하면 한 달 내에 완료하면 좋겠다는 입장도 나왔다. 질질 끌다보면 미국의 역공작이 들어올 수 있다고 판단했기 때문이다.

이남에서 미국이 여운형을 자기편으로 유인하기 위해 많은 노력을 기울이고 있다는 사실도 상무위원회의에서 확인되었다. 인민당을 분열시키기 위해 여운형의 동생 여운홍을 움직여 사회민주당을 만든 것도 인민당이 깨지면 여운형이 동생을 따라 당을 옮길지도 모른다는 계산이 있어서였던 것이다.

미국과 여운홍의 관계는 남조선공산당은 모르고 있었지만 북에서는 정치공작원 성시백의 정보라인을 통해 미군정이 여운홍에게 정치자금을 대주었다는 자료를 입수해 전모를 알 수 있었다. 이와 관련하여 공산당 측이 여운홍에게 접근하여 미군정의 돈을 받아 정치활동을 하는 것은 결국 여운형을 매장시키는 행위라고 설득하기로 하였다.

다른 한 가지, 미국의 여운형에 대한 조작사건이 박헌영의 설명을 통해 확인되었다. 미국은 일제 때 여운형과 아베 총리대신과의 밀약을 박헌영이 폭로함으로써 여운형을 정치적으로 매장시키려 한다는 것을 여운형에게 귀띔하였다고 한다. 이것은 박헌영과 여운형 사이를 이간시키려는 정치적 음모였다. 박헌영과 여운형을 갈등 관계에 빠지게 함으로써 공산당과 인민당을 분리시키고 종국적으로 민전을 와해시켜 여운형을 미국 쪽으로 끌어당기려는 것이었다.

그런데 미국이 여운형에게 귀띔하기 전에 박헌영이 이 정보를 먼저 입수하여 여운형에게 미국의 음모를 전했다고 한다. 박헌영이 여운형에게 보낸 메시지에는 "일제 때 당신이 일본으로 건너가 일본 총리와 만나 조선을 팔아먹기 위한 밀약을 맺었다고 공산당이 폭로하여 당신을 정치적으로 매장시키려 한다는 정보가 있다. 아마도 미국이 우리와 당신을 갈라놓기 위해 수작을 하는 것 같으니 오해가 없었으면 좋겠다"는 내용이 담겨 있었다고 한다. 미국은 박헌영의 메시지가 여운형에게 전달된 뒤에 여운형에게 박헌영의 모략에 대해 귀띔한 모양이었다. 여운형은 그 소리를 듣고서도 전혀 개의치 않을 수 있었다고 한다.

"절대 비합법 활동을 좋아해서는 안 된다"

그 다음으로 중요하게 논의된 것은 이승만이 6월 초에 정읍에서 한 단독정부 수립에 관한 발언문제였다. 회의에서는 이승만의 정읍발언은 미국이 그를 내세워 미소공동위원회를 깨버리고 단독정부를 수립하자는 것이라는 결론을 내렸다. 즉 미국이 4개국 신탁이 안 되니까, 그리고 삼상회의 결정에 응했다가 그것도 안 되니까 이승만을 독립촉성국민회와 민주의원 의장을 만들어 정치적 입지를 강화하고 공산당을 탄압하여 남조선 단독정부를 수립하는 입장으로 방향 전환한 신호탄으로 보았던 것이다.

이에 대한 대책으로는 미국의 음모를 분쇄하기 위해 미소공동위원회 재개운동을 전개하기로 하였다. 이북에서도 그렇고 이남에서도 미소공위 재개운동을 전개해야 한다는 것이었다. 미소공위 재개는 임시정부 수립문제를 다시 논의한다는 것을 뜻한다. 미소공위를 재개하도록 촉진시키는 동시에 좌우합작을 잘 하여 반탁진영을 분리시키고 이승만을 고립시켜야 한다는 입장으로 정리되었다. 미국의 탄압과 분열정책을 맞받아 치기 위해 모든 대책을 합당사업에 복종시켜야 한다는 원칙이 거듭 확인됐다고 한다.

미국의 탄압 · 분열정책에 대해 어떻게 대응할 것인지도 문제였다. 박헌영은 "이제 정당방위에 의한 정면대결로 군중의 힘을 동원하여 미군정과 맞서야 한다. 반탁진영이라 해봐야 윗대가리만 있고 군중을 확보하지 못하고 있다. 공산당이 군중을 조직 동원하여 군중투쟁을 통해 군중의 위력으로 반탁진영과 미군정을 제압해야 한다. 지금까지는 공산당이 전술적으로 합법적인 활동만 전개했는데 5월 8일 미소공위 무기연기 이후 미국 측의 공산당에 대한 탄압이 노골화되고 있으니 전반적으로 투쟁전술을 재검토해야 한다. 결론적으로 지금까지의 합법활동과는 달리 반합법 · 비합법을 철저히 배합해야 된다"는 취지의 발언을 하였다.

이에 대해 김일성은 "우정 비합법활동을 전개할 필요는 없고 당 내부 활동에서 비합법 태세는 강화시켜 나가야 한다. 활동은 합법 · 반합법으로 하고 당 내부적으로 비합법 태세는 갖춰야 한다. 미군정이 탄압하기 때문에 비합법 태세는 갖추어야 한다. 그러나 활동 면에서는 합법적·반합법적 군중투쟁을 해야 하며 비합법투쟁으로까지 방향 전환할 필요는 없다"라고 주장하였다.

김일성은 조국광복회에서 활동한 권영벽의 경험을 예로 들면서 "우리 경험을 보더라도 절대 비합법 활동을 좋아해서는 안 된다. 정 할 수 없을 때 활동을 중단하지 않기 위해서 비합법 활동을 하는 것이지 우정 비합법 활동을 사서 할 필요는 없다"는 입장을 폈다.

김일성은 또한 "박헌영 동지가 군중의 힘으로 미군정을 제압하는 정면대결을 주장하는데 이것은 미군정의 탄압을 부채질할 가능성이 크고 결국 3당합당에도 지장을 초래할 위험이 있다. 3당합당도 합법적으로 해야 하고 합법적으로 할 수 있도록 해야 한다. 군중의 위력을 과시하고 미군정 측이 함부로 탄압할 수 없도록 해야지 정면대결을 한다고 하여 폭력전술을 구사하면 미국에게 탄압구실만 줄 수도 있다"고 말했다고 한다.

박헌영은 이에 대하여 당시 이미 일어났던 서울화물자동차파업 사건을 예로 들면서 "합법적인 군중투쟁으로 시작했다가도 미국 측이 탄압을 하니 군중들이 분노에 차 자연발생적으로 폭력투쟁으로 변하는 것을 어찌 하겠는가. 이거야 공산당이 막을 수 없지 않느냐. 이런 식으로 자연발생적으로 군중의 투쟁의식이 낮은 형태에서 높은 형태로 나가는데 어쩔 수 없지 않느냐"며 이남의 상황이 단순치 않다고 설명하였다.

이런 설왕설래가 계속된 뒤 극한 대립을 불러올 극한행동을 자제하면서 군중동원에 의한 시위나 파업도 평화적인 합법투쟁으로 몰고 간다는 것, 좌익이 3당합당을 통해 합법성을 쟁취해나간다는 것, 그리고 미소공위 재개 촉진운동을 벌인다는 것 등의 결정을 보았다.

남북의 공산당 지도자들이 합당사업과 관련하여 총력을 기울이기로 한 것이 김일성과 박헌영 제5차 회동의 가장 큰 결실이었다. 박헌영이 서울로 돌아가 여운형과 좋은 관계를 갖도록 노력한다는 것, 이남의 3당합당 문제에 대해 박헌영과 김일성이 긴밀히 협의해 나간다는 것, 이북의 신민당이 남조선신민당과 긴밀히 협의하도록 요청한다는 것 등의 결정이 내려졌다.

그리고 김일성이 이남의 여운형·허헌·백남운을 만나는 문제도 논의되었다. 이렇게 되니까 7월 중순 경 서울에 있던 조선신민당 특별위원회를 남조선신민당으로 바꾸는 결당대회를 여는 것이 현안으로 떠오르기도 하였다. 이때 이미 이북의 신민당지도부와 공산당지도부 사이에는 내부적으로 합당 합의가 있었기 때문에 조선신민당의 한빈과 최창익이 비공개로 서울에 내려가 남조선신민당 결당을 촉진하기로 하였고, 한빈과 최창익이 서울과 평양을 오고 가며 이 과제를 수행하였다.

> >>
제6차 회동
: 1946년 10월 11일과 그 이후

이남의 9월 총파업과 관련하여 이북에서는 3당합당을 마친 뒤 통일된 역량으로 10월쯤에 가서 총파업을 하는 것으로 알고 있었다. 10월이 되어야 농민들의 추수가 끝나고 노동자·농민들의 공동투쟁이 전개될 수 있었기 때문이다. 1946년 7월 박헌영의 평양방문 때만 해도 이북에서 열린 회의에서는 합당을 마치고 총파업을 전개하되 노동자·농민들의 단결 아래 평화적이고 합법적인 투쟁을 진행한다는 전술이 확인됐었다.

이남에서 총파업이 예정보다 앞당겨진 것은 박헌영의 의도가 작용했다고 볼 수 있다. 이남에서든 이북에서든 8월에 합당을 마치고 그 기초 위에서 농민들의 추수가 끝난 뒤에 노동자들과 연합해 투쟁해야 한다는 의견이 지배적이었다. 총파업의 시기를 딱 10월로 못 박지는 않았지만 대체로 합당 후 대투쟁을 통해 통일된 위력을 과시해야 한다는 방침이 섰다. 파업에 들어가려면 적어도 3당합당이 이뤄지고 또한 농민들도 총파업에 동조하는 투쟁을 전개할 만한 시기가 무르익어야 했다. 그러나 9월 총파업은 이런 조건이 충족되지 않은 상태에서 일어났다.

박헌영 월북 권유

조선공산당이 9월 총파업을 주도하자 미군정은 좌익 탄압에 더욱 열을 올리게 되고 박헌영에 대한 체포령을 내리게 된다. 이북 지도자들은 이남에서 합당사업이 성공적으로 진전되기보다는 3당 간에 갈등만 표출된 상황에서 총파업이 일어나 합당사업 자체가 위협받게 된 것을 우려하였다. 그러나 박헌영에 대한 체포령이 내려진 상황에서 그가 이남에 있다가 미군정에 체포되기라도 하면 좌익세력의 기둥이 날아가는 판이라고 우려하였다.

　북조선공산당 지도부는 연락원을 이남으로 급파해 박헌영을 이북으로 불러들이고 그가 이북에 머물면서 서울의 조선공산당을 지도하는 것이 좋겠다는 뜻을 전달하였다. 북조선공산당 중앙의 지시를 받은 성시백이 몇 차례 서울을 방문해 박헌영에게 이북 지도부의 뜻을 전하였다. 성시백뿐 아니라 한은필도 서울에 내려갔었다. 이렇게 박헌영을 이북으로 올라오도록 종용한 것은 그의 신변보호 및 이남 공산당지도부의 극좌노선을 진정시킬 필요성에 따른 것이었다. 이남 공산당지도부의 극좌노선에 박헌영이 작용하고 있다고 판단했던 것이다.

　박헌영은 처음에 서울에서 계속 투쟁해야 한다며 월북을 거부하다가 '10

1947년 6월 27일 김일성 북조선인민위원장이 부인인 김정숙, 장남 김정일 현 국방위원장, 김책 등 항일유격대 동료들과 함께 만경대를 방문해 친척들과 기념촬영을 하고 있다.

월인민항쟁'이 폭발하자 생각을 바꾸게 된다. 김일성은 '10월인민항쟁' 소식을 접하면서 인민들의 자연발생적인, 밑으로부터 폭동이라고 해도 공산당의 지도노선에 문제가 있다고 판단하였다. 공산당 지도자들의 노선이 극좌 모험주의적 요소를 안고 있다고 본 것이다. 또한 박헌영의 신변이 정말로 위험하다고 판단해 그의 평양행을 적극 권유하게 된 것이다. 박헌영이 월북 결심을 굳히자 이북에서 10월 8일 한은필을 다시 서울로 보내 박헌영의 월북을 돕도록 하였다. 한은필은 키가 작달만하지만 중국에서 오래 살아 중국무술 18계에 아주 능하였다.

박헌영은 이때 월북하여 10월 11일쯤 다른 때보다는 다소 시간이 걸려 평양에 도착하였다. 시간이 많이 걸린 것은 강원도 철원 루트를 통해 월북했기 때문이다. 한은필과 함께 월북하려다가 따로 따로 출발하였다. 한은필은 박헌영이 서울을 떠나는 것을 보고 다른 루트를 통해 월북해 박헌영보다 하루 먼저 평양에 도착하였다. 박헌영은 비서격인 경기도당 간부 서득은과 함께 38선을 넘었다.

언젠가 이남의 어느 신문을 보니 박헌영이 장례행렬로 위장해 월북했다고 되어 있는데, 박헌영을 관속에 넣어 월북시켰다는 이야기는 이북에서 듣지 못하였다. 박헌영이 강원도 홍천 쪽을 거쳐 38선을 넘은 것은 분명하지만 시체로 위장했다는 것은 들은 바가 없다. 박헌영을 맞으러 평양을 출발했던 일행들이 박헌영을 만난 곳은 평강이었고 박은 그곳에서 차로 원산까지 와서 하루 쉬고 평양으로 올라왔다.

박헌영은 평양에 머문 뒤 다시 월남했다가 최종 월북하게 된다. 다시 월남할 때는 서울까지는 내려가지 않았고 개성까지만 갔었다. 다시 월남할 때 이북 지도자들은 박헌영에게 위험하니 이남으로 가지말고 이북에서 지도하라고 했지만 박이 워낙 한 차례는 다녀와야겠다고 해서 한은필 등 경호원을 붙여 개성까지만 가서 며칠 동안 이남의 공산당 상황을 검토하고 올라오도록 권하였다. 박헌영은 개성에 가서 한 주일 있다가 다시 평양으로 올라왔다. 박헌영이 최종적으로 평양에 올라온 뒤 며칠 있다가 서울 공산당의 지도자들을 이북으로 불러들여 남북 공산당 지도자들의 합동회의를 열게 된다.

이북에서는 박헌영의 월북 전에 박헌영을 맞이할 준비를 미리 하였다. 그가 이북에 완전히 주저앉아 머물 수 있도록 조치를 했던 것이다. 평양의 남산 근처인 지금 여맹 중앙위원회나 인민대학습당이 있는 곳에 조금 못미처 일본 고관집인지, 조선인 부자집인지는 분명치 않지만 큰 한옥집이 있었다. 이 곳을 박헌영의 사택으로 마련해주었다. 박헌영은 평양에 오자마자 호텔에 들지 않고 곧장 사택으로 들어갈 수 있었다.

박헌영은 6·25전쟁 전까지는 이 곳을 개인사택으로 사용했다. 물론 소련제 승용차도 별도로 제공되었다. 그리고 사택에서 조금 더 가면 일제 때 작은 회사가 들어있던 빨간 양옥집이 있었는데 여기를 사무실로 잡아 주었다. 이 사무실은 나중에 대남 연락업무를 관장하는 중앙연락소가 된다. 박헌영이 평양에서 활동할 수 있는 재북 남조선 지도거점을 준비해주었던 것이다. 나중에 중앙연락소 외에 추가로 해주연락소가 만들어진다. 북측은 박헌영의 재북 활동을 돕기 위해 출판사, 양양·연천 등지의 남북교역창구인 상사, 재정 조달용 광산 및 기업소도 마련해주었다.

박헌영의 1946년 10월 평양행의 배경부터 살펴보기로 하겠다. 박헌영이 7월에 평양에 체류하는 동안에 북조선공산당 지도자들과 집중적으로 논의한 것은 남북의 합당문제와 이남의 좌우합작운동 문제였다. 좌우합작 문제에 대한 김일성의 구상은 한마디로 말해 임시정부 수립에 있어서 좌익의 주도권을 확립하기 위해서는 중도우파까지 끌어들여 통일전선을 해야 한다는 것이었다.

박헌영은 이에 비해 좌우합작운동에 대한 미군정 측의 배후 조종을 와해시켜야 한다는 입장을 취하였다. 김일성은 미국은 미국대로 의도가 있겠지만 좌우합작운동에 참가하는 김규식, 여운형 등의 주체가 미국의 의도를 간파하고 이를 이용하려고 한다는 데 초점을 맞춤으로써 공산당이 미국의 의도를 경계하면서 한편으로는 좌우합작운동 주체들을 도와줘야 한다는 입장을 보였다. 박헌영이 이에 대해 잘 납득하지 않아 의견차이가 있었던 것이다.

삼당합당 사업 난항

당시의 논의에서는 합당문제가 가장 큰 현안이었고 박헌영이 서울로 돌아간 뒤 이북에서는 7월 말부터 8월까지 급속히 북조선공산당과 조선신민당이 통합절차를 밟게 된다. 김일성은 박헌영에게 합당과정에서 시간을 끌면 미군정의 마수가 뻗칠 것이므로 이남에서도 합당을 조기에 종결시키는 것이 좋겠다는 뜻을 밝혔다. 빠른 시일 내에 합당해 중앙당까지 조직하여 통일된 세력으로 미소공동위원회 재개 촉구운동과 미국의 탄압에 대한 저항운동을 조직적으로 전개하자는 것이었다.

그러나 박헌영이 서울로 돌아간 뒤 8~9월에 이남에서는 합당사업이 난항에 빠졌다. 합당문제는 공산당 내부의 ML계통 · 대회소집파의 강력한 반발에 부딪혔고, 박헌영조차도 합당사업에서 종파주의 · 지방주의적 경향을 보여 분열은 심화되었다. 김일성은 이북에서 합당문제가 원만하게 진행되자 이남의 합당 사정에 더욱 관심을 기울이게 되었고 정치연락원을 서울로 파견해 사정을 파악하는 한편, 합당 지원을 위해 아예 연락원 한두 명을 상주시키기도 하였다.

김일성의 특사나 다름없는 한병옥이 서울에 파견되었던 대표적인 인물이다. 그는 원래 김일성의 비서였고, 1947년에 북조선인민위원회의 서기장에 임명됐던 인물이다. 중국에서 나온 성시백과 최상렬도 이 일 때문에 서울을 들락거렸다. 이들이 인민당의 여운형이나 남조선신민당의 백남운 등과 이북의 접촉을 도맡아 수행하였다. 이남에서 3당이 움직이니까 삼각관계를 조직해야 하였고 서로의 입장을 정확히 파악·조종해야 하였기 때문이다. 이남의 3당 관계자들 자체가 중개 역할을 하기는 어려웠기 때문에 이북에서 메시지나 편지를 보내는 등 조절기능을 맡았던 것이다.

한편 여운형과 백남운 측이 3당합당을 반대하는 사태가 벌어지자 이북에서는 이 문제를 심각하게 보았다. 이남의 사정을 알아보니 박헌영이 인민당과 남조선신민당에 들어가 있던 프락치 공산주의자들을 끌어다가 연계를 강화하는 식으로 합당사업을 진행하니 인민당이나 남조선신민당이 각각 내분에 휩싸여 여운형과 백남운 등이 박헌영의 분열공작에 반발하는 상황이었다. 이들은 박헌영의 태도를 경성콤그룹식 분파주의에서 벗어나지 못한 것으로 보았던 것이다.

사실 박헌영이 1946년 7월 평양에 체류할 때 이미 합당사업의 전개방식에 관한 원칙적인 합의가 있었는데 박헌영이 이를 제대로 반영하지 않았다. 즉 합당 과정은 밑으로부터가 아니라 위에서 합의, 발기하여 밑으로 내려간다는 것과 여운형·백남운의 완전 동의 아래 각 당 중앙지도부의 전원 합의에 입각해야 한다는 원칙이 정해졌지만 지켜지지 않았던 것이다. 어차피 합당된 당의 합법성을 쟁취하고 대중화하기 위해 이남에서는 여운형을, 이북에서는 김두봉을 당위원장으로 추대하려고 했던 것이다.

이남에서 박헌영-여운형-백남운의 3자 합의가 이뤄지지 않자 박헌영은 자기 분파를 적극 활용해 합당하려고 분주하게 움직였고, 여운형과 백남운은 박헌영의 이러한 태도에 반발했던 것이다. 각 당 수뇌부의 완전 합의 후에 합당에 착수하려던 것이 지도부의 합의 없이 밑으로부터 먼저 움직임이 본격화

1946년 10월 초 대구에서 시위대와 경찰이 대치하고 있다. 10월 1일 대구에서 발생한 시위대와 경찰의 충돌은 대규모 시위로 확대됐고, 이후 전국적인 농민봉기로 이어졌다. 이 사건으로 10월 20일까지 관리 63명이 사망하고 133명이 부상당했으며, 민간인 73명이 사망하고 129명이 부상당했다.

되니 인민당과 남조선신민당은 분열에 빠져들었고 37인파, 반중앙파, 추진파 등의 분파활동을 낳게 되었다.

여운형은 그래도 사회노동당 준비위원장도 하고 남로당 창당준비위원장도 하면서 물 건너간 듯이 보이던 합당사업에 미련을 갖고 합치려고 애썼다. 김일성도 여운형의 이러한 활동을 높이 평가하게 된다. 이 때문에 김일성은 1948년 3월 말의 북로당 제2차 대회에서 여운형을 높이 평가했다. 북로당 제2차 대회에서 박헌영에 대해 언급하지 않았던 것과 대조적이라고 할 수 있다.

이남에서 합당이 지지부진한 가운데 9월 23일 이남에서 총파업이 시작되었고 그 다음날 여운형은 이북에 와 김일성과 이남의 합당사업에 대해 논의하였다. 여운형은 박헌영의 합당 추진이 완전히 독선적이고 종파적이라고 비판하였다. 특히 여운형은 자신이 추진하던 좌우합작운동을 박헌영 측이 와해시키려고 자신을 연금하는 등 방해공작을 했었다는 이야기를 털어놓았다.

공산당 측의 여운형에 대한 연금은 7월 하순 박헌영이 평양에 갔다가 돌아간 날인지 다음날인지에 있었던 일이다. 이것은 여운형이 좌우합작회의에 참석하지 못하도록 공산당원들이 방해한 사건이었다. 박헌영은 자신이 전혀 몰랐던 일이라고 부인했지만 객관적으로 보아 이 사건은 공산당 측이 저지른 게 분명하였다.

그런 뒤 9월 초에는 미군정이 박헌영 체포령을 내리게 된다. 박헌영의 체포령에 대하여 미군정과 여운형 측의 사전 논의가 있었다는 이야기도 당시에 있었다. 1946년 정월부터 장기공작을 위해 서울에 파견되어 있던 김철·김욱 등이 수집한 정보에 따르면, 박헌영과 여운형의 갈등이 절정에 달하자 여운형이 미군정 측에 박헌영을 그대로 놔두어선 안 된다고 전하여 체포령이 빨리 내려졌다는 설도 있다는 것이다. 이 설이 전혀 근거 없는, 생뚱맞은 이야기는 아니라고 생각한다. 설사 여운형이 그렇게까지 이야기하진 않았다고 하더라도 미군정 고문과 만나 박헌영의 극좌적 행동을 비난한 것은 사실일 것이다. 그러나 그렇다고 해도 이 설은 과장되거나 와전되었다는 얘기가 당시에 있었다.

9월총파업 단행

하여간 이처럼 복잡한 정세 아래 박헌영에 대한 체포령이 내려졌고 3당 합당 사업은 잘 되지 않는 상황에서 9월 23일에 9월 총파업이 시작되었다. 박헌영은 조선공산당의 '신전술'에 의한 역전, 즉 역공세에 관한 메시지를 한병옥·서상렬·성시백을 통해 김일성에게 전한다. 원래 김일성의 생각으로는 합당을 끝낸 상태에서 당내 토의로 당 하부까지 다 정비하고 10월에 가서 농민들의 추수가 마무리될 때 노동자·농민들의 동맹을 강화해 대중운동을 함께 전개해 나가야 한다는 것이었다. 또한 투쟁형태도 노동자들은 파업 시위를 하고 농민들은 농촌에서 시위를 하는 정도로 설정했었다.

그러나 이남에서의 상황은 박헌영이 북조선공산당 지도부와 협의했던 것과는 관계없이 9월 말에 총파업이 단행되었고 10월 1일에는 대구에서 '인민

1946년 9월 '9월총파업'에 참여한 노동자들이 플래카드를 앞세우고 행진하고 있다. 토지개혁 등 파업 노동자들의 요구사항을 보도한 당시 신문 기사.

항쟁'이 불붙었다. 박헌영이 7월에 이북에서 한 약속들은 지켜지지 않았다. 소련군정의 영향도 있어 이남 정세에 대하여 김일성의 지도권이 어느 정도는 관철되었지만 종국적으로는 박헌영의 생각대로 진행되었다고 할 수 있다.

박헌영은 모스크바삼상회의 결정이 났을 때나 미소공동위원회가 열려 임시정부 수립문제가 현안이 되었을 때, 그리고 합당문제가 현안이 되었을 때는 언제나 이북에 올라가 김일성을 비롯한 이북 공산당의 방침을 받아오는 격이 되다보니 이북 측의 지도를 받는 형국이었다. 그러나 박헌영이 반드시 이북에서 협의한 방침대로 실행했다고 볼 수는 없다.

이북에서는 1946년 가을 시점에 이르면 토지개혁을 비롯해 민주개혁이 착착 진행되어 정권의 기반이 상당히 강화되었고 공산당과 신민당이 합당해 북조선로동당을 만든 상황이었다. 따라서 이북뿐 아니라 전국적인 혁명문제에 관심을 갖고 조선공산당의 행보를 주의 깊게 관찰하였고 박헌영을 통해 간접적으로 지도하려 했던 것으로 볼 수 있다. 9월 초에 박헌영에 대한 체포령이 내려지자 이북에서는 비밀리에 박헌영에게 평양으로 올라와 이남 공산당을 지도할 것을 종용하였으며 위험한 국면이어서 경호원을 보내기까지 하였다. 그러나 박헌영은 괜찮다며 이북으로 오지 않았다. 그러다가 파업이 터진 것이었다. 이북에서는 이남의 총파업 시기가 빨랐다고 생각했지만 파업 자체야 지지할 수밖에 없었다. 그래서 북로당은 북조선직업동맹을 통해 지지성명을 내었고 비밀리에 위문단도 파견하였다. 직업동맹 위문단은 5명이었는데 총파업 지도부를 방문해 지원금도 전달했던 것으로 안다. 이때 북로당의 메시지가 전달되기도 하였다.

박헌영이 1946년 10월 11일쯤 평양에 올 때 김일성은 대동강 상류의 다리가 있는 강동군까지 그를 맞이하러 마중을 나갔다. 박헌영은 평양에 도착한 뒤 소련군사령부 지도자들이나 김두봉·김책 등 북조선로동당 지도자들을 여럿 만났는데 개인적으로 의견을 교환하는 정도였다. 10월 15~16일쯤에 가서 북조선로동당 정치위원들, 즉 김일성·김두봉·김책·허가이·최창익·박일우·주영하·박정애 등과 박헌영이 한 자리에 모여 남조선 사태에 관해 논의하였다. 이 연합모임은 정식회의는 아니었지만 이남정세와 관련된 두 가지 문제, 즉 '10월인민항쟁'과 3당합당에 대하여 논의하는 중요한 자리였다.

이 모임은 박헌영으로부터 '10월인민항쟁'과 9월 총파업의 경과를 듣는 것으로 시작되었다. 물론 김일성 계통의 정치연락원 한병옥 등이 서울에 내려가 있었다. 신민당 쪽의 최창익도 북로당 대표 자격으로 서울에 한 열흘 정도 있었다. 그러나 이들은 대체로 3당합당을 측면 지원하기 위한 활동에 주력하였다. 최창익은 이남의 3당합당 사업에서 신민당 쪽에 유리한 입지를 마련해둬야 자신의 주도권을 확장할 수 있다는 나름대로의 계산을 하고 있었던 것으로 짐작된다. 따라서 합당 진행과정에 대해서는 이북에서도 잘 알고 있었지만, '인민항쟁'과 총파업문제는 박헌영의 설명부터 들어야 했다.

박헌영은 '10월인민항쟁'의 경과를 설명하면서 정당하고 대단한 투쟁이었다고 강조하였다. 이 투쟁을 통해 잘 결속하면 미군정이 굴복할 것이고 합당사업도 밑으로부터의 합당과정을 통해 당대회를 거쳐 완성할 수 있다고 하였다.

또 인민의 압력에 의해 미소공동위원회가 재개되지 않을 수 없을 것이고 위원회가 재개되면 인민의 압력에 겁을 먹어 반탁 측이 실력행사를 하지 못할 것이라고 진단하였다. 그리고 합당사업에 반대하는 종파들, 즉 대회파 또는 사회노동당파도 더 이상 활동하지 못할 것이라고 주장했다. 결국 노동자·농민들이 역공세를 통해 위력을 유감없이 발휘해서 미군정으로 하여금 인민위원회 정권을 인정하지 않을 수 없도록 만들 수 있다는 것이었다. 사실 당시의 투쟁구호에는 "정권을 인민위원회로!" "북조선과 같은 민주개혁 실시하라!"는 것 등이 포함되어 있었다.

박헌영의 이러한 평가에 대해 가타부타 말하진 않았지만 좌경노선을 우려하는 분위기가 있었던 것으로 안다. 김일성은 나름대로 이남정세를 보고받는 루트가 있었고, 9월 총파업 직후에 여운형이 평양에 한 주일 가량 머물다 서울로 돌아갔기 때문에 이미 여운형과 의견교환을 한 뒤였기 때문이다. 여운형은 평양에서 8월의 서울화물자동차 파업사건과 화순탄광 노동자파업의 좌경적이고 폭력적인 노선에 깊은 우려를 표명했었다. 여운형은 진보적인 인사였지만 혁명적 방식보다는 평화적인 대화·담판을 통한 정치적인 방법을 강조하던 지도자였다.

박헌영은 합당과정을 보고하는 과정에서도 자신은 모두 옳고 대회파, 사로파 즉, 이정윤·서중석·강진 등은 모두 종파분자라고 주장했으며, 심지어 이들이 미국 특무기관의 조종을 받는다는 말까지 하였다. 이 오염분자들 때문에 합당사업이 지연되고 있다는 것이었다. 미군정의 좌익탄압이 심화된 조건에서 합당사업을 전개하려면 투쟁을 통해 인민의 힘과 통일단결을 과시할 필요가 있다는 설명도 덧붙였다.

박헌영의 '아전인수식' 정세 보고

　박헌영이 이남의 정세를 이런 식으로 설명하니 합당사업의 지연에 대한 책임이 공산당 총비서인 자신에게는 없다는 이야기밖에 되지 않았다. 박헌영은 좌우합작에 대해서는 이 운동을 주도하던 여운형·김규식 등이 공산당이 제시한 원칙을 접수하지 않아 우경적 오류를 범했다는 점을 부각시켰다. 여운형이 완전히 잘못해 미군정의 손에 놀아났다는 식의 박헌영의 설명에 대해 최창익이 발끈하여 반론을 제기하였다.

　최창익은 합당을 위해 열흘 남짓 서울에 가 있었기 때문에 이남의 분위기를 어느 정도 알고 있었다. 그는 '10월인민항쟁'과 관련하여 과연 미국이 공산주의자들에게 순순히 양보할 것인가에 의문을 제기하면서 "9월 말경 대회파가 당대회를 소집하기로 한 것을 파탄시키려고 총파업을 앞당긴 것이 아닌가"하고 반문하였다. 최창익은 "그런 이야기들이 여기저기서 들리던데 이것은 어찌된 일인가"라고 지적했다. 그는 또 그렇게 많은 사상자를 낼 정도로 '10월인민항쟁'을 폭동화 할 필요가 있었는가 하는 점도 따지고 들었다. 그는 "폭력적 방법은 정권 쟁취를 위한 공산주의자들의 최고의 투쟁 형태이자 마지막 수단이 아닌가. 미군정의 탄압에 반대하기 위해 10월인민항쟁이라는 폭력적 방법으로 비약시킬 필요가 있었는가"라며 집중적으로 따졌다.

　최창익은 「남조선 합당사업에 대하여」라는 보고를 통해 박헌영의 공산당이 여운형·백남운과 합의하지 못하고 인민당과 남조선신민당에 숨겨두었던 프락치들을 활용해 합당을 추진하려고 함으로써 자색주의로 흘렀다고 비판하였다. 즉 박헌영이 이북에서 합의할 때는 분명히 3당 지도부의 완전합의제에 의해 합당을 하기로 해놓고 왜 합의에 이르기 전에 여운형과 백남운이 모르게 프락치들을 움직여 밑으로부터의 합당방식을 택하려고 했는가 하는 것이 비판의 요지였다. 그러나 그도 이정윤·서중석·강진 등 대회파에 대해서는 '새앙쥐 같은 놈들'이라는 격한 표현을 써가며 혹독하게 비판하였다.

최창익은 또 인민항쟁으로 합당이 지연되고 분열이 심화된 것을 어떻게 수습할 것인가, 인민항쟁도 수습하고 당내 분파문제도 해결해야 하는데 속수무책이 아니냐고 추궁하기도 했다. 박헌영은 최창익의 문제제기에 대해 이북의 동지들이 이남의 당내 사정을 잘 몰라서 하는 이야기라고만 말하고 말았다.

10월 15~16일쯤에 열린 이날 회의의 기록에 따르면, 모임이 4시간 반정도 진행됐던 것으로 되어 있다. 최창익뿐 아니라 박일우·주영하·김책 등도 의견을 밝히는 바람에 회의가 길어졌다. 김일성은 토의의 말미에 노동계급의 대중투쟁과 당 지도부의 지도노선은 구분해야 한다고 강조하였다. 이를 구별하지 않고 노동자투쟁 자체가 다 잘못된 것으로 평가해서는 안 된다는 지적이었다. 즉 파업이든 폭동이든 군중이 투쟁에 나설 경우 이것은 인정되어야

1946년 한 정치행사에 참석한 박헌영(중앙)과 강진(오른쪽). 강진은 박헌영의 노선에 반대해 당 대회 개최를 요구하는 '반중앙파', '대회파'의 중심인물로 활동했다.

하고 지지를 보내야 한다, 다만 당의 지도노선이 극좌로 흐르는 것은 경계해야 한다는 것이었다.

당내에서 토의할 문제는 당의 지도노선 문제이며 인민의 파업투쟁이나 인민항쟁 자체를 부인해서는 안 된다는 것이었다. 김일성은 합당문제에 대해서 원칙적으로는 당 내부의 종파행동 때문에 합당이 이뤄지지 못하고 있는 만큼 남조선공산당의 입장을 지지해 주어야 한다는 입장을 밝혔다. 대회파나 사로파의 종파행동은 원칙적인 입장에서 비판받아야 한다는 것이었다.

참고로 이날 회의가 열린 북로당 당사는 북조선분국이나 북조선공산당 시절의 당사와는 다른 곳이었다. 공산당과 신민당의 합당 전인 1946년 8월 중순에 당사를 지금의 조선로동당 본청사가 있는 평양 남산의 4층 건물로 옮겼던 것이다. 이 건물은 6·25전쟁 때 파괴되어 없어지고 새로 지은 것이 현재의 조선로동당 본청사이다.

이날 회의 이후에는 김일성과 박헌영의 개별적인 대화가 있었다. 이 과정에서 내려진 결론은 '10월인민항쟁'을 더 이상 확산시키지 말고 이를 수습한 뒤 합당사업을 추진해야 하며 이를 위해서는 박헌영이 이북에 있어야 한다는 것, 그리고 빠른 시일 내에 남조선노동당 준비위원회 간부들과 북로당 정치위원들의 합동회의를 소집해 구체적인 대안을 논의하자는 방침이었다.

대체로 이런 입장으로 정리된 만큼 박헌영은 합당이나 인민항쟁 문제에서 공산당 총비서로서 면목이 서지 않는 상황이었다고 볼 수 있다. 그래서인지 박헌영은 일단 이남에 내려갔다 와야 한다고 하였다. 그러자 김일성 측은 박헌영에게 이남에 가지는 말고 38선에서 가까운 해주쯤에서 지도하는 게 좋겠다는 입장을 폈다. 이남에서는 『해방일보』를 비롯한 좌익계 신문들이 모두 정간·폐간 당했으니 이북에 출판사를 차려 신문과 각종 출판물을 만들고, 당간부양성소·공작원양성소를 설립해 이남의 운동을 지도하는 방식을

김일성 · 박헌영 회동 요약

구분	1차	2차	3차
시기	1945.10.8~1945.10.9	1945.12.28~1946.1.1	1946.4.3~1946.4.6
동행자	권오직, 이인동, 허성택	김태준, 박치우	박치우
회동 동참	로마넨코, 이주연 박정애, 주영하, 장순명	최용달, 최창익, 한빈	박문규, 허가이, 김열
협의	해방정세, 정치노선, 조직노선, 조선해방과 연합군의 역할	3상회의 결정의 실행대책, 조선제정당사회단체들과의 임정 구성	미소공위 3호 결정의 실행대책, 임정수립의 대상, 범위
합의	북조선분국의 중간지도 기구적 위상 정립: 당중앙위 소속 이북5도당분국 *정치노선, 조직노선에 대한 결정서 채택 분국 결성의 사후 승인, 장안파 비판의 특별성명 채택, 서울중앙과 북조선분국의 긴밀한 연계	임정수립시 세력관계 확인(2:1), 3상회의 결정의 군중전달(청원운동), 서울조공의 찬탁유도, 미소공위의 조기개최를 위한 청원 활동, 38선 인근에 조선공산당 서울중앙의 연락거점 설치, 김일성의 대남 재정 지원, 남한내 좌익의 이북 유인	**범위** ①친일민족반역자 제외 ②건국사업의 업적 ③임정수립 결정 지지자 **입법기구** 최고인민대표회의 **행정기구** 중앙인민위원회, 지방인민위원회 결성 **사법기구** 최고법원, 지방법원
유보 사항		연안파 처리	최고인민대표회의 구성, 대표선출, 토지개혁(면적규정)

택해야 한다는 게 김일성 측의 생각이었다. 김일성이 이런 내용으로 박을 설득했고 박은 그렇다면 일단 이남으로 내려가 이남 공산당지도부에 이런 뜻을 전달해야 한다고 했다.

박헌영은 회의 이후 닷새쯤 평양에 머물면서 김일성과 개별접촉을 가진 뒤 38선을 넘어 개성으로 내려갔다. 당시 개성의 당 거점은 조직적으로 든든할 때였다. 미군정이 좌익 탄압에 열을 올렸지만 이 무렵만 해도 공산당의 하

구분	4차(모스크바행)	5차	6차
시기	1946.6.27~1946.7.12	1946.7.16~1946.7.22	1946.10.11~이북체류
동행자	허성택, 박치우, 이호제	허성택, 이태준, 박치우	서득은, 김삼룡, 이승엽
회동 동참	허가이, 김책, 주영하	김일성, 박헌영	김두봉, 허가이, 김책 주영하, 최창익, 박정애
협의	미소공위결렬 후의 서울사태, 조선정판사사건, 이승만의 정읍발언, 좌우합작문제	3당합당, 정판사사건, 단독정부수립, 좌우합작, 신전술 채택문제	10월인민항쟁보고, 3당 합당사업 지연 비판보고
합의	조선공산당(북)과 조선신민당 합당, 조선공산당(남)과 인민당, 남조선신민당 합당(공산당의 대중정당화 추진)	**3당합당 원칙조정** ①민주주의적 중앙집권원칙 ②노동계급의 헤게모니 보장 ③연합중앙위원회의 완전 합의제 좌우합작운동의 독자 전개, 미국의 간섭 배제 합당과정에서의 편향성 불용	9월총파업, 10월인민항쟁의 극좌 모험주의 비판, 대회소집파의 반당행위 비판, 대남혁명전략 지도방안, 인민항쟁 수습 후 합당사업 추진, 박헌영의 이북 체류 전제
유보 사항	여운형, 백남운 등과 3당합당 의사 타진	신전술 운용 과정상 반합법, 비합법투쟁활동 배합 여부	북로당 남조선정치공작위원회 활동방향(反박헌영, 중경임정 귀환세력 포섭)

부조직은 잘 움직여질 때였고 개성의 당 조직은 강고했다고 할 수 있다. 박헌영은 개성에서 이승엽·김삼룡 등과 접촉을 갖고 10월 말께 다시 월북하였다. 이 당시에 박헌영이 계속 개성에만 있다가 평양에 온 것인지, 서울에 잠행했었다가 평양에 온 것인지는 알 길이 없다.

아무튼 박헌영은 1946년 10월 말쯤 최종적으로 월북하였고 11월 5일에는 남조선공산당의 이승엽·김삼룡·허성택·이기석 등, 인민당의 이만규·김

조선로동당 수립과정

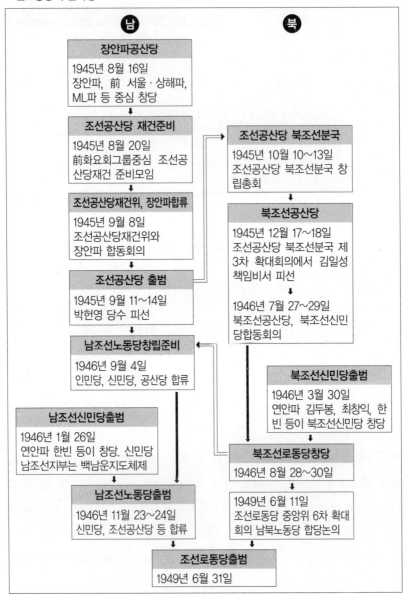

남

북

장안파공산당
1945년 8월 16일
장안파, 前 서울·상해파,
ML파 등 중심 창당

조선공산당 재건준비
1945년 8월 20일
前화요회그룹중심 조선공
산당재건 준비모임

조선공산당재건위, 장안파합류
1945년 9월 8일
조선공산당재건위와
장안파 합동회의

조선공산당 출범
1945년 9월 11~14일
박헌영 당수 피선

남조선노동당창립준비
1946년 9월 4일
인민당, 신민당, 공산당 합류

남조선신민당출범
1946년 1월 26일
연안파 한빈 등이 창당. 신민당
남조선지부는 백남운지도체제

남조선노동당출범
1946년 11월 23~24일
신민당, 조선공산당 등 합류

조선공산당 북조선분국
1945년 10월 10~13일
조선공산당 북조선분국 창
립총회

북조선공산당
1945년 12월 17~18일
조선공산당 북조선분국 제
3차 확대회의에서 김일성
책임비서 피선

1946년 7월 27~29일
북조선공산당, 북조선신민
당합동회의

북조선신민당출범
1946년 3월 30일
연안파 김두봉, 최창익, 한
빈 등이 북조선신민당 창당

북조선로동당창당
1946년 8월 28~30일

1949년 6월 11일
조선로동당 중앙위 6차 확대
회의 남북노동당 합당논의

조선로동당출범
1949년 6월 31일

오성·이여성 등, 그리고 신민당의 허헌·백남운·구재수 등 10여 명이 평양에 들어와 북조선로동당 정치위원들과 연합모임을 가졌다. 여운형은 이때 평양으로 오지 않았고 그 뒤에 김일성과 따로 만났다. 남조선공산당의 이주하는 김일성과 사이가 좋지 않아서인지 이때 평양에 오지 않았다. 11월 5일의 연합모임에서는 합당문제가 집중적으로 논의되었는데, 3당합당에 대해서는 김삼룡이, '10월인민항쟁'에 대해서는 이승엽이 각각 보고하였다.

이승엽의 보고는 박헌영이 주장해오던 식으로 총파업과 인민항쟁의 의의를 열 가지쯤 나열하였다. 박헌영이 이전 회의에서 발언한 것보다도 더 부풀려진 것이었다. 이에 대해 상당한 논란이 있었다. 특히 인민당·남조선신민당 관계자들이 서울에서는 얘기하지 못하던 것을 연합모임에서 털어놓았다. 백남운·이만규 등이 10월 인민항쟁에 대한 이승엽의 주장을 비판함으로써 설전이 벌어졌던 것이다. 김일성은 이 자리에서도 총파업과 인민항쟁을 과소평가해서는 안 된다면서, 다만 지도노선 상의 좌경모험주의와 일부 지도간부들의 주관주의적 욕망은 문제라고 지적하였다.

김삼룡, 자기비판적 관점에서 보고

합당사업에 대해서는 김삼룡이 공산당의 입장에서 보고하였고 인민당의 이만규와 신민당의 백남운이 각각 자기 당의 사정을 설명하였다. 김삼룡은 공산당 지도부 내의 일부 섹트주의적이고 편협한 행동으로 인해 합당을 원만히 이끌 수 없었다는 점, 대회파의 오류는 심각하지만 인민당·신민당 내의 합당준비위원들이 공산당의 프락치로 인정되는 사람들이어서 합당사업에 지장을 초래했다는 점을 명백히 밝혀 주목을 끌었다. 합당사업의 부진에는 공산당의 조직노선상의 결함이 작용했다는 지적이다. 김삼룡은 공산당이 자기비판적 관점에서 합당사업을 새로 풀어나가야 한다는 입장을 명백히 하였다.

박헌영이나 이승엽이 듣기에는 상당히 거북한 발언이었다. 그러나 김삼룡의 보고는 인민당과 신민당 참석자들로부터 상당한 공감을 불러일으켰다. 인민당의 이만규 · 김오성(사실 김오성은 공산당프락치였다)과 신민당의 백남운이 김삼룡의 주장에 전적으로 동의하는 분위기였다고 한다. 이를 계기로 김일성을 비롯한 북로당 지도부는 김삼룡을 다시 보게 된다.

김삼룡은 본래 박헌영의 지도 아래 있었던 경성콤그룹 출신으로 박의 핵심참모로 인식됐었는데 이때부터 새로운 평가를 받게 된다. 김일성은 1956년에 김삼룡의 유가족, 즉 미망인과 두 딸을 만난 적이 있었다. 이때 1946년에 김삼룡을 처음 만났을 때의 인상, 김삼룡이 1949년에 회의에 참석하러 이북에 왔을 때 받은 인상을 전하면서 "김삼룡은 박헌영 · 이승엽과는 다른 사람이었는데 6 · 25전쟁 전에 구해내지 못한 게 지금도 아쉽다"라고 말한 것으로 안다.

이남에서 자신이 본 바를 사실 그대로 보고한 김삼룡의 태도가 이북 지도자들에게 호감을 주었던 것이다. 당시 이남 공산당 내에서 합당문제를 둘러싸고 김삼룡과 박헌영 · 이승엽 등 사이의 갈등이 좀 있었던 게 아닌가 생각한다. 김삼룡은 원칙성이 있고 조직적으로도 탁월한 지도자였기에 공산당의 거점을 완전히 이북으로 옮긴 뒤에도 서울지도부의 책임자로 남게 된다.

1946년 11월 5일의 연합모임에서는 11월 안에 미군정의 허가 아래 합법적으로 3당합당대회를 개최해야 한다는 방침이 결정되었다. 이남 공산당지도자들은 북로당이 이남의 사회로동당 해체를 촉구하는 특별결정서를 채택하도록 요청하였고, 이에 북로당은 중앙위원회 명의로 11월 10일경 사로당 해체를 촉구하는 성명을 내었다. 북로당은 또한 정치공작원을 서울에 파견해 사로당 해체를 촉구하는 등 막후 활동을 통해 사로당이 해체의 길에 들어서도록 했으며, 이를 계기로 합당대책을 세울 수 있게 되었다. 그러나 끝내 3당

합당은 좌절되고 공산당·인민당·남조선신민당의 3당이 남조선노동당과 근로인민당이라는 양당으로 갈라지게 된다.

아무튼 연합모임에서는 합당 방침이 재강조되었고 사로파, 즉 반당파에 대한 비판을 결의하는 한편, 박헌영이 이북에서 남로당 재북지도부를 구성하고 당 간부 양성기지를 만든다는 결정이 내려졌다. 이 연합모임을 갖고 나서 박헌영을 제외한 간부들은 이틀 뒤에 서울로 모두 내려갔다.

혼자 평양에 남겨진 박헌영에게는 비서와 호위대가 배치되었고 그의 평양사무실이 중앙연락소가 되었다. 일제 때 일본인이 운영하던 해주 광명인쇄소가 해방 후에 제일인쇄소로 바뀌었는데 이를 북로당 황해도당이 접수해 사용하다가 김일성의 지시에 따라 박헌영의 관할로 넘어갔다. 박헌영이 인쇄소를 직접 관할하면서 남로당 선전출판물을 인쇄하도록 편의를 봐준 것이었다. 해주에도 박헌영의 사무실과 숙소가 따로 있었다. 해주 제일인쇄소는 일명 '삼일출판사'로 불리기도 했다. 다른 건물에 이를 통틀어 관장하는 해주연락소도 두었다.

평양의 중앙연락소와 해주연락소는 북로당과 남로당의 연락창구이기도 했다. 평양연락소는 주로 북로당 사람들이 지원을 나가 실무를 보았다. 북로당 연락과 소속 간부들이 평양연락소를 통해 박헌영과 북로당을 연계시키는 활동을 하였다. 해주연락소는 '10월인민항쟁' 때 지명 수배되어 노출된 남로당 간부 박승원·이원조·임화·김태준·박치우·문용식 등 10여 명이 1947년 초에 월북하여 연락소의 실무자로 활동하게 된다. 특히 선전 출판활동을 위해 기자 또는 편집 경험이 있는 사람들을 우선적으로 불러들였다.

이 무렵부터 미군정의 좌익 탄압이 더욱 극심해지는 상황이었기 때문에 당활동은 불가피하게 반합법·비합법으로 돌아섰다. 38선 왕래도 곤란해짐에 따라 남북교역을 이용한 연락거점을 만들게 되었다. 당시에는 일부 상인들이 명태·미역·멸치 등 해산물을 비롯한 여러 상품들을 갖고 남북교역을 부분적으로 하고 있었다. 박헌영은 직접 상사를 만들어 남북교역을 하였고 남북왕래의 루트로 이용하려고 하였다. 이북의 금촌(서부), 연천(중부), 양양(동부) 등에 연락거점을 만들었고, 이남의 개성·동두천·강릉 등에 안전거점과 아지트를 만들어 연락원을 고정배치하기 위해 박헌영은 부지런히 움직였다.

북로당은 남북의 연락업무를 수행하던 성시백 같은 정치공작원을 남로당과는 별도로 서울에 체류시키게 된다. 나중에 최상렬 등이 보충되면서 이 조직은 '북로당 서울공작위원회'라는 하나의 그룹이 된다. 다만 정식 명칭이 있었던 것은 아니다. 서울공작위원회라고 해도 위원회 조직을 별도로 꾸린 것은 아니었다. 김일성의 직접지도 아래 있었던 성시백은 위에서 아래까지 김일성의 지시를 직접 수행하는 비밀조직 구조를 갖추었다.

이 조직 자체가 무형의 조직이어서 흔히 '성시백선(線)'으로 통한 것으로 안다. 남로당 중앙지도부가 이북으로 올라간 뒤 이북에서는 서울에 남은 김삼룡의 조직을 서울중앙지도부로, 성시백의 조직을 편의상 서울공작위원회라고 부르기는 하였다. 3당합당 이후에는 성시백의 주요 임무가 합당에서 떨어져 나온 반박헌영세력을 포섭하는 것과 중경에서 들어온 임정세력과 손잡는 것으로 바뀌었다. 이 무렵 임정세력이 이승만 쪽에서 떨어져 나오기 시작했기 때문에 중경에서 활동한 적이 있는 성시백이 임정세력과의 접촉을 본격화하였다. 임정세력 내에는 성시백과 가까운 사람이 여럿 있었다.

2

김일성과 여운형의 비밀회동

제1차 회동 (1946년 2월 10일~11일)
제2차 회동 (1946년 4월 17일~25일)
제3차 회동 (1946년 7월 31일)
제4차 회동 (1946년 9월 23일~30일)
제5차 회동 (1946년 12월 28일~1947년 1월 10일)
1947년 여운형의 피살 이전 활동

1945년 8월 16일 여운형 건국준비위원장이 휘문고보에서 연설을 마치고 군중들과 해방과 기쁨을 함께 하고 있다.

여운형(1886~1947년)은 일제시기에 신한청년당, 상해 임시정부, 공산당 등에서 활동하며 국내외에서 항일운동에 참여했고, {조선중앙일보} 사장으로도 활동했다. 1944년에는 일본의 패전을 예상하고 건국동맹을 조직해 해방에 대비했다.

1945년 8월 15일 해방이 되자 조선건국준비위원회(건준)를 조직하고 그 위원장이 됐다. 건준은 8월 31일까지 지부가 전국적으로 145개에 달할 정도로 급속히 확장됐다. 당연히 그의 인기도 치솟았다.

그의 인기도는 선구회가 1945년 11월에 발표한 여론조사 결과(『先驅』 12월호에 발표)에서 잘 드러난다. 그는 "조선을 이끌어갈 지도자"와 "일제시기 최고 혁명가"를 묻는 설문에서 각각 33%, 19.9%로 최고득표를 기록했다. 여운형은 1946년에도 여전히 인기를 누렸지만 좌우의 대립이 격화되면서 좌측으로부터 '황금도끼'(아름답기는 하지만 나무를 자르지는 못한다)라는 별명을 얻었고, 우측으로부터는 '우호적이지만 실속이 없다'는 공격을 받았다. 즉 대중적 명망성은 있었지만 조직력이 뒷받침되지 못한 것이 여운형의 한계였다.

1946년 제1차 미소공동위원회가 결렬되자 여운형은 좌우합작운동을 주도적으로 이끌었고, 김일성 북조선임시인민위원장과 만나 남북합작에도 나섰다. 그러나 좌우합작운동은 좌우정치세력의 견제를 받아 성공을 이루지 못했고, 1947년 7월 19일 서울 혜화동 로터리에서 한지근이라는 19세의 소년으로부터 2발의 권총사격을 받아 절명했다.

박병엽은 남북합작을 모색하던 여운형이 5차례 방북해 김일성 북조선임시인민위원장과 만나 회담한 내용을 처음으로 공개했다.

>>>

제1차 회동
: 1946년 2월 10일~11일

몽양 여운형의 첫 평양 방문은 1946년 2월 10일~11일 양일이었다. 몽양의 첫 월북은 예고 없이 갑작스럽게 이뤄졌는데 당일에 바로 평양에 들어온게 아니라 2월 9일, 즉 북조선임시인민위원회가 수립된 다음날 해주에 도착하였다. 여운형이 해주에 들어왔을 때만 해도 평양에서는 모르고 있다가 연락을 받고 김일성이 부리나케 한병옥을 해주로 보내 평양으로 모셔오도록 하였다. 여운형은 2월 9일 오후 해주에 도착해 하루를 머물고 10일 오후에 평양으로 왔다. 그리고 평양에서 하루 밤을 지냈고 11일 오후에 서울로 되돌아갔다.

갑작스러운 첫 만남

여운형의 북행길을 안내하고 도왔던 사람은 해방 직후 조선공산당 개성 시당 부위원장이었다가 인민당 프락치로 들어가 활동한 한 아무개(개성시 노동조합위원장 역임)였다. 그는 불행하게도 여운형을 해주에 모셔드리고 먼저 개성으로 되돌아가다가 38선 경비를 하던 소련군의 총에 맞아 사망하였다. 당시에 그의 장례를 해주에서 치를 지, 개성에서 치를 지를 놓고 말이 많았으며 두 곳에서 장례가 치러진 것으로 안다.

여운형이 1946년 2월에 이북을 방문하게 된 데에는 몇 가지 이유가 있었다. 그가 해주를 거쳐 평양에 들어간 것은 해주에 볼 일이 있어서였다. 당시 몽양은 1945년 11월에 인민당을 발족시켜 당수를 맡고 있었고, 1945년 9월에 출범한 조선인민공화국(인공) 부주석으로, 11월에 소집된 인공의 제1차 전국인민위원회 대표자대회 의장으로 활동하는 등 인공을 주도하였다. 전국인

1944년 여운형이 건국동맹 맹원들과 함께 회의를 진행하고 있다. 왼쪽에서 2번째가 해방직후 '장안파공산당'을 결성한 이영. 해방직후 여운형이 위원장으로 취임한 건국준비위원회가 뿌린 선전물.

민위원회 대표자대회(11월 20일~22일)에는 이북에서도 대표가 참석하는 상황이었다. 그만큼 여운형의 인공이 해방정국에서 주도권을 쥐고 있었음을 뜻한다. 특히 황해도와 강원도의 대표가 여럿 참석했던 것으로 안다(참고 : 김남식의 『남로당연구』에는 대표 6백 50명 가운데 38선 이북에서 참가한 대표는 황해도·강원도·함남·평북 등지의 약 70여 명쯤인 것으로 되어 있다). 미군정이 인공을 인정하지 않았음에도 불구하고 1946년 초까지는 인공이 존속하고 있었던 것이다. 인공은 여운형의 강력한 정치활동 기반이었다.

이북에서는 38선 이북의 대표들이 서울의 인공에 참가한 것이 문제로 등장한 일이 있다. 이북 공산당(북조선분국 시절)에서 각 도당에 사람을 보내 그 실태를 파악한 일도 있었다. 황해도 공산당의 위원장이던 김웅기의 친동생 김응순이 해주에서 활동하면서 전국인민위원회 대표자대회 참가를 비롯해 서울을 들락거려 문제가 되었다. 김응순은 공산당 프락치로 황해도 인민위원회에서 일하던 인물이다.

또 문제가 되었던 인물은 대표자대회에서 발언에 나선 강원도의 이학이다. 이들은 대개 박헌영이 주도하던 경성콤그룹 출신으로 이북지역에서 활동하면서도 1946년 초까지 서울과 연계를 가지려고 계속 시도했었다.

몽양으로서는 인공에 참가한 대표들이 이북지역까지 뻗어있는 것이 큰 정치적 기반이었다. 이북 공산당에서 전국인민위원회 대표자대회에 참석한 사람들을 특히 문제삼게 된 데에는 이유가 있다. 대체로 공산당원들이었던 이들 중 일부가 서울로 가서 대표자대회보다 일주일 남짓 먼저 열린 11월 12일의 인민당 결성대회에 참석해 입당해버렸기 때문이다. 이런 연유로 일부 해주 활동가들이 개성에 다리를 놓아 인민당과 조직적 관계를 갖고 있었다. 1945년 12월 17일 공산당 북조선분국 제3차 확대집행위원회가 열린 뒤 공산당 북조선조직위원회로 조직체계가 짜이면서 황해도당 쪽에서 이 문제가 심각하게 대두됐었다. 김응기의 동생 김응순은 평양으로 불려와 비판받기도 하였다.

여운형이 갑자기 해주를 방문한 것은 이곳에 인민당 조직을 만들고 이를 거점으로 이북에서도 인민당 조직을 확대하려는 뜻이 담겨 있었던 것으로 안다. 이것이 월북의 첫째 목적이었다고 할 수 있다. 공산당과 신민당이 남과 북에 모두 있으니 인민당도 이북에 조직을 확대하겠다는 것이었다. 여운형은 박헌영이 이북에 공산당을 두고 있는 것에 대해 마음을 쓰고 있다가 1946년 2월 3일에 독립동맹(신민당의 전신) 경성특별위원회가 결성된 데 자극을 받았던 것으로 보인다.

몽양, 인민당 조직 확대 타진

해주에는 인공의 전국인민위원회 대표자대회에 참석한 사람도 있었고 일제 때 여운형이 만든 건국동맹에 참가했던 사람들이 있었다. 김응순도 경성 콤그룹 활동을 하다가 이 조직이 지하로 들어간 뒤에는 건국동맹에 관계했던 것으로 안다. 이강국이나 최용달이 공산주의자들이면서 건국동맹에 관계했던 것과 마찬가지였다.

또한 당시의 정세로 보자면 1946년 1월 16일에 시작된 미소공동위원회 준비회의가 2월 5일에 끝나고 임시정부 수립을 위한 미소공동위원회가 곧 열릴 것으로 예견되는 상황이었다. 이북에서는 민주기지 창설을 위한 혁명을 추진시키는 것이 정치일정에 올랐고 2월 8일에 북조선임시인민위원회가 수립되기에 이른다.

이북에서는 1946년 1월에 이미 반탁세력을 정치적으로 제거하는 문제가 일정에 올라 있었고 우익세력들이 대거 월남하는 사태가 속출하였다. 이 과정에서 1945년 11월에 결성된 조만식 중심의 민주당이 최용건 체제로 개조되는 한편, 천도교 측에서 청우당을 결성하게 된다. 천도교청우당은 북조선임시인민위원회가 수립된 2월 8일에 창당되었다. 김일성은 이날 오전에 북조선임시인민위원회 창립대회에 참석했다가 오후에는 청우당 창당대회를 축하하기 위해 참석하였다.

이남에서는 임시정부 수립을 예견하면서 이미 조직된 여러 민주단체의 행동을 통일하는 것, 즉 통일전선적인 조직체를 만드는 것이 정치일정에 올라 있었다. 1946년 1월 19일 좌익계의 29개 단체가 민주주의민족전선(민전) 발기준비위원회를 개최하였고 공산당과 인민당의 책임 아래 민전 준비에 박차를 가하게 된다. 1월 31일에는 민전 결성준비위원회가 구성된다. 좌익들의 이러한 움직임은 임시정부 수립 시에 이남에서 유일한 대표권을 갖는 통일전선조직이 필요했기 때문이다.

여운형은 1945년 12월 말 모스크바삼상회의 결정이 나올 때까지만 해도 이남 정국을 주도했다고 할 수 있다. 그러나 삼상회의 결정이 나오고 신탁통치 문제가 정치일정에 오르면서 여운형의 정치적 위상은 현저히 약화되기 시작하였다. 특히 박헌영이 연말연시에 평양에 갔다가 1946년 1월 2일 서울에 돌아온 뒤 신탁통치 문제와 관련하여 이남 좌익진영에서 완전히 주도권을 쥐

1945년 한 청년단체 주최 정치행사에서 연설하고 있는 여운형 조선인민당 위원장. 조선건국준비위원회가 '조선인민공화국'으로 변화된 후 여운형은 조선인민당을 창당해 독자정치세력화를 모색했다.

고 나가면서 여운형의 입지가 좁아지기 시작했던 사정이 있었다. 몽양의 인민당은 민주주의민족전선 내에서 주도권을 박헌영의 공산당에게 **빼앗기고** 말았다. 공산당이 찬탁을 축으로 민전 내에서 주도권을 확실히 잡아나갔던 것이다.

민전 결성준비위원회가 2월 초에 본격적인 활동에 들어가 2월 15일에 민전 결성대회를 개최하기 위한 준비를 착착 해나가면서 여운형은 민전 내에서의 박헌영의 독선적이고 일방적인 태도에 회의감을 갖게 된다. 그러나 여운형으로서는 이북 측이 공산당의 박헌영을 상대로 연대를 구축한데다 조직적으로도 공산당이 인민당보다 우세했으므로 어쩔 도리가 없었다. 여운형은 여운형대로 돌파구를 열 필요성이 있었고 이 점도 그의 북행길을 재촉했던 것이다.

한편 여운형은 민전이 공산당과 인민당 주도로 조직되면서 찬탁 중심의 좌익블럭에 그쳐 제대로 된 민족통일전선체를 구성할 수 없게 되었다는 생각을 갖고 있었다. 몽양은 이북 공산당 측이 이북 대표들의 인공과 인민당 참여를 막고 있는데 대해 김일성과 직접 담판을 짓겠다고 생각했던 데다가, 이남에서 박헌영의 독선으로 통일전선이 제대로 만들어지지 못하는 사정을 김일성과 협의하기 위해 북행했다고 할 수 있다.

김일성과 여운형 사이에는 이미 1945년 12월부터 통일전선 문제에 대한 서신 왕래가 있었다. 이때 시작된 서신 왕래가 1947년 6월까지 11차례나 이어졌던 것으로 안다. 김일성이 1945년 12월에 여운형에게 보낸 서신은 통일전선사업의 중요성을 강조하는 내용이었다. 이것은 김일성이 1945년 12월에 허헌에게 보낸 서신에서 여운형과의 통일전선사업의 중요성을 언급한 것과 마찬가지였다.

김일성의 서신을 여운형과 허헌에게 전달한 사람은 현우철이었다. 현우철은 이북 공산당이 이남에 파견한 연락원이었다. 현우철은 1945년 12월부터 1946년 2월 정도까지 잠시 활동하였다. 나중에 김일성과 여운형 간의 서

1946년 2월 남쪽의 좌익정당, 사회단체 등은 연합조직으로 민주주의민족전선을 결성했다. 사진은 민주주의민족전선 결성식 모습.

신 전달업무를 한병옥 · 한은필 · 최광호 · 최상렬 · 성시백 · 최백근 등이 돌아가면서 맡게 된다.

"통일적 임시정부를 구성할 수 있도록 힘을 모으자"

여운형은 1946년 2월 10일 오후 평양에 도착하자 곧 소련군사령부에 들러 소련군 지도자들과 인사를 나누었다. 몽양은 이날 저녁 고려호텔에서 조만식을 만났는데 조만식은 고려호텔에 연금되어 있었다. 홍기주와 강양욱이 여운형과 함께 갔던 것으로 안다. 몽양과 조만식의 대화 내용은 전혀 알려져 있지 않다. 다만 찬탁의 입장에서 임시정부 수립에 관심을 갖고 있던 여운형과 반탁 입장에서 한발도 물러서지 않았던 조만식 간의 견해차이만 확인하지 않았나 싶다.

여운형은 김일성 측에게 조만식 연금문제를 거론했으나 김일성 측은 모

1945년 11월 16일 열린 조선인민당 결성대회 모습.

스크바삼상회의 결정에 대한 반대세력은 소련군이 직접 관할하고 있어 자신들도 어쩔 도리가 없다고 답변하였다고 한다. 소련군은 1946년 1월에서 2월 초까지 모스크바삼상회의 결정을 반대하는 사람들을 반동으로 몰아 실제로 시베리아로 끌고 가는 상황이었고, 조만식은 그의 정치적 비중을 고려해 고려호텔에 연금하고 있었던 것이다. 여운형은 10일 저녁에 김일성을 비롯해 이북의 지도급 인사들이 베푸는 연회에 참석하였고 호텔에서 숙박하였다.

여운형이 평양에서 논의했던 초점은 이북지역에서의 인민당 조직문제, 이북 대표들의 인공 참가문제, 통일전선문제 등이었지만 통일전선에 관한 것 말고는 이북에도 구체적인 기록은 남아있지 않다. 개별적인 담화 형태로 논의되었던 것이기 때문이다. 몽양은 김일성에게 "이북에서도 인민당 조직을 만들려고 하니 협조해 달라"고 요청하였다.

김일성은 "인민당 조직을 만들 수 있으면 만들어라. 우리는 그것을 반대하지는 않는다. 이북에는 공산당뿐 아니라 민주당·청우당이 이미 있고 민주정당이라면 어떤 정당도 만들 수 있다. 몽양 선생도 1945년 11월에 이남에서 인민당을 만들었으니 이북에서도 그 당 지부를 만들 수 있을 것이다"라는 취지로 답변하였다고 훗날 김일성이 얘기한 일이 있다. 김일성이 이렇게 말했다고는 하나 1945년 12월 중순 이후에는 황해도나 강원도의 일부 도급 지도자들이 서울의 인민당에 참가했다고 해서 이미 닦달질 당하고 있던 상황이었다.

또한 2월 8일에 북조선임시인민위원회가 수립되었기 때문에 이북 대표들이 인공 인민위원회 대표자회의에 참가하는 것은 이미 불가능한 상황에 접어들었다. 여운형이 이북 대표의 인공 참가를 주장한 데 대해 김일성은 "이북에서는 인공을 인정할 수 없다"는 원칙적인 입장을 밝혔다고 한다. 김일성은 인공이 합법적인 선거나 인민의 요구를 수렴하는 절차를 밟지 않고 급조한 점을 이유로 들고, 특히 "현 단계에서 인공이 아무런 역할을 하지 못하고 있지 않느냐"는 점을 강조하였다.

김일성은 몽양에게 통일적 임시정부를 구성할 수 있도록 힘을 모으자고 했고 몽양도 이에는 동의했다고 한다. 김일성이 우선 조건이 가능한 이북만이라도 임시인민위원회를 만들어야 한다고 생각해 실행에 옮겼다고 설명한 데 대해서는 몽양이 의문을 제기했다고 한다. 김일성은 임시인민위원회 수립이 통일적 임시정부를 수립하기 위한 기초를 닦는 작업임을 강조했지만 여운형이 동의하지는 않았던 모양이다.

김일성과 여운형은 2월 11일 오전의 담화에서 주로 민족통일전선에 관한 이야기를 나누었다. 김일성이나 여운형은 각기 통일전선의 입장을 여러 자리에서 밝혀온 바였기 때문에 의견대립이 없었다. 새 조국건설을 위해서는 먼저 민족세력이 통일해야 한다는 것이었다. 김일성은 뒷날 여운형을 회상하면서 "몽양의 민족통일사상은 훌륭한 것이었다"고 말하곤 하였다. 남북의 민족세력이 합작해 통일정부를 수립해야 한다는 사상은 여운형이나 김일성이 공유하였다고 할 수 있다. 김일성은 당시에 어디서 누구를 만나든지 간에 민족통일전선을 강조할 때였다. 김일성과 여운형은 이남에서의 민족통일전선 형성 문제를 깊숙이 논의하면서 여운형과 김구의 합작문제도 논의한 것으로 안다.

김일성과 여운형이 민족통일전선에 대하여 대체로 같은 입장을 갖고 있었으나 '반동' 문제 등에서 약간의 차이를 보였다. 여운형은 "박헌영처럼 공산당을 반대한다고 해서 반동으로 규정해서야 되겠는가"하고 따졌고, 김일성은 소극적으로 동의하였다. 여운형은 또 '민족반역자' 숙청에는 동의하면서도 "민족반역자 규정에는 문제가 있다"는 입장을 취하였다.

여운형은 이남에서 박헌영이 하는 것처럼 해서는 안 된다는 점을 김일성에게 누누이 강조하였다. 여운형은 "민족통일전선에서 좌익들만 가지고 합작을 해서는 한계가 있다"는 점을 강조했다고 한다. 이는 민주주의민족전선이 좌익세력의 결집체로 그치고 있음을 비판한 것이다. 특히 민전 내에서 박헌영의 독선적인 행동이 통일전선 자체에 방해요소가 되고 있다고 지적하였다. 이에 대해 김일성은 통일전선을 협소하게 생각하거나 자기를 반대한다고 해서 반동으로 몰아붙이거나 다른 정치단체를 배척해서는 안 된다는 점에는 동의하면서도 대놓고 박헌영이 잘못하고 있다고 말할 수 있는 입장은 아니었다.

여운형은 민족통일전선은 보다 광범한 세력을 결집시켜야 한다는 입장에서 한국민주당(한민당)이 국내에 오랫동안 뿌리를 박은 토착세력인 점을 중시하였다. 즉 한민당과도 통일전선을 형성할 수 있으면 해야 된다는 입장이었다. 민족통일전선은 민족자본가들과도 협력한다는 것을 뜻하고 그런 의미에서라면 토착적인 민족자본가 세력을 대변하는 한민당과의 합작이 불가피하다는 것이었다. 김일성은 여운형의 이러한 입장에 대해서는 동감하면서도 한민당을 의식하여 "우익지도자들의 과거 활동보다는 현 단계의 정치노선이 무엇인지를 보고 합작을 할 것인지 아닌지를 결정해야 한다"는 입장을 개진하였다.

〈자료〉

「조선인민당위원장 여운형과의 담화」 『김일성저작집』 제2권(1979년, 조선로동당 출판사)

"여 선생이 얼마 전에 미군정의 고문직을 사퇴한 것은 아주 옳은 처사라고 생각합니다. 미국사람들은 남조선에서 자기들의 반동적인 군정통치를 정당화하며 애국적인 인민들의 민주주의적인 진출을 가로막아 보려는 목적으로부터 선생과 같은 분을 고문으로 임명하였던 것입니다. 선생은 미국사람들의 이러한 검은 속셈을 제때에 간파하고 미군정의 고문직을 사퇴함으로써 그들에게 큰 타격을 주었다고 볼 수 있습니다….

건국사업을 성과적으로 수행하기 위해서는 전민족이 하나와 같이 굳게 단결하여야 합니다. 공산주의자이건, 민족주의자이건, 정견의 차이가 있건 없건 관계없이 제국주의와 봉건을 반대하며 나라와 민족을 사랑하고 민주주의를 요구하는 각계각층의 모든 애국적 인민들이 굳게 단결하여야 새 민주조선을 건설할 수 있습니다. 각계각층의 모든 애국적 민주역량을 튼튼히 묶어세우려면 민주주의적인 통일전선을 굳게 형성하여야 합니다….

우리는 남북조선의 민주적 정당·사회단체들을 비롯한 모든 애국적 민주역량을 망라하는 민주주의적인 통일전선을 형성하기 위하여 적극 힘써야 합니다. 특히 남조선에서 민주주의적 통일전선을 굳게 형성하는 것은 매우 절박한 문제입니다…. 남조선 인민들 속에서 영향력이 있는 선생과 같은 분들이 이 사업에서 많은 역할을 하여야 하리라고 생각합니다….

지금 남조선의 일부 사람들은 아무런 원칙도 없이 친일파·민족반역자들까지 통일전선에 끌어들이려 하고 있는데 이것은 본질에 있어서 친일파·민족반역자들의 지반을 닦아주는 이적행위라고 생각합니다. 우리가 말하는 통일전선은 반제반봉건민주주의혁명을 수행하며 조선에 진정한 민주주의사회를 건설하기 위한 통일전선입니다. 그러므로 새로운 민주주의 사회건설을 방해하는 친일파·민족반역자들을 내놓고 노동자·농민·인텔리·종교인을 비롯하여 민주조선 건설을 염원하는 각계각층의 모든 애국적인 민주역량을 망라시켜야 합니다….

여 선생은 자본가들도 통일전선에 인입할 수 있는가라고 하였는데 자본가들에 대해서는 매판자본가와 민족자본가를 엄격하게 구분하여 보아야 한다고 생각합니다. 매판자본가는 과거 일본 제국주의자들에게 충실히 복무한 친일주구로서 투쟁대상으로 되지만 양심적인 민족자본가들은 통일전선에 망라시켜야 합니다. 민족자본가들은 과거 일제와 매판자본가들에 의하여 끊임없이 파산몰락의 길을 걸어왔으므로 반일·반제감정을 가지고 있으며 반제반봉건민주주의혁명에 이해관계를 가지고 있습니다. 우리는 그들을 혁명의 편에 전취하여야 합니다. 여 선생과 같은 분들이 남조선의 민족자본가들을 포함한 중간세력을 통일전선에 묶어세우는데서 큰 역할을 하여야 합니다….

남조선에서 종파분자들의 파쟁으로 하여 민주역량이 통일단결되지 못하고 있는 것은 참으로 가슴 아픈 일입니다. 파쟁은 새조선 건설사업을 파탄시키려는 친일파·민족반역자들을 도와주는 결과 밖에 가져올 것이 없습니다… 남조선에서 파쟁을 없애고 민주역량의 통일단결을 이루는데서 여 선생에 대한 우리의 기대가 큽니다. 나는 선생이 민주정당의 지도자의 위치에서 통일전선을 강화하기 위해 각당 각파들 속에서 나타나는 파벌적 경향에 대하여 원칙적으로 충고하여 주고 그것을 제때에 바로잡아 주었으면 합니다. 선생은 남조선의 많은 공산주의자들과 가까운 사이인 만큼 그들과 힘을 합쳐 민주주의적 정당·사회단체의 일꾼들을 여러모로 도와줄 수 있을 것입니다……

지금 선생이 남조선의 일부 사람들의 편협한 사업태도로 말미암아 여러 가지 고충을 겪고 있는 것 같은데 우리는 선생의 입장을 충분히 이해할 수 있습니다. 앞으로 민주역량의 단결을 이룩하는 투쟁에서 더 많은 고충과 시련을 겪으리라고 생각합니다. 우리는 선생이 조선혁명의 전반적 이익의 견지에서 큰 도량을 가지고 분열이 아니라 단결을 위하여 적극 힘쓰리라 믿습니다. 선생은 남조선의 공산주의자들과 굳게 손잡고 민주주의적 정당·사회단체 일꾼들과 인민들에게 통일전선 형성에서 나서는 원칙적 문제들을 잘 일깨워 주어야 합니다. 그리하여 통일전선사업에서 나타나고 있는 편향들을 바로잡고 하루빨리 남조선에서 민주주의적 통일전선을 튼튼히 형성하도록 하여야 할 것입니다."

(이 담화내용은 저작집 편집위원회가 김일성으로부터 여운형과의 면담(2월 11일) 내용을 자세히 듣고 재정리한 것이다)

> > >
제2차 회동
: 1946년 4월 17일~25일

　　여운형은 1946년 4월 17일에 38선을 넘어 2차 방북길에 올랐으며 이북에 열흘 남짓 머물다가 25일에 서울로 돌아갔다. 여운형은 당시 개성 쪽을 통해 입북했는데 북조선공산당은 한병옥과 한은필에게 여현 조금 위의 금천까지 여운형의 마중을 나가도록 조치하였다. 여운형은 17일에 평양에 도착했는데 김일성은 중화군(지금은 평양시에 편입된 곳)에서 여운형을 맞이하였다. 김일성은 공산당 측의 김책 등과 민주당 측의 홍기주 혹은 강양욱과 함께 마중을 나갔다고 한다.

　　여운형은 평양에 도착한 뒤 여관에 들지 않고 북조선임시인민위원회 위원장 김일성의 사택에서 지냈다. 김일성의 사택은 평양의 보통문 근처의 보통문동과 북새동의 경계에 위치하고 있었다(지금으로 보면 소련대사관 길 건너편의 중구역과 서성구역의 교차점쯤이다). 몽양은 수행원 두 명을 데리고 평양에 왔는데 수행원들은 별도로 여관에서 여장을 풀었다. 후일 한병옥과 한은필로부터 들은 바로는 여운형이 김일성에게 위원장이라고 부르면서도 고자세를 취하여 옆에서 보기가 민망스러웠다고 한다. 2~3일 지나서부터 김일성에 대한 여운형의 태도가 약간 공손한 쪽으로 바뀌었다고 한다.

김일성 사택에서

　　여운형의 2차 입북 당시의 조선의 정치상황을 먼저 이해할 필요가 있다. 1946년 3월 20일 서울에서 열린 미소공동위원회 제1차 회의는 모스크바삼상회의 결정에 따라 조선에서 임시정부를 수립하는 문제를 다루었다. 이 회의는 3~4개월 동안 계속 진행됐으며 임시정부 수립의 협의대상, 절차 및 구성, 정강정책문제에 관한 3호 성명(3월 29일)과 5호 성명(4월 18일)이 차례로 나왔다. 이런 분위기에서 미소공동위원회가 잘 진행되어 조선문제가 금방이라도 해결될 것 같은 상황이 전개됐다고 할 수 있다.

따라서 남과 북의 정당이나 정치지도자들은 이 상황에서 자기 몫을 어떻게 차지할 것인가에 관심을 갖지 않을 수 없었다. 물론 모두가 미소공위의 결정을 받아들여 이처럼 움직인 것은 아니었다. 우익민족주의세력을 중심으로 한 완강한 반탁진영이 버티고 있었다. 그러나 이남에서 반탁 움직임이 거세었다 해도 1946년 4월 중순의 시점에서는 미소공위가 잘 진척되는 상황이었다. 그러다 보니 임시정부 수립을 지지하는 남북의 정당이나 정치지도자들은 임시정부에서의 주도권 장악에 골몰하게 된다.

특히 이남에서는 임시정부 수립에 적극적인 지지를 보냈던 좌익진영이 주도권을 장악하는 문제가 제기되었고 반탁진영 내부는 분열되어 일부가 임시정부에 참가할 것이라는 예상이 나오기 시작하였다. 공산당의 박헌영은 박헌영대로, 인민당의 여운형은 여운형대로 곧 구성될 임시정부에서 어떤 지위를 차지하며, 어떤 역할을 할 것인가를 놓고 바짝 신경을 곤두세우고 있었다고 할 수 있다.

이러한 상황을 감안하지 않고서는 여운형이 1946년 4월에 평양에 온 것이 설명되지 않는다. 3월 말의 3호 성명에서 이미 임시정부 수립의 가능성이 강력히 시사되었고 그 뒤 미국과 소련은 임시정부의 협의대상을 놓고 회의를 거듭하였다. 여운형이 입북한 4월 중순은 바로 이처럼 임시정부 수립문제가 초미의 관심을 끌던 때였다.

당시의 이남 사정도 작용했던 것으로 보인다. 미소공위를 지지하던 좌익진영, 즉 공산당 · 인민당 · 남조선신민당 등이 망라된 민주주의민족전선은 임시정부 수립을 적극 지지했지만 반탁진영은 이에 소극적일 수밖에 없었다. 그러자 박헌영의 공산당을 중심으로 좌익진영은 "반탁진영은 임시정부에서 제외시켜야 한다"고 주장하기 시작했다. 박헌영은 반탁진영을 제외한 임시정부 수립에서 자신의 지위와 역할을 고려하였고, 이에 따라 북측과의 협의가 급선무라고 생각하던 차에 북조선공산당이 연락원을 파견해 함께 협의할 것을 제의하자 박헌영은 4월 3일~6일 사이에 평양을 비밀리에 방문해 김일성과 전격회동을 가졌다. 박헌영은 이미 앞에서 상세히 언급한 대로 모스크바삼상회의 결정이 나왔던 1945년 12월 말에 평양에 왔었고 또 미소공위의 3호 성명이 나오자 또 다시 평양을 방문하는 등 북측과 긴밀한 연계를 갖고 활동하였다.

이에 대하여 여운형은 좌익 내에서 임시정부 수립을 둘러싼 주도권을 박헌영에게 빼앗겼다고 생각했을 소지가 크다. 몽양은 이래저래 자신의 정치적 입지가 축소된 상황에서 박헌영을 상대로 임시정부 수립을 논의하기보다는 김일성과 만나 남북 전체의 차원에서 임시정부 수립을 논의하는 게 낫겠다는 생각을 했을 것으로 보인다. 공산당과 인민당의 세력관계는 비교가 안 될 정도였고 지방으로 갈수록 더 차이가 났다고 할 수 있다. 박헌영이 공산당을 기반으로 조직적 기반이 탄탄했던 반면에 여운형은 조직적 기반은 약했지만 명망 높은 정치지도자였다. 따라서 여운형은 자신의 명성을 배경으로 김일성과 만나 남북 전체의 차원에서 임시정부 수립문제를 논의하겠다는 의지를 갖고 2차 입북을 하였던 것이다.

김일성은 김일성대로 여운형과의 대화가 필요하였다. 이 무렵이면 이북에서는 찬탁·반탁을 둘러싸고 우익세력은 정치권에서 완전히 탈락한 상태였던 데다가 1946년 2월 8일 북조선임시인민위원회가 출범하였고 3월에는 토지개혁이 전면적으로 실시됨에 따라 3월 하순에는 제1차 미소공동위원회

1946년 좌익 정치세력의 중심인물로 활동했던 여운형 인민당 위원장, 백남운 남조선신민당 위원장, 허헌 남조선노동당 위원장, 김원봉 민주주의민족전선 공동의장(1947년 조선인민공화당 창당).

에 관심을 집중하고 있었다. 미소공위가 진행되던 시점에 이북에서는 앞으로 수립될 임시정부의 틀을 내부적으로 갖춰가고 있었다. 민주기지 노선에 의거하여 정권 형태를 만들었고 민주개혁까지 착수했던 것이다.

임시정부 준비 공동보조 모색

북조선임시인민위원회는 통일적 임시정부 수립을 위한 준비기구로서의 성격을 이미 갖고 있었다. 따라서 이북 지도자들의 생각으로는 남북의 통일적 임시정부를 수립하기 위해서는 박헌영과의 협의를 가진 것만으로는 부족하고 여운형과 만나 이 문제를 논의할 필요가 있었던 것이다.

여운형의 인민당이 민전에 들어가 찬탁활동을 한 것만으로도 좌익합작은 이뤄진 셈이었다. 즉 민전 활동으로 남북의 좌익 공동전선이 마련되었지만 이북에서는 임시정부 수립문제와 관련하여 여운형·백남운·허헌 등과의 특별한 공조가 필요하다고 인식하였다. 특히 박헌영과의 공조만으로 모든 상황을 밀고 나갔을 때 과연 여운형이 따라 올 것인가에 회의적 판단이 들었기 때문이다. 이미 여운형과 김일성의 정치적 합작이 이뤄지던 상황이었지만 1946년 4월 중순의 시점에서 임시정부 수립이라는 구체적인 과제를 놓고 공동보조를 취해야 할 필요성이 이들의 만남을 불가피하게 하였다.

더욱이 이북에서는 김일성 명의로 임시정부 수립에 대한 포괄적 입장이 담긴 20개조 정강을 3월 23일에 발표해놓은 상황이었다. 김일성은 4월 초에 박헌영에게 이 문제에 관한 원칙적인 입장을 전달하였고 이제 여운형·백남운·허헌·김원봉 등 민전 의장들과도 이를 협의할 필요성이 있었던 것이다. 이렇게 보면 김일성과 여운형의 비밀회동은 서로의 필요성 때문에 열렸다고 할 수 있다.

여운형은 박헌영이 4월 초에 평양을 방문하기 전에 이미 구두메시지로 평양 방문의사를 타진한 바 있었고(메시지는 조선공산당을 통해 이북에 전달되었다), 김일성은 박헌영이 서울로 돌아갈 때 여운형을 초청할 뜻을 전하였던 것으로 안다. 박헌영은 여운형 측에게 구두로 북측의 메시지를 전했을 것이다. 김일성은 그 직후 자신의 비서실장 격으로 일하던 한병옥을 서울에 파견하였는데 한병옥은 김일성의 초청 서한을 갖고 내려갔다. 당시는 거의 반공개적으로 38선을 넘나들던 때였다. 그렇게 단속이 심하지는 않았지만 합법적으로 왕래하지는 못하던 상황이었다. 연락원은 연락원대로, 장사꾼은 장사꾼대로 일정한 루트를 갖고 반공개적으로 왕래하던 시기였다.

여담이지만 38선을 넘나들며 활동하다가 소련군의 총을 맞아 죽은 사람들의 유가족들이 나중에 자신들도 혁명유가족이라고 주장하여 문제가 된 사례도 있다. 해주의 황해도당이나 원산시당 같은 곳에서 서울 쪽과의 왕래가 적지 않았는데 이 왕래자들을 모두 혁명유가족으로 인정해줄 수는 없는 지경이었다. 이 왕래자들이 혁명활동을 위해 38선을 왕래한 것은 사실이지만 이들 가족의 주장과는 달리 미군의 총에 맞은 것이 아니라 소련군의 총에 사살된 경우가 많았다.

평양에 도착한 여운형이 가장 먼저 들른 곳은 북조선임시인민위원회였다. 위원회는 지금의 평양시 인민위원회 자리, 즉 중구역의 김일성광장 근처에 있었다. 몽양은 첫 날 저녁에 북조선임시인민위원회가 베푼 연회에 참석하여 김일성·김두봉, 공산당의 김책·허가이 등, 민주당의 최용건 등을 만났다. 이튿날 여운형은 소련군사령부에 가서 소련군정 측 지도자들을 만났다. 이때는 스티코프 단장 등이 미소공위에 참석하느라 서울에 가 있을 때여서 치스차코프 사령관 등을 만났던 것으로 안다.

이튿날 저녁에는 공산당이 연회를 차렸고 여운형은 공산당의 여러 간부들을 만났다. 그 다음날부터는 최창익 등 신민당 관계자들도 만났다. 보안대 대본부의 포병부사령관 무정이나 문화부사령관 김일 등 군사 관계자들도 여운형의 환영연회 자리에 참석하여 여운형과 대면하였다.

여운형의 방북활동에서는 박헌영과는 달리 북조선공산당 조직위원회의 회의 등에 참석한 일이 전혀 없었다는 점이 특징적이다. 다만 김일성과의 단독요담이 잦았고 공산당의 주요 간부들인 김일성·김두봉·김책·허가이·주영하 등과 함께 비공식적인 담화를 나눈 일은 두어 차례 된다. 박헌영은 조선공산당 최고지도자로서 북조선공산당 조직위원회 회의에 참가하는 등 대외적으로는 비밀이었으나 공식적인 활동을 전개하였다. 이에 비해 여운형은 인민당 당수이고 이남의 명망 높은 정치지도자로서 박과는 처지가 달랐기 때문에 이북에서 비공식적인 정치활동을 하였다. 그러다 보니 박헌영은 북조선공산당 조직위원회 회의에 참가한 기록 등이 당 내부문서에 남아 있지만 여운형의 평양 활동에 관해서는 상세한 기록이 남아있지 못한 실정이다.

토지개혁 현장 직접 방문

여운형의 평양 활동에서 주목되는 것은 토지개혁 현장을 직접 보기 위해 농촌에 두 차례 나간 일이 있다는 것이다. 여운형은 평안남도 대동군의 조천과 삼신(지금은 평양시에 포함된 구역으로 동편과 서편에 위치한다)이라는 곳을 둘러보았다. 그가 토지개혁 상황을 눈으로 보고 싶어했기 때문이다. 그 밖에 다른 곳을 다녀온 일은 없다. 나머지 거의 대부분의 시간을 김일성과의 개별적인 접촉과 담화로 보냈다.

여운형과 김일성을 비롯한 북측 지도자들 간의 대화는 일부 자료로 기술된 것이나 당시 당의 대남사업 핵심부에서 돌던 이야기, 그리고 훗날 김일성이 여러 자리에서 했던 회상 등을 종합할 때 대여섯 가지 주제로 나뉘어볼 수 있다.

첫째로, 여운형이 이북에서의 민주기지 창설노선이나 민주개혁 실시에 대하여 문제제기를 함으로써 여러 가지 논의가 있었다. 김일성이 후일 여운형이 민전에서 활동하는 등 공산당과 합작하기는 했지만 당시 이북에서의 민주개혁에 대한 올바른 이해가 없어 이를 설득하느라고 상당한 애로를 겪었고 시간이 많이 걸렸다고 회상한 바 있다.

특히 여운형이 문제삼은 것은 북조선임시인민위원회의 설립과 토지개혁의 조기 실시 등이었다. 김일성 등의 주도그룹은 이것이 임시정부 수립을 통해 자주독립국가를 만들어나가는데 필요한 절차라고 생각하였다. 자주독립국가의 기틀을 닦기 위해 금쪽 같은 시간을 낭비할 필요가 없다는 인식을 가졌던 것이다. 이남에서야 미군이 진주한 조건에서 정치세력 간의 갈등과 정치적 혼란이 있어 개혁조치의 실행이 어려웠지만 이북에서는 소련군정의 지원 아래 민주사회 건설을 위한 시책들을 실시할 수 있는 토대가 갖추어졌는데 굳이 개혁을 늦출 필요가 있는가 하는 것이었다.

결국 개혁을 실시해야 하고 그러자면 이를 집행할 수 있는 책임 있는 권력기구가 필요하다는 것이었다. 정권적 기구가 필요하여 '북조선적인' 중앙정권기구로 인민위원회를 창출했지만 인민의 지지과정을 아직 거치지 않았기 때문에 '임시'라는 어구를 붙였다.

김일성은 여운형에게 이런 취지를 설명하였다. 김일성은 여운형에게 임시인민위원회의 수립이 북조선 단독정권을 만들려는 게 아니라 북조선에서 민주시책을 담당해나갈 임시적인 정권기구를 만든 것이라고 강조했다. 임시인민위원회가 임시정부 수립을 촉진시키고 그 기틀을 닦기 위한 것이지 단독정권을 수립하기 위한 절차를 밟는 것이 아니라는 것이었다.

여운형은 이에 대해 "미군정은 이북에서 북조선임시인민위원회가 만들어지자 이를 소비에트정권 수립 움직임으로 파악하고 2월 14일에 자문기구 성격이 강한 남조선국민대표 민주의원을 만들지 않았느냐. 이것은 결과적으로 남과 북의 단독정권을 상정한 것이어서 통일적 임시정부의 수립을 가로막고 있지 않느냐"는 입장을 보였다.

김일성은 "남조선에서와 같은 정치적 파쟁도 없고 반대세력도 없는 이북에서 임시정부가 수립될 때까지 마냥 팔짱을 끼고 기다려야 하겠는가. 그럴 수만은 없다"는 입장을 표명하였다. 김일성은 또 "몽양 선생도 민주사회를 건설하기 위해 조국독립투쟁을 계속해온 게 아닌가"라며 독립의 귀결점이 민주사회 건설에 있고 이를 위해서는 이북에서라도 개혁을 실시하는 깃이 바람직하다고 주장하였다.

합의에 도달하지 못한 북조선임시인민위원회 수립 문제

서로의 입장을 밝히는 의견교환이었지 격론을 벌였던 것은 아니었다. 하지만 여운형이 북조선임시인민위원회 수립조치에 대하여 끝까지 수긍하지 않아 합일점을 찾지는 못하였던 것으로 안다.

여운형은 토지개혁에 대해서도 "왜 꼭 이 시기에 실시해야 하는가. 토지개혁을 갑자기 과격하게 진행하니까 월남 인파가 생기고 이남에서도 이북의 토지개혁을 비난하는 얘기가 흘러나오는 게 아닌가. 이북에서 소비에트화가 진행되고 있다는 의구심도 그래서 나온 게 아닌가"하는 의문을 제기하였다.

김일성은 후일 "여운형이 1946년 4월 평양에 왔을 때 미국을 상당히 의식한다는 인상을 받았고, 그에게 '너무 미국을 고려하다보면 제 정신도 잃고 할 일도 못하지 않겠는가'라고 말 한 바 있다"고 밝혔다. 김일성은 "토지개혁 자체만 하더라도 자기 토지를 갖기를 열망하는 농민의 염원을 풀어 주려는 것이지 소비에트화 조치로 보아서는 안 된다"고 되풀이하였다.

김일성이 토지개혁의 정당성을 강조한 데 대해 여운형도 토지개혁의 의의 자체는 전적으로 동감했다. 다만 시기에 대해서는 김일성의 생각에 동의하지 않았다. 김일성은 농민의 소망을 풀어주는 일은 빠를수록 좋다는 입장이었고 여운형은 "미소공위의 결과로 임시정부가 수립되면 그때가서 토지개혁을 실시해도 늦지 않는다"는 입장이었다.

토지개혁과 관련하여 여운형이 문제삼은 다른 하나는 '무상몰수·무상분배' 문제였다. 그는 무조건적인 무상몰수에 대해 반대 입장을 명백히 하였다. 구체적인 형편과 조건에 따라 일부는 유상몰수, 일부는 무상몰수를 해야 한다는 것이었다. 여운형의 유상몰수 주장은 토지를 유상으로 몰수당한 지주들이 토지대금으로 산업 부분을 맡아나가도록 하자는 것이었고 부분적으로 일리가 있었다.

김일성도 일부 동감하면서도 "이북의 형편으로는 조선사람 지주 자체가 많지 않은데다 대체로 친일파 지주가 주를 이루고 토지소유면적도 넓지 않아 유상몰수 조치를 할 수 없었다"고 말한 것으로 안다. 여운형은 원칙적으로는 '무상몰수'로 하더라도 일률적으로 적용해서는 안 되고 조건에 따라 유상으로 몰수하는 방식도 고려해야 한다는 입장을 펴면서, 20개조 정강을 그대로 두더라도 임시정부가 수립될 때 토지개혁의 '시행령' 형태로 '무상 및 유상 몰수'로 하는 것이 좋겠다는 타협책을 내놓았다. 김일성도 "그럴 수도 있겠다"는 방향으로 긍정하게 되었다고 한다.

김일성과 여운형의 두 번째 논의대상은 미소공위에서 논의되던 임시정부 수립문제였다. 임시정부 수립에서의 초점은 임시정부 구성 및 정강 정책문제였다. 임시정부 구성에서는 좌익진영의 주도권장악을 위해 좌익 2, 우익 1의 세력관계를 만들자는 의견을 나누었다. 김일성과 여운형은 임시정부의 주요 각료는 반드시 독립투사 출신이어야 한다는 데 의견을 같이하였다.

두 사람은 임시정부의 형태에 대해서도 인민위원회 정권 형태를 취할 것과 입법기구로서의 인민회의를 두는 것에 이의가 없었다. 이렇게 쉽게 합의점을 도출한 것은 해방 후 여운형이 주도한 인민공화국 자체가 이러한 정권 형태를 취한 것이었기 때문이다. 김일성이 훗날 회상한 바에 따르면, 여운형은 임시정부가 수립되면 그 자신이 정부수반이 되어야 한다는 분위기를 약간 풍겼으며 김일성은 이에 긍정도 부정도 하지 않았다고 한다. 여운형으로서는 김일성에게서 자신의 정치적 입지를 인정받으려고 했을 가능성이 컸다고 생각한다.

임시정부의 정상성책과 관련하여 김일성 명의로 발표된 20개조 정강도 두 지도자 간의 논의대상이었다. 20개조 정강에는 친일파·민족반역자 숙청, 정권 형태, 경제정책, 교육·문화·사회 전반의 정책이 포함되었고, 이것이 발표될 때 앞으로 수립될 임시정부에서 추진해야 할 정책이라고 못 박았었다.

김일성과 여운형 간에 논란이 된 것은 제2항 "국내에 있는 반동분자와 반민주주의적 분자들과의 무자비한 투쟁을 전개하며 파쇼 및 반민주주의적 정당·단체·개인들의 활동을 절대 금지할 것"이라는 부분이었다. '반동분자' '반민주주의적 분자' 그리고 '파쇼'와 '반민주주의' 적 정당·단체·개인들이 무엇이냐는 것이었다. 당시 파쇼는 정치테러 암살활동을 뜻한다. 이북에서는 3·1절 '김일성암살미수사건' 같은 경우를 파쇼적 행동으로 보고 매우 경계

1946년 비원에서 좌우합작운동의 한 축이었던 우사 김규식과 자리를 함께 한 여운형. 왼쪽부터 김형민 서울시장, 중국대사와 그의 부인, 안재홍, 몽양, 김규식 부인 김순애, 한 사람 건너 우사.

하였다. 이런 행동에 개입된 정당·단체·개인들을 철저히 가려내 임시정부에서 활동하지 못하게 해야 한다는 것이었다. 여운형도 이에 대해서는 동의하였다.

그런데 여운형은 이남에서 박헌영이 공산당에 반대하는 부류에 대해 '반동'이라는 비판을 서슴지 않았던 전례를 염두에 두고 20개조 정강에 나온 '반동분자'도 박헌영과 같은 의미에서 쓰인 것인지 의문을 제기했다. 이것은 '반동분자'를 임시정부 참여에서 배제해야 한다는 김일성의 주장과 맞물려 논란거리였다.

'반동분자'에 대해 이남에서는 여운형과 박헌영의 생각이 전혀 달랐으며, 이 문제는 여운형과 김일성 간에도 깊숙이 논의되었다. 여운형은 "공산당을 반대한다고 해서 반동으로 몰아서는 안 된다"고 했는데 이는 박헌영을 비판한 것이었다. 김일성은 이에는 동감하면서도 자주독립국가 건설과 민주주의를 반대하는 사람은 '반동'이라고 볼 수 있고 그런 의미에서 임시정부 수립을 반대하는 반탁진영은 문제가 있다는 의견을 개진하였다.

'반동분자', 친일파 범위를 둘러싼 논란

셋째로, 반탁진영 문제를 둘러싸고 김일성과 여운형 간에 견해차가 있었다. 김일성은 모스크바삼상회의 결정과 미소공위를 반대하는 것은 민주국가 수립을 반대하는 것이므로 문제가 있다는 쪽이었다. 특히 반탁진영의 김구·이승만·김성수를 어떻게 볼 것인가 하는 것이 초점이었다. 여운형이 평양을 방문한 당시에는 평양 시내에 김구 등을 '반동분자'로 비난하는 벽보가 많이 붙어 있었다. 여운형이 이것을 보지 않았을 리가 없다. 여운형이 이때는 이남의 일부 인사들에 대한 비난벽보 문제를 제기하지 않았으나 그가 9월에 평양을 방문했을 때는 김일성에게 이 문제를 제기하였다.

여운형이 4월 시점에서는 김일성에게 "반탁진영 내에서 이승만은 문제가 있지만 김구·김성수가 반탁 주장을 편다 해서 이들을 무조건 '반동'으로 몰아서는 곤란하다"고 하였다. 여운형은 "지금 그들이 반대하고 있으나 실제로 임시정부 수립이 기정사실화 되면 그들도 다 따라올텐데 반동으로 규정해서는 곤란하다. 김구·김성수가 지금은 반탁에 앞장서고 있지만 기본적으로는 자주독립국가 수립을 열망하고 있다"고 설명했다. 그의 설명에 대해 김일성도 "반탁진영이 임시정부 수립 쪽으로 따라온다면 그것은 좋은 일"이라면서 태도를 바꾸어 여운형의 의견을 지지하였다.

여운형은 "김구가 임시정부 수립 쪽으로 태도를 바꾸도록 설득할 수 있고, 김규식은 내부적으로 미소공동위원회의 진행을 찬성하는 쪽으로 방향 전환했다"고도 하였다. 여운형은 김규식이 '참가 속의 반탁' 입장이라는 점을 분명히 했다. 김규식은 임시정부를 우선 수립하고 이를 기초로 반탁운동을 전개한다는 논리를 갖고 있다고 설명했던 것이다. 김일성의 입장에서는 김구나 김규식을 만나본 적이 없었던 만큼 그들과 직접 대면해 정치적 입장을 확인할 수 있었던 여운형의 설명을 믿을 수밖에 없었을 것이다.

여운형은 김성수에 대해서도 친분관계가 있어 이런저런 얘기를 할 수 있었지만 김일성은 공개적으로 드러난 면밖에 보지 못하는 상황이었다. 김일성뿐 아니라 이북의 지도자들은 대체로 김성수를 친일파 대지주로 인식하고 있었다. 이 때문에 여운형과 이북 지도자들과의 집체적 담화에서는 자연히 김성수에 관한 논란이 길어졌다. 이북 지도자들은 김성수가 1920년대에는 민족자본가로서 여러 가지 역할을 했지만 1930년대로 넘어서면서 친일파로 돌아서지 않았느냐는 입장이었다.

여운형은 "입장을 바꿔놓고 생각해 보라. 당시 조선인 대지주가 일본인과 친분관계를 유지하지 않을 수 있었겠느냐. 우리 같은 사람들이야 가진 게 없으니 숨어 다니면 그만이었지만 김성수 같은 대지주가 그럴 수 있었느냐. 특히 그는 선조로부터 물려받은 땅이 많지 본인이 땅을 늘려나간 지주는 아니다"라면서 김성수의 처지를 변호하였다. 김성수를 친일파·민족반역자로 구분하지 말아달라고 주문했던 것이다. 그가 이렇게 나오자 김일성은 나중에 "선생님께서 김성수와 합작할 수 있다는데 우리가 무엇 때문에 반대하겠습니까"라며 지지를 표명하였다.

친일파 문제는 이북에서 이전에도 상당한 논란거리였다. 보성전문학교 교수를 하다가 이북에 올라와 북조선임시인민위원회 사법부장을 맡은 최용달과 관련하여 사건이 터진 일이 있다. 최용달은 공산당 북조선조직위원회 시절부터 상당한 실력자였고 발언권이 있었다. 이북에서 친일파·민족반역자 문제가 떠들썩했지만 대체로 이남 사람들을 겨냥한 게 많았다. 김성수와 그의 동생 김연수·백관수·장덕수 등이 많이 거론됐었다.

최용달이 월북하면서 데리고 온 조교 한 사람이 북조선조직위원회 선전

부에서 일하고 있었는데 그가 1946년 1~2월경 김성수 등이 친일파·민족반
역자가 아니라는 글을 써서 난리가 났다. 그는 김성수가 설립한 보성전문학
교에서 최용달 교수의 조교로 일한 경력 때문에 김성수를 옹호하는 논조를
갖고 있다가 얻어맞은 것이다. 그는 이 글로 심각한 비판을 받았고 당 중앙의
선전부에서 쫓겨나 강원도당 산하의 출판사로 전출됐다가 얼마 뒤 화병으로
죽었다는 얘기가 나돌았다. 그 뿐 아니라 이런 견해가 최용달에게서 나온 게
아니냐고 해서 최용달도 상당한 비판에 직면하였다. 이럴 정도로 친일파문제
가 예민하였고 김성수 등은 친일파로 분류되었던 것이다. 그러다가 여운형의
끈질긴 의견 개진으로 당내에서만이라도 태도가 바뀌었던 것이다.

　　김일성은 이때 여운형과 여러 차례 담화를 가진 뒤에 당 내부적으로는 여
운형의 의견에 동의해 김구·김성수와의 합작도 고려하지만 주민교양사업에
서는 이들을 비판하던 방침을 유지하라는 방침을 내렸다. 그 뒤로는 당내에
서 김성수를 비난하는 분위기가 잦아들었던 기억이 난다. 김일성 등 이북 지
도자들은 여운형과의 담화를 통해 반탁진영을 한 묶음으로 이해하던 데서 벗
어나 복잡한 반탁진영 내부를 갈라서 보아야 한다는 쪽으로 방향을 전환하게
된다. 적극적 반탁론자만 있는 것이 아니므로 소극적 반탁론자들에 대해서는
임시정부 참여 쪽으로 끌어들여야 한다는 입장으로 정리되었던 것이다. 여운
형은 한민당의 장덕수나 김약수 등 일부 간부들과 한독당 계통에서도 일부가
임시정부에 참여할 수 있을 것이라고 설명했던 것으로 안다.

　　그러나 그렇다고 해도 반탁진영의 우익들을 무조건 수용해서 임시정부를
구성하려고 해서는 곤란하다는 점에서 여운형과 김일성은 의견일치를 보았
다. 임시정부의 세력관계에서 좌익과 우익을 2대 1로 한다는 기본방침에는
변화가 없었다. 이것은 김일성 측에서 크게 강조한 것이다.

　　김일성은 "우리가 노력해서 임시정부가 만들어지면 그 동안 수수방관하

고 반대하던 우익들이 숟가락만 들고 와 차려진 밥상의 밥을 먹으려고 할 가능성이 있다. 밥할 때는 없던 자들이 밥이 다 되면 숟가락을 먼저 뜨려고 할 수 있다"고 비유적으로 말하기도 했다. 우익과의 통일전선도 좋지만 잘못하다가는 우익들의 손아귀에 놀아날 수 있으니 경계해야 한다는 것이었다.

결과적으로 여운형과 김일성 측은 상당한 정도로 의견접근을 보았다. 협의대상 문제에서도 반탁진영을 일률적으로 제외시킬 게 아니라 반탁진영 내의 차별성에 주목하여 임시정부 수립 쪽으로 끌어당길 수 있는 사람이면 합작하도록 노력한다는 결론을 내렸던 것이다.

좌익진영의 통일전선과 관련한 논쟁

넷째로, 민족통일전선 문제도 현안의 하나였다. 이 문제는 여운형의 2월 첫 방북 때 이미 제기됐던 것이다. 좌익 내부의 통일전선으로 되어선 안 된다는 견해로 모아졌다. 이에 대해서는 여운형이나 김일성이 이미 여러 차례 밝혀왔던 터이기 때문에 새삼스레 논란을 벌일 게 없었다. 여운형은 민족통일전선을 등한시하는 박헌영에 대해 비판적이었다.

다섯 번째 논의대상은 좌익진영의 통일에 관한 것이었다. 여운형은 공산당의 독선적이고 월권적인 행동을 비판하였다. 또한 반탁진영에 대한 공산당의 과격한 투쟁노선도 문제삼았다. 여운형이 이남 민전 내에서 박헌영 측의 독선과 월권행위를 김일성에게 설명한 것은 김일성 측이 박헌영에게 영향력을 행사해달라는 뜻이 담겨있었다. 월권행위는 박헌영이 여운형의 인민당에 공산당 프락치를 심어 당 내부문제에 간섭한다는 것이었다.

김일성은 서울 공산당의 행동에 대해 여운형으로부터 구체적으로 들으면서 북조선공산당의 책임비서로서 창피함을 느꼈다고 술회한 일도 있었다. 박헌영이 얼마나 잘못했으면 여운형이 북에 와서 박을 견제해달라고 했겠는가

하는 것이었다. 김일성은 "박헌영을 비호할 수도 비난할 수도 없어 난처했다"고 뒷날 말하였다. 김일성은 월권행위나 독선적인 행동을 자제하도록 박헌영에게 영향력을 행사하겠다는 약속을 여운형에게 할 수가 없었다고 한다. 그 시점에서는 여운형이 박헌영을 비판하고 문제삼아도 김일성으로선 긍정도 부정도 할 수 없는 형편이었다. 단지 여운형과 박헌영이 서로 존중하고 합작할 필요가 있다는 원칙론만 되풀이했다고 한다. 여운형은 박헌영의 잘못된 행동 때문에 합작 자체가 어렵다고 거듭 강조하였다.

여운형은 또한 공산당 측이 우익진영에 배타적인 태도를 취하여 민족통일전선을 불가능하게 하고 있다고 우려하였다. 여운형은 민주주의민족전선이 만들어지기는 했지만 민족통일전선이 성공하지 못하고 있다는 판단을 내리고 있었다. 여운형은 민전 결성 뒤에 공동의장단의 한 사람이었지만 거의 활동에 참여하지 않았다. 김일성은 여운형으로부터 이남에서의 민족통일전선에 대한 구체적인 사정을 들은 바 있었기 때문에 박헌영이 1946년 6월~7월 초 평양에 들어왔을 때 그에게 이 문제를 제기했다고 한다.

김일성과 여운형이 논의한 마지막 문제는 이남의 미군정과 이북의 소련군정에 대한 것이었다. 여운형은 서울에서 미군정이 실시되고 있듯이 평양에서도 소련군정이 실시되고 있는 것으로 생각하고 있었다. 이와 관련된 일화로 여운형은 "소련군정이 어디냐?"고 자꾸 말한 일이 있었다. 평양에서는 소련군사령부내에 민정부가 있었지만 서울처럼 군정청이 만들어진 것은 아니었다. 여운형은 이런 사정을 정확히 이해하지 못한 듯이 행동했던 것이다. 여운형은 북조선공산당이나 북조선임시인민위원회가 소련군으로부터 독자성을 갖고 있다는 것에 의심을 품고 있었고 이를 집중적으로 확인하기도 하였다.

> › › ›
제3차 회동
: 1946년 7월 31일

　　김일성과 여운형은 1946년 7월 31일 38선 인근의 연천에서 제3차 만남을 가졌다. 두 사람은 북조선공산당 연천군당 사무실에서 만난 것으로 안다. 당시 북조선공산당 대남사업 관계자들 사이에 이들의 회동 장소에 대해 연천과 철원의 두 가지 설이 나돌았는데 이는 김일성이 연천군과 철원군을 방문했기 때문이다. 흔히 김일성별장이 있다고 알려진 산정호수 쪽은 김일성이 1947～48년 사이에 지방시찰 때 방문하여 이남 지도자들, 이를테면 백남운 같은 인사를 만난 일은 있었지만 여운형을 만난 장소는 연천군 당사무실이었다.

　　당시 김일성을 수행했던 사람들 가운데 현재(1991년 시점) 생존자가 아무도 없기 때문에 이북에서도 회동장소와 논의 내용을 제대로 아는 사람이 거의 없을 것이다. 당시 김일성이 38선 인근지역을 방문해 여운형을 만난 일이 있다는 정도는 몇몇 사람이 알고 있겠지만 70～80세의 고령이거나 사망했을 것으로 생각한다. 아무튼 김일성과 여운형은 점심을 함께 하면서 하루 종일 정치현안을 논의하였다. 당시의 정세는 두 지도자가 며칠씩 끌어가면서 회동하는 것을 허락하지 않았다.

사전에 서신 주고 받아

　　여운형과 김일성의 만남은 언제나 그러하듯이 서로의 필요성 때문이었다. 1946년의 정세가 워낙 급박하게 돌아갔기 때문에 남북 지도자의 만남이 불가피했다고 할 수 있다. 같은 진영의 정치지도자들의 경우 전략적 범위에서는 입장이 같다고 해도 전술적으로는 차이날 수 있고 이를 협의하려면 직접 만나는 게 상책이었다. 여운형과 김일성의 다섯 차례의 만남이 모두 그러했지만 제3차 비밀회동은 더욱 그러하였다.

김일성과 여운형은 회동의 필요성이 점증하자 서신을 주고받으면서 긴급히 회동하는 것에 동의했다. 여운형은 7월 초에 담화를 통해 민족통일전선에 관한 입장을 밝힌 바 있고, 며칠 뒤 김일성에게 비밀회동을 희망하는 친서를 보냈다. 이 친서는 이북 정치연락원에 의해 평양의 김일성에게 전달되었다. 서신에는 미소공동위원회 결렬 이후의 이남 정세에 관한 설명과 좌우대립이 임시정부의 수립을 가로막았다는 여운형의 생각이 담겨져 있었다. 서신에는 또한 여운형이 추진하던 좌우합작운동의 취지와 현황도 간략히 언급됐던 것으로 안다. 여운형은 김일성에게 한 차례 서울을 방문해줄 것을 요청하기도 하였다.

김일성이 여운형에게 보낸 1946년 7월 18일자 편지는 여운형의 7월 초 편지에 대한 답신이었다. 박헌영이 서울로 돌아온 7월 22일 이전에 북조선공산당의 정치연락원이 김일성의 답신을 갖고 서울로 내려가 여운형에게 전하였다. 김일성은 답신에서 여운형이 제기한 좌우합작을 전폭적으로 지지한다는 입장을 밝히는 한편, 자신이 북조선임시인민위원장으로서 해야 할 일이 많아 곧바로 만나기는 어렵더라도 한 번 이남으로 나가기는 하겠다는 뜻을 밝히기도 하였다.

〈자료〉

김일성이 여운형에게 보낸 1946년 7월 18일자 편지 내용

"존경하는 여운형 선생께. 선생의 최근 편지를 읽고 본인은 선생이 말씀하신 바가 올바르고 적절하다고 생각했습니다. 서울로 가면 선생을 만나고 싶은 마음 간절하지만, 공적인 임무에 얽매여 있는지라 떠나기가 쉽지 않습니다. 하지만 본인은 수일 내에 선생을 뵈올 수 있으리라 기대합니다. 왜냐하면 방문할 기회를 가질 것을 확신하기 때문입니다. 그러니 그때를 위해 준비를 해주시지 않겠는지요. 김일성"

(이 편지는 1946년 8월 초 미군정 당국이 인민당 간부 집에서 입수한 것이다.)

김일성과 여운형은 서신을 주고받는 한편, 연락원을 통해 서로의 입장을 타진하였다. 김일성의 답신에서 당장 서울로 내려가기는 어렵다고 한 만큼 여운형으로서는 그를 만나자니 그 방법을 모색하는 서신을 김일성에게 보내지 않을 수 없었다. 당시 정세로 보아 서로 만날 필요성은 절실했지만 김일성은 임시인민위원장의 직무수행 때문에 평양을 뜨기가 어려웠고 이남의 급박한 정세변화는 여운형의 발목을 잡고 있었다고 할 수 있다.

그러나 사정이 절박하다보니 절충이 이뤄졌다. 김일성 측에서는 이남의 정세변화를 볼 때 여운형과 박헌영의 유대가 관건이었다. 7월 22일에 서울로 돌아간 박헌영이 김일성과 합의한 대로 여운형·백남운과 긴밀하게 협조해 나갈 것인지에 의구심이 들었기 때문이다. 박헌영은 좌익 3당합당 문제만 하더라도 공산당 측이 인민당과 남조선신민당에 심어놓은 프락치들을 움직이는 방식으로 처리하려고 하였다.

여운형은 김일성이 서울에 오기 어렵다면 자신이 이북으로 가겠다는 의사를 표명했던 것으로 안다. 이것은 합당사업이 1개월 이내에 전격적으로 이뤄져야 한다는 공감대가 있었기 때문이다. 그렇지 않으면 미군정 측의 방해공작이 진행될 소지가 있어 합당사업에 심각한 장애가 조성될 수 있다고 보았던 것이다.

이북에서는 7월 29일에 북조선공산당과 조선신민당의 연석중앙확대위원회를 열어 공식으로 양당의 합당을 선포하였다. 양당이 연석중앙확대위원회를 공동으로 개최하여 합당 의사를 결정하고 합당의 과정은 밑에서부터 올라오는 상향식(면-군-도-중앙)으로 진행하였다. 이 보다 한 달 앞서 6월 27일에는 북조선임시인민위원회에서 농업현물세제 실시 결정을 통과시켜 공포하였고 6월 20일에는 노동법령, 7월 20일에는 남녀평등권 법령을 각각 공포하였다. 이런 숨가쁜 움직임 속에서 김일성은 개혁조치들의 진행 정형과 합당 사업의 지방 실태를 살펴보기 위해 이북 각 지역에 대한 민정시찰 일정을 잡게 된다.

김일성은 7월 말에 강원도와 황해도 지역을 돌아볼 일정이 있었고 이 틈에 38선 인근에서 여운형을 만나기로 하였다. 김일성은 여운형에게 미안하지만 38선 인근까지만 올라와 달라고 연락했다. 여차하면 평양까지라도 갈 생각을 갖고 있었던 몽양이 수락해 자연스레 약속이 잡혔다.

김일성과 여운형이 만나 협의한 문제를 살펴보기에 앞서 두 지도자가 긴급히 회동할 수밖에 없었던 당시의 정세를 일단 검토할 필요가 있다. 제1차 미소공동위원회가 1946년 5월 초에 갑자기 휴회상태로 들어가자 이남의 정치세력들은 혼란에 빠졌다. 신탁통치를 둘러싼 좌우익 대결이 너무 심각해 미소공위도 순탄치 못할 것이라는 예상이 없지는 않았었다.

그러나 이남 정치지도자들 가운데 '임시정부 수립'을 의제로 한 미소공위가 그렇게 빨리 결렬될 것으로 예상한 사람은 거의 없었다. 이북에서는 임시정부 수립에서 난관이 조성될 것으로 예견하고 '민주기지' 창설에 필요한 정책들을 착착 추진시켜 나갔다.

미소공동위원회가 결렬되자 가장 크게 실망한 것은 이남의 좌익진영이었다. 특히 조선공산당의 박헌영이 가장 크게 실망했다. 이북에서는 공산당이 임시정부 수립문제에서 난관이 발생할 것에 대비해 민주개혁을 진행시켜왔음에 비해 이남의 박헌영 측은 임시정부 수립에서 반탁진영은 제외시켜야 한다는 정치적 요구만 높이 내세웠었다. 박헌영의 이러한 방침은 미국·소련 간의 합의에 의해 임시정부 수립문제가 실천에 옮겨질 것으로 내다보았기 때문이다.

좌우합작, 삼당합당 등 현안 산적

미소공위의 결렬로 정세는 급변하였다. 북조선공산당 지도부는 새로운 정세 하에서 전반적인 조선혁명에 관한 정치적 주도권을 틀어쥐고 나가는 문제를 선결과제로 생각하게 된다. 임시정부가 수립되면 그 주도권을 장악하려고 했던 북측의 좌익 정치세력은 미소공위가 결렬되자 새로운 전술적 대응을 준비해 나갔다.

이남의 공산당은 미소공위가 열릴 동안은 임시정부에서 반탁진영을 제외해야 한다고 주장했으나 휴회사태가 벌어지자 휴회의 책임을 반탁진영에 뒤집어씌우는 전술을 택하였다. 여기에서 생각할 문제는 제1차 미소공동위원회를 통해 미국이 타산한 것은 무엇인가 하는 점이다. 미소공위가 진행되는 동안 미국이 가장 우려했던 일은 이북에서 반탁진영이 정치적으로 거세된 것이었다. 이북의 정치판도가 좌익 일색으로 되자 미국은 이북지역이 '소비에트화' 할 것을 우려하게 되었다.

1946년 2월 초에 북조선임시인민위원회가 만들어지고 3월부터 토지개혁이 실시되자 미국의 의구심은 더욱 커졌다. 이북에서 좌익의 판도가 우세해졌을 뿐 아니라 이남에서도 좌우익 대립 속에서 좌익우세, 반탁진영인 우익약세의 분위기가 나타나자 미국으로서는 임시정부 수립을 서둘러서는 안 되겠다는 판단을 내리게 되었던 것이다.

소련은 미국과는 반대로 남북의 세력판도에서 좌익 정치세력이 유리하다고 판단했기 때문에 임시정부 수립문제를 밀어붙이려고 하였다. 미국은 전략

여운형과 여운홍 형제. 1946년 4월 여운홍은 조선인민당을 탈당해
사회민주당을 결성했다. 북한은 이를 미군정의 공작으로 파악했다.

수정의 기회를 가지려고 일단 미소공위를 휴회시켰던 데 비해 소련은 남북
내부의 역량관계를 타산해보고 임시정부 수립을 빨리 추진하는 것이 좌익에
게 유리하다고 인식해 미소공위에서 서둘러 합의를 끌어내려고 하였다. 미국
은 소련의 의도에 밀려서는 안 되겠다고 판단하게 된다. 미국과 소련이 미소
공위에서 임시정부 참가 협의대상 문제를 놓고 논란을 거듭하던 중에 미국은
결국 휴회 쪽으로 가닥을 잡았던 것이다.

　　미국은 미소공위 휴회와 함께 새로운 대책을 실천해나갔다. 이 대책에는
민주주의민족전선이라는 틀을 갖춘 좌익진영 내부의 분열공작, 즉 민전에서
의 여운형 분리작업이 한편에 자리 잡고 있었고, 다른 한편에는 이승만 등을
통해 이남만의 단독정부 수립 주장을 펴도록 방조하였다. 미국은 좌익진영의
분리를 위해 박헌영의 공산당을 집중적으로 탄압하고 인민당의 여운형을 좌
익진영에서 떼어내는 방법을 쓰려고 하였다. 미소공위가 결렬되자마자 '정
판사사건'이 일어났고 이를 계기로 미군정은 대대적인 공산당 탄압에 나섰

다. 그 뿐 아니라 『해방일보』를 정간시키는 등 좌익계 언론에 대한 대대적인 탄압 공세에 들어갔다.

미군정은 정판사사건을 계기로 인민들로부터 좌익세력을 고립시키는 작업에 일정하게 성공한다. 미군정은 또한 민주주의민족전선을 분열시켜 여운형 같은 중도좌파세력들로 하여금 군정 측이 의도하는 입법기구를 만들려고 하였다. 이것은 북조선임시인민위원회의 설립에 대한 대응조치의 성격이 강하였다. 임시정부 수립과 관련해서도 그 모체가 될 입법기구를 미리 만들어 이 문제가 미국이 의도하는 방향으로 흘러가도록 기초를 닦으려고 하였다. 미국은 미소공위 휴회 이후에 전개된 좌우합작운동을 그런 방향으로 몰아가려고 하였다.

미군정은 민전 내부의 분열 전술에서 박헌영과 여운형 사이를 이간시키는 것을 중시하였다. 박헌영 측이 "여운형이 일제 때 일본에 협력하고 돈을 받은 일이 있다. 친일행각을 벌렸다"는 내용을 폭로하려 한다고 여운형에게 귀띔한 것이 그 예이다. 이북 측은 이 정보를 입수해 미군정이 여운형과 박헌영 사이를 이간시키려하니 속지 말라고 몽양에게 사전에 알려주기도 하였다.

미군정의 여운형 끌어들이기 공작은 여기에서 그치지 않았다. 군정측은 여운형의 동생 여운홍에게 정치자금을 대주어 여운홍이 일부 당원을 데리고 인민당을 탈당하도록 조종하기도 하였다. 여운홍은 "인민당이 공산당 프락치 손에 놀아나는 상황을 계속 관망할 수만은 없어 사회민주당을 결성한다"면서 인민당에서 탈당했다. 여운홍은 여운형도 인민당에서 나오기를 희망한다면서 사민당 위원장 자리를 여운형의 몫으로 남겨놓기도 하였다. 사회민주당 창건은 여운형을 좌익 연합체조직인 민전에서 떼어내려는 미군정의 계산에 의한 것이었다.

어쨌든 5월 초에 제1차 미소공동위원회가 결렬되면서 이남의 정치정세가 매우 복잡해졌다. 정판사사건으로 공산당이 매우 어려운 국면에 빠져들었고 여운형이 느닷없이 미국과 협력하여 좌우합작을 추진하기에 이르렀다.

북조선공산당은 미군정 고문의 집에서 좌우합작 추진모임이 있었다는 보도를 접하고 심각히 우려하였다. 미군정이 한편으로는 공산당을 탄압하고 다른 한편에서는 여운형을 민전에서 떼어내 입법기구에 참가시키려고 한다고 보았기 때문이다. 여운형이 2월과 4월에 평양에 왔을 때 김일성과 민족통일전선에 관한 한 입장이 같았던 게 틀림없지만, 좌우합작운동이 시작되자 이북에서는 여운형이 미국과 손잡은 게 아니냐고 우려하였다.

몽양의 입법기구 참여 우려

또한 여운형이 입법기구를 만들려는 미국의 구상에 놀아난다는 의구심도 가졌다. 이남 공산당의 여운형에 대한 평가는 대체로 그런 쪽이었고 이북에서도 정치공작원을 서울로 파견해 여운형의 진실을 확인하기 전에는 마찬가지였다.

이 상황에서 공산당은 6월에 좌우합작운동과 입법기구 결성 움직임을 비판하고 나섰다. 박헌영 측은 미국이 새로운 전술로 나오자 '정면폭로' 전술로 대응하기로 결정하고 좌우합작운동을 매도하는 쪽으로 방향을 잡게 된다. 좌우합작운동을 매도하니 자연히 여운형을 매도하는 것이 되었고, 이것은 결과적으로 미군정의 의도를 따라가는 것이 되고 말았다. 이북에서는 시일이 지나면서 이남 공산당의 정면대결 자세가 미군정의 의도를 실현시켜 주는 것밖에 안 된다는 점을 차츰 이해하게 된다.

박헌영의 공산당은 미군정의 의도를 깨기 위해서는 여운형의 인민당도 공산당과 공동보조를 맞춰야 한다고 주장했지만 여운형은 좌우합작운동에 깊숙이 발을 들여놓았다. 박헌영은 여운형과 자신이 정치적 입지나 미군정과의 관계라는 면에서 다르다는 점을 인정하려 들지 않았다.

그러나 김일성이 볼 때는 박헌영과 여운형의 정치적 입지나 미군정과의 관계에서 차이가 난다는 점이 중요하였다. 박헌영의 전술과 여운형의 그것이 같을 수 없다는 것을 이해했던 것이다. 그럼에도 불구하고 박헌영이 여운형에게 자신의 전술에 공조하기를 요구하면서 양자의 틈새는 더 벌어지기 시작하였다.

김일성이 이남의 이러한 상황을 제대로 이해하게 된 것은 1946년 7월쯤이었다. 그동안 여운형과 김일성 사이에 정치연락원이 왕래하고 서신도 오갔기 때문에 김일성은 상황을 제대로 이해할 수 있었다. 이남에 파견된 정치연락원이 7월 초 몽양의 담화가 실린 신문을 갖고 평양으로 돌아왔는데 이 담화에는 통일전선에 관한 입장이 밝혀져 있었다. 김일성은 그 내용을 보고 여운형의 의도를 분명히 알 수 있었다.

이 신문은 지금도 조선로동당의 당사문헌연구실에 보관되어 있을 것이다. 아무튼 여운형의 구상은 좌우합작운동을 통해 통일적인 임시정부를 수립하려는 것이었고, 이것은 2월과 4월에 평양에서 김일성과 합의했던 통일전선 구축이라는 맥락에서 벗어난 것은 아니었다.

여운형은 진정한 민족통일전선은 좌우익을 포함시키고 남북을 포괄하는 것이어야 한다는 입장을 취하였다. 그는 미소공위가 우리 민족 내부의 찬탁·반탁을 둘러싼 심각한 대립 때문에 결렬된 것으로 생각했다. 미소공위가 결렬된 원인이 오직 민족통일전선 형성에 실패한 것, 즉 좌우합작을 이루지 못한 점에 있다고 보았던 것이다. 이남에서 좌우합작을 이룬 뒤에 이북과도 합작해야 한다는 생각이었다. 이 때문에 여운형은 미소공위가 결렬되자 좌우합작운동에 앞장서게 되었던 것이다. 여운형의 이런 입장이 반영된 것이 7월 초의 담화였다.

〈자료〉
여운형의 7월 1일 담화 「통일공작에 대한 관점」의 주요 내용

1. …건국공작의 금후 추진은 이 정치역량의 민족적 제휴 통일을 기다려서만 실제적 진전이 있을 것으로 인정한다.…

1. 민주주의임시정부 수립은 민주주의 정당과 사회단체를 기초로 하여 그것이 제휴 합작함으로서 정치적 총역량을 집중적으로 표현시킬 것임으로 금후 합작운동도 마땅이 이 당과 단체를 기준으로 하여야 할 것으로 생각한다.…

1. 이번 합작 성공의 선 단계에서는 우선 각 정당과 단체의 주요 책임자가 개인 자격으로 일 연석협의체를 구성하고 그것이 격의 없는 이해와 성의를 보임으로서 구체적 합작의 제2단계로 들어가야 할 것으로 생각한다.

1. 이러한 협의체는 우선 재경한 주요 정당세력을 포괄할 수 있는 범위로 구성하야 그것이 사절을 북조선으로 보내어 38이북의 제 주요 정치세력까지 이에 합류될 구성으로 확대하면서 소련대표단과도 접견하야 공위 속개를 촉진할 것을 의도한다.

1. 이러케 하야 좌우 남북의 민주주의 주요정치세력을 대표할 수 있는 요인들의 이해와 의견의 일치를 보게 될 때에는 다시 구체적으로 공위와 보조를 맞추면서 각 정당과 단체의 대표로서 임시정부 수립을 할 수 있는 회의를 구성할 준비에 착수할 것을 의도한다.

(『현대일보』 1946년 7월 2일자)

공산당의 박헌영 측은 여운형의 민족통일전선에 관한 입장, 즉 좌우합작운동의 동기에 대해 이해하려 들지 않았다. 여운형의 좌우합작운동 추진을 그의 영웅주의적 정치행동이나 정치적 위상 강화를 위한 활동으로 치부하는 경향이 없지 않았다. 냉정히 말하면 그런 측면이 없지는 않았을 것이다. 여운형은 미소공위가 진행되는 동안 박헌영에 비해 상대적으로 좁아진 정치적 입지를 생각했을 것이다. 미소공위 개최 기간에 임시정부 수립에 대한 좌익의 입장은 민전 명의로 발표됐지만 박헌영의 공산당이 모든 문제를 좌지우지했던 게 사실이다. 인민당은 약간은 소외됐었다고 할 수 있다.

여운형은 미소공위가 결렬되자 자기 입지를 강화할 목적으로 좌우합작운동에 적극적으로 뛰어들었다고 할 수도 있는 것이다. 그의 행보는 정치적 실리와 대의명분을 모두 고려한 것이었다. 좌우합작운동이 실제로 성공했더라면 임시정부 수립에 한발 다가갈 수 있었을 것이고 여운형으로서도 큰 정치적 승리가 될 수 있었다.

여운형은 미군정이 정판사사건을 계기로 공산당에 대한 탄압을 가속화하자 군정장관을 찾아가 그 부당성을 항의하기도 했다. 그럼에도 공산당 측은 여운형이 미군정에 강력히 요구하지는 않았다고 뒷말할 정도로 여운형과 박헌영 간에는 불신의 골이 깊었다. 이북에서는 박헌영 측의 정세 대응에 문제가 있다고 생각했다. 미군정은 공산당에 대한 '탄압'과 좌익 내부의 '분열'을 배합한 전술을 사용했지만, 박헌영 측은 양면 전술을 구분해 대응하지 않고 탄압에 대한 대응에만 과도하게 매달렸다.

깊어가는 박헌영 – 여운형 갈등

이북에서는 박헌영과 여운형의 갈등이 깊어져 가는 것을 우려하지 않을 수 없었다. 김일성은 박헌영이 미군정의 새로운 전술에 휘말려 전술의 양면을 보지 못하고 너무 일면적으로 대응하고 있다는 판단을 내렸다. 북조선공산당은 이러한 정세변화를 보면서 임시정부 수립에서의 주도권 장악에 관심을 기울였다. 조선문제 해결의 정치적 주도권을 쥐는 것이 북조선공산당의 최대 현안이었다.

이 와중에 박헌영이 6월부터 7월 하순까지 두 차례 비밀리에 평양을 방문했고 모스크바를 다녀오기도 했다. 이 과정에서 좌익진영 내부의 통일단결을 꾀하여야 한다는 방침이 내려졌다. 이는 당시의 혁명단계에서 목적이 같고 계급적 기반이 같은 정치세력들을 광범위하게 결집시켜야 한다는 이유 때문이었다. 미군정의 좌익진영 분열 전술에 맞서려면 좌익3당의 합당이 유효한 전술이라는 결론이 내려졌다. 좌익3당의 합당은 공산당에 대한 미군정의 탄압을 약화시킬 수 있을 것이라는 판단도 더해졌다.

민주주의민족전선 같은 협의체나 통일전선체로는 좌익진영의 통일단결을 도모하는데 한계가 있으므로 정당 결성으로 대응하기로 한 것이다. 또한 3당 합당은 합법적 활동의 토대를 넓힐 수 있는 효과적인 방법이라고 결론지었다.

다른 한편으로 이북에서도 북조선공산당과 조선신민당의 합당을 진행하고 뒤에 가서 남북의 좌익 대중정당을 연합한다는 방침도 마련되었다. 남과 북에서 모두 공산당의 명칭을 벗어나 강령도 수정하는 등 대중적 토대를 구축하여 합법 공간을 넓히기로 했던 것이다. 이는 좌익정당에서 계급적 성격을 완화함으로써 대중들에게 민주주의적이고 민족적인 이미지를 주려는 것이었다. 좌익정당의 합당 및 대중정당으로의 전환이라는 과제는 당시 국제공산주의운동의 흐름이기도 했다. 김일성과 박헌영이 7월 초에 모스크바를 비공개 방문했던 것도 이 때문이었다.

북조선공산당이 채택한 다른 한 가지 방침은 전민족적 범위에서 애국세력을 단결시키는 민족통일전선을 조성한다는 것이었다. 미소공위가 결렬된 뒤인 6월 초에만 해도 이북에서는 이남의 민주주의민족전선같은 민족통일전선 조직체가 없었기 때문에 이런 조직을 신속히 결성하기로 결정했다. 그 동안에는 북조선공산당이 신민당·민주당·천도교청우당을 망라하면서 통일전선적 공조를 취해왔지만 별도로 조직체를 만들지는 않았기에 새로운 환경 하에서 통일전선체 조직을 결성하기로 했던 것이다. 그밖에 이남에서 '임시 정부 참여 속의 반탁'을 주장하던 중간파 세력들, 예를 들어 김규식이나 한민 당의 원세훈 등과의 통일전선도 강화하는 과제가 중요하게 제기되었다.

그리고 이북은 미군정의 전술 변화에 대한 포괄적인 대응전략을 수립하게 되는데, 이북지역에서의 민주기지 창설을 위한 개혁의 가속적 추진, 좌익 진영의 통일단결을 위한 합당 추진, 좌우익을 포괄한 통일전선의 형성 등이 과제로 정립된다. 6월 초에 이런 과제들을 내부적으로 논의하다가 중순에 이르면 정책과제로 확정된다.

첫째 과제와 관련하여 6월에는 3월의 토지개혁에 이어 노동법령, 농업현물세제 실시, 보안간부학교 설립 등이 추진되었다. 북조선공산당과 조선신

1946년 7월 김일성이 북조선민족통일전선 결성식에서 연설하고 있다. 왼쪽은 김달현 천도교청우당 위원장, 오른쪽은 최용건 조선민주당 부위원장. 북조선민족통일전선은 이북지역 정당, 사회단체의 연합조직으로 결성되었다.

민당의 합당은 7월 29일에 정식으로 결정되었고 합당과정이 한달 간 진행되었다.

그리고 6월 22일에는 공산당 · 신민당 · 민주당 · 천도교청우당 등 정당 · 단체들이 북조선민주주의민족통일전선을 결성하였다. 이북에서는 이 조치들이 착착 진행되고 있었던 만큼 이남에서 미군정의 전술 변화에 대한 포괄적인 대응책을 실천하는 과제가 수면위로 떠올랐다.

박헌영이 6월 말부터 7월 하순까지 두 차례 평양에 와서 김일성 등과 협의를 갖게 된 것은 이 때문이다. 김일성은 박헌영과 남조선 정세를 협의하면서 여운형에게도 정치연락원을 보내거나 서신을 보냈다. 김일성은 여운형의 좌우합작운동의 의도를 파악하고 있었고 그의 정치노선에 공감하고 있었다. 김일성은 박헌영에게 여운형의 좌우합작운동이 갖는 의의를 강조하였고 이남 공산당도 여운형을 후원하는 게 좋겠다는 의견을 밝히기도 하였다. 이남에서의 통일전선 강화는 민전의 강화뿐 아니라 여운형의 좌우합작을 통해 우익세력까지도 합작하는 것이어야 한다는 것이었다. 여운형의 좌우합작운동이 미군정의 입법기구 설립 의도에 휘말리지 않도록 하기 위해서라도 공산당이 여운형을 지원해야 한다는 것이었다.

김일성은 그러나 박헌영과의 몇 차례 접촉에서 그가 통일전선에 적극 나서지 않을 것이라는 점을 간파하고 있었고, 여운형을 만나 허심탄회하게 의견을 교환할 필요성에 직면했다. 김일성은 민족통일전선운동의 두 개 고리가 좌익3당의 합당과 좌우합작이라고 보고 있었다. 김일성으로서는 여운형을 밀어주는 것이 절실한 과제라고 생각하였다. 박헌영만으로는 좌익3당의 합당이나 좌우합작이 모두 곤란하다고 보았던 것이다.

여운형의 입장에서도 미소공위의 결렬에 따른 이남 정세의 격변과 관련하여 김일성과 대면할 필요성이 커졌다. 자신이 좌우합작을 진행하는데 대해 공산당이 비난을 퍼붓고 방해하는 상황이 계속되면 좌우합작이 난파할 가능성이 있었기 때문이다. 몽양으로서는 자신의 정치노선이 김일성에게 지지 받을 경우 공산당의 방해를 무마할 수 있을 것으로 여겼다.

여운형의 월북에는 7월 초에 서울에서 박헌영과 만났을 때 박이 좌익3당의 합당 문제를 거론했던 사정도 작용하였다. 여운형은 박헌영이 좌익3당의 합당 필요성을 제기하자 이 문제에 대해 원칙적으로는 동의했지만, 구체적인 형식과 내용에 대해 궁금증을 갖지 않을 수 없었고 이를 김일성과 협의할 필요가 있었다.

여운형은 좌익세력의 통일 단결에 원칙적으로는 지지를 표명하였다. 미군정의 탄압 속에서 공산당 식의 비합법적 활동으로는 정치목표를 달성할 수 없기 때문에 합법 활동의 대중적 토대를 넓힐 수 있는 좌익합당에 찬성한다는 입장이었다. 다만 어떤 과정을 거쳐 어떤 형식으로 합당할 것인가에 관심을 갖지 않을 수 없었다. 자칫 공산당의 박헌영 측에게 합당의 주도권을 빼앗기는, 민주주의민족전선 안에서 당한 일이 반복될지도 모른다는 우려를 떨칠 수 없었던 것이다. 김일성과 여운형의 1946년 7월 마지막 날의 긴급회동은 이런 사정들이 복합적으로 작용했던 것이다.

첫 의제는 좌익3당의 합당문제

김일성과 여운형의 긴급 비밀회동에서 주로 논의된 의제는 첫째로, 좌익3당의 합당문제였다. 박헌영이 7월 22일 서울에서 여운형과 합당문제를 논의하긴 했으나 박은 인민당 내의 공산당 프락치들을 움직이는 데 더 큰 관심을 보였다. 당초 김일성과 박헌영이 평양에서 합당문제를 협의할 때는 아래로부터 상향식으로 합당을 진행하되 합당의 첫 발기는 상층 지도부 간의 협의에 따르는 것으로 되어 있었다. 지도부의 사전합의를 중시했던 것이다. 이

1946년 2월 중순 민주주의민족전선 결성식에 참석해 담소를 나누고 있는 박헌영과 여운형. 이남지역 정당, 단체들의 연합조직으로 결성된 민주주의민족전선의 의장단은 여운형, 허헌, 김원봉, 백남운, 박헌영으로 구성됐다.

에 따를 경우 박헌영이 서울 귀환 후 인민당의 여운형, 남조선신민당의 백남운과 만나 합당문제를 타결 짓는 것이 선결과제였다. 박헌영이 여운형·백남운과 만나 합당에 합의하고 이 합의에 따라 3당의 연합중앙위원회를 열어 합당을 공식적으로 발기하기로 한 것이다. 그런 뒤에 지방의 아래 단위에서부터 3당 지부가 합치는 과정을 거쳐 최종적으로 중앙에서 합당을 완료하고 결성대회를 갖기로 했다. 이 과정을 한 달 이내에 전격적으로 진행한다는 것이 김일성과 박헌영과의 합의사항이었다.

이남에서의 3당합당에서 가장 중요한 것은 역시 여운형의 태도였기 때문에 박헌영은 여운형과 긴밀히 협의하여야 했다. 그러나 나중에 확인한 바로는 박헌영이 여운형을 만나 합당문제를 '협의'한 것이 아니라 '통보'하는 태도를 보였다고 한다. 박헌영은 여운형과의 협의에 주력하기보다는 인민당에 심어놓은 프락치나 공산당에 가까운 인사들을 통해 합당을 추진하려는 태도를 보였다.

몽양으로서는 박헌영의 이런 태도가 자신을 따돌리려는 것처럼 비쳐졌을 것이다. 이런 사정 때문에 이남에서의 좌익3당 합당사업은 이북에서 합당 결정이 있었던 7월 말 시점에서도 공식적으로 발의하는 단계에 이르지 못하였고 박헌영·여운형·백남운 간에 합의를 도출하지도 못한 채 시간이 흘러가고 있었다. 합당 자체에는 합의하였지만 방법을 둘러싸고 아무런 진전이 없었다.

오히려 3당 내부에서는 합당문제를 둘러싼 분열의 조짐이 뚜렷해졌다. 특히 공산당에서는 박헌영이 7월 22일 서울로 귀환하자마자 반박헌영파가 거세게 반기를 들었다. 내연되고 있던 박헌영파와 반박헌영파 간의 갈등이 합당문제를 계기로 노골화되었고, 반박헌영파는 당대회를 소집해 합당문제를 처리해야 한다고 주장하였다. 반박헌영파는 그 뒤 '대회파'로 분류된다.

김일성과 여운형은 합당의 절차를 비롯해 새 정당의 정강정책문제 등을 깊숙이 논의하였다. 3당 지도부의 완전합의를 통해 합당사업을 전개하고 좌익3당의 합당에서 인민당이 중요한 역할을 해야 한다는 입장으로 정리되었다. 두 지도자는 인민당이 합당의 필요성을 먼저 발의하는 형태로 첫 단추를 끼도록 하자는 것에 합의하였다. 당초에도 인민당의 합당 발의를 공산당이 접수하는 식으로 일을 진행하기로 했지만 7월 말까지 상황이 그렇게 진전되지 못했던 것이다. 여운형은 김일성과의 합의에 의거하여 8월 3일 서울에서 전격적으로 합당제의문을 발표하였다.

〈자료〉

여운형의 합당제의문

"우리 현단계의 민족적 과업은 자주독립의 완수와 민주주의국가의 건설에 있다. 이것은 오로지 민주주의적 세력의 강대화에 의하여서만 가능한 것이다. 우리나라는 아직 자주독립을 달성치 못하였으나 연합국의 호의로써 자주독립이 보장되어 있으며 불과 1년간에 민주주의발전은 커다란 성과를 보여주고 있다. 북조선에서는 토지개혁, 중요산업의 국유화, 노동법, 남녀동등권법 등의 실시로써 민주주의의 근본과업을 실현하는 도정에 있으며 남조선에 있어서도 민주주의민족전선을 중심으로 한 8백여만의 인민대중이 집결되어 진정한 민주주의운동의 거대한 세력을 형성하여 그 과업완수에 매진하고 있다. 이에 반하여 조선의 반동세력은 민주주의를 가장하고 온갖 위선적 수단을 농하면서 우리 민주진영의 파괴와 대중을 오도하기에 급급하면서 화급한 민생문제는 오히려 도외시하고 있다.

이러한 정세는 우리 애국적 민주진영으로 하여금 일층 더 강고한 결속을 요청한다.…우리 민주주의 각 정당은 별립할 것이 아니라 한 개의 거대한 정당으로 합동되어야 한다고 인정하는 바이다. 진정한 애국자들은 조선민족의 통일을 위해서 노력해야 할 것이다. 노동자, 농민, 소시민, 인테리 등 모든 근로인민의 이익을 옹호하는 신민당, 공산당, 인민당의 합동은 조선 민족통일 기초를 구축하고 민주진영의 주도체를 완성하는 것이다.

이러한 견지에서 인민당 중앙집행위원회는 신민당 중앙위원회와 공산당 중앙위원회에 3개 당을 일대정당으로 통일할 것을 제의하는 바이니 우리의 제안을 토의한 후 이에 회답이 있기를 요망하는 바이다."

(송남헌, 『해방3년사』, 172쪽)

3당합당의 목적의 하나가 대중정당으로 만드는 것이었기에 그에 적합하도록 합법적인 당 강령을 작성하는 것이 중요하였다. 김일성과 여운형은 강령에 인민위원회 · 인민공화국 형태의 정권형태 지향, 민주주의적 사회개혁의 실시 등이 포함되어야 한다는 데 의견일치를 보았다.

김일성은 공산당 프락치 중심의 3당합당 추진이나 3당 내부의 분열 방지를 위해 여운형이 지도력을 발휘해줄 것을 주문하였다. 즉 여운형이 인민당에서 지도력을 발휘하여 분열을 막고 이를 기초로 공산당 · 신민당과의 합당을 전개한다는 그림이었다. 가뜩이나 공산당에서 박헌영파와 반박헌영파로 갈리어 합당사업에 어두운 그림자를 드리우는데 인민당마저 사분오열이 되면 합당을 성사시킬 수 없지 않느냐는 것이었다. 여운형은 이에 대해 거의 전적으로 동의하였다.

남로당 지도부 구성 난항

다음으로 중요한 과제는 새 당의 지도부 구성을 어떻게 할 것인가 하는 것이었다. 김일성과 박헌영이 좌익3당 합당문제를 논의할 때 여운형을 위원장으로 한다는 합의가 있었다. 이것은 신당이 대중정당이어야 하고 계급적 성격을 약화시켜야 한다는 의도에 따른 것이었다. 북조선로동당에서 김일성이 부위원장을 맡고 신민당의 김두봉이 위원장을 맡은 것도 이를 고려한 것이다. 이남에서는 공산당과 신민당보다는 좌익 색채가 옅고 대중적 명망성이 높은 인민당의 여운형을 위원장으로 앉히기로 했다.

그러나 이 합의를 박헌영은 지키지 않았다. 박헌영은 위원장 문제를 논의할 때 처음부터 남조선신민당의 허헌을 추천하였다. 박헌영은 허헌이라면 자신이 통제할 수 있다고 생각했지만 여운형의 경우는 달랐다. 허헌은 사상적 경향성에서 공산당과 가까웠고 민주주의민족전선 내에서도 박헌영과 공동입장을 취하였기 때문이다. 결국 1946년 11월에 남조선노동당이 결성될 때 위원장에 허헌이 취임하게 된다. 김일성은 박헌영과의 회동에서 신당 위원장에 여운형이 적임자라는 것을 끝까지 주장하였다.

신당의 부위원장은 공산당·인민당·신민당 출신을 각 1명씩 두기로 하였다. 당중앙위원회는 당세를 반영해 정해진 비율에 따라 구성하기로 했고 다만 당정치국은 3당 출신을 동일 비율로 구성하기로 결정하였다. 김일성과 여운형은 지도부 구성에 대해 의견차이가 전혀 없었다. 인민당으로나 여운형의 입장에서 볼 때 불리한 조건은 아니었기 때문이다.

김일성은 이북에서 이미 북조선공산당과 조선신민당 간에 이러한 합의가 있었기 때문에 이남에서도 같은 방식으로 지도부를 구성하면 될 것으로 생각했다. 김일성은 "공산당 측이 정치적 아량을 가져야만 좌익 당들을 한 광주리에 담을 수 있다"는 견해를 갖고 있었다.

여운형이 서울에서 1946년 8월 3일 3당합당 제의를 한 뒤 이튿날 박헌영 명의로 공산당의 수락성명이 나왔고 7일에는 백남운 명의로 신민당의 수락성명이 나옴으로써 합당사업이 순조롭게 진행될 것이라는 예상을 낳았다. 그러나 공산당의 합당 추진방식이 끝내 물의를 빚는 가운데 3당이 모두 내부분열에 빠져들었다. 여운형이 합당문제를 둘러싼 좌익의 내분을 수습하기 위해 노력을 하던 중인 9월 4일에 박헌영 계열과 인민당의 47인파, 신민당의 합당지지파들이 모여 3당합동준비위원 연석회의를 열고 합당을 결정하고 남조선노동당의 결성을 선포하였다. 합당이 공산당과 그 프락치들의 잔치가 되고 말았던 것이다.

이것은 좌익에게 화근거리를 안겨주었다. 박헌영은 3당의 지도부 합의에 따라 연합중앙위원회를 개최하기로 한 북측 지도자들과의 약속을 어겼고 여운형은 김일성과 협의한 내용을 나름대로 관철시키려고 노력했지만 결국은 실패로 돌아갔다. 분열을 수습하지 못한 채 박헌영 중심의 합당으로 마무리되면서 좌익은 미군정의 집중적인 탄압에 직면하게 된다.

김일성과 여운형이 협의한 또 하나의 현안은 여운형과 김규식이 주도하던 좌우합작운동에 관한 것이었다. 김일성은 미군정이 좌우합작운동을 지원하는 것은 여운형을 좌익진영에서 떼어내는데 있다는 점을 강조했다. 미군정은 미소공위가 재개될 경우 임시정부 수립문제의 논의과정에서 활용할 입법기구를 만들기 위해 여운형을 이용하려고 한다는 얘기도 하였다. 미군정이 여운형과 김규식을 내세워 북조선임시인민위원회 같은 조직을 이남에서도 만들려고 한다는 것이었다. 미군정은 이전의 민주의원보다 확고한 정권 형태를 만들려고 하였고, 이를 위해 극좌·극우를 떼어내고 중간파들을 합작시키려 했다고 할 수 있다.

여운형은 김일성의 이 지적에 대해 미군정 측이 나름대로 자신을 이용하려 하는 것은 틀림없지만 그건 그들의 생각일 뿐이고 자신이 그런 사정을 모르는 바가 아니라고 말했다. 몽양은 미소공위를 재개시키고 통일적 임시정부를 수립하자면 민족 내부의 좌우합작 밖에 방법이 없다고 전제하고, 바로 자신이 이 생각을 하던 차에 미군정이 좌우합작운동을 지원하고 나서 '시기'만 맞았을 뿐이지 미국의 의도대로 끌려간 것은 아니라고 강조하였다. 미군정과의 관계로 인해 모양은 이상하게 됐지만 민족통일전선을 형성하기 위해서는 좌우합작운동이 절실히 요구된다는 게 여운형의 입장이었다.

여운형은 김일성에게 자신과 김규식은 분명히 미군정 측과는 다른 '목적'에서 좌우합작을 추진하고 있다고 되풀이하였다. 몽양은 자신과 미국이 동상이몽을 꾸고 있는 것이라고 말하기도 했다. 여운형은 이남에서 좌우익이 합작하고 이를 바탕으로 남북이 합작하면 전민족적인 통일전선이 형성되는 것이 아니냐고 하였다. 이렇게 하면 미소공위에서 임시정부 수립문제를 논의해도 수월하게 합의를 끌어낼 수 있지 않느냐는 것이었다. 여운형의 이 견해에 대해선 김일성도 전적으로 지지하였다.

여운형의 월북 이전인 7월 27일에 박헌영 측은 민전의 이름으로 좌우합작 5원칙을 제시했는데 이는 우익 측에서 도저히 받아들일 수 없는 내용이었다. 7월 29일에 열린 좌우합작위원회 2차 회의에서 좌우합작 5원칙이 제출되었지만 여운형을 비롯한 좌익대표들은 회의에 참석치 않았다. 이날 우익 측은 좌우합작 8원칙을 제출함으로써 양측의 합의는 매우 어렵게 되었다. 이런 일이 벌어지자 여운형으로서는 매우 난처하였다. 박헌영 측은 여운형이 좌우합작위원회 회의에 참석하는 것조차 방해하였다고 한다. 이 때문에 여운형은 김일성에게 자신이 주도하는 좌우합작운동에 대한 공산당의 부당한 방해공작이 계속되고 있으니 그렇게 하지 못하도록 영향력을 행사해줄 것을 주문하였다.

김일성으로서는 박헌영에게 좌우합작운동의 독자성을 인정하고 배후에서 도와주도록 계속 종용하였지만 박헌영이 이를 사실상 묵살했다고 할 수 있다. 박헌영은 좌우합작운동의 독자성을 인정하지 않고 이 운동을 자신이 영향력을 행사하던 민전 안으로 끌어들이려고 했다. 박헌영의 이 같은 태도는 여운형의 정치적 운신을 가로막는 것이었고 좌우합작운동 자체를 방해하는 것밖에 안되었다. 김일성은 여운형에게 미군정의 '이용' 측면, 좌우합작을 입법기구 설립으로 방향 전환시키려는 것을 경계하는 것이 좋겠다고 하면서도 여운형의 좌우합작운동이 민족통일전선을 실현하는 수단임을 인정하고 적극 지지하였다. 여운형도 김일성의 우려에 대해서는 기본적으로 인식을 함께 한 것으로 안다.

〈자료〉

좌우합작 5원칙 (『조선인민보』, 1946년 7월 27일)

첫째, 조선의 민주독립을 보장하는 삼상회의 결정을 전면적으로 지지함으로써 미소공동위원회 속개 촉진운동을 전개하여 남북통일의 민주주의 임시정부 수립을 매진하되 북조선민주주의민족전선과 직접 회담하여 전국적 행동통일을 기할 것.

둘째, 토지개혁(무상몰수 · 무상분여), 중요산업 국유화, 민주주의적 노동법령 및 정치적 자유를 위시한 민주주의 제 기본과업 완수에 매진할 것.

셋째, 친일파 민족반역자, 친팟쇼 반동거두들을 완전히 배제하고 테러를 철저히 박멸하며 검거·투옥된 민주주의 애국지사의 즉시 석방을 실현하여 민주주의적 정치운동을 활발히 전개할 것.

넷째, 남조선에 있어서도 정권을 군정으로부터 인민의 자치기관인 인민위원회로 즉시 이양토록 기도할 것.

다섯째, 군정자문기관 혹은 입법기관 창설에 반대할 것."

〈자료〉

좌우합작 8원칙 (『독립신보』, 1946년 7월 29일)

1. 남북을 통한 좌우합작으로 민주주의 임시정부 수립에 노력할 것.
2. 미소공동위원회 재개를 요청하는 공동성명을 발표할 것.
3. 소위 신탁문제는 임정 수립 후 동 정부가 미소공위와 자주독립 정신에 기하여 해결할 것.
4. 임정수립 후 6개월 이내에 보선에 의한 전국국민대표회의를 소집할 것.
5. 국민대표회의 성립 후 3개월 이내에 정식정부를 수립할 것.
6. 보선을 완전히 실시하기 위하여 전국적으로 언론, 집회, 결사, 출판, 교통, 투표 등 자유를 절대 보장할 것.
7. 정치, 경제, 교육의 모든 제도법령은 균등 사회건설을 목표로 하여 국민대표회의에서 의정할 것.
8. 친일파, 민족반역자를 징치하되 임시정부 수립 후 즉시 특별법정으로 구성하여 처리케 할 것."

좌익진영이 제시한 좌우합작 5원칙은 무상몰수·무상분배에 의한 토지개혁까지 포함시킨 것으로 공산당의 강령을 따라 오라는 식이어서 합작을 의도한 원칙이라고 보기 어려웠다. 사실 이때 박헌영 측이 올바른 입장을 취하려 했다면 임시정부 수립을 촉진시키는 방향, 즉 좌우익이 합작하여 임시정부에 함께 참가할 수 있는 길을 터야 했지만 중도우파도 도저히 수용할 수 없는 안을 내놓았다.

박헌영이 내놓은 좌우합작 5원칙 논란

공산당 측이 토지개혁 같은 것을 임시정부에서 반드시 관철시키려 했다면 좌우합작 단계에서 제기할 것이 아니라 임시정부 수립단계에서 그 강령으로 내놓아도 되었을 텐데 그렇지 않았다. 박헌영이 7월 27일 민전 명의로 내놓은 5원칙에는 이전에 박헌영이 이북에 올라와 부재중일 때 민전이 제시한 좌우합작 3원칙(모스크바삼상회의 전면 지지, 친일파·민족반역자 배제, 입법기관 반대)에 비해 보더라도 북조선과 같은 토지개혁 즉각 실시, 인민위원회로 정권 즉시이양 등 두 가지가 더 들어가 있었다.

물론 추가 내용은 이북에서 3월 23일에 내놓은 임시정부의 정강정책 용이라 할 수 있는 20개조 정강을 반영한 것이었다. 그러나 김일성 측에서는 이 내용들이 좌우합작의 원칙 속에 포함되어야 한다는 의견을 내놓은 바가 없었고, 박헌영이 김일성과의 협의에서 두 가지 원칙을 포함시킬 것이라는 입장을 밝히거나 이에 김일성이 동의하거나 한 사실도 없었다. 북조선공산당은 박헌영에게 여운형의 좌우합작운동에 대해서 "미군정의 조정에 놀아나지 않도록 경계하면서 적극적으로 밀어 주라"고 강조했을 뿐이다. 좌우합작 5원칙을 놓고 김일성과 박헌영이 합의한 바가 없었다.

그러나 박헌영은 좌우합작운동을 자신의 틀 안에 넣기 위해서 5원칙을 내놓았고 이것은 종국적으로 좌우합작의 틀을 깨트리는 것밖에 되지 않았다. 박헌영이 이북 지도자들과 합의한 것처럼 행동했다면 그것은 자신의 독자적인 결정에 '권위'를 불어넣으려는 것이었다고 할 수 있다. 박헌영이 좌우합작 5원칙을 공개적으로 내놓자 이북에서는 되지도 않을 과제를 포함시킨 박헌영과 조선공산당의 태도에 당황할 수밖에 없었다. 좌우합작은 임시정부 수립을 위한 첫 단추를 끼는 것이었는데 박헌영 측이 처음부터 과도한 주장을 내놓은 것은 명백한 잘못이었다.

마지막으로 논의된 한 가지는 미군정에 대한 대응전술 문제였다. 김일성은 박헌영 측의 미군정 대응전술과 여운형의 대응전술이 일치할 수 없다는 점을 처음부터 인정하였다. 미소공위가 결렬되고 미군정은 '정판사사건' 등을 통해 공산당에 대한 전면적인 탄압에 들어갔고 공산당은 이를 맞받아치는 전술을 택하였다.

공산당은 인민당에게도 같은 대응을 요구했지만, 여운형은 인민당의 전술은 공산당과 같을 수 없다고 밝혔다. 양당의 처지나 박헌영·여운형의 위상이 명백히 다르다는 점은 김일성도 이해하고 있었다. 여운형은 공산당은 미군정과의 '투쟁을 위주'로 하면서 이용할건 이용해야 하지만 인민당은 '타협을 위주'로 해 미군정을 업고 이용해야 한다는 입장을 밝혔다.

김일성도 여운형의 설명이 일리가 있다고 인정했다. 김일성은 공산당의 투쟁일변도에 심각한 우려를 표명하였다. 타협과 투쟁을 배합해야 하는데 투쟁일변도로 나가 화를 자초하고 있다는 것이었다. 김일성은 박헌영과의 회동에서 박이 '미군정의 탄압에 대한 투쟁전술'로서의 '신전술'을 제시하자 정면대결에만 의존할 게 아니라 부분적으로 타협과 우회가 필요하다는 입장을 밝힌 바 있었다. 박헌영은 김일성과의 협의에서는 일정한 정도의 타협과 우회전술이 필요하다고 인정했으면서도 서울로 돌아가서는 투쟁일변도의 '신전술'을 전개하는 한편, 인민당도 이를 받아들일 것을 강요하였다.

여운형은 박헌영의 '신전술'에 북조선공산당도 동의했는지를 알고 싶어 김일성과 이를 논의했던 것이다. 여운형은 김일성과의 협의에서 공산당과 인민당의 미군정에 대한 전술이 같을 수 없다는 동의를 얻어냈다.

여운형은 김일성과의 비밀회동에서 좌익3당 합당문제와 좌우합작문제에 관한 구체적 입장을 정리한 뒤 서울로 돌아와 곧바로 이를 실천에 옮겼다. 그러나 8~9월의 좌우합작운동의 흐름은 미군정의 의도대로 끌려가는 것이 아닌가 할 정도의 모습을 보였다. 이에 김일성은 여운형이 이북에서 합의한 원칙을 지키지 못하게 된 상황을 우려의 눈으로 지켜보았다.

> > >
제4차 회동
: 1946년 9월 23일~30일

　　김일성과 여운형의 제4차 비밀회동은 1946년 9월 23일부터 30일 사이에 평양에서 이루어졌다. 이들은 7월 말에 연천 쪽에서 비밀회동을 가진지 두 달만에 평양에서 다시 만났다. 여운형은 이번에 입북할 때도 연천 코스를 택하였고 원산을 거쳐 평양으로 들어왔다. 연천-평강-원산-평양 코스였다. 평양과 원산 사이에 열차가 다녔고 원산에서 평강까지도 당시에는 열차가 운행되고 있었다.

　　여운형이 9월에 평양에 왔을 때는 서울에 내려가 활동하던 북로당의 정치공작원 성시백과 현우철도 평양으로 올라왔다. 여운형은 이때도 북조선임시인민위원회 위원장 김일성의 사택에서 기거하였다. 9월 말은 7월 말과 비교하여 객관적인 정세가 크게 달라진 것은 없었지만 여운형의 처지에서 보면 정치적 고난이 시작된 때라고 할 수 있다. 이북에서는 몽양의 어려운 처지를 감안해 거의 매일 위로 연회를 가졌던 것으로 안다. 몽양은 김일성을 비롯한 북로당지도부 일부 인사들과 평양 인근에 소풍을 나가기도 하였다. 김일성의 사택에서는 김정숙이 여운형을 극진히 모셨다는 이야기도 들었다.

정치적 어려움에 처한 여운형

　　앞에서 구체적으로 설명한대로 김일성과 여운형은 7월 말에 3당합당 문제와 좌우합작운동 및 공산당의 신전술 문제 등에 대하여 광범위하게 논의하여 합의를 보았으며, 그 뒤 이 합의들을 실천해야 하는 상황이었다. 특히 3당합당 문제는 인민당이 주도적으로 제의하고 3당이 공동전선을 펴기로 완전

장안파 · 대회파 등 반박헌영파계열 주요 인물들. 1930년대 서대문형무소에서 촬영한 것이다. 앞줄 왼쪽부터 강진, 김근, 김철수, 문갑송, 최익한, 뒷줄 왼쪽부터 서중석, 이영, 정백, 백남운.

히 합의한 사항이었다.

　여운형은 서울로 돌아가자 곧 8월 3일 인민당의 중앙위원회를 열어 합당을 결의하고 합당제의서를 채택하였다. 이 제의서는 공산당과 남조선신민당에 발송되었고 양당도 환영의 뜻을 밝혔다. 인민당은 여운형 · 장건상 · 이여성 · 이만규 등 주요 간부들로 합당교섭위원회를 구성했으며, 이 위원회는 합당사업을 이끌어갈 전권대표 격이었다. 8월 초만 해도 좌익3당의 합당사업이 순조롭게 진행될 것으로 보였지만, 합당사업이 표면화되고 공론화 되면서 곧바로 공산당 내에서 헤게모니 싸움이 불붙었다.

　박헌영의 경성콤그룹 계통에게 당내 헤게모니를 빼앗겼다고 생각해온 장안파 인사들이 합당을 하려면 당대회를 소집해야 한다고 걸고 나왔다. 합당과정을 통해 당내에서의 자기 위치를 되살리려고 한 것이다. 이때부터 이들

'대회파'로 불리게 되는데 이들의 뿌리는 일제 때 조선공산당 조직사건으로 보자면 3차 공산당, 즉 ML파 계통이라고 할 수 있다. 대표적 인물로 서중석·김철수·강진·이영 등을 들 수 있다.

인민당은 8월 16일 중앙확대위원회를 열고 합당문제를 토의하게 된다. 여기서도 합당의 방법론을 둘러싸고 격렬한 논쟁이 벌어져 인민당 역시 분열에 빠져들었다. 인민당은 합당 추진파와 신중론파로 갈라졌는데 공산당의 프락치나 다름없던 이기석·김오성·송을수·김세용 등 47인파는 공산당과의 무조건적인 합당을 주장하였다. 이것은 공산당에의 흡수통합을 뜻하는 것이었다.

인민당에서 우경적인 경향을 가진 31인파, 즉 일제 때 건국동맹을 통해 여운형과 정치적 운명을 같이해온 사람들은 당내 좌파의 태도에 반대하고 나섰다. 31인파에는 여운형을 비롯해 이만규·이여성·이영선·이상백·황진남·장건상 등이 포함되어 있었다. 31인파는 3당합당은 같은 우당으로서 서로 신뢰하고 동등한 위치에서 완전합의에 의한 당대당 통합이어야 한다는 입장을 갖고 있었다. 통합에 따르는 지도부 구성과 각 당의 비율 등 여러 가지 문제를 신중하게 토의해야 한다는 것이었다.

47인파는 공산당에의 흡수식 통합도 좋다는 입장이었기에 무조건 들어가자는 입장을 취했다. 인민당이 여운형의 지도하에 놓여있는 정당이었음에도 불구하고 당 중앙확대위원회에서는 무조건적인 합당을 주장하는 47인파, 즉 이기석파가 우세를 차지하는 기현상이 벌어졌다. 사태가 이 지경에 이르자 여운형의 지도력에 흠집이 나지 않을 수 없었다.

이북에서도 이남에서의 합당문제를 둘러싸고 공산당 내에 분열상이 나타날 것이라는 것은 짐작하고 있었다. 이 때문에 박헌영에게 합당과정에서 당내의 다른 파벌을 포용하여야 한다는 점을 누누이 강조하기도 했다.

그러나 인민당 내부에서 분열이 일어나 여운형의 지도력이 관철되지 못할 것이라고는 전혀 예측하지 못하였다. 인민당에서 의외의 사태가 일어난 것이다. 사실 북조선공산당은 7월에 박헌영이 이북에 왔을 때 인민당의 내부문제는 간섭하지 말라고 강조한 바 있었다. 이것은 여운형의 지도력이 보장되어야 남한 좌익3당의 합당사업이 순조로울 것으로 내다보았기 때문이다. 북측은 이남에서도 합당에 참여하는 각 당의 상층 지도부가 완전히 합의한 기초 위에서 합당이 전개되어야 한다는 입장을 갖고 있었고, 김일성이 7월에 박헌영이나 여운형을 만났을 때 이 점을 강조하였다. 이는 합당사업에서 여운형의 지도력을 보장하려는 것이었고 이를 위해 최소한 인민당에서 그의 지도력이 확고해져야 하였다.

1946년 8월 15일 해방 1주년을 맞아 미군정과 우익정치세력은 덕수궁 석조전 앞에서 대규모 기념행사를 가졌다. 이 날 『현대일보』에 발표한 글에서 박헌영은 제2차 세계대전 중 연합국의 지도이념을 스탈린·루스벨트 노선이라고 규정하고 전후에도 이 노선을 실천하는 나라는 소련뿐이라고 주장했다. 그는 트루먼 미 대통령이 루스벨트 노선을 이탈하여 영국과 더불어 대소블록 형성에 몰두하고 있으며, 각국의 파시즘 잔재와 결탁하여 민주주의 세계운동을 방해하고 있다고 규정했다.

그리고 이북에서는 이에 대해 아무런 의심을 하지 않았다. 그런데 인민당 내 공산당 프락치들의 노골적인 박헌영에 대한 지지 때문에 돌출변수가 생긴 것이다. 인민당에서 이런 사태가 벌어지자 이북 공산당은 이를 수습하기 위해 8월 말에 정치공작원 여럿을 파견하였다.

합당사업을 전국적 판도에서 볼 때 이북에서는 별로 문제될 게 없었으나 이남이 문제였다. 합당사업을 한 달 이내에 전격적으로 하기로 했으나 이남에서 합당을 둘러싸고 공산당만 분열한 것이 아니라 인민당·남조선신민당까지도 분열상을 보이자 이북 공산당은 문제가 심각하다고 인식하게 된다.

이북 공산당이 북조선로동당의 결성 직전에 정치공작원을 남파한 것은 3당 내부가 분열 상태에 빠진 정확한 이유를 파악하고 이를 수습하기 위해서였다. 공작원들이 서울에 가서 조사한 결과, 박헌영 측의 계략이 작용했다는 사실을 곧바로 알 수 있었고 공작원들은 이를 즉각 김일성에게 보고하였다. 당시에 3당합당에 미군정이 개입했고 박헌영이 이를 간파하지 못했다는 얘기까지 돌았다.

어쨌든 나타난 결과로는 박헌영이 인민당과 남조선신민당에 있던 공산당 프락치들을 모두 끌고 나와 합당을 추진하려 했던 것이 문제를 일으켰다. 이북에서는 박헌영이 여운형을 당 위원장으로 앉히기로 김일성과 합의한 사실을 뒤집어 당 지도권을 장악하려고 한다는 판단을 내렸다. 이 시기에 이르면 김일성이 전국적 판도를 읽는 상황이었다면 박헌영은 이남에서만이라도 주도권을 확보하기 위해 초읽기에 몰려 있었다고 할 수 있다.

물론 어느 면에서 보면 합당사업에서 공산당이 주도적인 역할을 해야 하고 공산당이 인민당과 남조선신민당에 심어놓았던 프락치들을 움직이지 않을 수 없었을 것이다. 서울에 파견된 정치공작원들은 이 점도 중요한 측면이라고 김일성에게 보고하였다. 그러나 공산당의 주도적 역할이 인정되더라도 박헌영의 사업방식이 방법상으로 졸렬했다는 점은 부인하기 어려웠다. 따라서 이북에서는 박헌영에게 인민당과 남조선신민당 내에서 공산당과 가까운 사람들을 합당에 끌어들이는 것은 좋은 일이지만, 더 중요한 것은 이 당들의 지도부부터 확실히 끌어안아야 한다고 계속 권고하였다.

가열되는 당권투쟁

북측이 취한 또 하나의 행동은 박헌영에게 공산당 내의 '반당분자'들을 처벌해야 한다는 것이었다. 박헌영에게 반기를 들었던 공산당 대회파 인물들, 즉 강진 · 서중석 · 이영 등은 이북을 들락거리며 박헌영과의 당권투쟁에서 유리한 고지를 차지하려고 하였다. 이들은 박헌영이 경성콤그룹 출신을 중심으로 당을 운영함으로써 민주적 운영을 기대하기 어렵다는 것을 이북 지도부들에게 설명하고 다녔다.

이들은 결국 공산당에서 출당 처분을 받게 되지만 이북의 신민당 인사들, 이를테면 최창익 등의 줄을 타고 평양을 빈번하게 방문했다. 당시 신민당은 동해안 강릉 방면을 통해 이북으로 들어오는 루트를 독자적으로 갖고 있었다. 이들의 이런 행동을 그냥 두어서는 합당사업 자체가 파탄에 이를 것으로 본 북조선공산당 지도부는 박헌영에게 대회파의 오류에 대한 단호한 조치를 취해야 한다고 권고하기에 이르렀다.

합당문제를 당대회 소집을 통해 해결해야 한다는 대회파의 주장이 원칙적으로는 옳다고 할지라도 미군정의 방해공작이 예견되는 시기에 당대회를 열어 토론할 시간적 여유가 없었다. 이 같은 상황에서 당대회 개최를 주장하는 것은 당권투쟁 때문에 합당사업에 난관을 조성하려는 것밖에 되지 않는다는 게 이북 지도부의 결론이었다.

대회파 관계자들이 평양에 찾아왔을 때 처음에는 이들을 달래서 합당에 나서도록 하려고 애썼으나 나중에는 이들을 집중적으로 비판하였다. 이들에게 공산당의 제적 처분을 접수하고 과오를 씻기 위해서는 합당사업을 위해 투쟁하라고 강조했다. 이북의 당 지도부는 대회파 인사들에게 합당사업에서 기여하면 당 복귀가 가능하도록 뒤에서 협조하겠다는 언질을 주기도 하였다. 이들이 평양에 처음 왔을 때는 공산당과 신민당의 고위 지도자들이 만나주기도 했으나 방문 횟수가 잦아지고 이들의 태도가 합당사업에 방해가 되는 것이 분명해지면서부터는 대남연락 책임자인 임해가 이들을 만나는 선에서 그칠 정도로 푸대접하기도 하였다.

인민당의 내분을 조사하고 수습하기 위해 파견된 북조선공산당의 정치공작원들이 박헌영 측과 인민당의 이기석 등, 그리고 여운형 측과 만나면서 수습의 기미가 약간 있었다. 즉 8월 16일의 중앙확대위원회에서 분열에 빠져든 인민당이 그 달 하순이 되면서 북조선공산당의 조정이나 인민당 내부의 합당 필요성에 대한 인식에 따라 해결의 실마리가 다소 보였던 것이다.

인민당은 8월 27~28일에 다시 중앙확대위원회를 열었다. 그런데 이 회의에서 예상과는 달리 인민당 내부는 걷잡을 수 없는 분열에 빠져들었다. 지도부에 대한 인신공격과 8월 3일의 합당제의 결정마저도 뒤엎는 발언이 이어졌고 분파행동에 대한 격렬한 논쟁으로 치닫고 말았다. 결과적으로 이틀에 걸친 인민당 중앙확대위원회는 내분과 대립만 격화시킨 채 끝났다.

이북에서 파견된 정치공작원들은 8월 28~30일에 평양에서 열리는 북조선로동당 창립대회에 참석하기 위해 인민당 중앙확대위원회 첫 날 밤에 대부분 평양으로 발길을 돌렸다. 조직규율이 강한 당 조직 같았으면 중간 조정이 쉬웠겠으나 인민당은 조직규율이 강한 당이 아니었던 까닭에 북조선공산당의 정치공작원들이 애를 써보았으나 무위로 돌아갔던 것이다.

아무튼 인민당의 중앙확대위원회가 엉망으로 종료되자 여운형은 자신의 지도력을 문제 삼는 당의 당수 노릇을 하지 않겠다는 의사를 표명하기에 이른다. 몽양의 입장이 보통 난처한 게 아니었다. 서울에 남아있던 북측 공작원이 평양에 보고한 바에 따르면 여운형은 인민당의 극심한 내분사태를 뒤로하고 시골로 내려가 버렸다.

한편 신민당은 신민당대로 분열이 벌어졌다. 백남운 등은 순리대로 완전 합의제에 기초해서 합당이 이뤄져야 한다는 입장을 편 데 대하여 고찬보·구재수 등 공산당 프락치들은 무조건 신민당의 보따리를 싸 가지고 공산당 쪽으로 들어가자는 태도를 취함으로써 인민당과 비슷한 분열상이 나타났다. 다만 신민당의 내분은 3당합당이나 인민당의 분열에 비하면 큰 문제는 아니었다. 남조선신민당은 서울이나 도 단위에서 조직이 결성되어 있었지 지방에 하부 조직을 갖추고 있지 않았기 때문이다.

그러나 인민당은 공산당 다음의 당세를 갖고 있었던 데다가 3당합당에서 중심적인 역할을 해야 하는 상황이었고, 특히 통합 좌익정당의 위원장에 여운형을 내세우려던 계획이 차질을 빚고 말았다.

이북에서는 북조선로동당 창립대회 마지막 날인 8월 30일에 남조선의 3당합당의 진행정형에 대한 문제를 의제로 삼아 토의하였다. 최창익이 이에 대해 보고하였다. 최창익은 그 직전에 일주일 남짓 서울을 방문하고 돌아왔기 때문에 그가 보고를 맡았다. 그는 서울에서 조선공산당 간부들과 남조선신민당 간부들을 두루 만나고 평양으로 돌아왔다. 토의결과 이 문제에 대한 결의서를 채택하게 된다. 결의서는 공산당 내의 대회파 문제와 3당합당에 반대하는 사람들에 대한 비판이 주조를 이루었다.

결정서 채택과정에서 박헌영파 지지, 대회파 지지로 입장이 갈려 논란이 있기도 했지만 대회파를 비판하는 결론이 내려졌다. 이 결정서는 박헌영 측을 지지하는 것이었다. 대회파는 종파행위를 했으므로 이들에 대한 제적 처분이 정당하다고 결론지었다. 토의과정에서는 박헌영의 오류, 즉 공산당 내에서의 경성콤그룹의 지도권 집착 및 3당합당 사업에서의 공산당 프락치들을 통한 주도권 장악 시도 등의 문제가 언급되기도 했지만, 북로당의 결정서가 양비론을 취하면 더 큰 혼란을 초래할 위험이 있었기 때문에 박헌영 측의 손을 들어주는 결정서가 채택되었던 것이다.

북로당의 결정서는 9월 2일에 이남의 신문에 실리기도 했다. 이 결정서가 채택되자 박헌영파는 고무되었고 대회파는 심각한 타격을 입었다. 대회파가 그렇다고 이 결정서에 반기를 들 수도 없는 상황이었다. 대회파 주역들은 북로당의 결정을 접수하고 이를 자신에게 유리한 방향으로 해석하려는 태도를 보이기도 했다.

독자정당에 제동을 건 여운형

그런데 여기서 문제가 더욱 복잡해진 것은 북로당의 결정에 고무된 공산당의 박헌영파가 인민당과 남조선신민당의 친공산당파들을 결속시켜 9월 4일에 전격적으로 3당합동준비위원회 연석회의를 개최했기 때문이다. 인민당과 신민당의 지도부가 배제된 가운데 열린 이 회의에서는 3당합당결정서가 가결되고 선언과 강령초안이 발표되었다. 이것은 박헌영이 북로당의 결정서가 자신을 지지해준 것을 배경으로 3당합당 사업을 자기 식으로 진행하려고 했음을 보여준다.

북로당의 결정서가 박헌영파를 지지한 것은 사실이지만 3당합당 사업을 이렇게 전개하는 것을 지지해준 것은 아니었다. 합당이 3당 지도부의 완전합의제에 의해 진행되어야 한다는 원칙에는 변화가 없었다. 결정서의 취지는 각 당 내부에서 3당합당을 방해하고 지연시키는 분열주의자·종파주의자들과의 투쟁을 통해 하루속히 완전합의에 의한 통합이 이뤄질 수 있도록 이남

3당에 요구하는 것이었다. 그러나 박헌영은 북로당의 결정서가 나오기 무섭게 인민당과 신민당의 친공산당파인 47인파, 중앙파와 결속하여 자신의 주도 아래 남조선로동당을 만들려고 시도했던 것이다. 이것은 여운형이나 백남운에게 심각한 자극을 주었다.

여운형은 인민당 내부의 사정이 복잡해진 가운데 일각에서 자신의 지도력을 문제삼자 9월 1일 서울 근교에서 정양을 하다가 3당합동준비위원회 연석회의 소식을 접하였다. 그는 9월 4일 회의의 결정이 나오자 즉각 인민당과 신민당은 박헌영파의 합당공작을 인정할 수 없다고 반박하고 나섰다. 인민당은 9월 7일 결정서를 통해 "인민당 안의 공산당과 내통한 일부 종파분자들이 북조선노동당 결정서를 방패삼아 여 당수 이하 주요 간부들은 알지도 못하는 합당결정서를 발표했다"고 비판하였다.

이런 사태가 빚어지자 이전에는 합당사업과 관련하여 공산당·인민당·신민당이 각각 당 내부에서 분열이 일어나 혼란이 조성됐지만 이제는 한 걸음 더 나아가 합당될 당 자체가 분열될 소지를 보여주었다. 북로당으로서는 이런 사태를 예견하지 못하였다. 박헌영 측의 무리한 합당 진행으로 좌익의 내분이 가중되고 있음을 우려한 북로당 지도부는 9월 10일경 다시 정치공작원을 서울로 급파하였다. 공작원들은 서울에서 상황을 구체적으로 조사한 결과를 즉각 북로당에 보고하였다.

북로당으로서는 인민당과 신민당의 강한 반발을 의식하지 않을 수 없었지만, 이미 박헌영 일파가 3당합동준비위원회를 구성하고 남조선노동당 강령 초안까지 발표한 상황에서 이를 번복하거나 무효화시킬 수는 없었다. 이러한 상황에서 여운형은 북로당의 결정서가 박헌영의 종파행동을 조장했다고 판단해 북로당에 대해서 강한 불만을 갖게 되었다. 9월 초에 들어서면서 3당합당 문제는 훨씬 복잡하고 처리하기 어려운 국면으로 빠져들었다. 북로당으로서도 박헌영이 북로당의 결정서를 이용해 문제를 복잡하게 만들었기 때문에 수습에 나서기가 어려웠다.

한편 공산당의 대회파는 그들대로 8월 말에 당대회준비위원회를 결성하여 활로를 모색하던 중 박헌영파의 3당합동준비위원회 연석회의가 열려 남조선노동당으로 합당한다는 결정이 내려지자 여기에서 배제된 인민당의 31인파, 신민당의 반간부파와 접촉을 갖고 별도의 3당합동을 추진해나갔다. 이것이 사회노동당 결성 움직임이다.

여운형은 나중에 사회노동당의 결성을 막는 역할을 하게 된다. 박헌영파가 만든 3당 합동준비위원회의 위원장이나 사회노동당 쪽의 위원장이 모두 여운형이었다. 몽양은 어느 쪽에도 참가하지 않았지만 양쪽이 모두 여운형의 이름을 올려놓고 있었다. 9월의 시점에서 여운형은 북로당의 결정서에 대해 기분이 좋지 않았으나 사회노동당 결성 움직임에는 반대하였고, 이 움직임은 10월 중순에 가서 다시 본격화된다.

북로당은 박헌영 측의 합당 처리방식을 지지하지는 않았으나 이를 무효화하고 합당준비위원회를 다시 구성한다거나 다른 합당준비위원회를 인정할 수는 없었다. 북로당은 여운형과 백남운에게 공산당 대회파의 움직임에 동조해서는 안 된다는 입장을 정치공작원을 통해 설득하였다. 여운형은 북로당의 이 입장을 어느 정도는 수긍함으로써 공산당 대회파 측의 움직임에 지지를 보내지 않았다. 이 시기는 몽양의 정치적 시련기였다.

난관에 봉착한 좌우합작운동

다른 한편에서는 여운형이 의욕적으로 추진하던 좌우합작운동이 성과를 내지 못하고 있었다. 이 운동에 대한 공산당의 방해가 계속되는가 하면 미국의 간섭이 노골화되어 입법기구화 하려는 쪽으로 흐르자 여운형은 실망을 금치 못하였다. 3당합당뿐 아니라 좌우합작운동도 뜻대로 흘러가지 않았던 것이다.

1946년 9월에는 또한 공산당이 7월에 결정한 '정당방위의 역공세' 라는 '신전술'과 관련하여 정세가 급격히 변하였다. 노동조합전국평의회(전평)는 공산당의 신전술을 받아 7월 중순에 10월경 노동자 총파업을 단행하여 농민들의 추수투쟁과 결합한다는 결정을 내려놓고 있었다. 총파업의 시기를 10월로 잡은 것은 좌익3당의 합당사업을 마무리하는 것이 급했고 농민들의 호응투쟁을 불러일으킬 수 있는 시기를 택해야 했기 때문이다.

공산당은 9월 초에 합당사업이 혼란을 거듭하는 상황에서 총파업을 9월로 앞당기기로 결정하였고 전평 지도부는 이를 받아서 9월 10일경 긴급회의를 소집해 총파업을 9월로 앞당기기로 결정하였다. 당시의 명분은 8월 20일에 미군정 운수부가 적자 타개 및 노무관리의 합리화를 구실로 운수부 종업원의 25%를 감원하였고 임금지급 방식을 월급제에서 일급제로 전환한다고 발표했기 때문이다. 미군정이 노동 탄압을 본격화하려 하니 총파업으로 실력행사를 한다는 것이었다.

그러나 사실은 공산당 대회파가 당대회 소집을 요구하며 반박헌영 입장을 노골화한 데 대한 박헌영파의 대책이라는 배경도 작용하였다. 한편으로는 미군정이 여운형과 김규식이 주도하던 좌우합작운동을 입법기구 구성에 이용하려드는 것을 파탄시켜야 한다는 문제의식도 작용했다고 보아야 한다. 이것도 공산당의 '신전술'의 한 배경이 되었다. 더군다나 9월 6일에는 『인민보』『현대일보』『중앙신문』등 좌익계 신문들이 미군정포고령 위반으로 정간당하였고 공산당 간부 이주하가 체포되었다. 미군정은 다음날 박헌영에 대한 체포령을 내리고 전 경찰에게 비상경계령을 선포하기도 하였다. 이런 상황에서 박헌영 측은 총파업을 통해 실력행사하고 이를 바탕으로 합당사업을 전개해나갈 수 있으리라고 생각했던 것이다. 결국 전평의 9월 10일경의 결정에 따라 9월 24일 철도부문에서부터 파업이 시작되었다.

여운형은 합당사업이 어려워져 지도력을 발휘하지 못하고 있었던 데다가 정치상황이 걷잡을 수 없는 혼란에 빠져들자 박헌영 측과 만나 총파업으로 미군정과 정면대결하여 탄압을 불러일으키기보다는 합당사업부터 충실히 진행하자는 입장을 전달하였다. 그러나 박헌영 측은 여운형의 설득을 들을 상황이 아니었다. 박헌영은 미군정의 탄압에 맞서 "피에는 피로 테러에는 테러로" 대응한다는 정당방위의 역공세 전술, 즉 '신전술'을 전개하기로 결정하였고, 이미 돌이킬 수 없는 상황이 되었다.

게다가 여운형이 9월 초에 하지 사령관을 만난 일이 있는데 미군정은 박헌영에 대한 체포령이 여운형의 제의에 의한 것처럼 허위정보를 유포함으로써 여운형과 박헌영 사이를 더욱 갈라놓으려고 하였던 것으로 안다. 이북 지도부에서도 미군정이 유포한 정보를 접하고 이를 액면 그대로 받아들이지는 않았지만, 여운형의 생각을 알아볼 필요는 있다는 결론에 이르렀다. 여운형은 하지를 만나 공산당의 신전술 문제를 논의한 바는 있지만 신문사의 정간 등 탄압정책에 대하여 하지에게 항의했다고 나중에 밝힌 바 있다. 미군정은 여운형을 역이용해 마치 그가 박헌영의 체포를 제안한 것처럼 허위정보를 흘렸던 것이다.

아무튼 미군정이 박헌영의 체포령을 발동하자 박헌영 측에서는 여운형을 의심하는 상황이 벌어졌다. 여운형은 난처한 처지에 놓였다. 정치적 시련에 빠진 여운형은 9월 23일 평양행을 택하게 된다. 그는 평양에서 김일성과 만나 이남의 3당합당 사업을 비롯해 온갖 현안에 대해 협의할 필요성을 느꼈기 때문이다. 이북에서 볼 때도 수세에 몰린 여운형을 그냥 두어서는 통일전선사업이나 좌익합당사업이 모두 어려워질지 모른다는 우려 때문에 여운형을 초청하게 되었던 것이다.

여운형은 북측의 정치공작원 성시백을 만나 평양 방문의사를 타진하였고 이북 지도부는 흔쾌히 그를 초청하였다. 그는 9월 23일에 북행길에 나섰는데 그 다음날 총파업이 시작되었다. 여운형은 평양에서 북로당의 공식회의에 참석하지는 않았으나 김일성·김두봉을 비롯한 북로당의 주요 지도자들과 개별적으로 만나 여러 가지 의견을 나누었다. 북로당 지도부는 여운형에게 이북지역에서 실시된 민주개혁의 진행과정, 북로당 창립의 경과 등을 구체적으로 설명하였다. 이 과정에서 토지개혁의 후유증에 대해서도 설명했다. 후유증은 대체로 이남으로 내려간 지주 출신들이 사람들을 끌어 모아 무장력을 갖추어 고향으로 돌아와 기관을 습격하는 경우 등이었다. 북로당 지도부는 그에게 중요산업 국유화 조치를 준비하고 있다는 설명도 덧붙였다.

여운형은 2월과 4월의 평양 방문 시에 김일성의 조부모가 살아있다는 얘기를 들은 바 있었고 이번 방문에서는 만경대에 찾아가 그들을 만나기도 하였다. 여운형이 북조선임시인민위원회 위원장 김일성의 조부모를 만난 것은 이북 지도자들에 대한 예의를 갖춘 것이라 할 수 있다. 이 무렵은 평양 인근에서 조, 팥 등을 수확할 때였다. 몽양이 만경대에 갈 때 김일성의 처 김정숙의 안내를 받았던 것으로 안다. 여운형 일행이 만경대에 갔을 때 김일성의 조부모는 조촌 쪽에서 가을걷이를 하고 있었기에 거기까지 걸어서 찾아갔다고 한다.

여운형은 김일성의 조부모와 인사를 나누고 조부모가 준비해온 점심을 함께 나눠먹었다는 이야기를 당시 수행원들에게서 들은 적이 있다. 여운형의 소탈한 일면을 보여주는 일화이다. 몽양은 평양 시내로 돌아와 오후 늦게 냉면집에서 제대로 식사를 했다고 한다.

여운형, 월북한 이강국 만나

여운형은 또한 9월 초에 체포령을 피해 평양에 올라와 있던 이강국을 만나기도 하였다. 이강국은 일제 때부터 여운형과 깊은 관계를 가졌던 인물이어서 이들의 만남은 자연스러운 일이었다. 두 사람이 만나 이남의 상황에 대해 여러 가지 의견을 나누었겠지만 구체적인 대화 내용은 알려진 게 없다. 다만 이강국이 박헌영의 사주를 받아 여운형의 방북을 방해했다거나 평양에서 여운형의 활동을 방해했다거나 하는 일은 없었던 것으로 안다.

여운형은 북로당 지도부 인사들과의 만찬에서 이남의 상황을 설명하다가 공산주의자들은 일제 때도 파벌 때문에 문제가 많았다고 발언해서 약간의 논란을 일으키기도 하였다. 다른 사람은 그냥 듣고 넘겼으나 화요파 출신의 주영하와 ML파 출신의 최창익이 그의 이야기에 발끈했던 것이다. 이들이 여운형과 다툼을 벌이자 김일성은 옆에 있던 김책을 가리키며 "김책 동무도 과거에 화요계 출신이었으나 무장투쟁 대오에 들어오면서 옛날의 파벌관계는 중요하게 생각하지 않게 됐다"고 하면서 일제 때의 파벌관계에서 벗어나야 한다고 말하였다.

여운형이 김일성의 얘기에 고무되었음은 물론이다. 최창익은 서울에 가서 보니 옛 파벌관계가 문제가 아니라 공산당이나 인민당·신민당에서 자기 위상을 높이는데 촉각을 세워 합당사업이 제대로 안 되고 있다고 주장하였다. 이 주장은 여운형을 자극하는 것이었다. 북로당 중앙에서는 훗날 여운형이 참석한 평양의 만찬 석상에서 최창익이 명답을 했다는 이야기가 나돌았다.

여운형과 북로당 지도부가 논의한 것 중 가장 중요한 부분은 이남의 좌익 3당 합당사업이었다. 여운형은 3당 내부사정에 대한 자신의 견해를 솔직히 밝혔다. 물론 여운형과 북로당 지도부의 의견이 같을 수는 없었다. 몽양은 각 당의 내분은 박헌영의 경성콤그룹의 책임이 크다고 주장하였다. 그는 특히 8

월 30일 북로당 창립대회에서 채택한 이남 3당합당 사업에 대한 결정서가 합당을 촉진시키기는커녕 박헌영의 오류를 덮어주고 그를 인정함으로써 합당 사업에 심각한 부작용을 가져왔다는 사실을 강조하였다.

결정서가 대국적 견지에서 합당을 가속화하기 위한 노력의 일환이었지만, 결과적으로는 박헌영이 결정서를 악용하지 않았느냐는 것이었다. 박헌영이 북로당의 결정서 때문에 공산당 대회파나 인민당·신민당 신중론자들에게 고압적인 자세를 취하였다는 것이다. 북로당의 결정서는 결과적으로 박헌영에게 9월 4일 3당합동준비위원회 연석회의를 개최할 여지를 주었다. 북로당의 결정서가 박헌영이 그런 조치를 취할 수 있는 근거를 준 것도 사실이라고 할 수 있다.

결정서에 "당내에서 종파적 및 분렬적 행동을 감행한 강진, 김철수, 김근, 서중석, 이정윤, 문갑송을 중앙위원으로부터 제명한 남조선공산당 중앙위원회의 결정이 정당하다는 것을 인정한다. 인민당과 신민당도 진실한 민주주의 역량의 연합을 반대하며 당내의 분렬을 책동하는 자들에 대하여 이러한 결정적 대책을 반드시 실시할 것을 우리는 믿는다"고 되어 있었기 때문이다.

결정서는 여운형과 백남운에게 당내에서 3당합당에 반대하는 분열주의자·종파주의자들을 가차없이 비판하고 제명함으로써 합당사업을 가속화해야 한다는 뜻을 담고 있었다고 할 수 있다. 그러나 이것도 박헌영과 여운형·백남운 간의 협력이 전제되지 않아 실현할 수 없었던 것이다.

여운형은 박헌영이 정치적 신의도, 양심도 없다고 신랄하게 비판할 정도였다. 그는 9월 4일의 합동준비위원회에 대해서는 자신과 백남운이 전혀 몰랐다면서 사전에 이북 측이나 박헌영이 약속한 것과는 다르지 않았느냐고 불편한 심기를 밝혔다. 몽양의 입장에서는 인민당 내에 김오성 등 박헌영 측과 가까운 인사들이 있는가 하면 장건상·이여성·이만규 등 박헌영 측을 경원시하는 인사들도 있음을 고려하지 않을 수 없었다. 여운형은 인민당 내부를 풍비박산시킨 장본인은 박헌영이라고 성토하였다. 북로당의 결정서가 박헌영의 잘못된 행동을 촉진시켰다는 불만도 토로하였다.

여운형의 이러한 불만에도 불구하고 박헌영은 그 나름대로 자신이 합당 사업을 주도해 가는 명분이 있었다. 당 세력 판도로 보아 공산당과 인민당·신민당은 비교가 되지 않을 정도였기 때문이다. 공산당을 주도하던 박헌영이 다른 정당의 내부를 움직여 합당을 하려고 했던 것은 당시의 분위기로 보면 전혀 근거 없는 일은 아니었다. 다만 박헌영이 애초에 김일성·여운형과의 합당 결정을 내릴 때 한 약속을 지키지 않은 것만은 사실이었다.

여운형은 공산당 내부에 대한 자신의 생각도 밝혔다. 대회파가 합당을 앞둔 중대한 시기에 당대회를 소집하자고 주장한 것은 시기적으로 적절치 않지만 이들이 박헌영 측에게 당을 민주적으로 운영할 것을 촉구한 것은 정당하다는 것이었다. 그는 박헌영 측이 경성콤그룹 출신 이외에는 당 정책 결정과정에서 배제하는 태도를 보였던 것을 지적하였다. 그는 또 대회파가 합당에 대해 이견을 갖고 있다면 박헌영 측이 다른 의견을 수렴하는 태도를 보여야지 무조건 배제하는 것은 옳지 않다고 하였다.

3당합당 해법 둘러싼 갑론을박

여운형은 인민당 내의 공산당 측과 가까운 인사들에 대한 박헌영 측의 지령도 심각한 문제였다고 밝혔다. 합당사업을 전개하려면 인민당 내에서 새로운 당의 구성과 정강정책에 대한 의견을 모으는 과정이 필요한데 박헌영의 사주를 받은 측이 무조건 공산당과 합치자고 주장해 인민당의 분열이 심화됐다는 것이다.

특히 당 대 당 통합을 위해서는 각 당에서 통합 교섭위원을 선출하고 3당의 교섭위원들이 만나 합당의 원칙과 절차, 지도부의 구성방법, 정강정책 등을 논의하도록 해야 했는데 박헌영 측으로 인해 각 당에서 교섭위원들을 선출하는 것마저 불가능하게 되었다고 그는 강조하였다. 그는 박헌영이 주도한 3당합동준비위원회를 인정할 수 없다는 입장을 명백히 하였다.

그는 김일성에게 3당 최고지도부 간의 완전합의제에 기초하여 밑에서 위로 올라오는 방식으로 합당을 진행하기로 하지 않았는가 하고 따졌다. 박헌영은 여운형도 모르게 합당준비위원회를 발기시켜 첫 단추부터 잘못 끼웠다는 것이었다. 박헌영 측의 이러한 독단적인 행동 때문에 이에 반발한 측에서도 별도의 합당준비위원회를 결성하려는 사태에 이르렀고 이에 대해서는 전적으로 박헌영 측에 책임이 있다고 지적하였다.

이에 대해 북측은 인민당 내에서 공산당과의 합당을 반대하는 사람은 31인파 중에서도 소수이니 이들 소수는 배제하더라도 여운형이 나머지를 설득해 합당에 참가해야 한다는 생각을 갖고 있었다. 즉 여운형이 인민당에서 분파행동을 하는 몇몇에 대해 단호하게 대처하지 않고 합당 신중세력인 소수파, 즉 31인파에 포함됨으로써 이들에게 무게를 실어주는 우를 범하고 있다고 보고 있었다.

북로당 지도부는 인민당에 대해 이런 판단을 내리고 있었지만 여운형에게 노골적으로 이야기할 수는 없었다. 북로당 지도부의 이러한 평가는 서울에 파견된 정치공작원들의 평가에 따른 것이라 할 수 있다. 정치공작원들은 인민당의 31인파 중에서 박헌영 측과의 합당에 끝까지 반대할 사람은 10여명 밖에 안 된다고 판단하였다. 이러한 정보에 기초해 북로당 지도부는 여운형을 평양에서 만났을 때 인민당의 내분에는 몽양의 우유부단한 태도에도 책임이 있다고 생각하고 있었다. 다만 박헌영 측이 여운형과 전혀 상의하지 않고 9월 4일 전격적으로 3당합동준비위원회를 발기한 처사도 잘못이라고 생각했다. 어떠한 경우에도 박헌영이 여운형을 만나 준비위원회 발기의 뜻을 밝히고 힘을 모으도록 설득해야 했었다는 것이다.

북로당의 김일성과 인민당의 여운형은 3당합당에 대한 입장이 같을 수가 없었다. 김일성은 내심 박헌영 측의 태도에 문제가 있더라도 여운영이 합당의 대의를 관철하기 위해 인민당에서 지도력을 발휘해주기를 바랬는데 뜻대로 되지 않았다고 실망하고 있었다. 여운형은 박헌영이 9월 4일에 합동준비위원회를 독자적으로 발기한 것은 북로당의 결정서에 고무 받은 것인 만큼 북로당이 합동준비위원회의 해체 내지 절차에 입각한 재발기를 요구하는 결정을 내려야 한다고 김일성에게 요구하였다. 즉 박헌영 단독으로 주도한 합동준비위원회를 해체하고 박헌영·여운형·백남운을 중심으로 3당 지도부의 완전합의에 기초해 새로운 합당추진체를 만들어야 한다는 것이었다.

여운형은 이러한 조치가 취해지지 않으면 3당합당 과정에서 2개의 당으로 쪼개질 것이라고 강조하였다. 그는 경성콤그룹 계통의 박헌영 측이 공산당 내에서나 합당사업에서 완전히 태도를 바꾸어야 한다고 지적했다. 사태가 이 지경이 된 데에는 북로당도 책임이 있으니 북로당 지도자들이 나서서 박헌영에게 옳은 충고를 주고 수습에 나서야 한다는 주장이었다.

북로당은 여운형의 요구를 그대로 받아들일 수 없었다. 이미 만들어진 3당합동준비위원회를 해체시키고 새 준비위원회를 만들어야 한다고 번복할 수 없었던 것이다. 북로당이 번복하면 이남에서의 합당사업은 더 지연될 소지가 있었고 그나마 결함이 있다 할지라도 합당사업의 최선두에 서있는 박헌영마저 자극할 수 있었기 때문이다.

김일성은 여운형으로 하여금 이미 만들어진 합동준비위원회에 참가하도록 설득하려 하였다. 이는 합당사업의 지연에는 여운형의 지도력이 제대로 발휘되지 않은 데도 원인이 있다고 김일성 측이 생각하고 있었기 때문이다. 김일성은 박헌영이 독단적인 행동을 했다고 하더라도 여운형이 합동준비위원회에 참가하여 그런 폐단을 고쳐야 한다는 판단을 내리고 있었던 것으로 안다.

결론적으로 여운형이 인민당 내에서 합당을 꺼리거나 새 당에서의 지위 문제에 집착해 합당을 지연시키는 부류들을 단호히 비판함으로써 합당사업을 보다 순조롭게 진행할 수 있도록 힘써야 한다는 것이 북로당 지도부의 생각이었다. 따라서 김일성은 여운형의 3당합동준비위원회 해체 요구에 부응할 수가 없었다.

김일성은 여운형의 노골적인 박헌영 비판에 동조할 수 없었다. 따라서 공산당 대회파의 분파적 행동을 비판하고 인민당·신민당에서도 합당을 저해하는 분파행동에는 단호한 조치가 필요하다는 북로당의 결정은 옳았다는 주장으로 일관하였다. 대회파는 민주주의 중앙집권제 원칙, 즉 개인은 조직에 복종하고 소수는 다수에 복종하며 하급조직은 중앙조직에 복종해야 한다는 조직원칙과 규율을 어겼으며, 더욱이 전한반도적 범위에서 합당사업이 중대한 정치과제로 제기됐음에도 불구하고 이를 방해하고 나섰기 때문에 당에서 제적시켜야 마땅하다고 하였다.

그리고 인민당에도 합당에 반대하는 소수의 분열주의자들이 있는데 이들과 자꾸 토론해서는 혼란만 가중시키니 당중앙위원회의 애초의 결정대로 합당사업을 추진시켜 나가면서 합당 방해자들에게는 단호한 조치를 취해야 한다고 하였다. 김일성의 이러한 설득을 여운형은 선뜻 받아들일 수가 없었다.

김일성은 여운형이 북로당의 결정서에 대해 비난에 가까운 비판을 퍼붓자 북측은 인민당의 8월27~28일 중앙확대위원회에서 몽양의 지도력이 발휘되어 합당문제가 합의되고 극소수만 합당반대파로 남게 될 것으로 예상했었다고 말했다. 그래서 몇 안 되는 반대파에 대해 단호한 조치를 취해야 한다는 결정을 내렸다는 것이었다. 여운형은 인민당 내의 공산당 프락치들 때문에 도저히 사태를 수습할 수 없었고, 일방적으로 북로당의 결정서가 발표됨에 따라 박헌영이 독주하는 빌미를 제공한 셈이 되었다고 지적했다.

사실 이북에서도 박헌영이 9월 4일에 공산당의 자파와 인민당·신민당 내의 친공산당 세력들로만 3당합동준비위원회를 결성하는 결과가 나오자 깜짝 놀랐다. 북측은 이 준비위원회 연석회의에 여운형이 참석하지 않았다는 사실을 확인했을 때 3당합당 사업이 심각한 문제에 봉착했음을 알았다. 그러나 북로당은 준비위원회의 해체를 지시할 수도, 결의할 수도 없었고 평양에 온 여운형에게 그렇게 하겠다고 약속할 수도 없었다.

북로당은 여운형 측이 박헌영이 만든 준비위원회에 들어가 통합하는 모양새가 바람직하다는 결론에 이르렀다. 박헌영에게 이미 체포령이 내려진 상태였기 때문에 여운형이 준비위원회에 합류하기만 하면 합당사업을 지도할 수 있을 것으로 생각하였다. 당시는 북로당이 박헌영에게 미군정의 체포를 피해 이북으로 올라와 이남의 좌익을 지도하는 것이 좋겠다는 의사를 이미 타진하고 있을 때였다. 북로당은 박헌영이 3당합당 사업을 독단적으로 추진하고 미군정과도 정면대결의 신전술로 대응해나가는 것에 대해 내부적으로 우려하고 있었다. 이남좌익 총책임자의 신변 위협을 그냥 두고 볼 수도 없는 사정이었다.

김일성은 박헌영이 체포령을 받은 이상 정치활동을 제대로 하기가 어렵다는 현실과 북로당이 박에게 이북으로 올라오라고 조언하고 있다는 사실을 여운형에 밝히면서 형편이 그러하니 합법 활동이 가능한 여운형이 합당사업을 주도해야 한다는 점을 집중적으로 설득하였다. 즉 북로당이 준비위원회 해체 결정을 내리면 이남의 3당합당은 더 혼란에 빠질 것이니 준비위원회는 그대로 두고 여운형이 이에 참가해 합당을 주도해 달라는 주문이었다.

사실 준비위원회 위원장은 명목상 여운형으로 되어 있었기 때문에 몽양이 이를 수락하기만 하면 문제가 쉽게 풀릴 수 있을 것으로 김일성은 생각했던 것이다. 몽양이 인민당과 신민당에서 공산당 측의 처사에 반대해온 합당 신중파들을 준비위원회로 끌고 들어가고 극히 일부의 합당 반대론자들은 제명하면 되지 않겠는가 하는 것이었다. 김일성은 다만 합당 방법에 이견을 보이는 사람들에게는 일단 합당의 원칙을 확인하고 합당 추진과정에서 이견을 조정해나가야 할 것이라는 말도 덧붙였다.

이에 대하여 여운형은 인민당 지도부가 이미 3당합동준비위원회를 부인하는 성명을 낸 마당에 다시 준비위원회를 인정하고 그것에 참가하는 것은 어렵다는 입장을 밝혔다. 그는 또 설사 인민당이 입장을 바꾸더라도 백남운의 남조선신민당도 이미 준비위원회를 인정할 수 없다는 입장을 표명한 바 있어 이들의 입장 변화도 어려울 것이라고 하였다.

그러자 김일성은 북로당이 백남운을 설득할 터이니 그 문제는 걱정 말라고 했다. 남조선신민당의 경우는 사실상의 당 중앙이 북로당과 합당한 이북의 신민당이었기 때문에 남조선신민당의 설득은 인민당에 비해 쉬운 일이었다.

박헌영의 독선적 자세 비판

김일성을 비롯한 북로당 지도부와 여운형 간의 3당합당을 둘러싼 논의는 상당한 시간이 걸렸지만 그 내용 면에서 합의에 도달하지 못한 채 각자의 생각을 밝히는 데서 맴돌았다고 할 수 있다. 이는 당시의 상황으로서는 양자가 3당합당에 대해 협의 수준을 넘어설 수 없음을 뜻한다.

여운형은 서울로 돌아간 뒤 10월에 공산당의 박헌영 측이 주도한 남로당 준비위원회와 공산당 대회파와 인민당 · 신민당이 주도한 사회노동당 준비위원회를 합치려고 애를 많이 썼다. 앞서 지적한 대로 그는 양측 준비위원회의 준비위원장이었다. 양측 준비위원회를 합치려고 노력한 것은 여운형 자신의 생각이기도 하였겠으나 평양에서 진행된 북로당 지도부와의 협의도 일정하게 영향을 주었다고 할 수 있다. 다만 사회노동당 준비위원회의 발족은 여운형의 뜻이 아니었다고 하더라도 이 위원회의 발족은 북로당의 입장이 관철되지 않고 있었음을 뜻하며, 북로당 지도부의 생각이 여운형에게 완전히 접수된 것은 아니었다고 할 수 있다.

그밖에 여운형은 이북 지도자들에게 박헌영의 독선적인 자세를 문제삼았는데 북측은 이에 맞장구칠 수는 없는 노릇이었다. 북로당 지도부는 여운형의 입장을 충분히 알겠다면서 박헌영과 화합할 수 있도록 노력해달라고 주문하는데 그쳤다.

한편 여운형이 주도하던 좌우합작운동이 9월 하순에는 성과를 내지 못하였고 좌익의 여운형 측과 우익의 김규식 측만으로 굴러가고 있었다. 북로당의 우려는 미군정이 좌우합작운동을 입법기구로 전환시키려고 하는데 여운형이 이에 대해 경각심을 갖지 못해 입법기구화에 반대하는 태도를 표명하지 않았던 점이다. 김일성은 7월 말 연천에서 여운형을 만났을 때 미군정의 입법기구 설립 추진을 경계해야 한다고 밝혔고, 몽양도 이에 인식을 같이했기 때문에 이 원칙이 지켜질 것으로 생각하였다. 그러나 8~9월의 좌우합작운동 상황은 미군정의 의도대로 끌려가는 듯한 인상을 주었다. 7월 27일에 좌측의 합작 5원칙이, 7월 29일에는 우측의 합작 8원칙이 각각 나왔는데 그 뒤에 미군정의 의도대로 합작운동이 흘러가는 분위기였다.

결국 여운형은 9월 하순에 평양을 방문한 뒤 10월 4일 기자회견에서 "입법기관에 대해서는 북조선에서는 반대하고 있다"고 밝혔으면서도 10월 7일에 김규식 측과 합의한 합작 7원칙에 입법기구 문제를 포함시켰다. 좌우합작 7원칙을 발표하기로 한 10월 7일 여운형은 합작을 반대하는 박헌영 측에게 납치되어 10월 8일 저녁에 풀려나는 곡절도 있었다. 이미 9월에 여운형과 김

규식은 측근들에게 합작 5원칙과 합작 8원칙을 절충해 7원칙을 만들도록 했
는데 그 내용에 입법기구 문제가 포함되어 있었던 것이다.

〈자료〉

좌우합작 7 원칙(『독립신보』1946년 10월 7일)

1. 조선의 민주독립을 보장한 삼상회의 결정에 의하여 남북을 통한 좌우합작으로
   민주주의 임시정부를 수립할 것.

2. 미소공동위원회 속개를 요청하는 공동성명을 발할 것.

3. 토지개혁에 있어 몰수, 유조건 몰수, 체감매상(遞減買上) 등으로 토지를 농민에
   게 무상으로 분여하며 시가지의 기지 및 대건물을 적정 처리하며 중요산업을
   국유화하여 사회 노동법령 및 정치적 자유를 기본으로 지방자치제의 확립을
   속히 실시하며 통화 및 민생문제 등등을 급속히 처리하여 민주주의 건국과업
   완수에 매진할 것.

4. 친일파 민족반역자를 처리할 조례를 본 합작위원회에서 입법기구에 제안하여
   입법기구로 하여금 심리 결정케 하여 실시케 할 것.

5. 남북을 통하여 현 정권 하에 검거된 정치운동자의 석방에 노력하고 아울러 남
   북 좌우의 테로적 행동을 일체 즉시로 제지토록 노력할 것.

6. 입법기구에 있어서는 일체 그 권능과 구성방법, 운영 등에 관한 대안을 본 합
   작위원회에서 작성하여 적극적으로 실행을 기도할 것.

7. 전국적으로 언론, 집회, 결사, 출판, 교통, 투표 등 자유를 절대 보장되도록 노
   력할 것.

여운형이 입법기구문제를 적극 찬성하지는 않았겠지만 좌우합작 7원칙에

이것을 포함시킨 것은 그가 원칙을 견결히 지키지 않았기 때문이라는 것이 북로당의 판단이었다. 박헌영 측이 여운형의 좌우합작운동에 위험을 느끼고 방해를 했던 것은 몽양이 미군정의 의도에 끌려 다닌다고 보았기 때문이다.

북로당에서 서울에 파견된 정치공작원들도 여운형이 미군정의 의도에 넘어가는 것을 우려해 이 문제를 여러 차례 제기했으나 몽양은 좌우합작운동에서 자신이 분명히 주도권을 쥐고 있으니 걱정 말라는 식이었다. 입법기구의 설치에 대한 반대를 중대한 원칙문제로 보지 않았던 것이다. 북로당 지도부는 입법기구의 설치를 막아야 좌우합작운동이 자주적인 민족통일전선운동으로 될 수 있다고 판단하였다. 이 때문에 김일성은 여운형과의 회동에서 미군정 측의 의도에 넘어가 입법기구의 설치에 동의해서는 안 된다는 점을 강조했다. 그는 입법기구가 일제 때의 중추원 참의 같은 자문기구에 불과하고 군정 통치를 합리화하는 기구가 될 수밖에 없으니 여운형이 이 기구에 반대해야 한다고 거듭 설득하였다.

"미군정의 의도 언제든지 깰 수 있다"

이에 대해 여운형은 김일성의 설명을 주의 깊게 듣고는 현 단계에서 설사 입법기구의 설치에 동의해주더라도 나중에 미군정의 의도를 얼마든지 깰 수 있다는 생각을 밝혔다. 여운형이 이렇게 생각하게 된 것은, 입법기구가 미군정의 자문기구는 아니며 조선 인민의 자주적인 기구로 만들 수 있고 통일적 임시정부를 수립할 때 북조선임시인민위원회와 합칠 수 있는 대등한 이남의 기구로 되어야 한다고 미군정 측이 여운형을 설득했고 몽양도 이 말에 솔깃하였기 때문이다. 그래서 여운형이 입법기구에 대해 견결하게 반대하지 않았던 것이다.

그리고 여운형은 좌우합작운동에 참여한 이남의 우익 측이 인민위원회에

1946년 제1차 미소공동위원회 기간에 열린 파티석상에서 여운형이 미국 측 인사들과 담소를 나누고 있다.

로의 정권 이양이나 중요산업 국유화, 노동법령 등 민주주의 시책에 대해서는 반대하지 않고 있으며 토지개혁에만 이견이 있다고 강조하였다. 토지개혁에 대해서는 김일성과 여운형이 7월 말에도 논의한 바 있고 몽양의 '대상에 따른 차별성 있는 몰수' 입장에 김일성이 찬성의 뜻을 보인 바 있었다.

몽양은 9월의 회동에서도 이 문제를 다시 제기하면서 이남에서도 토지의 무상분배에는 찬성하는 분위기라면서 다만 무조건적인 몰수에는 반대가 있으니 대상에 따라 무상몰수 혹은 유상몰수를 적용해야 할 것이라고 되풀이하였다. 김일성도 이에 이견을 보이지 않았다. 김일성은 당시에 이남의 좌우합작운동에서 모스크바삼상회의 결정에 따른 임시정부 수립 및 입법기구 설치 반대라는 두 가지 원칙만 관철되면 된다는 입장을 갖고 있었다.

여운형의 평양 방문 시기에 서울은 총파업에 돌입한 국면이었다. 자연히 김일성과 여운형 사이에 박헌영의 '신전술' 문제로 논의가 옮겨갔다. 9월 하순에 그야말로 공산당과 미군정이 정면 대결하는 일촉즉발의 분위기가 감돌았기 때문이다. 만일 9월 24일의 총파업이 예정되어 있지 않았더라면 여운형의 평양 방문도 약간 늦춰질 수 있었으나 상황이 대결국면으로 치달으면서 여운형은 체포령을 피해 지하로 들어간 박헌영과 정세와 당면과제를 협의할 수는 없는 지경이었다. 당초에는 여운형이 3당합당 사업이나 좌우합작운동을 어느 정도 결속 짓고 북로당 지도부와 접촉하려고 했었는데 평양 방문 일정이 앞당겨졌던 것이다.

여운형은 9월 하순에 박헌영의 '신전술'에 대한 인식이 상당히 달라져 있었다. 박헌영 측이 조기 총파업으로 실력행사를 하고 이를 통해 공산당의 대회파와 인민당·신민당의 합당준비위원회 구성의 흐름이나 여운형이 주도하던 좌우합작운동을 깨려는 것이 분명하다는 생각에 이르렀다. 여운형은 박헌영의 정면 대결적인 총파업이 결국 3당합당과 좌우합작을 어렵게 하고 미소공위 재개를 가로막으며, 나아가 이승만의 단독정부 수립에의 길을 열어주는 동시에 탄압의 빌미만 제공할 것이라는 생각을 갖고 있었다.

여운형은 합당사업과 좌우합작을 하루속히 매듭짓고 결렬된 미소공위가 재개되어 임시정부가 수립될 수 있도록 이를 촉구하는 평화적 국민운동을 전개해야 하는 때인데 박헌영 측의 총파업 결정으로 인해 이남의 정세가 혼란스러워졌다고 말하였다. 미군정과 폭력적으로 대항하려는 전술을 저지시켜야 하며, 이를 위해서는 김일성이 박헌영의 '신전술'을 중지시키는 영향력을 행사해야 한다는 주문까지 하였다.

이에 대하여 김일성은 총파업이 폭력적으로 전개되는 것은 북로당도 반대하며 총파업이 반드시 폭력적인 것이라고만 보아서는 안 된다고 설명하였다. 그는 이남 노동자조직의 중추인 전평이 총파업을 결정하였고 총파업의 구호도 쌀과 임금인상 요구 등 생활상의 요구를 내걸고 있으므로 이를 막을 수는 없다고 하였다. 김일성은 미군정의 탄압이 예상된다고 해서 아무 것도 안 할 수는 없으며 평화적인 시위를 통한 총파업은 정당하다는 자신의 생각을 몽양에게 밝혔다. 다만 시기선택이 빨랐다는 점은 인정했다.

당초에는 3당합당 사업을 마무리해놓고 10월에 가서 총파업에 들어가 농민의 호응투쟁을 조직함으로써 미군정 측에 대해 실력행사를 하려고 했던 것이었다. 아무튼 북로당은 원칙적으로 총파업을 지지했기 때문에 전평에서 총파업을 결행하자 북조선직맹 관계자들이 지원금을 갖고 서울로 내려가기도 하였다.

여운형은 이러한 김일성의 생각에 동의하기가 어려웠다. 김일성은 여운형과의 4차 회동 때만 해도 '10월인민항쟁'의 폭력적 사태를 전혀 예견하지 못하였다. 여운형이 서울로 돌아간 뒤 대구에서 발화된 '인민항쟁'이 폭력투쟁 일변도로 비화되자 북로당은 인민들의 미군정에 대한 항거는 높이 평가하면서도 공산당 지도부의 전술은 비판받아야 한다는 결론을 내리게 된다.

다른 한편 여운형은 미군정이 자신의 건의를 받아들여 박헌영에 대한 체포령을 내렸다는 항간의 소문에 대해 전혀 사실과 다르다는 점을 북로당 지도부에 누누이 강조하였다. 박헌영의 체포령에 대한 여운형 관련설은 미군정 측이 고의적으로 흘렸음에도 불구하고 공산당 내부에서는 여운형이 능히 그럴 수 있는 사람이라는 이야기가 돌았다. 이런 상황에서 공산당의 권오직이 여운형을 비난하였고 이에 인민당의 공산당 프락치 김오성과 크게 다툰 일까지 있었다.

북로당 정치공작원들은 이것이 미군정의 마타도어라는 것을 확인하고 이를 북로당 중앙에 보고하였다. 이 때문에 북로당에서는 여운형을 크게 오해하지는 않았으나 몽양 자신은 결백을 밝히고자 했던 것이다. 김일성을 비롯한 북로당 지도부는 미군정 측이 진보진영 내부를 분열시키기 위해 여러 가지 이면 공작을 하고 있으니 이에 대한 경각심을 높여야 할 것이라는 입장을 몽양에게 전하는 정도에서 이 문제를 일단락하였다.

다만 여운형은 박헌영이 이북으로 피신하도록 하는 것이 어떠냐고 하였고 김일성도 이미 몇 차례 박헌영의 의사를 타진한 바 있다고 밝혔다. 북로당이나 여운형의 입장에서는 박헌영의 신변에 위험이 있고 박헌영이 3당합당 사업과 좌우합작운동을 복잡하게 끌어갈 소지가 있다는 점에서 암묵적으로 그를 월북시켜야 한다는 데 뜻을 같이했던 것이다.

김일성과 여운형은 여러 부분에서 견해차를 보이는 가운데 이남과 이북에서 미소공위 재개 촉진운동이 필요하다는 것에는 인식을 같이 하였다. 여운형이 북로당 지도부와의 협의를 마치고 서울로 돌아가기 전날인 9월 29일 저녁에 그를 위한 성대한 연회가 베풀어졌다. 몽양은 30일 오전까지 평양에 머물다 오후에 서울로 향하였다. 서울로 내려갈 때는 개성 코스를 택하였는데 북로당의 정치연락원 최상렬이 몽양과 함께 서울로 내려간 것으로 안다.

〈자료〉
여운형, 김일성 로마넨코 비밀회담 기록

＊ 이 자료는 러시아 국방성문서보관소에서 찾아낸 것으로 김일성과 여운형, 여운형과 로마넨코의 비밀회담을 기록한 비밀문서이다. 1946년 9월 28일 이북 주둔 소련군 민정사령관 로마넨코 소장이 연해주군관구 군사위원 스티코프 중장에게 보낸 이 문서에는 여운형 등의 발언 내용이 자세히 기록되어 있다.

1946년 9월 23일 오전 여운형은 늘 기르고 다니던 카이젤 수염도 말끔히 깎고 초로의 농부 복장으로 위장한 채 이영선(李永善, 조선인민당 중앙위원), 고찬보(高贊補, 남조선신민당 중앙위원) 등을 대동하고 38선을 몰래 넘었다. 그는 이날 오후에 평양에 도착해 북로당 간부들의 영접을 받았다.

9월 25일 여운형은 북조선임시인민위원회 위원장 김일성의 집무실로 안내되었다.

여운형은 김일성에게 "조성된 정세와 관련하여 이남의 좌익세력이 어떠한 정치노선을 취해야 하는지 충고를 얻기 위해 이북에 온 것"이라며, "내가 제기한 모든 현안에 대해 분명한 답변을 듣지 않는다면 이남으로 가지 않을 작정"이라고 말했다.

"북조선과 박헌영으로부터의 불신이 느껴진다"

이날 여운형은 김일성에게 자신에 대한 박헌영과 북측의 불신에 대해 먼저 이야기를 꺼냈다.

"박헌영은 내가 친밀한 관계를 항상 유지하고 있음에도 불구하고 나를 신뢰하지 않는 것 같다. 나는 항상 북측을 주목하고 있는데 북측은 나를 신임하지 않거나 불신하는 것 같다. 나는 좌익진영으로부터 이탈하고 싶지 않지만 북조선과 박헌영으로부터의 불신이 느껴진다."

여운형의 입장에서는 이남 좌익세력의 주도권을 장악하기 위해서는 박헌영을 견제하고 북측과 소련 측의 지지를 얻는 것이 필요하였다. 그는 이를 위해 김두봉과 기타 북조선의 지도자들뿐 아니라 스티코프 장군, 샤브신(전 서울주재 소련 부영사) 등을 만나고 싶다고 요청했다. 이에 대해 김일성은 북조선로동당 간부들과의 회의 일자를 다음 날로 정하고, 소련군 지도부와의 회담도 가능하다고 답변하였다.

9월 26일 여운형은 김일성 · 김두봉 · 주영하 · 최창익 · 허가이 등 북조선로동당 정치위원들과 만날 수 있었다. 이 회담에서 여운형은 이남의 정치정세에 대해 2시간에 걸쳐 보고했다. 그는 주로 1) 남조선에서 미국의 정책, 2) 좌우합작운동,

3) 좌익 3당의 합당, 4) 미군정의 입법의원 창설 문제에 대해 거론하였다.

먼저 여운형은 해방 이후 좌익 및 우익 정당들의 활동을 설명하면서 이남에서 진행되고 있는 미군정의 정책에 대한 비판적인 견해를 내보였다. "조선임시정부 수립을 논의한 미소공동위원회 사업 시기에 미국은 좌익세력을 자신의 편으로 끌어들이려 애쓰면서 다른 한편에서 공산주의자들을 고립시키려고 했다. 이는 성공하지 못했다. 미소공위가 결렬되자 미군정은 좌익정당들에 대한 탄압을 개시했다. 이러한 탄압은 미국정부의 명령에 따라 시작된 것이며 미군정의 정책에 항의하는 모든 조직을 붕괴시키겠다는 의도를 드러낸 것이다."

이어서 여운형은 "미국은 (좌익)정당들의 합동을 남조선에서의 미군정의 정책을 반대하는 것을 목적으로 하는 조치로 이해했다. 따라서 이러한 합동에 격렬하게 반대했다"며 당시 좌익 정치세력의 3당합당에 미군정이 부정적인 시각을 가지고 있다고 설명하였다.

또 여운형은 3당합당 과정에서 보인 박헌영의 독선적 태도에 대해 불만을 토로했다. "우리는 박헌영이 이북에 체류하고 있다는 사실을 알고 있었다. 그가 북으로부터 우리의 향후 활동에 대한 훌륭한 교시를 토의하고 있다고 알고 있었다. 그런데 그는 10일 동안 이남의 누구에게도 말하지 않고 합당준비를 시작했다. 박헌영은 나와 만난 이후 공산당 내에서 합당을 위해 필요한 모든 조치를 취했다. 조선인민당 내부의 합당 준비는 나의 책임이었다. 내가 이틀 동안 아파서 시골에 가 있었을 때 박헌영은 나의 이름으로 인민당에 지령을 내렸고, 내가 서울에 도착한 후 나에게 이 지령에 서명할 것을 강요했다. 나는 서명에 거부했다. 그것은 당수인 나에게 통고하려고 발송한 것이었기 때문이다. 이 외에도 나는 박헌영에게 심한 모욕을 느꼈다."

여운형은 8월 말 인민당 당수 직에서 사퇴하고 3당합당을 지연시킨 것이 박헌영이 저지른 오류 때문이라는 점을 지적하는 한편, 자신을 배제하고는 3당합당이 이루어질 수 없다는 점을 강조했다. 그밖에도 여운형은 새로 결성될 남로당 지도부를 자신과 박헌영, 이주하(공산당 중앙위원이자 박헌영의 측근)로 구성하자는 박헌영의 제안을 받아들일 수 없다고 말했다. 여운형은 "세 지도자 밑에 있는 남로당에서는 내가 공산주의자들 손 안의 농락거리가 될 수 있다"는 점을 들어 반대하였다.

여운형은 자신이 합당사업을 계속하기로 결정했지만 "내 의견으로는 합당이 이뤄진다면 미군정의 압박 아래에 있게 될 것이며, 남로당은 지하로 들어갈 수밖에 없다. 그러나 지하로 들어가서는 안 된다. 따라서 현재 합당은 불가능한 상황"이라며 비관론을 펼쳤다.

그러자 김일성은 의외의 대답을 내놓았다. 3당합당을 연기할 수도 있다는 것이다. "만약 그러한 사정이 조성됐다면 일시적으로 합당은 보다 유리한 시기까지 연기해야 한다. 우리는 남조선에서 선생과 박헌영, 백남운 및 기타 저명한 지도자들의 지도 아래 좌익정당 합당이 보다 신속하게 진행되기를 희망했다. 그러나 (좌익의 분열로) 미국이 승리하는 결과가 됐다. 만약 이 사업이 우리에게 힘겨운 것으로 드러난다면 일시적으로 연기해야만 한다."

3당합당을 연기할 수도 있다는 말에 여운형은 당황하였다. 여운형은 자신이 중심이 되어 3당합당을 이끌어 가기 위해 이북 지도자들의 지지를 얻을 의향이었지, 합당 자체를 미룰 의도가 아니었기 때문이다. 여운형은 의자에서 일어나 방안을 왔다갔다하다가 한참만에 말을 이었다. "3당합당은 우리에게 힘겨운 것이 아니다. 우리는 공산당, 인민당과 신민당의 합당을 수행할 것이다. 남으로 돌아가게 되면 나는 무슨 일이 있어도 그것을 해낼 것이다. 나는 남로당의 지도자가 될 것이고 우리 당은 남조선에서 가장 강력한 당이 될 것이다. 나는 미군정이 나를 체포할 수 있음을 두려워하지 않는다. 그들은 나의 체포를 꺼릴 것이다."

그러자 김일성은 3당합당의 순조로운 진행을 위해 "이남의 민주주의민족전선이 박헌영의 체포령을 조속히 취소할 것을 미군정에 요구할 필요가 있다"면서 이를 위해 노력해 줄 것을 강조했다. 여운형은 이에 동의하며 다시 한번 3당합당에 전력을 기울일 것을 다짐하였다. "그것은 할 수 있고 또 우리는 인민대중의 지지 아래 그것을 하고 있다. 나는 끝까지 남로당 창당을 위해 투쟁할 것이며, 무조건 적으로 남로당은 창당될 것이다."

여운형 · 김일성 · 김두봉 3자회담

3당합당 문제까지 논의가 된 후 여운형와 북로당 정치위원들과의 만남은 끝났다. 「로마넨코의 보고서」에는 아쉽게도 이 모임의 다른 참석자들이 발언한 내용은 전혀 기록돼 있지 않다.

오전 회합이 끝나고 오후에는 여운형 · 김일성 · 김두봉(북조선로동당 위원장)의 3자 회담이 열렸다. 3자 회담의 주요 의제는 여운형이 김규식과 손을 잡고 추진 중인 좌우합작 문제였다. 여운형이 먼저 두 달 전인 7월 22일 박헌영이 방북 후에 "우익진영과 미국에게 이익을 주게 될 합작을 포기"할 것을 강요한 사실을 상기시키면서 그것은 잘못된 결정이었다고 비판하였다. "박헌영의 제안에 따라 우리는 모스크바회담의 결정을 정당화하는 기초 위에서 좌우합작 사업을 수행하기로 결정했었다. 또 임시정부 수립을 위한 미소공위 사업이 조속히 재개되도록 요구했다. 임시정부에 김구 · 이승만은 제외하기로 했다. 박헌영이 북에서 (남으로) 귀환한 이후 그의 제안에 따라 좌우합작사업은 정체상태에 있게 됐다. 이 때문에 사회여론의 견지에서 보면 당신들은 권위를 훼손 당했다. 왜냐하면 우리는 합작의 주창자였으며 이 합작을 조직하기도 했는데, 나 자신이 좌우익 회담과 합작의 결렬 책임자로 지목되어 매우 곤란한 상황에 처했기 때문이다."

여운형의 비판에 대해 김일성이나 김두봉이 어떻게 답변했는지는 기록되어 있지 않다. 곧 논의의 주제가 입법의원 문제로 넘어갔다. 당시 미군정은 입법기구 설치안을 발표하고 좌우합작을 통해 입법의원을 설립하려고 추진 중에 있었다. 여운형은 입법기관에 좌익세력이 들어가야 한다는 것을 강조했다. "만약 좌익이 입법기관에 들어가지 않는다면 고지는 우익이 점령한다. 그러면 좌익은 어려운 입장에 처하게 될 것이다. 우리는 입법기관에 들어가야만 하며 거기서 우익과 싸우면서 누구를 입법기관에서 쫓아낼 것인가를 결정해야 한다. 만약 우리가 입법 기관을 거부한다면, 입법기관은 반동적인 법령들을 선포하고 좌익세력들은 아무 것도 할 수 없게 될 것이다."

여운형의 생각은 입법기관에 참여해 문제가 되는 의원들을 제거하고 주도권을 좌익이 장악하자는 구상이었다. 여운형은 좌익세력이 입법의원에 들어갈 경우 당면할 두 가지 위험성에 대해서도 지적했다. "첫째, 우리가 이것으로 미군정의 반동정책을 정당화해주면서 대중에 대한 영향력을 상실할 수 있다. 둘째, 좌익세력 가운데 기회주의자, 반동적인 미국정책과의 협력자들이 출현할 수도 있다."

이에 대해 김일성은 입법기관에 참여하기보다는 결렬된 미소공위 사업을 재개시키는 데 힘을 기울여야 한다며 반대입장을 피력했다. "미국이 추진하는 입법 기관의 창설은 민주적인 임시정부 수립문제로부터 조선 인민의 관심을 다른 데로 돌리고 조선을 두 개로 영구 분할하려는 의도이며, 비민주적 입법기관을 통해 미국의 의사를 강요하기 위한 것이다. 왜냐하면 의원 가운데 50%를 하지가 임명하고, 나머지 50%만이 조선인 자신의 손에 의해 선출되기 때문이다. 미군정은 민주주의 정당들을 억압하고 있다. 따라서 좌익세력들은 조선임시정부 수립을 위한 미소공동위원회 사업을 조속히 재개하도록 요구해야만 한다."

김일성이 입법기관 참여에 대해 반대하자 여운형은 한 발짝 물러섰다. 그는 "미국에 미소를 지으면서 다른 한편 그들을 치는 화전양면(和戰兩面) 전술을 당의 노선으로 채택해야 한다"며 북로당이 반대하면 입법기관에 참가하지 않겠다는 뜻을 표명했다. "당신이 좌익들로 하여금 입법의원에 참가하지 않도록 충고한다면

1945년 12월 김일성이 로마넨코 민정사령관과 대화를 나누고 있다.

나는 거기에 들어가지 않겠다. 서울로 돌아가서 남로당 창당을 위해 일하겠다. 만일 미국인들이 합법적으로 남로당을 창립할 가능성을 부여하지 않는다면 우리는 과거의 당명 아래서 그것을 만들 것이다. 나는 그것을 근로인민당이라고 부를 것을 제안한다. 그리고 남과 북의 통일이 이루어졌을 때 전당대회에서 당의 이름을 정하면 될 것이다."

이후 두 사람은 소련의 세계정책과 조선문제 해결과정에서의 역할 등에 대해 논의했다. 두 사람은 "조신은 소련의 원조 하에서만이 독립을 얻을 수 있다"고 합의했다.

로마넨코 소장과 미소공위 재개문제 논의

장시간의 회담이 끝난 후 여운형은 저녁 무렵 이북 주둔 소련군 민정사령관 로마넨코 소장을 만났다. 소련군사령관 치스챠코프 장군은 휴가 중이었고, 스티코프 대장은 몸이 불편해 만날 수 없었다. 여운형-로마넨코의 만남은 3시간 동안 진행됐다.

두 사람은 해방 직후의 정치상황을 화두(話頭)로 삼아 주로 미군정의 정책, 입법기관 참가, 미소공동위원회 재개문제 등을 논의됐다.

여운형 남조선은 해방이 되었음에도 불구하고 아직 해방되지 않았기 때문에, 당신들에게 비합법적으로 올 수밖에 없었다.

로마넨코 어떻게 해방이 안되었는가?

여운형 해방이 되기는 했다. 그러나 미국으로부터 다시 해방되지 않으면 안 되는 상황이다.

로마넨코 왜 그런가?

여운형 최근 이남의 반동들은 매우 강화됐다. 미군정이 그들을 도와주고 있기 때문이다.

로마넨코 그러면 현재 남조선에 인민위원회가 존재하는가?

여운형 그렇다. 존재한다.

로마넨코 그들은 무엇을 하고 있으며, 역할은 어떠한 것인가?

여운형 인민위원회가 남쪽에 존재하지만 행정 기능을 부여받지는 못했다. 현재는 다른 정당 사회단체들이 수행하는 정치적 역할 밖에 수행할 수 없다. 이제 내가 남조선에서 미국의 정책을 어떻게 이해하는지에 대해 말하고 싶다.

로마넨코 기꺼이 듣고 싶다. 당신을 곤란하게 만들지만 않는다면.

여운형 미국 출판물을 보면 미국의 조선정책이 변화됐고 미군사령부는 조성된 상황으로부터 출구를 찾기 시작했으며, 이 문제에 자신들은 책임이 없는 것으로 만들려 한다는 보도들이 있었다. 그들은 모든 책임을 조선인들에게 전가하기로 결정했다. 미국은 공산당·인민당·신민당과 같은 정당들이 더 이상 발전하기를 원치 않는다. 그들은 이들 정당에 대해 압박을 가하려고 애썼다. 그러나 그것이 힘겨운 것임을 알고는 공산당에 모든 타격을 집중하기로 결정했다.

이승만과 김구는 미소공위의 재개에 반대하고 있으며, 단지 좌익만이

위원회 사업의 재개를 요구하고 있다. 미소공위가 언제쯤 성과적으로 열릴 수 있겠는가?

현재 미국이 입법기관 창설을 외쳐대고 있지만, 만약 미소공위가 재개된다면 우리의 활동에 큰 도움이 되며 지지를 받게 될 것이다. 서울에 소련대표단이 참가한다는 것 하나만으로도 우리의 활동 전개에 중요한 도움을 줄 수 있다.

로마넨코 당신이 제기한 문제들에 대해 소련군사령부의 견해를 말해 보겠다. 스티코프 대장은 소련대표단이 조선을 민주주의적 발전의 길로 인도하고 조선의 독립을 보장하는 그러한 정부를 조선에 수립하는 것을 목적으로 한다고 천명했다. 이것은 오직 민주정부만이 할 수 있는 것이며 반동적인 정부는 할 수 없다. 조선의 정치권력의 근본 형태는 조선 인민 자신에 의해 수립된 인민위원회이어야 한다. 북조선에서 인민위원회들은 자체 발전을 하여 정권기관으로서 인민에 의해 인정받았지만, 이남에서는 미군정에 의해 억압당했다.

(미소공위 기간에) 미국 대표들은 반동정부를 수립하려 기도했으며, 그래서 모든 정당들과의 협의를 요구하고 심지어 모스크바회담 결정에 반대해 나선 정당들과의 협의까지 요구했다. 이것은 위원회 활동을 중단할 것을 끊임없이 제기하는 것이었다. 그들은 의식적으로 위원회 사업을 결렬시키는 길로 나아갔던 것이다.

그들은 좌익진영을 거대한 세력을 보고 좌우익을 합작시키려고 하거나 혹은 좌익정당들을 파괴하기 위해 위원회 사업을 중지했다. 소련대표단은 언제라도 위원회 활동을 개시할 준비가 되어 있다. 그러나 위원회 사업이 제기했던 조건, 즉 반동분자 없는 정부를 수립한다는 조건에서만 가능하다. 왜냐하면 그들은 조선 인민들 가운데에서 인기가 없으며 정부 내에 있어서는 안되기 때문이다.

남조선에서 입법기관을 수립하려는 미국의 노력은 조선을 영구적으로 분단시키려는 것이다. 따라서 좌익들은 위원회 활동의 조속한 재개를 요구해야만 하며 입법기관에 참여하지 말아야 한다. 당신이 이승만·김구와 함께 앉아 있는 것은 어울리지 않는다. 왜냐하면 그들은 인민들 사이에서 인기가 없기 때문이다.

좌익진영을 공고화하는 데 있어 당신이 확고한 입장을 취하는 것이 당신의 인민에 대한 권위를 훨씬 더 높여줄 것이다.

여운형 조선은 강해지기 위해 노력하고 있지만 아직 매우 약하다. 나는 강한 소련이 커다란 원조를 아끼지 않을 것을 믿는다. 회담은 나에게 향후 투쟁을 위한 큰 힘과 결단력을 주었다.

로마넨코 조선의 사업을 위해 투쟁할 만한 가치가 있다. 억압자의 압제로부터 해방된 첫 식민지 나라이기 때문이다. 또한 전 세계의 식민지국가들에게 자신의 독립을 얻는 것이 얼마나 필요한 것인지를 보여줘야 하기 때문이다.

여운형 옳다. 그러나 나는 이 투쟁에서 최고지도자가 되려고 애쓰지는 않겠다. 나는 젊은 병사를 뒤따라가는 낡은 마차에 불과하다. 현재 젊은 간부들이 성장하고 있으며 그들은 우리 늙은이들을 대체할 수 있을 것이다. 회담을 마치면서 나는 내가 할 수 있는 모든 것을 해낼 것이라는 점을 당신에게 한 번 더 다짐하고 싶다. 하루속히 (미소공위 대표단을 이끌고) 서울에 와 주기를 바란다.

로마넨코 당신의 희망을 스티코프 장군에게 보고 드리겠다.

회담이 끝난 후 여운형은 매우 만족스러웠다는 의사를 표시했다.

>>>
제5차 회동
: 1946년 12월 28일~1947년 1월 10일경

여운형은 1946년 12월 말에 평양을 네 번째로 방문해 김일성과의 제5차 회동을 갖게 된다. 당시 여운형은 좌익3당의 합당 및 좌우합작운동에서 실패를 거듭하여 12월 초에 '백의종군' 의사를 밝힐 정도로 정치지도자로서 한계 상황에 처해 있었다. 북로당 지도부는 실의에 빠진 여운형에게 정치연락원을 보내 평양을 방문하는 것이 어떻겠느냐고 의사를 타진하였다. 북로당 지도부는 여운형이 미군정 측으로 넘어가지 않을까 하고 우려하기도 했다. 몽양을 평양으로 불러들여 위로도 하고 그가 정치적 활로를 찾을 수 있게 도와야 한다는 판단을 내리게 되었던 것이다.

여운형 정계은퇴 선언

사실 여운형 같은 거물 정치인이 해방정국에서 은퇴선언을 하는 것은 곤란한 일이었다. 특히 언젠가 미소공위가 재개되어야 한다는 사정을 감안하더라도 여운형이 미군정 측에 기울기라도 하는 날에는 좌익진영에 곤란을 줄 것이 분명하였다. 여운형은 정계은퇴 선언 후 두문불출 하다가 이북에서 내려간 정치연락원들의 수 차례에 걸친 권고를 받아들여 1946년 12월 28일에 평양으로 갔다가 이듬해 1월 10일쯤 서울로 되돌아왔다.

여운형이 같은해 9월 하순에 평양을 방문하고 서울로 돌아온 10월 초하루부터 대구에서 '인민항쟁' 이 벌어져 예상치 못했던 미군정과의 대규모 충돌이 일어났다. 이러한 무력충돌은 여운형이 극력 반대해온 것이었다. 그러나 북의 입장은 같지가 않았다.

이남의 정국이 미군정과의 무력충돌로 치닫자 여운형의 정치적 입지는 더욱 좁아졌다. 몽양의 정치스타일은 협상을 필요로 하는 시기에는 빛을 발할 수 있으나 대립과 충돌이 벌어지는 곳에서는 입지가 좁아질 소지가 있었다. 그는 '인민항쟁'이 폭동으로 치닫는 상황에서 좌경투쟁을 지지한다거나 반대한다는 입장을 밝힐 수 없는 안타까운 처지에 놓이게 되었다. 그 자신이 민주주의민족전선 의장의 한사람이었기에 불만이 있어도 '인민항쟁'을 묵시적으로라도 지지해야 했다. 한편 공산당 대회파는 박헌영 측이 총파업과 대구항쟁을 일으킨 데 대해 공개적으로 매도하는 등 어수선한 분위기가 계속되었다. 대회파는 박헌영 측이 대회파의 당대회 소집 요구를 묵살하기 위해서 투쟁을 강행했다는 데 초점을 맞춰 비판하였던 것이다.

이런 정세 하에서 여운형은 '인민항쟁'이 더 나쁜 방향으로 흐르지 않도록 노력해야 하였다. 그는 또 9월 4일 출범한 합동준비위원회 측(남로당 준비위측)과 사로당 준비위원회 측에 대하여 동시에 신경을 써야 했다. 즉 합당을 위해 양측 모두를 설득해야 하는 처지에 놓여 있었다. 그리고 미군정과 이승만 측이 단정수립의 방향으로 나가는 것을 막기 위해 좌우합작운동을 주도적으로 전개해 통일정부를 수립하는 토대를 구축해야 하는 상황이기도 하였다. 과제는 산적하였으나 몽양은 그 어느 것도 제대로 할 수 없었다. 대구 '인민항쟁'은 극한적인 폭동으로 치달아 여운형이 할 수 있는 일이 없게 되어버렸다.

3당합당을 추진하던 두 그룹은 서로 양보하기는커녕 감정싸움으로 비화되어 합당 자체가 물 건너가고 1946년 11월 23일에 남조선노동당이 결성되었고 사회노동당 준비위원회도 독자적으로 움직이는 등 타협의 여지가 없게 되어버렸다. 좌우합작운동은 여운형과 김규식의 타협에 의해 10월 7일에 좌우합작 7원칙을 발표하였지만, 7원칙에 '입법기구 창설'이 포함된 까닭에 공산당과 민전의 격렬한 항의에 직면하였다. 입법기구 문제는 앞에서 충분히 검토하였듯이 여운형이 9월 하순 평양을 방문했을 때 북로당 지도부와 심각한 토론을 벌였던 의제였고, 결국 의견 차이를 좁히지 못한 사안이었다. 여운형은 좌우합작 7원칙을 수용하면 좌우합작을 일정 정도 발전시킬 수 있을 것으로 예상했으나 공산당과 민전의 격렬한 반대에 직면하는 등 사면초가에 빠져들었다.

환갑을 넘긴 나이에도 불구하고 건강하게 정치일선에서 활약하던 여운형은 10월 중순께 서울대학병원에 입원하고 말았다. 그의 입원 소식을 접한 북로당 중앙은 정치연락원들을 서울로 급파하였다. 북로당 중앙의 대남관계 고위책임자를 포함한 정치연락원들이 10월 14일에 서울에 도착하였고 15일에는 몽양의 병실로 찾아가 문병하였다. 나도 이때 실무요원으로 동행했기 때문에 당시 상황에 대해서는 소상하게 알고 있다.

1946년 10월 최악의 정치적 시련기를 맞아 서울대학병원에 입원한 여운형. 왼쪽이 백남운 남조선신민당 위원장.

사회노동당 출범

여운형은 북로당 사람들에게 자신의 솔직한 심경을 밝혔다. 여운형은 좌우합작을 위해 우익의 김규식 측과 밀고 당기는 절충을 거쳐 어렵게 좌익의 입장을 관철시키려고 노력했다는 것(예를 들어 남북의 좌우합작을 통한 민주주의 임시정부 수립, 토지개혁 등 민주개혁 실시, 친일파 민족반역자 숙청 등)과, 그 결과 합작 7원칙에 합의했는데 좌익 측의 반대에 부딪쳐 더 이상 좌우합작에 의욕을 가질 수 없게 됐다는 참담한 심정을 토로하였다.

그는 7원칙 가운데 입법기구 문제를 양보하고 나머지 6가지는 좌익의 입장이 관철되었다고 강조하고 "설사 미군정이 입법기구를 만들어 군정 자문기구로 전락시키려고 하면 좌익이 거기에 참가하지 않고 보이콧하면 되지 않는가"하는 생각을 밝히기도 하였다. 그는 "통일임시정부를 수립하기 위해서 난산 끝에 합작 7원칙에 합의하게 됐는데 공산당과 민전이 입법기구 조항이 들어갔다고 해서 반역적인 행위니 미군정을 도와주는 행위니 하고 격렬히 반대하니 더 이상 정치활동을 할 의욕이 나지 않는다"고 말하기도 하였다. "원칙문제도 중요하지만 정치를 한다는 사람들이 서로 타협하고 절충할 생각을 하지 않고 자기 생각만 옳다고 주장하는 판이니 이들과 합의하려고 노력하는 게 무망해졌다"는 이야기도 보탰다.

여운형은 북로당 정치연락원들에게 좌익3당 합당문제에 대한 심경도 밝혔다. "9월 하순에 평양을 방문한 뒤 그나마 10월 초에 합당을 위해 박헌영을 만나는 등 일주일 정도 움직여보았으나 타협의 여지가 없었다"고 하였다. 3당합당이 두 개의 당으로 갈라지는 상황에서 그 자신이 이를 수습할 수 없다는 괴로운 심정도 피력하였다. 몽양은 "합당을 꼭 해야 하는 만큼 사회노동당을 발족시키려는 측은 내가 조정해보겠으니 북로당이 남로당 준비위원회 측을 잘 조정해 보라"는 생각도 밝혔다.

그런데 북로당 정치연락원들은 10월 16일 오후에 자신의 귀를 의심할 정도로 예상치 못한 이야기를 듣게 된다. 이날 오전에 공산당 대회파, 인민당·신민당의 합당 교섭위원들이 서울대학병원의 여운형 입원실에 모여 합당문제를 토의한 결과, 사회노동당을 결성키로 하고 오후에 결정서와 강령(초안)을 발표했다는 충격적인 소식이 그것이었다. 여운형이 15일에만 해도 이들에게 공산당 대회파와 인민당·신민당 간부들이 별도의 당을 만들려는 움직임을 말리고 있다고 말했기 때문이다. 북로당은 여운형의 말을 철석같이 믿었다가 사로당 결성 소식을 접하고 충격에 휩싸였다.

10월 17일 북로당을 대표한 연락원 한 사람이 병원을 찾아가 자초지종을 알아보았다. 여운형은 북로당 대표에게 "사회노동당을 준비하는 측의 세 파가 한꺼번에 병원으로 몰려와 창당 결정서와 강령 등을 합의해버렸다. 이들은 평소에는 병원에 찾아오지도 않더니 단번에 들이닥쳐 내가 사로당 결성에 참여하고 당 결성을 승인한 것으로 만들어버렸다"며 답답함을 호소했다. 사회노동당 준비위원회 측은 몽양을 업고 당을 출범시키기 위해 몽양의 입원실까지 찾아갔고 입원실 밖에서 자신들이 사전에 치밀하게 준비한 대로 사로당 결성을 결의해버렸던 것이다.

이 점은 북로당 정치연락원이 분명히 확인할 수 있었다. 몽양도 사로당 준비위원회의 예상치 못한 행동에 진노했었다. 사로당 준비위는 강령까지 발표했는데 그 내용이 남로당 준비위원회의 강령과 거의 같아 졸속이라는 인상을 지우기 어려웠다. 사로당 출범 소식이 전해지자 남로당 준비위 측과 민전을 비롯한 좌익단체들이 일제히 사로당의 분열행동을 규탄하는 반박 성명을 잇달아 발표하였다. 좌익단체들은 사로당 결성 모임에 여운형이 참가한 것으로 알고 몽양에게 비난의 화살을 퍼부었다.

여운형의 입장이 여간 딱한 게 아니었다. 여운형은 인민당의 이만규·이

여성·조한용·이정구 등 측근들을 불러 심하게 나무랐다고 한다. 신민당의 백남운에게도 일이 잘못 처리되었다는 점을 별도로 밝혔다고 한다. 그러나 그렇다고 해서 이미 엎질러진 물을 다시 담을 수는 없는 노릇이었다. 북로당 정치연락원들은 10월 22일경 사태 수습에 실패한 채 평양으로 귀환하였다.

사회노동당 준비위원회는 남로당 준비위의 격렬한 비난을 무릅쓰고 1946년 11월 1일에 인민당사에서 3당연합중앙위원회와 사로당 창당대회를 열고 임시 중앙위원 등을 선출하였다. 여운형은 물론 이 자리에 참석하지 않았고 창당을 극력 반대했지만 위원장 자리는 그에게 돌아갔다. 부위원장에는 백남운과 강진이 선출되었는데 이날의 행사 강행은 남로당 창당 전에 사로당을 먼저 창당하여 기선을 잡으려는 것이었다. 이에 따라 3당합당 사업은 점점 악화 국면에 빠지게 된다.

'10월인민항쟁'의 여파가 3남 지방에 확산되고 미군정의 좌익 탄압이 본격화되는 상황에서 남로당 준비위는 당을 출범하지 못한 가운데 사로당이 창당의 깃발을 먼저 올렸으니 양측의 갈등은 극한으로 향하지 않을 수 없었다. 남로당 측은 이 단계에 이르러서는 당 대 당 통합은 절대불가라는 입장을 견지하면서 사로당 측 인사들에게 자기비판 및 개별입당 외에는 받아주지 않겠다는 완강한 태도를 취한다. 사로당 측에게 "당신들은 분열주의 종파행동을 한 만큼 과오를 뉘우치고 개별적으로 자기비판서를 내고 입당하라"는 것이었다. 상황이 이쯤 되자 양측의 당 대 당 통합은 이미 물 건너가고 말았다고 할 수 있다. 사로당 측은 남로당 측에게 당 대 당의 합당절차를 밟자는 입장이었다.

남로당 – 사로당 합당 추진

한편 북로당 정치연락원들은 서울에서 공산당 대회파의 대표 격인 강진과 신민당 위원장 백남운과 만나 남로당을 창당하지 못한 상황에서 사로당이 서둘러 창당하려는 것은 바람직하지 않다는 입장을 밝혔다. 그러나 백남운·강진 등은 정치연락원들의 입장을 받아들이지 않았다. 그들은 남로당보다 서둘러 당을 출범시킴으로써 정통성을 인정받거나 사정이 허락하면 당 대 당 통합에 나선다는 생각을 갖고 있었다.

사로당 출범이 눈앞의 현실이 된 뒤인 11월 7일에 북로당 정치연락원들이 다시 서울로 내려갔다. 북로당의 대남관계 고위간부가 팀을 이끌고 내려갔다. 이 고위간부는 서울 도착 뒤 상황을 더 알아보고 11월 10일경 여운형을 만났다. 이 자리에서는 사로당 창당에 대한 북로당의 공식입장이 전달되었다. 첫째, 공산당 중앙위원회가 추진해온 남로당 준비위원회 측의 합당 절차는 정당하다는 것이었다. 이것은 남로당 준비위원회를 중심으로 무조건 합당에 참여하라는 것이었다. 둘째는 강진·백남운 등의 분파행동을 지적하지 않을 수 없다는 것, 셋째는 사로당 창당을 서두른 것이 북로당과의 관계를 의식한 것으로 보이는데 북로당은 사로당을 인정하지 않으니 즉각 해체하라는 것이었다. 북로딩 정치연락원들이 가지고 내려간 방침은 이 세 가지였다. 여운형에게 이 같은 북의 입장이 정확히 전달되었다.

여운형은 북로당 간부에게 "그렇다면 이미 사로당이 만들어진 만큼 사로당 회의를 소집하여 정식 해체 결의를 하고 남로당 준비위 측에 무조건 합당하도록 공식으로 제기하겠다"고 하였다. 그는 다만 북로당 간부에게 남로당 준비위 측과 만나 "사로당이 해체키로 결정했고 합당을 제의할 예정이니 남로당이 이를 무조건 받아들이라"고 충고하도록 요구하였다. 여운형은 사로당으로 하여금 남로당 측에 무조건 합당하도록 하기 위해 11월 12일에 인민당 회의실에서 사로당 임시중앙위원회를 소집하고 그 자신도 참석하였다.

그런데 한 가지 이상한 일은 여운형이 사로당 임시중앙위원회의 소집 전날에 민전 의장직 사임 의사를 공식으로 표명한 것이었다. 민전이 사로당 출범에 강력한 비판 성명을 내건 것이나 민전 지도부 개편 이야기가 흘러나오면서 그렇게 된 게 아닌가 생각한다. 물론 나중에 민전에서 지도부를 재선거하면서 여운형을 의장으로 재선출하기는 하였다. 사태가 이렇게 된 데에는 남로당 준비위 측의 책임도 있었다. 이들은 사태를 수습하기보다는 여운형이나 사로당 측에 "당신들 갈 데로 가보라"는 식의 비타협적인 자세를 견지하고 있었다.

남로당 측의 이런 태도 때문에 사태가 수습되지 않자 북로당은 고위간부가 포함된 정치연락원 팀을 서울로 파견했던 것이다. 11월 12일 사로당 임시중앙위원회가 열린 바로 그날, 여운형을 만났던 북로당 간부는 남로당 창당준비위원회 간부들과 비공개 좌담회를 가졌다. 이 자리에서 남로당 간부들에게 사로당의 해체결정 사실과 합당의사 수용, 그리고 입당자들에게 자기비판서를 똑똑이 쓰도록 할 것 등의 입장을 전달하였다.

김삼룡 등 대다수의 남로당 간부들은 북로당의 판단을 수용할 태세였으나 이승엽 등은 집단 교섭은 받아들일 수 없으며 개별적으로 해당행위에 대한 자기비판서를 쓰고 들어오게 해야 한다는 강경한 입장을 보였다. 북로당 간부는 남의 당 일에 이것저것 간섭할 수는 없는 처지여서 입장 전달만 하고 참관하였는데 남로당 간부들은 사로당 수용문제를 둘러싸고 갑론을박하다가 명백한 합의에 도달하지 못하고 말았다. 당시 남로당을 이끄는 지도자는 이승엽이었기 때문에 그의 강경론이 작용했다고 할 수 있다.

사로당 임시중앙위원회는 남로당 측과의 합동을 둘러싸고 심각한 토론이 전개되면서 상당한 시간을 끌었다. 회의에서는 여운형이 전례 없을 정도로 분위기를 주도해 논의를 이끌었다. 토론이 거듭되자 여운형은 세 가지 제안을 내놓았다. 첫째, 사로당을 무조건 해체하고 남로당에 들어가는 것, 둘째, 합동교섭위원을 선출해 남로당 측과 합당절차를 논의하는 것을 제시하였으며, 남로당 측이 사로당의 제의를 받아들이지 않을 경우 셋째, 기존 방침대로 나가는 것 등이 그것이다. 여운형이 가까스로 세 가지 의견으로 집약해 토의에 붙인 결과, 둘째 안이 채택되었다. 사로당에서 남로당 측에 대해 끝까지 강경한 입장을 취했던 인물은 공산당 대회파의 강진·윤일과 인민당의 조한용 등이었다.

〈자료〉

사로·남로의 합동 제의 전문(『동아일보』 1946년 11월 14일)

"사로당·남로당 병립의 사실은 남조선 비상사태에 대한 오늘 미소공동위원회 재개를 앞두고 우리 민주진영의 약체화의 위험을 초래하고 있으므로 진실로 이를 우려하여 사로당 결성준비위원회 동지들과 상의하고 사로당 결성준비위원회의 이름으로 남로당 결성준비위원회에 양당 무조건 합당을 제의한 바 있었으나 남로당 측에서는 동 준비위원회의 의사를 표시치 아니하고 어떤 개인이 개인 및 수인의 의사라고 하여 사로당 해체 권고와 남로당에 굴복하라는 통지가 왔었다. 이러한 태도는 혁명동지적 입장에서 대단히 옳지 못한 것임을 지적하지 않을 수 없다. 이 교섭의 유종의 미를 위하여 나는 성의를 가지고 역시 하기와 같이 주장한다.

1. 대국적 견지에서 즉시 사로 남로 양당이 동시에 해체하고 무조건 합동할 것.
2. 제1안의 즉시 실행이 기술상 불능하면 독자적 입장에서 사로당으로 출발하되 합동할 것을 전제로 하고 모든 성의를 다하여 남로당 측에 합동교섭을 적극 추진시킬 것.
3. 제2안도 불능하다면 분열자를 규명 배제하면서 사로당만으로 민주진영의 통일체를 삼을 것."

사회노동당은 교섭위원을 선출해 남로당 측과 합당절차를 밟아나갈 것을 결의하였지만 남로당을 이끌던 이승엽은 사로당과 집단적으로 합당절차를 밟지는 않을 것이라는 입장을 취했기 때문에 애초부터 타협점을 찾을 수 없었다. 북로당 정치연락원들은 11월 12일 사로당 임시중앙위원회에서 사로당 해체와 무조건 합동의 결론이 내려졌고 합동교섭을 적극 추진하기로 했다는 사실을 평양에 알렸다. 이를 통보 받은 북로당 중앙은 16일에 사로당에 관한 결정서를 채택하기로 하고 15일에 다시 정치연락원을 서울로 보냈다. 15일 서울에 내려간 연락원은 여운형에게 다음날 북로당의 사로당에 관한 결정이 내려질 것이라는 사실을 전달하였다.

"무조건 합동하자"

사로당은 11월 16일에 남로당 측에게 "무조건 합동하자"면서 합당 교섭을 공식으로 제의하게 된다. 남로당의 이승엽 측은 사로당의 합당교섭 제의를 일축함으로써 타협의 여지를 남기지 않았다. 이승엽 측은 사로당 출신이 남로당에 들어오려면 개별적으로 자기비판서를 쓰고 공산당 중앙위원회가 취한 노선과 남로당 준비위원회 결성의 절차가 정당하다는 것을 승인하고 입당하라는 강경한 입장을 취하였다.

그런데 북로당 중앙위원회에서는 11월 16일에 사회노동당에 관한 결정서를 공식으로 채택함으로써 결과적으로 여운형으로서는 있는 힘을 다해 사로당을 설득하여 당 해체와 합당 추진으로 방향을 잡았는데 무위로 끝나고 말아 허탈감에 빠졌다. 여운형은 이승엽 등과 만나 사로당 측 사람들이 치욕적으로 남로당에 개별 입당할 수는 없으니 교섭위원들끼리 만나 집단적으로 입당할 수 있도록 합동절차를 밟자고 설득하였다.

그러나 남로당의 완강한 반대에 부딪쳐 실패로 끝나고 말았다. 남로당이 이처럼 완강한 입장을 취한 것은 공산당 대회파 출신들과의 개인감정이 얽혀

있었기 때문이라고도 할 수 있다. 감옥에 오래 있던 사람들 일부를 제외하고
는 일제 때 공산주의운동을 한 사람들에게 흠집이 없을 수 없었는데 이들에
게는 지난날 자신의 오점을 아는 사람들을 서로 배척하는 분위기가 있었다.

〈자료〉
여운형이 김일성·김두봉에게 보낸 편지(1946년 11월 10일)

"…저는 한동안 병으로 앓아 누웠었지만 지금은 완전히 회복되어 정치상황이
매우 어려워졌다는 사실만을 깨닫게 되었습니다.… 좌익3당의 합동문제는 낙관적
전망을 보여주지 못하고 있으며 남로당은 당 역량의 절반이 지하에 잠복한 채 운
영되고 있습니다. 서울 같은 곳에서조차 구공산당 간부집단이 자신의 파벌집단과
통합하여 남로당을 조직했지만 일반적으로 이것은 지하사업으로 진행되었고 공개
된 것은 아닙니다.

인민당 조직국은 공산주의자 세포집단(즉 반박헌영파 파벌집단)의 통제하에 놓
여 있어서 모든 지방조직은 공산주의자들의 통제를 받고 있습니다. 세포집단의 기
초는 강력하지만 당내에서 탁월한 지도력의 결여 때문에 성공적인 것은 아닙니다.
이 집단은 남로당에 참가하기를 원했지만 지금은 사로당의 근간이 되었습니다.

남로당의 군 도지부는 수립되었지만 중앙은 아직 조직되지 않았습니다. 준비
위원회는 중앙위원회 조직의 임무를 띠고 있지만 사실은 구공산당 중앙위원회가
이를 담당하고 있습니다. 지방 동지들의 보고에 의해 내가 준비위원회 위원장으
로서 지방에 내려진 모든 지시가 내 명의로 되었다는 것을 알게 되었습니다.

사로당은 파벌분자들과 동일강령 아래 공산당에 대항하는 집단원들로 조직되
었습니다. 정치적 문제를 안정시키는 첫 걸음이 이 당의 조직이라 생각했기에 나
는 이를 승인했습니다. 나의 정치구상은 좌익진영에 하나의 정당이 존재하도록

하는 것입니다. 나는 중앙국(즉 사로당)의 조직 중지를 지시했고 양 진영이 준비위원회를 매개로 하여 통합협상을 하도록 했습니다. 사로당은 남로당에게 당에 대한 인정을 요구했고 이 일은 양측에서 아직까지 논의 중입니다. 두 정당 사이에 서로 다른 정책 입장이 존재하고 청년들에게조차 만연한 오랜 파벌적 차이가 존재하고 있음은 유감천만입니다. 나는 병중일 때 두 정당의 통일을 더 진전시키기 위해 청년들에게 파벌주의의 잘못을 가르치려 했습니다. 나는 (파벌주의에서 벗어난) 청년집단과의 공동투쟁으로 이를 이루려고 애쓰고 있지만 어떤 결과가 나올지 말씀드릴 수는 없습니다. 북조선의 여러 동지들이 이 투쟁에서 우리를 원조해주길 바랍니다.…"

〈자료〉

여운형이 김일성 · 김두봉에게 보낸 편지(1946년 11월 16일)

"여러분들 잘 계시리라고 생각합니다. 10월 28일과 11월 10일에 보낸 나의 편지는 받으셨는지요? 이것은 또 다른 보고사항입니다. 남조선노동당과 사회노동당의 합동은 만족스럽게 진행되지 못하고 있습니다. 사회노동당은 남조선노동당과 이승엽에게 제안을 했었습니다. 둘 다 첨부되어 있습니다. 모든 사람들은 무조건적으로 민주적 합동이 수행되어야 한다고 생각하고 있습니다. 남조선노동당은 박헌영의 지도하에 있는 공산당으로 간주되어야 하지만 사회노동당은 여운형의 지도하에 있는 인민당으로 간주될 수는 없습니다. 만약 사회노동당이 남로당과 통합한다면 사람들은 그것을 공산당으로 간주할 것이고 이는 미조직 대중들에게 큰 영향을 미쳐 군정을 포함해 미묘한 상황을 초래할 것입니다. 우리는 이 문제를 주의 깊게 연구해야 합니다. 우리는 사회노동당에게 벌써 당을 해산하고 남조선노동당과 통합하라고 권했지만 진행과정에는 어려운 점들이 있습니다. 제2차

협상이 지금 진행되고 있으나 간부들 사이의 당내 경쟁이 치열합니다. 그러나 나는 협상에서 일정한 진전을 이루기 위해 노력하고 있는 중입니다.

남조선문제에서 얻는 것보다 잃는 게 더 많습니다. 구체적인 것은 며칠 뒤에 다시 갈 것입니다. 군정은 입법기관을 채용하려고 계획하고 있지만 이는 민주의원 때보다 더 큰 막대한 손실로 끝날 것입니다.

그들은 책임을 분쇄하기 위해 행정권의 일부를 조선인에게 떠넘기려고 계획하고 있지만 극우진영은 입법기관의 통제 아래 군정의 모든 성원을 묶어두려 하고 있습니다. 나는 이미 김규식 박사에게 우리가 반드시 이 계획을 분쇄해야 한다고 말했습니다.

상황을 이해하는 미군정의 일부 지도자들은 이승만 박사와 그의 조직들인 한국민주당, 대한독립촉성국민회에 반대하는 대중 감정을 이해하기 시작했습니다. 좌우합작위원회는 입법의원 구성원의 선거문제와 현재의 경찰력문제를 논의하고 있습니다.

모든 정치지도자들이 공위 재개를 위한 대중집회를 계획하고 있습니다."

〈자료〉
여운형이 김일성·김두봉에게 보낸 편지(1946년 11월 30일)

"…내가 11월 16일에 보낸 편지를 받았을 것으로 생각하며 이하는 그 보고사항의 연속입니다. 만약 여러분께서 심도 깊은 정보를 원하신다면 연락원인 현 씨가 제공할 수 있을 것입니다.

사회노동당은 남조선노동당과의 무조건 합동을 제의했으나 채택되지 않았고 사회노동당을 해산하라는 말을 들었습니다. 나는 좌익진영의 통일이 중요한 문제이며 당내 파쟁을 중지시킬 최선의 방법은 사회노동당을 해산하는 것이라고 생각합니다. 나는 사회노동당에게 해산하라고 충고하였지만 합동이 새 당의 발전을 위해 도움이 되리라고 말할 수는 없습니다. 당의 지도분자인 몇몇 은퇴한 공산주의자들이 다시 당으로 복귀할 것입니다.

합동에 대한 주의 깊은 연구가 필요합니다. 나는 사회노동당의 공산주의 분자들이 당 해산 뒤에 남조선노동당으로 이적하리라는 보장을 할 수가 없습니다. 우리의 계획은 모든 미조직 성원들을 포함할 수 있는 대중정당을 결성하는 것이었지만 이는 실패로 돌아갔습니다.··· 사람들은 남조선노동당이 공산당이며 남조선노동당과의 합동이 공산당에 가담하는 것을 뜻한다고 믿고 있습니다. 공산당으로부터 벗어나고자 하는 사람들은 스스로 고립되고 말았습니다.···

북조선노동당에서 사회노동당에 보낸 결정서는 정당 간의 합동에 있어서 난관을 조성했습니다. 남조선노동당 내부 분쟁의 원인은 당내의 은폐된 파벌의 존재와 북로당에서 출간한 특정 문건 때문입니다.

강진과 백남운은 합동에 관여하지 않고 있으며 끝까지 싸울 태세를 갖추고 있습니다. 역시 사회노동당도 합동에 무관심합니다. 이 두 사람은 이러한 행동으로 인해 비난받아서는 안 됩니다. 그들의 행동은 남조선에서의 정치상황을 모르는 데서 기인한 것입니다. 나는 합작과 관련해 일어난 모든 책임을 내 자신이 질 것이며 이 같은 책임이 다른 어떤 사람에게 지워져서는 안 될 것입니다.

나는 정당 합동준비위원회의 위원장입니다. 나는 이 공작에서 성공하지 못했으며 그 지위에 부적격하기 때문에 이미 오래 전에 내가 실행하고자 했던 바대로 정치활동에서 은퇴할 작정입니다. 지금부터 나는 혁명군의 일개 병졸로 복무할 것입니다."

완전한 합당의 좌절

북로당은 11월 23일로 예정된 남로당의 창당에 앞서 남로·사로 양측의 합동을 추진하려고 노력하였다. 남로당 창당대회를 열기 위해 준비위원회 측이 미군정으로부터 집회 허가까지 받아놓은 상황이었다. 여운형도 이 점을 분명히 인식하고 양측의 합동을 서둘 필요성을 느꼈으며 마지막까지 합당을 위해 노력하였다.

그런데 남로당의 이승엽 측이 합당교섭 자체를 완강히 반대하면서 사로당 측 사람들에게 '굴욕적인 개별입당'을 요구함으로써 합당은 물 건너가 버렸다. 이 상황에서 11월 16일 북로당의 사회노동당에 관한 결정서가 나와 남로당 측으로부터 합동을 거절당한 사로당은 사면초가에 빠진다. 사로당 부위원장인 백남운과 강진은 11월 20일쯤 북로당 정치연락원의 안내를 받아 급히 평양으로 올라왔다. 이들은 북로당의 사로당에 관한 결정서에서 자신의 이름을 거명하며 비판한 것에 대해 억울함을 호소하기 위해 평양에 왔던 것이다.

그러나 이들은 평양에서도 하루종일 북로당 중앙간부들로부터 집중적으로 비판받고 발걸음을 서울로 돌려야 했다. 백남운은 사로당에서 탈당하겠다는 의사를 밝힌 반면에 강진은 자존심이 강해 분명한 입장을 밝히지 않은 채 서울로 되돌아갔다.

〈자료〉

북로당의 「남조선 사회노동당에 관한 결정서」(1946년 11월 16일) (『독립신보』 1946년 11월 27일)

"북조선로동당 중앙상무위원회는 위원장 김두봉 동지의 남조선 좌익진영 내의 분파분자들의 사회노동당 조직에 관한 보고를 듣고 다음과 같이 결정한다.

1. 현하 남조선의 반동적 정세 하에서 박헌영 선생을 수위로 한 남조선공산당의 정치노선은 조선인민의 자주독립국가 창설과 민주주의 발전을 보장한 모스크바3상회의의 결정을 실행하기 위한 정확한 노선으로서 그 투쟁 조직영도에 있어서 가장 정당한 노선임을 시인하며 이를 절대 지지한다.…당내에 좌익기변주의적 요소들이 사회노동당을 형성하기까지에 이른 것은 적의 반동정책에 발맞추어 준 엄중한 범죄라는 것을 지적한다.…

3. 북조선로동당은 공산당·인민당·신민당에서 분열되어 사로당을 조직하고 그 당에 가입한 분자들의 행동을 토의한 결과 그들의 행동은 소위 '좌우익합작'을 찬성하며 남조선 미군정의 반인민적 통치를 합리화시키는 입법기관 창립을 지지하는 분자들에게 도움을 주는 것이라고 지적한다.… 북조선로동당은 강진, 백남운 등 분자들은 좌익정당의 분열을 조직한 것이며 또한 민족반역자의 진영에 공고를 방조한 행동이라는 것을 여실히 민중 앞에 나타내었다는 것을 지적한다.

4. 북조선로동당은 사로당 조직에 대하여 토의한 결과 그들의 사업은 우리들과 하등의 공통성이 없는 것을 인정한다. 북조선로동당은 박헌영 선생을 수위로 한 남조선공산당 및 좌익정당들이 남조선로동당을 창설하려는 사업행정을 전체적으로 지지하며 하루속히 노력대중을 조선 민주 자주독립을 위한 투쟁에 결속시키는 것을 절대 지지한다."

백남운과 강진이 평양을 방문하고 서울로 되돌아갈 무렵 사로당 내에서는 분열이 일어났다. 맨 처음으로 사로당의 탈당의사를 밝히면서 공산당 중앙위원회의 합당노선과 남로당 준비위원회 결성의 절차가 옳다는 것을 인정하는 발언을 했던 인물은 공산당 대회파 출신의 서중석이었다. 그는 11월 20일 「자기비판서」를 발표하고 23일에는 남로당 창당대회에 참가하게 된다. 상황이 이렇게 돌아가자 여운형으로서는 보통 난처한 입장이 아니었다.

북로당 정치연락원들은 여운형에게 11월 23일의 남로당 창당대회에 참가하도록 여러 차례 권유했지만 그는 남로·사로 양측의 합당을 위한 노력이 수포로 돌아간 상황에서 심기가 불편하였기에 남로당 대회에 참가하지 않았다. 몽양은 그 시점까지도 남로당 준비위원장에 이름이 올라 있었다. 몽양이 이 대회에 참석했더라면 남로당 위원장이 되었을 것이다. 그의 불참에 따라 박헌영의 뜻이 반영되어 남로당 위원장에 허헌(남조선신민당)이, 부위원장에 박헌영(공산당)과 이기석(인민당)이 각각 선출되었다.

여운형은 북로당 정치연락원의 권유에 대해 "나만 남로당 창당대회에 참석하면 사로당에 잔류한 나머지 사람들은 뭐가 되느냐"며 "도의를 어긴 쪽은 남로당 쪽인데 어떻게 사로당 쪽 사람들을 집단적으로 합당에 참가시키지 못한 채 내가 남로당 위원장을 수락할 수 있겠는가"라고 주장하면서 끝까지 불참 의사를 굽히지 않았다. 여운형은 창당대회에 불참하는 대신에 축사와 '무조건 해체, 무조건 합당'을 주장하는 메시지를 별도로 보냈다.

여운형은 그나마 남로당 창당 이전에는 남로당 준비위원장 자격으로 발언권이 있었으나 창당 뒤에는 판세가 급격히 달라져 정치적 궁지에 몰렸다. 특히 북로당이 사로당을 인정하지 않는다는 결정의 파장이 밀려왔다. 사로당 관계자들 가운데 북로당의 결정서와 남로당의 포섭공작에 영향을 받아 이탈자가 늘어났으며 중요 간부들도 자기비판서를 쓰고 남로당에 개별적으로 입당하는 사태로 돌변하였다.

여운형의 자기비판서

몽양은 남로당이 창당된 11월 23일부터 두문불출하였다. 북로당 정치연락원들은 남로당의 창당을 보고 11월 25일에 평양으로 되돌아왔다. 여운형이 두문불출하는 바람에 북로당의 고위간부도 그를 만나지 못하고 평양으로 귀환했다. 그러다가 여운형은 12월 4일에 「좌우합작 합당공작을 단념하면서」라는 일종의 자기비판서를 발표함으로써 사실상 정계은퇴 선언을 하게 된다. 이 소식은 당시 서울에 상주하던 북로당의 정치공작원 성시백을 통해 즉각 평양에 보고되었다. 당시 여운형은 말할 수 없는 고충과 곤경에 빠져 있었다고 할 수 있다. 북로당 중앙은 여운형의 자기비판서에 접하면서 그의 솔직함과 정치적 양식을 높이 평가하였다. 북로당은 몽양이 정계를 은퇴하는 상황이 와서는 안 된다고 판단하였다.

〈자료〉

[좌우합작 합당공작을 단념하면서」(『독립신보』1946년 12월 5일)

"조국건설에 충성을 하고자 적은 힘이나마 바쳐 여러 선배와 동지들의 뒤를 따르려고 해방 후 1년 이상 노력하였으나 역량과 덕망이 없을 뿐 아니라 지식과 준비가 부족하여 본의 아닌 과오를 많이 범하였다.… (좌우합작)운동을 통하여 무슨 건설적 효과가 있기를 무한 기대하였으나 아직까지 소기의 목적을 달할 만한 물질적 조건이 보이지 않음으로 좌익 진영에서는 이를 반대 규탄하여 나의 행동은 제재되었다.

좌익3당 합동문제가 제기된 이래에 지도층의 경험부족과 기술빈궁으로 일어난 오해와 충돌은 커다란 분열을 초래하였으니 이에 관하여 누구보다도 내 자신이 그 책임을 느끼게 되어 남로 사회 양당의 무조건 통일을 주장하였으나 성공치 못하고 최후로는 사로를 해체하고 남로에 통일하기를 간청하여 이것마저 실패하고 말았다.

합작운동은 전민족 통일을 의도함이요, 좌익합동은 혁명역량을 단일화하려 함이다. 그러나 현상은 근본의도와는 정반대의 방향으로 나가고 있다. 이러한 국면을 타개치 못한다면 우리의 전도는 실로 암흑하다. 이러한 난국에 처하여 역량 없고 과오 많은 내가 이 중임을 지려다가 일보도 전진 못하고 넘어져서 일을 그르치는 것보다 차라리 민중 앞에 사죄하여 이 중책에서 물러감이 옳다고 생각한다.…

이것은 내가 혁명전선에서 이탈하려는 것이 아니라 지도자의 자리에서 나려서는 것이요, 나의 여생을 민주진영의 한 병졸로서 건국사업에 받칠 것을 맹서한다. 근자에 나의 명의로 회담, 성명, 대화 등이 발표되는데 그 태반은 본인이 알지 못하는 것이다. 금후는 내가 직접 혹은 친필로 발표하지 않는 것은 책임지지 않겠다."

여운형의 자기비판이 있은 지 3일 만인 12월 7일에 사로당 부위원장인 백남운이 탈당 성명을 발표하였고 12월 11일에는 황진남 등 사로당 중앙위원 11명이 탈당 성명을 발표하였다. 북로당은 이 사태에 대해 상황의 심각성을 인식하게 된다. 인민당과 신민당 지도부 출신의 간부들이 사로당에서 나오면서 사로당 자체가 공산당 대회파 출신인 강진 등의 손에 완전히 넘어가고 이는 종파분자들에게 당을 맡기는 격이라고 우려하였다. 사정이 이러했음에도 불구하고 남로당은 사로당 탈당세력이나 잔류세력에 대해 비판할 줄만 알았지 포용할 생각을 하지 않았다.

북로당은 남로당의 창당과정에서 인민당과 신민당의 당원들을 제대로 흡수하지 못한 점을 중시하였다. 이에 따라 소부르조아 내지 지식인 정당이었던 이 당들의 정치세력을 계속 좌익(민주)진영에 묶어두어야 하는 당면과제가 떠올랐다. 이 과제는 여운형을 떼어놓고는 설명할 수 없는 것이었다.

다른 한 가지는 미소공위 재개운동이 여전히 필요하였고 민족진영에서 '선(先)임시정부 수립, 후(後)반탁' 입장을 취한 김규식 등에 대한 통일전선공작에서 여운형의 역할은 그 무엇으로도 대체될 수 없는 것이었기에 북로당은 정계은퇴 선언을 한 몽양을 그대로 두어서는 안 된다는 긴장감에 사로잡혔다.

북로당 중앙은 여운형을 다시 평양으로 초청하기 위해 움직였다. 북로당 지도부는 서울을 들락거리던 핵심적인 정치공작원 성시백으로 하여금 여운형의 뒤를 도와주도록 하기 위해 서울에 상주할 것을 지시하였다. 성시백을 서울로 파견하면서 여운형과 백남운에게 지금은 정계에서 은퇴할 때가 아니라는 북로당 중앙의 판단을 전달하고 평양을 방문해줄 것을 요청하였다. 성시백은 여운형·백남운 각각에게 보내는 김일성·김두봉의 친서를 갖고 12월 중순에 서울에 내려갔다. 성시백은 12월 23~24일경 여운형을 만나 평양행의 수락의사를 들었다고 한다.

1946년 12월 김규식, 브라운 소장 등이 입법의원 개원 1주년을 맞아 기념촬영을 하고 있다. 1946년 10월 12일 미군정은 '남조선과도입법의원의 창설에 관한 법령'을 발표하고, 민선의원 45명과 관선의원 45명으로 구성된 과도입법의원을 12월 12일 개원했다.

여운형은 12월 28일 평양에 와 연말연시를 보내고 1947년 1월 10일경 서울로 되돌아갔다. 이때는 여운형이 성시백과 함께 평양으로 왔었고 전처럼 김일성의 사택에 머물렀다. 여운형은 이 방문 시기에 자신이 12월 4일에 발표한 자기비판서의 솔직한 심경을 여러 차례 언급하였다. 여운형은 평양에서 박헌영을 만나지는 않았다. 박헌영이 남로당을 지도하기 위해 해주에 상주하고 있었기 때문이다. 설사 박헌영이 평양에 체류하고 있었다고 해도 몽양의 심경으로는 박헌영을 만나고 싶지 않았을 것이다. 북로당 중앙의 입장에서도 굳이 여운형과 박헌영을 상면시킬 필요를 못 느끼고 있었다고 할 수 있다.

박헌영은 체포령을 피해 이북으로 올라와 있었지만 이남 문제에 관한 한 여전히 좌익 최고책임자로서 발언권이 있었고, 이 무렵만 해도 그가 매우 도도할 때였다. 북로당 지도부는 여운형에게 여전히 정치적 역할이 크다는 점을 부각시켰고 그가 좌절감에서 벗어나도록 하려고 온갖 노력을 기울였다. 통일적인 임시정부 수립이라는 큰 과제 앞에서 여운형의 역할이 반드시 필요하다는 점을 설득하려고 하였다.

혁명유자녀학원 방문

여운형은 네 번째 방문기간에 김일성의 처 김정숙의 안내로 만경대혁명학원 건설현장과 만경대 인근에 있는 조촌의 임시 혁명유자녀학원의 교육현장을 둘러보았다. 이 학원의 초창기에는 항일빨치산 여대원 출신들이 학생들을 돌보았는데 김정숙은 이 학원에 각별한 관심을 갖고 있었고, 만주 등지에서 부모를 잃은 빨치산 자녀들을 이곳에 데려다 교육시키고 있었다. 이 학원은 간부들의 자제라고 해서 무조건 들어갈 수 있는 게 아니고 직계 가족 중에 항일빨치산 활동을 하다가 숨진 사람의 아이들에게만 입학이 허용되었다.

당시에 북조선로동당 중앙당학교가 개교되었는데 여운형은 이곳도 방문하였다. 건설공사에 착수한 김일성종합대학 건설현장도 둘러보았다. 여운형의 김일성종합대학 건설현장 방문에는 주영하 또는 임해가 수행했던 것으로 안다. 임해는 북로당의 대남관계 책임자로서 항일빨치산 시기에 최용건 부대에 소속되어 지하공작사업을 한 경력의 소유자였다.

여운형이 평양에 머무는 동안 북로당 중앙의 공식회의에 참가한 일은 없다. 북로당 중앙간부들, 예를 들어 김두봉·최창익·주영하 등과의 간담회 형식의 집체적인 모임이 있었고 주로 김일성과 많은 시간을 함께 보냈다. 김일성의 사택에 체류했던 사정도 작용했을 것이다. 북로당 지도부는 여운형의 이남에서의 비중과 통일전선 형성에서 차지하는 역할을 감안해 깍듯이 대접하였고, 그의 정치적 불운을 위로하면서 정치활동 재개를 호소하였다. 여운형은 보름 남짓의 기간에 북로당 지도부와 몇 가지 정치노선상의 문제를 논의하였다.

여운형은 처음에 북로당 지도부와의 간담회에서 이미 12월 4일자로 발표한 「좌우합작 합당공작을 단념하면서」라는 자기비판서에서 밝힌 대로 "역량 없고 과오 많은 자신은 중책을 맡을 수가 없다"는 태도를 보였다. 그는 정계은퇴 성명이라 할 자기비판서에서 박헌영의 잘못을 언급치 않았듯이 평양 방문에서도 박헌영을 비판하지 않아 9월 하순과는 달랐다. 박헌영으로 인해 정치적 입지가 결정적으로 좁아지고 말았지만 여운형은 더 이상 그의 잘못을 입에 올리지 않았다.

이를 두고 북로당 지도부도 몽양을 높이 평가하게 된다. 북로당은 이미 여운형의 자기비판서를 처음 접했을 때도 그것이 북로당을 상당히 의식한 것이었다는 판단을 내리고 있었다. 사실 7월 말과 9월 하순 두 차례 여운형을 만난 김일성을 비롯한 북로당 지도부는 3당합당 사업에서 몽양이 주도권을 쥐고 나가야 한다는 기대감을 표시했기 때문이다. 여운형으로서는 자신이 3

당합당 사업의 주도권을 장악하고 합당을 제대로 진행하지 못한 데 대해 북로당 지도부에게 한마디하지 않을 수 없었을 것으로 생각한다.

여운형은 그러나 자신이 입원한 서울대학병원에서 사로당 결성이 선포되었지만 자신은 그 과정을 몰랐고, 사로당을 인정하지 않았기 때문에 창당대회에도 참가하지 않았으며, 남로당 준비위원회 측과 사로당 준비위원회 측을 하나로 합치기 위해 박헌영을 만났었다고 해명하였다. 그는 또 사로당이 이미 결성된 조건에서 임시중앙위원회를 소집해 사로당 해체를 결의하도록 노력하였으며, 해체 결의에 기초해 남로당 측과 합당을 시도하였으나 남로당이 이를 수용할 태세를 갖추지 않았다는 점도 아울러 밝혔다.

여운형은 좌우합작운동의 상황 변화도 설명하였다. 미군정은 10월 7일 발표된 합작 7원칙에 입법기관의 수립 항목이 들어간 것을 기화로 10월 하순에 관선이나 다름없는 민선의원선거를 통해 의원 45명을 선출하고 12월 7일에 관선의원 45명을 임명한 뒤에 12월 11일 남조선 과도입법의원 예비회 1차 회의를 개최하였다.

여운형은 그 경과를 소상히 밝혔다. 여운형은 당초에 입법기관이 설사 만들어진다 해도 좌익이 참가하지 않으면 결국은 미군정 측의 의도가 관철되지 않을 것이라고 생각하였다. 여운형의 「좌우합작 합당공작을 단념하면서」는 좌우합작운동이 미군정 측에 의해 군정자문기구로서의 입법기구의 수립을 정당화시켜주는 것이 되고만 데 대한 심각한 반성이기도 했다. 여운형은 자신이 관선의원 수락 거부의사를 명백히 밝혔다는 것과 좌익이 입법기관에 들어가지 않음으로써 과도입법의원은 좌우합작의 결과물로 볼 수 없다는 것을 북로당 지도부에게 밝혔다.

남북의 정세 변화 설명

그는 자신이 합작을 위해 입법기관 항목을 포함한 7원칙을 수용했지만 미군정 자문기구화 한 과도입법의원에는 참가치 않았음을 강조했던 것이다. 몽양은 또한 합작 7원칙의 합의로 만들어진 좌우합작위원회는 여전히 존재하며 이 위원회가 과도입법의원을 만든 것으로 오해하지 않기를 바란다고 강조하였다. 그는 자신이 좌우합작운동을 단념하겠다고 선언했지만 좌우합작위원회가 해체된 것은 아니라는 의견을 내보였다.

북로당 지도부는 여운형에게 이북에서 1946년에 진행된 제반 민주개혁 조치들을 설명하면서 특히 그해 농사가 잘 되었고 농민들이 자발적으로 현물세를 내고 있으며 애국미헌납운동이 전개되고 있다고 설명하였다. 또한 11월 초부터 이북 전역에서 치러진 도 · 시 · 군 인민위원 선거의 결과도 설명하고 이 선거에 따라 각급 단위의 '임시' 인민위원회에서 임시를 떼어낼 수 있게 되었으며 1947년 2월에 명실상부한 인민의 대표기구로 전환될 것이라는 점도 덧붙였다. 여운형은 이북에서 벌어지고 있는 제반 사태를 궁금하게 여겼기 때문에 북로당 지도부도 그에게 가급적 구체적으로 설명하였던 것이다.

다음으로 좌익진영의 단합문제가 논의되었다. 당시 3당합당의 결과로 남로당이 탄생되었지만 이에 들어가지 않은 상당수 좌익들이 해체의 운명을 맞이한 사회노동당에 포함되어 있었다. 북로당의 사로당 해체 결정서가 결정적으로 작용해 해체의 길을 걸으며 파산상태가 되고만 사로당을 그대로 내칠 수만은 없다는 것이 북로당의 입장이었다. 북로당은 좌익 정수분자는 대부분 일단 남로당에 들어갔다고 판단하였다.

다만 남로당에 들어가지 못한 지식인과 소부르조아층이 사로당의 언저리에 남아 있었고 이들을 어떻게 할 것인가에 북로당은 관심을 갖고 있었다. 남로당은 사로당과의 격렬한 투쟁을 통해 탄생된 만큼 사로당 측을 여유롭게 포용할 수 없었다. 때문에 남로당은 사로당 관계자들이 남로당에 들어오려면 자기비판서를 쓰고 개별적으로 입당하라는 강경한 태도를 누그러뜨리지 않았다. 이러한 상황에서 사로당 관계자들을 좌익진영의 중요 세력으로 유지시키려면 북로당이라도 사로당에 신경을 쓰지 않을 수 없었다.

김일성을 비롯한 북로당 지도자들은 사로당 관계자들을 계속 좌익블럭에 남겨두는 데서 가장 중요한 인물이 여운형과 백남운이라고 생각하였다. 백남운은 11월 말~12월 초에 이미 평양을 다녀갔다. 김일성은 백남운에게 사로당에서 탈당한 뒤 남로당으로부터 배척 당한 사람들이 여운형을 중심으로 재집결할 수 있도록 여건을 조성하는 게 좋겠다는 얘기를 이미 했었다.

김일성은 여운형에게 백남운과 공산당 대회파 출신의 이영, 나아가 장건상 같은 중도세력까지를 결집시키는 구심점이 되어야 한다고 강조했다. 이영은 여운형이 서울로 되돌아간 뒤인 1947년 1월 중순에 평양을 방문해 여운형·백남운과의 협력 필요성에 대한 충고를 북로당 지도부로부터 듣게 된다. 아무튼 북로당 지도부는 여운형에게 사회노동당을 완전히 해체한 바탕 위에서 몽양이 나서서 보다 대중적인 정당을 결성해야 한다고 설득했던 것이다.

여운형은 북로당으로부터 새로운 정당의 창립을 추진하도록 요청 받자 처음에는 극구 사양했다고 한다. 김일성은 집요하게 여운형을 설득하였고, 몽양은 결국 이를 받아들여 정치활동 재개와 신당 창당을 위해 노력하겠다는 언질을 주었다. 다만 여운형과 북로당이 1947년에 '근로인민당'을 창당한다는 식으로 구체적으로 합의한 것은 아니었다. 여운형이 남로당에 포함되지 않은 좌익들을 광범위하게 끌어 모아 새로운 당 조직의 결성에 주도적으로 나선다는 정도의 합의는 있었다고 할 수 있다.

북로당은 여운형에게 공산당 대회파 출신들 가운데 종파분자들을 새 당의 중앙간부로 뽑아서는 안 된다고 주문하기도 했다. 당 강령에 대해서는 이

전의 인민당·신민당 강령의 수준이면 될 것 같다는 의견교환도 있었다. 북로당 지도부는 특히 몽양에게 사로당의 공식 해체과정을 밟는데 힘써달라는 주문도 잊지 않았다. 몽양도 이 점에 대해서는 분명히 약속을 하였다.

정치활동 재개 요청

이 시기에 좌익진영의 단합문제와 관련하여 심각했던 것은 민주주의민족전선이 약화된 점이었다. 민전의 주요 정당이 공산당·인민당·남조선신민당이었는데 3당합당에 따라 각 당의 절반 이상이 남로당을 만들면서 이들은 민전의 주요 성원이 되었지만 사로당 측은 민전에 들어갈 수 없는 처지가 되고 말았기 때문이다. 민전은 남로당과 그 산하 단체들로 유지되고 있었다. 박

1946년 5월 25일 여운형, 김규식 등의 활동으로 시작된 좌우합작운동은 별다른 성과를 내지 못하고 1947년 12월 15일 해체됐다. 좌우합작위원회를 해체하면서 주요 인사들이 기념촬영을 하고 있다. 앞줄 왼쪽부터 강순, 신숙, 여운홍, 안재홍, 김붕준, 김규식, 김성규, 원세훈, 오하영, 최동오, 이극로, 뒷줄 왼쪽부터 최석창, 김홍배, 김시현, 이명하, 강원용, 박명환, 신기언, 장자일, 정이형, 박건웅, 박승환, 송남헌, 맨 뒤 왼쪽부터 권태양, 정종철, 김동석. 여운형이 암살당한 후 찍은 사진이라 오른쪽 끝에 여운형의 얼굴사진이 별도로 붙어 있다.

헌영이 민전을 강화하기 위한 조치를 취해야 했음에도 불구하고 사로당 관계자들을 배척하는 상황이었기에 북로당 지도부는 이남에서의 민전 강화에 눈을 돌리지 않을 수 없었던 것이다.

민전 강화에서도 여운형의 역할이 여전히 기대되는 상황이었다. 북로당 지도부는 여운형에게 좌익진영의 단합을 위해 할 일이 많다고 역설하였다. 여운형도 이에 대해 수긍하였다. 그는 새로 당을 결성할 경우 그 당이 민전에 들어가는 것이 좋겠다는 입장을 보였다. 북로당 지도부는 또한 여운형에게 이미 사의를 표명한 민전 의장 직에 복귀하는 것이 좋겠다는 뜻도 전하였다.

북로당 지도부는 여운형에게 어떠한 일이 있어도 통일전선을 단념해서는 안 된다고 강조하였다. 좌우합작위원회의 성격 변화에 따라 이 위원회를 단념하게 되더라도 민족통일전선의 형성 자체를 단념해서는 안 된다는 것이었다. 당시 민족통일전선의 당면과제는 '통일적인 임시정부'를 수립하는 것이었고, 이를 위해선 광범한 정치세력이 결집해야 하며, 여운형이 이 일의 적임자였기 때문이다.

김일성은 여운형에게 임시정부 수립에 참가할 것으로 기대되는 세력을 놓쳐서는 안 된다고 강조하였다. 미소공위가 재개되어 임시정부 수립문제가 재논의될 때 이에 참가할 의향을 갖고 있는 민족주의자들, 미국과 갈등을 빚고 있는 민족주의자들과 통일전선을 펴나가야 한다는 것이었다. 이것은 여운형이 그 동안 북로당 지도부에게 반탁진영 중에서도 이승만·김성수 등 단정세력과 김구를 비롯한 단정반대세력을 구분해야 한다고 역설했던 것을 북로당 지도부도 받아들였음을 뜻한다.

여운형은 김구가 반탁의 거두이기는 하지만 김규식과 자신이 추진하던 좌우합작을 내심 지지하고 있다고 변론해왔었다. 이북에서는 이전까지는 김구에게 비난을 퍼부었지만 여운형으로 하여금 미국반대·단정반대의 입장을 펴는 김구를 위시한 민족주의자들과 통일전선을 만들도록 해야 한다는 쪽으로 정리하게 되었던 것이다. 김일성은 여운형에게 통일전선 형성을 위해서라도 좌우합작을 단념해서는 안 된다고 간곡히 요청하였다. 임시정부에 참가하겠다는 정치세력과 미군정으로부터 배척 당하는 정치세력은 모두 한데 묶어 나가야 한다는 것이었다. 이를테면 홍명희나 유도회의 김창숙 등과의 합작문제도 논의되었다. 이들과의 통일전선운동을 통해 미소공위를 재개시키고 임시정부가 수립되도록 촉구하자는 것이었다. 이에 대해서는 여운형도 적극적인 태도를 보였다.

북로당 지도부는 여운형에게 미국의 이남 정치세력에 대한 분열정책을 경계해야 한다는 점도 강조하였다. 여운형·박헌영의 분열뿐 아니라 김구·김규식의 분열을 기도하고 있는데 대해 경각심을 가져야 한다는 것이었다.

1947년 3월 정창화(일명 백민태)의 폭탄테러로 반파된 여운형의 계동 자택. 해방 후 통일민주국가 건설에 매진했던 몽양은 극우·극좌 세력의 '공적'이었고, 이들로부터 숱한 테러와 암살 기도에 시달렸다. 해방 후 3일째부터 시작해 두 달에 한 번 꼴로 테러를 당했고 결국 열 두 번째 테러에 희생되고 말았다.

자칫하면 좌우합작운동 세력이 좌익과 우익의 내부를 분열시키려는 미군정의 전술에 말려들게 된다는 위험을 언급한 것이었다. 여운형으로서는 북로당 지도부가 그를 만날 때마다 미국에 대한 경계심을 강조한 데 대해 다소 불쾌하게 느낄 소지도 있었지만 북로당은 실제로 몽양도 군정 측에 이용당할 수 있음을 우려하였다.

그 다음으로 여운형과 북로당 지도부는 미소공위 재개운동에 관해서도 진지하게 논의하였다. 북로당 지도부는 미국이 미소공위를 재개하지 않을 수 없도록 공위 재개 군중운동을 전개하는 것이 중요하다고 보고 있었으며, 이는 사실 남로당의 몫이라 할 수 있다. 파업이나 군중대회 등을 통해 미소공위 재개 촉구투쟁을 할 필요가 있었다.

그러나 남로당의 군중투쟁방식만으로는 공위 재개운동이 효과적으로 전개되기에 한계가 있었고, 여운형이 나서서 좌익의 민주주의민족전선을 강화하고 좌우합작 기반을 강화함으로써 좌우익이 함께 미소공위 재개운동에 나설 필요성이 있었다. 미소공위 재개운동에서 몽양의 활동이 기대되었던 것이다. 여운형도 공위 재개운동이 자신의 정치적 위상에 적합하다는 것을 인정하고 있었다.

다만 여운형은 1946년 8월부터 11월 말까지 자신이 주도하던 좌익3당 합당이나 좌우합작에서 실패를 거듭한 만큼 활동 재개의 의지를 갖지 못하던 상황이었다. 북로당 지도부의 여운형에 대한 기대감과 격려는 그에게 새로운 의욕을 불어 넣어주었다.

여운형과 북로당 지도부는 미국이 미소공위를 통한 임시정부 수립에 관심을 보이면서도 단정수립의 공작이라는 양면정책을 구사하는데 대해 깊이 있게 논의하였다. 이들은 이승만의 단정노선을 따르는 단정세력과 이를 뒷받침하는 미군정의 의도를 깨야 한다는 결론에 이르렀다. 북로당 지도부는 미군정의 단정 의도를 깨트리고 이남의 단정세력을 고립시키는 데서도 여운형의 역할이 크다는 점을 강조하였고 몽양 역시 이를 수긍하였다.

여운형은 김일성에게 하지와 이승만의 사이가 나쁜 편이라고 설명했고 김은 몽양에게 "그렇다면 이들 사이가 더 나빠지게 만드는 게 필요하다"고 하였다. 아무튼 북로당 지도부는 미국의 단정 의도를 파탄시키는 데 있어서 여운형의 역할이 크다고 생각했던 것이다.

여운형은 여러 차례의 피습과 자택 폭파의 위협 속에서 자녀들의 신변에 큰 위험을 느끼고 있었던 것으로 보인다. 여운형은 김일성의 사택에 머물면서 서울로 귀환하기 2~3일 전에 김정숙에게 "자식 일부를 이북에 맡기려고 하니 맡아 교육을 시켜달라"고 청하였다. 여운형은 그 자신에게 가해지던 테러 위협과 자식의 장래를 고려해 그러한 결심을 한 것 같다. 서울에서는 정치적 혼란이 계속된 반면에 평양에서는 제반 개혁조치가 실시되었고, 특히 새로운 교육체계가 자리를 잡아가는 것을 목격했기 때문에 그러한 결정이 가능했을 것으로 짐작된다.

그는 "지금은 방학 중이고 새 학기가 시작되기 직전에 아이들을 평양으로 올려 보내겠으니 친자식처럼 생각하고 돌봐달라"고 김정숙에게 말했다고 한다. 김정숙은 여운형의 부탁을 듣고도 선뜻 답변하지 못했다고 한다. 여운형 같은 거물 정치인이 두 딸과 아들 하나를 자기에게 보낼 터이니 맡아달라고 하는데 당황하지 않을 수 없었던 것이다.

"새 조국 건설에 기여하는 재목으로 키워달라"

김정숙은 여운형에게 생각할 시간을 좀 달라고 했고 몽양은 평양을 떠나기 전에 확답을 달라고 하였다. 어운형이 간절한 청을 알게 된 김일성이 몽양에게 "맡겨 달라. 마침 북조선에서 학생들을 선발해 모스크바로 유학을 보내

1978년경 김일성 주석과 만난 자리에서 눈물을 흘리고 있는 여운형의 아들과 딸.

고 있으니 그 편에 딸려 모스크바로 보내 제대로 공부시키도록 하겠다"고 하였다. 여운형은 "아이들이 유학을 마치고 돌아오면 새 조국 건설에 기여하는 재목으로 키워달라고 했다"고 한다.

이에 따라 1947년 3월에 이북에서 사람이 내려가 여운형의 두 딸과 아들을 평양으로 데리고 왔고 그해 7월에 모스크바로 유학을 보냈다. 여운형의 자녀들은 4~5개월 평양에 체류하는 동안에 김일성의 사택에서 김정숙의 보살핌을 받았다.

여운형이 평양을 떠나는 날 김일성은 그에게 "서울로 돌아가서 정치활동을 재개하는 과정에서 북로당이 도울 수 있는 일은 돕겠다"면서 "유능한 정치공작원 성시백을 서울에 상주시킬 예정이니 그에게 시킬 일이 있으면 무슨 일이든지 시켜도 좋다"고 하였다. 여운형은 이전에 이미 성시백을 여러 차례 만난 적이 있어서 이를 수락하였고, 서울 귀로 길에 성시백도 서울로 함께 나왔다.

1947년 7월 초에 서울로 나갔던 정치연락원들은 여운형이 아이들에게 보내는 편지와 용돈을 갖고 와서 김일성의 사택에 체류하던 몽양의 자제들에게 전달해준 일이 있다. 몽양의 자제들은 7월 초 아버지가 피살 당하기 전에 모스크바로 출발하였다. 여연구(2녀)는 모스크바종합대학에서 공부하였고 원구(3녀)는 모스크바의 다른 대학을 다녔으며, 아들은 화학공업대학을 나왔다. 여연구 외에는 어학학습을 겸해 예과를 거쳐 대학을 진학한 것으로 안다. 당시는 소련이 이북 청년들을 데려다가 무료로 유학을 시켜줄 때였기 때문에 이들도 모스크바에서 유학할 수 있었다.

이들은 대학을 마치고 6·25전쟁이 거의 끝날 무렵인 1952년 말에 평양으로 돌아왔다. 이들이 유학을 떠날 때까지는 김일성의 처 김정숙이 이들을 돌봐주었으나 그녀가 1949년에 사망한 뒤에는 유학에서 돌아온 여운형의 자제들을 돌보는데 관심을 가진 간부들이 없었다. 유학생을 관장하던 당 국제부의 실무자들도 이들의 유학 과정을 모른 채 일반 모스크바유학생 출신들과 같이 취급했다고 한다. 더욱이 몽양의 자제들이 평양에 돌아왔을 때에는 박헌영·이승엽사건이 터져 당 내부가 뒤숭숭하던 분위기였다. 그러니 당 실무자들은 여운형의 자제들의 유학을 박헌영 측에서 보낸 것으로 오해하기도 했으며 자연히 이들에 대한 대접이 소홀하지 않을 수 없었다고 생각한다.

여연구는 외국어(영어)를 전공했기 때문에 그나마 평양외국어대학의 교원으로 배치되었다. 그 뒤 여연구는 몽양의 조카 여경구(서울대 화학과 교수 출신으로 이북에서 초창기 과학원 산하의 화학연구소장 역임)의 중매로 한 과학자와 결혼하였다. 여연구와 과학자 사이에 딸 하나를 두었고 얼마 뒤 여연구는 그 과학자와 이혼하게 된다. 그녀는 딸을 혼자 키우다가 1970년대 말에 딸을 결혼시켰고 그 뒤에는 출가한 딸의 가족과 함께 살았다. 여연구는 외국어대학에서 일하다가 1970년대 초반에 노동당의 대남전문부서들이 밀집되어 있던 3호 청사에서 운영하는 정치학교의 외국어반 교원으로 자리를 옮겼다.

동생 여원구는 함경남도에서 중학교 교원을 하였으며 유족한 생활을 하지는 못하였다. 몽양의 아들은 함흥의 한 화학부문 연구소에서 일하고 있었다. 이들은 이남 출신이어서 박헌영·이승엽사건 때나 그 뒤의 문헌토의사업, 재토의사업 등이 전개되는 와중에 약간의 곡절을 겪었던 것으로 안다. 이들을 보증해주는 간부가 없었기에 어려움이 있었던 것이다. 여경구는 화학자로서는 명망이 높았지만 자기 처신도 어려웠고 또 일찍 사망하는 바람에 6촌간인 몽양의 자제들을 제대로 돌보기가 어려웠던 것 같다.

그러던 중 1978년 11월쯤에 김일성과 김정일, 그리고 대남비서 김중린이 대남사업의 과거에 대해 이야기하다가 여운형에 관한 화제가 떠올랐다고 한다. 이날 김정일이 김일성에게 "내가 대여섯살 되던 여름에 우리 집에 여자아이 둘, 남자아이 하나가 와서 날 업어주기도 하다가 모스크바로 유학을 간 일이 있는데 그 아버지도 몇 차례인지 우리 집에 와서 체류한 적이 있지 않았는가"고 물었다고 한다. 그 제서야 이를 까마득히 잊고 있던 김일성이 책상을 치며 "몽양이 자식들을 우리에게 맡기며 간곡히 부탁을 했는데 그간 잊고 지냈다. 내가 여운형 선생에게 큰 죄를 지었다. 몽양 선생의 자제들을 모스크바 유학을 보낸 뒤 정숙 동무가 죽어 그만 깜빡 잊어버리고 말았다. 큰 실수를 하였다"며 그 자리에서 김중린에게 지시해 이들을 찾아오도록 하였다. 김일성이 책상을 갑자기 세게 쳐서 깜짝 놀랐다고 김중린이 이야기하는 것을 들은 일이 있다.

김중린은 여연구가 3호 청사의 정치학교에서 일한다는 것은 알고 있었지만 다른 자제들은 어디서 무엇을 하는지 알지 못하였다. 김일성의 지시를 받은 김중린은 즉각 이들을 찾아 나서 함경남도에 있음을 확인하고 도당에 지시해 무조건 이들을 중앙당으로 보내라고 지시하였다. 김일성은 김정일·김중린을 비롯한 중앙당 고위간부 몇 사람이 배석한 가운데 여운형의 자제들을 불러 자리를 같이 하였다. 여원구는 급히 평양에 오느라고 옷을 부실하게 입어 추위를 탈 정도였다고 한다. 몽양의 자제들을 노동당청사 입구에서 맞이한 김정일은 그 길로 여원구를 중앙당 인근의 11호 상점에 데려가 스웨터를 사 입혀 김일성에게 데려갔다고 한다. 김일성 등과 만난 여운형의 자제들은 울음바다가 되었고 배석했던 간부들도 함께 눈물 깨나 흘렸다고 한다. 이 자리에서 김일성은 "너희들의 아버지에게 부탁을 받고서도 공부만 시킨 채 전쟁이 나고 정숙 동지도 세상을 뜨는 바람에 너희들이 북조선에 있는지 까마득히 잊어버리고 있었다. 그간 어떻게 살아왔는가"하고 위로한 뒤 이들을 주석궁으로 데려가 며칠을 함께 지냈다. 김일성은 여연구 등에게 "너희들이 아버지의 뒤를 이어 조국통일을 위해 일하는 게 좋겠다"고 말하기도 했다고 한다.

주석궁에서 며칠 쉰 뒤에 여연구는 조국전선 서기국장으로 발령 받았으며 원구는 중학교 교장으로, 아들은 연구소 실장으로 각각 승진하였다. 그 뒤 여연구는 조국전선 의장과 최고인민회의 부의장을 맡는 등 대남부문에 종사하였고, 원구는 보통교육부 부부장으로까지 승진했던 것으로 안다. 몽양의 아들은 조국전선 서기국장으로 일하다가 1980년대 초반에 사망한 것으로 안다.

>>>
여운형의 피살 이전 활동

여운형은 서울로 귀환한 1947년 1월 중순부터 근로인민당을 창당하기 위해 부지런히 움직였다. 그는 백남운·이영·정백 등을 만나 신당 창당문제를 협의하였다. 여운형은 사로당 출신들 가운데 남로당에 입당하지 않은 사람들을 결집시켜 2월 26일에 근로인민당 준비위원회를 발족시켰다. 근민당 준비위원회는 광범한 민주세력의 결집을 내걸었다. 바로 다음날 열린 사로당 제1차 전국대회에서 사로당의 '발전적 해체'가 만장일치로 가결되었다.

몽양은 근로인민당 준비위원회를 가동시켜 5월 24일에 근로인민당을 창당하게 된다. 근민당의 위원장은 여운형이었고 부위원장으로 백남운·이영·장건상이 선출되었다. 근로인민당의 결성과정에서 북로당의 전권대표격이었던 성시백이 여운형뿐 아니라 백남운·이영 등을 만나 여러 가지 문제를 협의하였다.

근로인민당 창당

또한 북로당의 대남담당 고위간부가 근로인민당 창당 이전인 1947년 3월에 서울에 한 차례 내려간 일도 있다. 인민당 출신들이 주류를 이루는 가운데 공산당 대회파 출신들을 당에 끌어들이는 게 쉽지만은 않았기 때문에 이들에 대해서는 북로당이 개입하게 됐던 것이다. 인민당 출신들도 근로인민당의 부위원장에 이영이 포함되고 상임위원에는 정백까지 들어간 데 대해 반대하였으나 몽양이 이를 무마하였다. 근로인민당의 창당을 앞두고 여운형과 김일성간에는 서신이 오가기도 하였다.

근로인민당의 창당이 1947년 5월 24일에 이뤄진 것은 제2차 미소공동위원회의 개최와 관련이 있다. 당초에는 창당이 6월로 예견됐었는데 5월 21일에 미소공위가 재개되자 창당을 바짝 서두르게 된 것이다. 미소공위가 재개되어 임시정부 수립 문제가 일정에 오르면 무엇보다도 협의대상 문제가 먼저 제기될 것이었기 때문이다.

실제로 재개된 미소공위는 6월 11일에 제11호 성명을 발표하였는데 이것은 「남북조선 제민주정당 및 사회단체와의 협의에 관한 규정」이었다. 이 규정에는 미소공위가 6월 25일 서울에서 이남의 정당·사회단체 대표들을 초청하여 합동회의를 개최하고 6월 30일 평양에서 이북의 정당·사회단체 대표들을 초청하여 합동회의를 갖는다는 것과 서울 합동회의는 소련 수석대표가, 평양 합동회의는 미국 수석대표가 각각 사회를 맡는 것으로 되어 있었다. 근로인민당의 신속한 창당은 미소공위 재개와 더불어 임시정부 협의 대상에 관한 문제가 본격화될 것으로 예견되었기 때문이다.

미소공위의 6월 11일 제11호 성명이 발표되자 각 정당·단체들은 합동회의에 참가하기 위해 접수를 시작했는데 6월 23일의 마감까지 이남에서 4백 25개, 이북에서 39개 정당·단체들

1947년 5월 24일 여운형 위원장이 근로인민당 창당 대회장에 나와 준비상황을 지켜보고 있다.

1947년 7월 여운형의 암살 소식을 전하는 당시 신문들의 호외와 특보들. 1947년 7월 19일 몽양 여운형 선생은 서울 혜화동 로터리에서 세단을 타고 계동 자택으로 귀가하던 중 극우단체 소속 청년의 흉탄을 맞고 쓰러졌다. 백주에 그것도 파출소에서 50보 정도밖에 떨어지지 않은 대로에서 벌어진 일이어서 암살범이 경찰의 비호를 받았다는 의혹을 사기에 충분했다. 몽양은 서거 58년만인 2005년 독립유공자 서훈을 받았다(왼쪽 위). 8월 3일 열린 여운형 위원장의 장례식에는 수많은 군중들이 운집해 그를 추모했다(오른쪽 위). 1974년 2월 공소시효가 끝난 후 몽양을 암살했다고 고백한 김흥성, 김영성, 유순필, 김훈. 이들은 "몽양 암살범으로 형을 받은 한지근은 본명이 이필형이며 사건 당시 자백내용은 모두 각본에 의한 거짓내용이었다"라고 밝혔다. 또 주범이라고 나선 김흥성(왼쪽에서 2번째)은 "자신들의 배후에 상해임시정부 행동대원 김영철, 정치테러단체였다는 백의사를 주도한 염동진 등 극우인사들의 사상적 영향을 받아 여운형을 살해한 것"이라고 밝혔다(오른쪽).

이 참가신청을 한 것으로 집계되었다. 이남에서 정당·단체들이 엄청나게 난립하고 있었음을 보여주는 사례라고 생각한다. 당시에 민전 산하의 좌익들이 적어도 절반을 차지하여 좌우익의 비율이 5:5가 되어야 북조선민전과 합칠 경우 남북을 합하여 2:1이 될 것으로 예상했는데 신청 단체로 보면 우익이 3

분의 2를 훨씬 넘어 목표가 빛나갔다.

그러나 예정대로 서울에서는 6월 25일에, 평양에서는 6월 30일에 각각 합동회의가 열렸다. 평양에서는 북조선인민위원회 건물에서 회의가 열렸는데 이날 오후 4~5시쯤 인민위원회 앞 광장에서는 시민 20여 만명이 운집하여 미소공동위원회 환영 및 임시정부 수립 촉구를 위한 군중대회를 진행하였다. 이 대회에 미국측 대표도 참가하였다.

대회에서는 결의문과 진정서가 채택되었는데 임시정부 수립에서 반탁진영을 제외할 것 등의 요구가 포함되어 있었다. 서울 합동회의 때는 군중대회가 열리지 않았으나 평양의 경우 북조선인민위원회라는 정권의 틀이 갖추어져 있어서 이것이 가능하였다.

서울과 평양에서의 합동회의를 마친 뒤 7월 2~3일에 평양에서 미소공동위원회 37차 본회담이 열렸다. 이 회담에서는 협의대상 숫자를 둘러싸고 미국과 소련이 견해차이를 보였다. 여운형은 미소공동위원회가 이처럼 진척되자 6월 25일의 합동회의에 참가한 뒤 즉시 통일전선운동을 전개하기 시작하였다. 여운형은 김규식을 비롯해 홍명희·김창숙 등과 거듭 만나 통일적인 임시정부 수립의 필요성을 설명하고 이에 참여할 것을 역설하고 다녔다. 여운형은 또한 4백 개가 넘는 이남의 정당·단체들 중에서 유령단체를 밝혀내고 진정으로 임시정부에 참가할 자격이 있는 정당·단체들을 가려내야 한다고 강조하고 다녔다.

미소공위 재개 대책 논의

여운형은 미소공위가 재개된 이후 평양에서 긴급히 내려간 북로당의 대남담당 고위간부를 만난 일이 있다. 이 간부는 6월 11일의 세11호 성명이 나온 뒤인 6월 중순에 서울에 내려가 서울과 평양에서 열릴 합동회의와 관련한 북로당의 입장을 몽양에게 전하고 그의 의견을 청취하는 등 서로 입장을 조율하고 평양으로 되돌아왔다. 북로당 중앙이 이 간부를 서울로 급파한 것은 근로인민당이 남조선로동당의 말을 들을만한 입장이 아니었기 때문이다. 근민당의 창당 자체가 남로당과의 갈등 속에서 사로당을 해체하고 만든 것이었기 때문이다.

여운형과 북로당 고위간부 사이에 협의된 내용에는 임시정부 수립의 협의대상 문제, 정강정책 문제, 임시정부의 각료구성 문제 등이 포함되었다. 이 과제들은 여운형이 이전에 평양에서 김일성을 비롯한 북로당 지도부와 깊숙이 논의한 것들이었기 때문에 긴 협의를 필요로 하지 않았다.

여운형이 저격당하기 얼마 전에 또 다른 북로당의 고위간부가 서울로 급히 내려가 그를 만났다. 이때는 주로 좌우합작 문제를 비롯해 미소공위를 미국 측이 다시 깨트리려고 하는데 대한 대책, 우익 측이 임시정부 협의대상으로 유령단체들을 상당수 등록시킨 데 대한 대책 등을 논의하였다. 이런 문제도 원칙적으로는 남로당과 근민당이 논의했어야 했지만 사정이 그러하지 못해 북로당이 근민당과 계속 협의해야 하는 기현상이 벌어졌던 것이다.

유령단체에 대해서는 미소공위에 참가하는 소련측 대표들에게 명단을 넘겨줘야 했기 때문에 북로당은 남로당을 통해서 뿐 아니라 근민당을 통해서도 이를 깊숙이 논의할 필요가 있었다. 통일적인 임시정부 수립절차를 깨기 위해 협의대상에 참가하는 유령단체들을 제외시키는 것이 중대한 과제였기 때문에 북로당은 서둘러 고위간부를 서울로 밀파해 여운형과 비밀회동을 갖게 했던 것이다.

여운형은 1947년 7월 19일 서울의 혜화동 로터리에서 피살당하기 직전까지 민족통일전선 구축과 남북합작을 위해 적극적으로 활동하다가 비극적 최후를 맞았다. 몽양이 임시정부 수립과 관련하여 민족통일전선운동을 활발하게 전개하고 남북합작을 위해 북로당과 깊은 관계를 맺었던 것이 암살의 직접적인 이유가 되지 않았나 생각한다.

여운형의 피살 소식을 접한 북로당 지도부는 크게 놀랐고 몹시 애통해 하였다. 여운형만큼 이남에서의 좌우합작과 남북합작에 열심이었던 정치지도자도 없었기 때문이다. 북로당은 몽양 서거를 추도하는 화환과 추도문을 보내는 문제를 논의하다가 북로당과 근민당이 공개적으로, 공식적으로 당적 관계를 가진 것은 아니었기에 북조선민전 명의로 화환과 추도문을 보내기로 결정하였다.

이에 따라 북조선민전은 7월 21일의 결성 1주년 기념식에서 추도문을 채택하고 이를 당일 통신을 통해 서울에 전달하였다. 북조선민전에서 채택된 추도문은 북조선인민위원장 김일성과 북로당 위원장 김두봉 및 그밖의 사회단체 공동명의의 것이었다. 평양에서는 북조선민전이 주축이 되어 서울의 몽양 장례식 일자에 맞춰 추모행사가 열렸다.

여운형이 피살된 뒤 근로인민당은 정치적으로 약세를 면치 못한다. 백남운이 위원장을 대행하였으나 당내의 좌파 이영 측과 우파 장건상 측이 끝내 화합하지 못하고 내분에 휩싸여 당세의 약화를 촉진시켰다. 북로당은 이영 측이나 백남운 측을 따로 접촉하여 관리하거나 하지는 않았고 그들은 내부의 편차를 극복하지 못하는 한계를 보였다. 당내의 좌우파 대립 과정에서 공산당 대회파 출신의 정백이 문제를 야기하기도 하였다. 근민당 내의 좌우파 대립은 1948년 4월 남북협상에 참가했다가 백남운과 이영 측은 평양에 잔류하게 되지만 장건상은 서울로 귀환하는 결과를 낳았다.

3

백남운의 월북과
남조선신민당

1949년 정부대표단의 일원으로 모스크바를 방문한 백남운 교육상(왼쪽에서 두 번째).

백남운은 일제 강점기와 해방 직후 시기의 대표적인 지식인이자 정치인이었다. 1895년 전북에서 출생한 그는 수원고등농림학교를 거쳐 동경상과대학을 졸업했고 일제 강점기에 연희전문학교 교수로 재직하면서 한국사회경제사 연구에 있어서 독보적인 위치를 차지하였다. 그는 해방 이후 남조선신민당 위원장, 근로인민당 부위원장으로 활동하다가 1948년에 월북하였다. 백남운은 북에서 숙청된 이남 출신 지식인들과는 달리 몇 차례 우여곡절을 겪기는 했지만 이북 정권의 초대 교육상에 선출되었고, 1979년 6월 12일 사망할 때까지 과학원장, 최고인민회의 의장, 조선로동당 중앙위원, 조국통일민주주의전선 의장 등의 고위직을 역임하였다.

그러나 그가 해방 후 어떻게 이북 지도부와 연결이 되어 북한정권 수립에 참여하게 되었는지는 정확하게 알려져 있지 않은 상태이다. 그런 의미에서 박병엽의 증언은 해방 직후 백남운의 정치적 행로를 이해할 수 있는 결정적인 실마리를 제공해준다.

박병엽은 북에서 백남운의 해방 직후 행적과 평양방문에 대해 그로부터 직접 들었다고 한다. 특히 백남운은 조선로동당 제2차 대표자회가 열린 1966년 무렵에 1946년 당시의 이남 좌익3당의 합당사업 과정에 대해 「자기비판서」를 쓴 일이 있는데, 박병엽은 백남운의 「자기비판서」를 검토한 경험이 있었다고 한다.

백남운은 해방 이후 1948년 4월 남북연석회의에 이르기까지 몇 차례 남북을 오가며 베일 속에서 활발한 활동을 전개하였다. 박헌영은 박헌영대로, 여운형은 여운형대로 평양을 드나들면서 이북의 지도부와 접촉하고 중대한 현안을 논의하였는데 백남운도 그에 못지 않게 이북 지도부, 특히 김일성과 활발한 접촉을 벌인 지도자였다.

백남운은 열두 번이나 평양을 방문해 이남의 어느 지도자보다도 평양을 많이 방문했던 기록을 남겼다. 그가 학자이자 정치가였고 나이도 40대여서 원기 왕성했기 때문일 것이다. 그가 평양을 가장 빈번히 들락거린 것은 인민당의 위원장 여운형과는 달리 남조선신민당의 위원장으로서 이북의 조선신민당과 조직적 관계를 갖고 있었기 때문이기도 했다. 여운형이 1947년 7월 19일에 비운의 암살을 당한데 비해 백남운은 1948년 3월까지 서울에서 정치활동을 하였기 때문에 평양 방문의 횟수가 자연히 많을 수밖에 없었던 측면도 있다.

백남운은 박헌영·여운형처럼 이북 지도부와 정치현안을 논의했을 뿐 아니라 이남 학자·기술자들의 월북에 결정적으로 기여하였다. 김석형·도상록·박시형 등 쟁쟁한 학자들과 최재우·강영창 등 기술자들이 거의 백남운의 중재로 북행길에 올랐다. 이것은 백남운이 해방공간에서 남조선신민당의 위원장 자격으로 서울에서 정치활동을 하면서도 이북에서 조선민주주의인민공화국 정권이 탄생되는데 기여했음을 뜻한다.

북에서도 백남운의 정치적 공로에 대해서는 높이 평가해왔다. 그는 이런 연유로 조선민주주의인민공화국 창립 때 초대 내각의 교육상을 지냈고 조선로동당에서도 중앙위원을 역임하였다. 중간에 당 중앙위원회 후보위원으로 떨어지는 정치적 불운을 맛보기도 했으나 당 중앙위원으로 다시 올라간 뒤 은퇴하였다.

강영창(1912-1965) 기사장이 흥남 화학공장의 5천여 노동자들 앞에서 북의 문화인사대표단의 일원으로 소련에 다녀온 경험에 대해 연설하고 있다. 경북 봉화 출신인 강영창은 일제시기에 여순공과대학을 나온 후 일본 미쯔비시전기주식회사실험소 기사로 일한 경험이 있으며, 해방되자 월북 후 성진제강소 기사장, 금속공업성 부상을 거쳐 금속공업상, 과학원 원장을 역임했다.

북의 인재유치 요청 수락

백남운의 1차 월북은 1946년 1월 25일쯤에 이뤄졌다. 그의 첫 입북은 월북시킬 학자들을 추천하기 위한 것이었다. 당시 이미 평양에서 활동하고 있던 사회경제사학자 김광진이 일제 때 동경에서 유학하던 시절 백남운과 교분을 가졌고 두 사람은 절친한 사이였다. 이북에서는 1946년 들어서부터 새 민주조선 건설이 중대한 과제로 제기되었고 이에 따라 자연히 각 분야의 인재난에 부딪치게 되었다. 결국 서울에 집중되어 있던 인재들을 평양으로 초청하는 과제가 제기되었고 공산당에서 활동하던 학자 출신 김광진 등이 이 과제를 떠맡게 되었다.

물론 1945년 단계에서도 박헌영의 평양 방문 때 이 문제가 논의되었고 최용달 같은 당 간부들이 평양에 와서 활동을 개시하기는 하였다. 그러나 문제는 개교하는 김일성종합대학의 교수요원이나 경제건설에 복무할 기술자요원이 태부족이어서 서울의 인재들을 초청하는 것이 불가피하였다.

김광진이 인재유치의 특명을 띠고 1946년 1월 중순에 서울로 내려갔고 백남운과 만나 인재들의 월북문제를 깊숙이 논의하였다. 이때 김석형·박시형(이상 역사학자), 도상록(물리학자로 동위원소계통 권위자), 계응상(누에고치 섬유계통 권위자), 최재우·강영창(이상 기술자) 등의 월북 교섭에 관한 얘기가 오갔고 곧 실천에 옮겨졌다.

백남운은 1월 25일께 평양에 왔다가 말일쯤 서울로 돌아갔고 곧 학자·기술자의 이북 파견을 실행에 옮겼다. 이북의 과학기술계통의 원로들은 대부분 1946년 2월부터 북행길에 오른 월북자들이다. 그밖에 문예봉·황철·박영신 같은 예술인들도 이때 평양으로 올라왔다. 여기서 중요한 창구 역할을 했던 지도자가 백남운이었다. 좌익 지식인들의 월북에 공산당도 관여하였지만 전반적으로 보아 백남운처럼 많은 역할을 했던 인물은 없었다.

백남운은 일부 지식인들이 이북 사정에 대해 궁금하게 여기던 터여서 중재 역할을 하던 자신도 평양을 방문하게 된다. 그는 이북 사정을 직접 살펴보는 것은 물론, 이북 지도자들의 이남 지식인에 대한 초청 구상이 어떠한 것인지를 직접 들어보기 위해 김광진의 평양 귀환 길에 동행하였다. 당시 연희전문 교수였던 좌파 지식인 백남운은 일제 때 민족주의 자세를 견지했거나 좌익적 경향성을 띠던 지식인 사회에서 일정한 영향력을 갖고 있었다. 그는 변장을 하고 김광진과 함께 38선을 넘어 평양에 왔다.

평양에 도착한 백남운은 공산당 북조선조직위원회 지도자들과 접촉하였는데 이북 지도자들은 신설된 민족대학의 교수진이 없으니 도와달라고 그에게 요청하였다. 또한 일제가 패망하면서 일본 기술자들이 모두 귀국하여 이북 지역에 밀집된 공장의 기술자가 부족하여 공장을 제대로 가동치 못하는 사정도 밝히고 이남의 기술자들을 보내달라고 요청하였다. 그밖에 이북에 내세울만한 문화예술인도 없다는 사정도 전하고 도움을 청하였다. 예를 들어

이기영 같은 작가가 금강산 인근에 있다가 해방되면서 서울로 내려갔던 사정에서 보듯이 내노라하는 문화예술인들이 서울에 몰려 있었던 게 사실이었다.

김일성을 비롯한 김책 · 주영하 등 공산당 북조선조직위원회 지도자들과 백남운의 첫 만남은 이남의 인재들을 이북으로 올려 보내는 사업을 논의하는 자리였다. 당시만 해도 38선이 영영 굳어질 것으로 생각하지는 않았고 이남의 지식인들도 임시로 도와주러 이북에 간다는 정도의 가벼운 마음을 갖고 있었다고 할 수 있다. 당시의 정세로는 통일정부가 머지않아 수립되리라는 전망이 지배적이었다.

북조선신민당과 조직 확대 논의

한편 백남운은 1월 하순에 평양에서 독립동맹 계열의 지도자들과도 활발한 접촉을 가졌다. 백남운이 독립동맹 계열의 김두봉 · 최창익 · 한빈과 예전부터 특별한 관계를 가졌던 것은 아니었다. 그가 독립동맹 계열과 곧 친화력을 갖고 활발하게 접촉한 것은 일제 때 중국 연안에 들어갔다가 1945년 12월에 서울로 돌아온 김태준의 중재 때문이었다. 김태준은 경성콤그룹 출신이었지만 연안에 가 있던 인연으로 독립동맹 지도자들과 긴밀한 관계를 갖고 있었다.

김태준은 1946년 1월 중순에 이미 백남운에게 이남에서 독립동맹 계열의 당 창건에 나서줄 것을 권유했었고 백남운 자신도 그럴 의사를 보였던 것으로 안다. 그리고 김태준은 박헌영의 조선공산당 업무로 백남운보다 앞서 평양에 갔었다. 김태준은 박헌영의 밀명을 띠고 평양에 갔지만 연안에서의 인연 때문에 독립동맹 지도자들도 만났다. 이 자리에서 이남의 독립동맹 책임자로 백남운이 적임자라고 추천하게 된다. 그런 일이 있은 뒤에 백남운이 평양을 방문했으니 자연히 이북의 독립동맹 지도자들이 그와 활발한 접촉을 벌이는 것은 자연스로운 일이었다.

백남운은 백남운대로 김태준에게 이남에서 독립동맹의 당 창건에 나설 것을 권유받은 상태였다. 독립동맹의 지도자들은 이남의 지식인사회에 파고들기에는 백남운이 적임자이니 그를 잡아야 한다는 이야기를 김태준에게서 들어온 터였기 때문에 백남운과 독립동맹 지도자들의 만남은 순조롭게 이뤄졌다. 백남운은 저명한 사회경제사학자였지만 정치에 뜻을 두고 암중모색하던 중이었기 때문에 정치활동에 적극적인 관심을 보였다. 독립동맹 측도 이남에 자신의 세력을 확장하는데 교두보 역할을 할 사람이 절실히 필요하였다.

서울에도 독립동맹 간판을 내걸어야 한다고 주장한 사람은 한빈이었는데 그는 이미 서울을 들락거리고 있었다. 독립동맹 계열과 백남운 양자의 정치노선이 같아서 접근할 수 있었다는 설명도 가능하지만 무엇보다도 서로 간의

1946년 초에 평양에 입국한 조선독립동맹의 주요 간부들. 이들은 귀국 후 조선신민당을 결성해 활동하다 1946년 8월 북조선공산당과 합당해 북조선로동당을 결성한다. 오른쪽에서 두 번째가 무정, 3번째가 김두봉 주석.

현실적인 요구가 맞아떨어졌던 것이다.

독립동맹은 서울에 자신의 정치세력을 구축하는 과정에서 공산당 북조선 조직위원회 측에게 협조를 요청하였고 북조선조직위원회 책임비서 김일성은 서울의 조선공산당 책임비서 박헌영에게 독립동맹의 서울 조직을 만드는 데 협조해달라고 요청한 것으로 안다. 독립동맹의 입장에서는 서울지부를 만들 때 조선공산당의 협조가 필요했기 때문이다.

독립동맹 계열의 최창익·한빈 등은 일제 시기 3차 공산당사건의 ML계 인맥이어서 경성콤그룹의 박헌영과는 계파가 달라 박이 독립동맹에 적극 협력하지 않았으며 한빈과 마찰이 있었지만, 박헌영도 이남에서 독립동맹 지부를 만들려면 그 책임자로 백남운이 적임자라고 추천하기는 하였다. 박헌영은 남조선신민당(처음에는 독립동맹 경성특별위원회)을 만드는데 은밀히 개입해 공산당 프락치들을 신민당에 많이 배치하려는 의도를 갖고 있었다. 이런 공작은 신민당에서 뿐 아니라 여운형의 인민당에서도 마찬가지였는데 이는 박헌영이 이남 좌익 전체에 대한 지도권을 장악하는데 관심을 기울였음을 보여준다.

독립동맹 경성특별위원회의 책임자로 처음에는 백남운 외에 홍명희가 거론되기도 했으나 백남운으로 낙찰되었다. 홍명희가 거론된 배경에는 1945년 12월 16일에 서울에서 만들어진 '독립동맹과 김일성 환영 준비를 위한 임원 선출모임'의 위원장으로 그가 선출된 사정이 작용했던 것이다. 이북에서 홍명희에 대해 관심을 갖게 된 것은 그가 소설 『임꺽정』의 작가로서가 아니라 '독립동맹과 김일성 환영 준비위원회'의 책임자였기 때문이다. 독립동맹 지도자들과 김일성이 평양에 머물면서 서울로 내려가지는 않았기 때문에 준비위원회는 유야무야 되었지만 이북 지도자들은 홍명희에게 강한 인상을 받았다고 할 수 있다.

그러나 1946년 초의 시점에서는 '민족주의자' 홍명희가 언론인·작가로서는 명성이 높았지만 그의 사상 경향이나 정치적 태도를 정확히 알기는 어려웠기 때문에 독립동맹 경성특별위원회의 위원장 자리는 백남운에게 돌아갔다. 백남운은 당시 좌익 지식인으로 명망이 매우 높았다.

백남운은 첫 번째 평양 방문에서 김일성을 비롯한 공산당 북조선조직위원회 지도자들과 이남 지식인들의 이북파견 문제를 매듭짓고 북조선조직위원회의 권유 아래 독립동맹 지도자들과 만나 독립동맹 경성특별위원회를 결성하는데 합의하였다. 이에 따라 2월 초에 서울에서 독립동맹 경성특별위원회가 만들어졌다.

그러나 위원회 조직을 둘러싸고 독립동맹 지도자들 사이에서도 심각한 의견대립이 있었던 것으로 안다. 경성특별위원회가 이북의 독립동맹으로부터 독자성을 갖도록 할 것인가, 지부조직으로 만들 것인가 하는 것이었다. 이남에 독립동맹의 각 지부, 이를테면 서울지부·경상도지부 등을 두자는 입장을 강력히 견지했던 인물은 한빈이었다. 한빈은 서울의 조선공산당도 평양에 분국을 설치했듯이 평양의 독립동맹은 서울에 지부를 설립해야한다는 논리를 갖고 있었다. 이에 대한 반론은 공산당 쪽에서 평양의 분국이 북조선조직위원회로 바뀌어 독자성을 갖게 됐듯이 이남의 독립동맹 조직도 독자성을 부여해야 한다는 것이었다.

백남운은 서울에서 이남을 통괄하는 독자적 정당을 만들어야 한다는 생각이었다. 결국 절충적으로 독립동맹의 서울 활동거점으로 경성특별위원회를 두는 것으로 결론짓고 위원회 조직문제를 백남운에게 위임하게 되었던 것이다.

신민당 서울조직 결성을 둘러싼 논란

백남운의 첫 평양 방문에서는 이남 지식인의 북파 문제, 독립동맹 경성특별위원회 조직 문제 외에도 이남에서의 통일전선, 민주주의민족전선 결성에의 참가, 모스크바삼상회의의 결정지지 등의 제반 문제도 전반적으로 협의하였다.

백남운의 두 번째 평양 방문은 조선신민당의 창당대회가 열렸던 1946년 2월 중순이었다. 독립동맹은 2월 16일에 조선신민당으로 이름을 바꾸게 된다. 이때 백남운은 신민당 창당대회에 참가하기 위해 평양을 비밀리에 방문했다. 창당대회를 전후하여 신민당의 서울조직을 어떻게 할 것인가를 둘러싸고 논의가 많았다.

백남운은 평양의 조선신민당에 대해 독자성을 갖는 남조선신민당을 만들

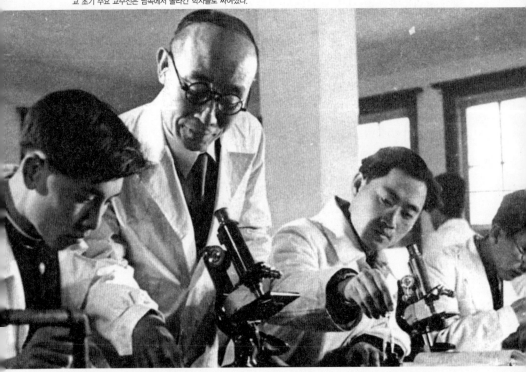

김일성대학 화학부 리승기 교수가 학생들을 지도하고 있다. 1946년 10월 개교한 김일성대학에는 약 2000명의 학생이 입학했다. 개교 초기 주요 교수진은 남쪽에서 올라간 학자들로 짜여졌다.

생각을 갖고 있었고 한빈을 비롯한 신민당 지도부 일각에서는 서울에 특별위원회를 두는 정도로 하고 평양의 신민당이 이를 지도해야 한다는 주장을 굽히지 않았다. 평양의 신민당 내에서도 이유민이나 박일우 같은 이들은 독자적인 남조선신민당을 만들어야 한다는 백남운의 생각에 동의하기도 하였다. 공산당 내부에서 1945년 10월에 평양 분국의 지위를 놓고 논란을 벌였듯이 신민당 측에서는 1946년 1월 말~2월 말에 서울 특별위원회의 지위를 놓고 논란이 많았다.

결국 2월 중순 신민당 창당대회 때까지도 이에 대한 명확한 입장 정리를 하지 못하였고 독립동맹 경성특위를 신민당 경성특위로 명칭을 바꾸는 정도에 그쳤다. 그러나 백남운은 독자적인 남조선신민당을 만드는 것을 포기하지 않았다. 1946년 7월에 가서 남조선신민당이 독자적으로 만들어질 때까지 이 문제는 현안거리였다.

백남운은 자신의 독자적인 정체세력을 갖고 있지 못했기 때문에 박헌영의 공산당 측의 지원을 받았는데, 박헌영으로서는 좌익에 대한 영향력 확대의 의지가 있었던 데다가 공산당 북조선조직위원회로부터 백남운에 대한 지원 요청을 받았기 때문이었다. 훗날 남조선신민당이 결성될 때 당 중앙간부로 임명된 정노식·고찬보·구재수 등은 공산당 쪽에서 남조선신민당 창당을 지원하기 위해 파견한 사람들, 말하자면 프락치였다. 앞에서 이미 구체적으로 살펴보았듯이 박헌영 1946년 8월 이후 이남 좌익3당의 합당사업이 진행될 때 인민당과 남조선신민당의 공산당 프락치들을 움직여 합당을 추진하려다가 좌익3당 내부의 심각한 분열을 야기하게 된다.

백남운은 두 번째 평양 방문에서도 신민당 관계자들 뿐 아니라 김일성을 비롯한 공산당 북조선조직위원회 지도자들과 만났다. 김일성은 북조선임시인민위원회 위원장의 입장에서 이북의 경제·교육·문화예술 발전에 관심을 돌리기 시작했기 때문에 백남운에게 이남의 과학자·기술자·예술인 등을 올려 보내는 일에 힘써줄 것을 재차 요청하였다.

1월 하순과 비교한다면 특히 예술인의 파견을 강조하였다. 백남운도 이에 적극적인 관심을 갖고 있었으므로 논의가 순탄하였다. 그 뒤 이단을 시발로 문예봉·황철·박영신 등이 앞서거니 뒷서거니 하면서 월북하게 된다. 백남운의 평양 방문에 대한 상세한 내용은 이북에서 그에게 직접 들은 이야기를 토대로 한 것이다.

백남운의 3차 평양 방문은 1946년 4월 12일경 이루어졌다. 이 시기는 4월 3일~6일의 박헌영의 평양 방문과 4월 17일~25일의 여운형의 평양 방문 사이였다. 백남운이 이 때 평양을 방문해 이북 지도자들과 논의한 현안은 박헌영·여운형과 마찬가지로 미소공동위원회에서 제기된 임시정부 수립문제였다. 하루빨리 이남의 신민당 조직을 결성하여 임시정부에 참가할 수 있도록 해야 한다는 것과 임시정부 수립에서 남북의 좌익세력이 공조해야 한다는 것이었다.

임시정부수립과 관련하여 좌익이 전체 세력판도에서 2대1이 되도록 하는 문제, 임시정부에 적극 참여하고 반탁진영을 배제하는 문제, 그리고 임시정부의 정강정책 문제 등이 중요한 협의 내용이었다. 이북 지도자들과 백남운 간의 협의에서는 입장차이로 인한 갈등이 없었다.

백남운 자신이 뒷날 밝힌 바로는 북조선임시인민위원회의 김일성 위원장이 제시한 20개조 정강을 비롯해 이북 지도부의 기본입장을 적극 지지했다고 한다. 백남운이 이러한 태도를 보일 수 있었던 것은 정치가로서의 야심에 사로잡혀 있지 않았기 때문이라 할 수 있다.

그로서는 미소공위에서 제기된 임시정부 문제의 협의대상에 참가할 수 있도록 정당 조직을 만드는 것이 급선무였다. 공산당·인민당과 어깨를 나란히 할 좌익 정당으로서의 면모를 갖추는 게 필요했기 때문이다. 이북의 신민당에서는 백남운의 독자정당 창당 노력에 대해 여전히 문제삼는 견해와 이를 지지하는 견해로 갈려 있었지만 공산당 북조선조직위원회에서 명칭을 변경한 북조선공산당은 남조선신민당의 독자적인 창당을 지지하였다. 북조선공산당은 서울의 조선공산당에게도 서울의 신민당 창당을 도와줄 것을 특별히 당부해왔던 터였다.

그런데 이미 이때 백남운은 박헌영의 간섭이 너무 심해서 문제라고 지적하기도 했다고 한다. 이 문제는 백남운이 독자적인 정치세력을 갖고 있지 못해 불가피하게 공산당 측 인사들을 일부 데려다가 남조선신민당의 간부 조직을 만든 데서 연유된 것이라 할 수 있다.

백남운은 1946년 4월에 평양에 왔다가서도 평양의 신민당으로부터 독자성을 지닌 당을 결성하는 과제를 본격적으로 추진하지는 못하였다. 공산당에서 파견된 정노식·구재수·고찬보 등은 백남운에게 신속히 독자적인 정당을 만들어야 한다고 주장하였다.

그러나 당시까지는 한빈이 서울을 들락거리면서 백남운에게 주도권을 완전히 넘겨주지 않았고 이북 조선신민당의 지구당부를 서울에 설치해야 한다고 주장했었다. 이런 어려움 속에서 4월에 미소공동위원회가 진전되어 나가는 상황인데도 남조선신민당이 창당되지는 못하였다. 그러다가 5월 8일에 제1차 미소공위가 결렬되어 무기연기 상태에 들어갔다.

제1차 미소공위가 결렬되고 이남에서 '정판사사건'을 계기로 미군정의 공산당에 대한 탄압이 심화되고 한쪽에서는 좌우합작운동이 본격화되었지만 남조선신민당의 창당은 계속 지연되었다. 백남운은 창당을 서두르기 위해서는 이북의 조선신민당과의 담판이 불가피하였다.

그래서 6월 10일께 백남운은 네 번째 평양 방문길에 올랐다. 백남운은 평양에 닷새쯤 머물면서 남조선신민당 창당 문제를 협의하였다. 남조선신민당의 창당에 대해서는 북조선공산당과 박헌영의 조선공산당도 높은 관심을 갖고 있었다. 조선신민당의 입장에서는 이남에 남조선신민당이 결성되면 이북에서는 북조선신민당으로 명칭을 바꾸어야 하는 문제가 제기될 터였기 때문에 자연 논란이 거세었다. 일각에서 남조선신민당의 독자적 결성을 격렬히 반대함에 따라 조선신민당 중앙위원회가 6월 중순에 사흘간 비밀리에 소집되었다.

이때는 백남운 뿐 아니라 정노식을 비롯한 경성특별위원회 고위실무자 몇 명이 동행하였고 이들은 신민당 중앙위원회 회의에 참석하였다. 조선신민당 중앙위원회는 이남에 독자적인 남조선신민당의 결성을 둘러싸고 사흘간 갑론을박하였다. 논쟁은 독자정당 반대론자인 한빈과 독자정당을 주장하기 위해 서울서 평양으로 올라온 심운 사이에 벌어졌다. 논란을 거듭한 끝에 중앙위원회는 남조선신민당을 독자적으로 두기로 결정하였다.

백남운 등은 이 결정을 가지고 서울로 귀환하여 독자정당 창당을 위한 본격적인 작업에 들어갔고 조선신민당은 북조선신민당으로 이름을 바꾸었다. 북조선신민당으로 존속한 기간이 아주 짧아 통상적으로는 조선신민당 명칭을 그냥 쓰는 경향이 있지만 북조선신민당으로 명칭을 바꾸기로 한 것은 사실이다.

백남운은 공산당 측의 협조아래 창당사업을 활발히 전개하였으며, 6월 말에 제1차 대표대회를 열어 조선신민당 경성특별위원회를 기반으로 남조선신민당으로 창당할 데 대한 결정만 내리고 중앙위원회 구성과 정강정책 결정은 뒤로 미루었다. 이때도 의견차이가 여전히 남아 있었기 때문이다. 그러다가 7월 14일에 남조선신민당 중앙위원회를 구성하고 정강정책을 확정하게 된다. 정강정책은 북조선신민당과 대동소이한 것이었다. 이로써 남조선신민당이 민전 산하의 하나의 정당으로 공식 출범하게 된다.

삼당합당 논의

백남운의 다섯 번째 평양행은 1946년 7월 25일께 이루어졌다. 이 시기는 박헌영이 6월 하순에서 7월 하순에 걸쳐 평양을 두 차례 방문한 직후였다. 박헌영은 김일성 등과 만나 좌익3당 합당문제 등을 논의한 뒤 7월 22일에 서울로 귀환하였고, 인민당의 여운형도 7월 31일 연천에서 김일성과 비밀회동을 갖고 좌익3당 합당문제와 좌우합작운동을 논의하였다. 그 사이에 백남운이 평양을 방문해 김일성을 비롯한 이북 지도자들과 긴급현안을 논의했던 것이다.

물론 긴급현안은 좌익정당들의 합당문제였다. 백남운은 7월 28일에 비밀리에 열린 북조선공산당과 북조선신민당의 연합중앙위원회에 참석하기도 하였다. 이 연합중앙위원회는 합당 결정과 진행절차를 논의하는 자리였다. 그의 평양행에 앞서 박헌영이 6월 말에 평양에 갔다가 7월에 모스크바를 방문하고 7월 12일에 일시적으로 서울로 돌아갔다가 다시 평양으로 와서 7월 22일에 서울로 귀환하였다. 박헌영이 7월 12일에 잠시 서울에 갔을 때 여운형과 백남운을 만나 합당문제를 제기했기 때문에 백남운은 이 문제가 현안이라는 것을 이미 알았다. 백남운이 7월 14일에 남조선신민당 중앙위원회를 서둘러 구성한 것도 합당문제에 대한 박헌영의 통보가 있었기 때문이다.

아무튼 백남운은 7월 25일께 평양에서 김일성을 비롯한 이북의 지도자들과 합당문제를 충분히 협의했으며, 이때 좌익3당 합당에 적극 나서기로 결정하고 서울로 되돌아갔다. 백남운과 김일성 등 이북 지도자들의 논의는 좌익합당문제에 국한된 것은 아니었다. 이를테면 통일전선 강화, 미군정의 좌익탄압 및 분열정책에 대한 대응, 임시정부 수립을 위한 민전의 강화 등의 제반

문제도 현안이었다.

3당합당과 관련하여 창당의 구체적인 절차와 방법 및 지도부 구성 등이 논의되었으며 북조선공산당 중앙이 박헌영과 협의한 내용과 같았다. 3당합당은 각 당의 상층 지도부의 완전합의제에 의거하기로 하고, 이에 따라 연합중앙위원회와 준비위원회를 결성하며 합당은 밑에서부터 올라오는 상향식으로 한다는 것이었다. 합당은 3당이 대등한 입장에서 이뤄져야 하며 당 지도부는 합법적 대중정당에 걸맞게 구성해야 하므로 여운형을 위원장으로, 백남운과 박헌영을 부위원장으로 각각 선출한다는 방침에도 합의하였다.

또한 대중정당이라 하더라도 기본적인 계급적 바탕은 노동자·농민에 두어야 하며 근로대중의 전위정당이라는 점, 민주주의 중앙집권제 원칙을 조직원칙으로 삼는다는 점 등 당 규약상의 원칙도 확인되었다. 백남운이 독자적인 입장을 개진했다기보다는 이북 지도자들의 방침 제시에 그가 수긍하는 분위기였다고 할 수 있다.

백남운은 7월 28일의 북조선공산당과 북조선신민당의 연합중앙위원회에 참가한 다음날 곧바로 서울로 돌아갔다. 백남운은 서울에서 박헌영과 여운형을 활발히 접촉하였다. 여운형이 8월 3일 합당 제의를 하자 백남운은 신민당 중앙위원회를 소집하여 이 제의를 토의하였으며 8월 7일에 합동 수락선언을 하였다.

그러나 그 뒤 합당사업은 예상과 달리 순조롭게 진행되지 못하였고 8~10월에 가서는 혼란이 더욱 심해졌다. 백남운은 박헌영이 사전에 약속된 대로 합당사업을 진행하지 않고 남조선신민당이나 인민당의 공산당 프락치들을 움직여 합당을 추진하자 여운형과 함께 분통을 터트렸다.

백남운은 훗날 조선로동당 제2차 대표자회가 개최된 1966년 무렵에 해방정국에서 이남 좌익3당 합당사업 과정에 대한 「자기비판서」를 쓴 일이 있는

데 박헌영이 합당과정에서 자기를 만나는 것을 계속 피했었다고 회고한 적이 있다. 백남운은 자신의 비서실장 구재수, 신민당 부위원장 정노식 등이 자기와 상의하지도 않았고 박헌영 측과 만나 합당사업을 추진했다고 밝혔다.

여운형이 합당과정에서 인민당에서 지도력을 잃었듯이 백남운도 남조선신민당에서 지도력을 잃는 심각한 상황이 벌어졌다. 백남운의 회고에 따르면, 남조선신민당이 합당을 적극 지지하고 나선 8월 7일 이후 곧 합당사업에서 자신을 소외시키려는 신민당 내의 공산당 프락치들의 쑥덕공론을 들었다고 한다.

그는 박헌영 측과 공산당 프락치들에 대해 강한 반발을 보였고 신민당의 일부가 백남운을 지지함으로써 신민당은 반간부파와 중앙파로 갈라지게 되었다. 중앙파는 박헌영 측과의 무조건적인 합당을 추진하던 정노식·구재수·심운(조직부장)·고찬보(선전부장) 등이 중심이었으며, 백남운을 지지하는 각 지구당에서 중앙위원 불신임안을 냈는데 이들은 반간부파로 불리어졌다. 이 과정에서 말할 것도 없이 신민당에서의 백남운의 지도력은 상당한 타격을 입었다. 이 상황에서 9월 4일에 남로당 준비위원회가 구성됨으로써 3당합당을 둘러싼 좌익정당 내부의 분열은 이제 되돌릴 수 없이 심화되었다.

백남운은 9월 5일에 기자들과 만난 자리에서 "합당 결정을 발표한다는 이야기는 이미 듣고 있었다. 그러나 합당사업에서 각 당내의 절차, 당 간의 절차를 제대로 밟아 합당해야 했는데 순리적인 절차를 거치지 않은 합당은 곤란하다"는 정도로 말했다고 「자기비판서」에 기술하였다. 백남운은 또 "당시 박헌영의 공산당의 합작사업 추진방식이 완전히 틀렸지만 공개적으로 이를 비판하지는 않았다. 어쨌든 합당사업이 중대한 과제였기 때문이다"라고 덧붙이기도 하였다.

백남운은 남조선신민당 중앙위원회를 구성하고 당의 정강정책을 만든 지한 달도 지나지 않아 합당사업에 뛰어들게 되었으며, 그 과정에서 당 창건에 노력한 공산당 출신의 간부들이 박헌영의 직접 지시를 받으며 내부를 흔들자심한 배신감과 무력감을 느낄 만 하였다. 지구당 간부들이 백남운에 대한 지원에 나섰지만 이들은 힘이 약할 수밖에 없었다.

3당합당을 둘러싸고 신민당 뿐 아니라 공산당·인민당에서도 내분이 일어났기 때문에 남조선신민당의 반간부파는 공산당 대회파와 인민당의 여운형 중심의 31파와 손잡지 않을 수 없었다. 백남운은 「자기비판서」에서 "정노식·심운·고찬보·구재수 등이 나를 내팽개친 채 신민당 간판을 갖고 박헌영과 연합하려고 하는데 내가 뒤따라갈 수는 없지 않았겠는가"라고 당시의 심정을 밝히기도 했다. 또 "이런 상황에서 공산당 대회파와 인민당 31인파의 움직임에 휩쓸리지 않을 수 없었다"는 말도 덧붙였다.

백남운은 11월 1일에 열린 3당 연합중앙위원회에 참석해 '사회노동당'의 임시중앙위원회 구성에 동참하였고, 이 자리에 불참한 여운형이 위원장에 선출된 데 이어 그와 강진이 부위원장에 선출되었다. 사회노동당의 긴급한 결성은 남조선노동당의 공식 출범 이전에 당을 먼저 출범시키려 한 데 따른 것이었다.

"종파적 행위를 즉각 중지해야 한다"

백남운은 강진과 함께 11월 5일경 사로당의 존재를 인정받기 위해 여섯 번째 평양 길에 나섰다. 그러나 백남운은 북로당 지도부로부터 사로당의 기습적인 출범은 분열행위이니 당을 즉각 해체하고 남로당 준비위원회와 합작하라는 의견을 들어야 하였다.

김일성과 김두봉 같은 이는 "끝까지 합당을 위해 노력해야지 그렇게 하면 되겠느냐"고 부드럽게 나왔지만 주영하·허가이 등은 백남운과 강진에게 "종파적 행위를 즉각 중지해야 한다"면서 신랄하게 몰아붙였다. 강진은 공산당 대회파 출신이어서 북조선공산당 출신들에게 더 심각한 비판을 받았다.

8월 30일의 북로당 창당대회에서 결의된 이남 좌익3당의 합당문제에 대한 결정서가 공산당 대회파 분자들의 종파적 행위를 비판했음에도 불구하고 강진 등이 인민당·신민당과 손잡고 남로당 창당보다 먼저 사로당을 창당했으니 비난의 화살이 따갑지 않을 수 없었다. 백남운과 강진은 평양에서 사로당의 존재를 인정받으려고 하다가 도리어 심각한 비판에서 벗어날 수 없었고 사로당 해체 및 남로당 측과의 합동에 관한 강력한 요청을 듣고 서울로 귀환하였다.

백남운은 사로당의 출범에도 불구하고 평양 지도부가 남로당 측과의 합동을 계속 권유하자 이를 여운형과 상의한 끝에 11월 12일 몽양이 참석한 가운데 사로당 임시중앙위원회를 열어 합당문제를 논의하고, 16일에는 남로당 준비위 측에 무조건 합당하자는 서한을 보내게 된다. 그런데 바로 이날 북로당이 사로당의 해체를 요구하는 결정서를 채택함으로써 백남운은 몽양과 함께 궁지에 몰리게 된다.

북로당의 결정서가 백남운과 강진의 실명을 거론하며 비판했기 때문에 백남운은 해명의 필요성을 느꼈고 11월 20일쯤 강진과 함께 일곱 번째 북행길에 올랐다. 북로당의 결정서가 백남운과 강진의 이름을 거론하면서 비판한 것은 이들이 평양에 와서 북로당의 입장을 이미 들었던 사정도 얼마간 작용한 것으로 안다.

백남운과 강진은 북측 지도자들과 협의하면서 남로당과의 합당 의지를 굳히고 돌아왔지만 남로당 측이 당 대 당의 합당교섭은 하지 않겠다는 완강한 태도여서 사로당은 애매한 처지에 놓이고 말았으며, 북로당의 결정서는 이들을 사면초가에 빠트렸다. 백남운은 남로당 측의 무성의하고 고압적인 자세로 인해 합당이 성사되지 않았다는 억울함을 토로했지만 이미 엎질러진 물이었다.

평양에서 위로는커녕 사로당 해체의 충고를 들은 백남운은 이튿날 서울로 돌아갔는데 서울에서는 11월 23일에 남조선로동당이 창당되었다. 백남운은 12월 7일에 사로당 부위원장에서 물러난다는 성명을 발표하였고, 강진은 1947년 1월 28일에 탈당 성명을 냈다. 백남운은 평양 회동의 결과를 즉각 실행한 셈이었고 강진은 조금 더 버텨본 것이라 할 수 있다.

백남운이 1946년 11월 하순에 평양을 다녀온 이후 1947년 5월 말까지는 북행 길에 나서지 않았지만, 그렇다고 해서 북로당과 접촉을 끊고 지냈던 것은 아니었다. 북로당과의 연락창구 역할을 하며 여운형과 백남운을 자주 접촉했던 인물은 거물 정치연락원 성시백이었다. 여운형이 1946년 12월 28일부터 1947년 1월 10일경까지 평양을 방문하고 돌아온 뒤에 1월 말부터 남로당에 참가하지 않은 좌익들을 끌어 모아 근로인민당을 착수하려고 움직이던 시기에 백남운은 몽양과 공조 체제에 들어갔다.

여운형·백남운과 이영·정백 등이 주축이 되어 1947년 2월 26일에 근로인민당 준비위원회를 발족시켰는데, 백남운의 활동은 이때부터 눈에 띄게 늘어났다. 2월 27일에는 사로당 제1차 전국대회가 열려 사로당의 '발전적 해체'를 만장일치로 가결시켰다. 이러한 경로를 거쳐 5월 24일에는 근로인민당이 창당된다.

모두 12차례 평양 방문

백남운은 1947년 5월 24일 근로인민당을 출범시키고 나서 5월 말에 여운형 위원장을 대신하여 여덟 번째 평양 길에 나선다. 성시백이 그와 동행하였다. 백남운의 평양 방문은 근로인민당의 창당 실태를 북로당과 논의하고, 5월 21일에 재개된 제2차 미소공동위원회에 대한 공동 대책을 논의하려는 것이었다. 백남운이 평양을 방문한 뒤에 북로당은 고위 대남관계자를 서울로 파견하는 등 이남 정세에 민감하게 반응하였다.

백남운은 1947년 7월 19일에 여운형이 피살되자 그를 대신해 약세의 길을 걷던 근로인민당을 이끌었다. 제2차 미소공위가 의견대립으로 공전을 거듭하는 가운데 미국 측은 9월 21일 조선문제 해결을 유엔에 상정시켰고, 소련 측은 9월 27일 미·소 양군의 동시 철수와 자주독립안을 주장하는 상황이 벌어졌다.

백남운은 이 소용돌이 속에서 북로당과 공동보조를 맞추기 위해 10월 중순 아홉 번째 북행 길에 오른다. 북로당은 백남운에게 남로당과 긴밀한 연계 하에 공조를 취할 것을 강조하는 한편, 좌익 못지 않게 중도세력과의 연합을 도모할 필요가 있다고 강조하였다. 백남운도 이에 강한 의욕을 보였다. 미·소 양군 철수와 자주독립을 주장하는 소련의 안을 중도파 정당들이 지지하게 만들고 행동통일을 하도록 하는 과제가 그에게 떨어졌다.

1948년 8월 25일 해주인민대표자대회에서 백남운이 최고인민회의 대의원선거에 참가해 투표를 하고 있다.

그는 서울에 돌아간 뒤 곧바로 이 작업에 착수하였다. 그 결과 10월 20일에 근로인민당이 중심이 되어 사회민주당 · 민주독립당 · 민중동맹 · 신진당 등 5개 정당이 소련 측 제안을 지지하는 성명을 발표하게 된다.

백남운의 아홉 번째 평양 방문에서는 또한 통일헌법의 제정문제도 논의되었다. 평양에서는 11월 중순부터 헌법제정 문제가 중요한 정치일정에 오르게 되는데 북로당은 그에 앞서 10월에 이미 남로당의 박헌영 측과 이 문제를 내밀하게 논의하였고 근로인민당의 대표 백남운과도 사전에 협의해 입장을 정리했던 것이다. 통일헌법의 제정문제가 정치일정에 올랐던 것은 단독정부를 반대하고 통일정부를 수립하기 위한 투쟁에서 통일정부의 법적 기초를 만드는 것이 필요하다는 판단에서였다.

그리고 백남운은 1947년 12월 초에 열 번째 평양 방문길에 올랐다. 유엔 소총회에 조선문제가 상정되어 이남에서 단독정부가 수립될 것으로 예견되

1952년 4월 13일 김일성 수상을 수행한 백남운 교육상이 김일성종합대학 교직원, 학생들과 기념촬영을 하고 있다.

는 시점이었다. 백남운은 김일성을 비롯한 북로당 지도부와 만나 유엔결의 반대와 소련 측 제안의 지지를 위해 공조를 취하는 과제를 구체적으로 논의하였다.

다음으로 백남운은 1948년 2월 말에 열한 번째로 평양을 방문하였다. 2월 26일에 유엔 소총회에서 '선거가능 지역만의 총선거 실시'라는 미국 측의 제안이 가결된 상태였다. 이때는 김구·김규식이 이남에서 단독정부의 수립과 단독선거가 예견되는 상황에서 남북협상 제의를 담은 서한을 2월 16일에 북로당의 김두봉·김일성 앞으로 이미 보냈을 때였다. 백남운은 평양에서 북로당 지도부와 단독정부 수립 반대투쟁과 남북협상의 실현 문제를 집중 토의하고 3월 초에 서울에 돌아갔다. 백남운은 북로당 지도부로부터 홍명희의 입북이 필요하다는 설명을 듣고 서울에서 홍명희를 만나 그 취지를 전하기도 하였다.

끝으로 백남운은 남북협상회의에 참가하기 위해 1948년 4월 초에 열두 번째로 평양으로 올라와 서울로 돌아가지 않았으며, 1948년 9월 출범한 조선민주주의인민공화국의 초대 내각에서 교육상에 임명되었다.

4

홍명희의
월북

1958년 5월 1일 김일성 수상과 홍명희 부수상이 평양 근교의 한 호수에서 뱃놀이를 즐기고 있다. 북한은 김정일 국방위원장이 16세 때 이 사진을 직접 찍었다고 선전하고 있다.

　벽초 홍명희(1888~1968년)는 일반적으로 소설가로 널리 알려져 있지만 일생에 걸쳐 단 한 편의 소설만 남겼다. 그가 쓴 유일한 역사소설인 『임꺽정』은 당대에 이미 '조선문학의 대유산' '조선어의 풍부한 보고' '역사소설의 백미'라는 평가를 받았다. 그러나 정치인 홍명희의 행적은 역사의 뒤편에 묻혀 있다. 특히 해방 이후 좌우연합과 민족통일을 위한 그의 활동은 제대로 알려져 있지 않았다.

　풍산 홍씨의 장손으로 충북 괴산에서 태어난 홍명희의 증조부는 이조판서를 지낸 홍우길(洪祐吉), 조부는 참판을 지낸 홍승목(洪承穆)이었다. 그의 부친 홍범식(洪範植)은 금산군수로서 1910년 경술국치를 맞자 울분을 참지 못하고 자결한 인물이다. 당시 일본에서 중학교를 다니던 홍명희는 부친의 자결에 영향을 받아 철저한 반일의식의 소유자가 된다. 3년상을 치르고 만주로 떠난 홍명희는 상해에서 박은식(朴殷植), 김규식(金奎植), 문일평(文一平) 등과 함께 독립운동단체인 동제사에서 활동하였다. 그는 1914년부터 17년까지 싱가포르에 머물렀던 특이한 이력을 갖고 있다.

　1918년에 귀국한 홍명희는 이듬해 3·1운동을 맞아 괴산에서 만세시위를 주도했다가 1년간 수감된다. 그는 1923년에 사회주의 사상단체인 신사상연구회에 참가하고, 1924년부터 『동아일보』 편집국장을 지낸 뒤 1926년에는 『시대일보』 사장에 취임했으나 경영난으로 폐간되자 정주 오산학교 교장에 취임한다. 그는 1927년에는 신간회(新幹會)에 참여하는데 신간회는 '비타협적 민족주의자와 사회주의자가 결합한 반일(反日) 민족통일전선' 단체였다.

　해방 후 미·소의 대결로 한반도 분단의 우려가 높아지자 홍명희는 남북 분단을 막기 위한 통일노력에 매달린다. 소설가 홍명희, 독립운동가 홍명희에서 정치인 홍명희, 통일운동가 홍명희로 변신한 것이다. 홍명희는 단독정부 수립을 막기 위해 좌우익 지도자들과 협의했고, 북한 지도자들과도 접촉을 가졌다. 1948년 4월 평양에서 열린 남북연석회의에 참여한 그는 다시 서울로 돌아오지 않고 '조선민주주의인민공화국' 수립에 참여한다. 그가 무엇 때문에, 어떤 경로로 월북했는지는 여전히 미스터리로 남아있다.

　박병엽의 증언은 홍명희를 둘러싼 미스터리를 푸는 실마리를 제공한다.

벽초 홍명희는 양심적이고 진보적인 민족주의자이지 결코 공산주의자는 아니었으며, 장편소설 『임꺽정』으로 널리 알려진 작가이자 한 시대를 대표할 만한 지성인이었다. 그런 그가 해방 후 이북 지도자들과 연계를 맺고 조선민주주의인민공화국의 수립에 참여하게 된 배경을 먼저 살펴볼 필요가 있다.

일제 시기의 그의 활동을 보면 동경유학 시절에 사회주의운동과 관련된 서클에 참여한 적이 있었고 국내에서 민족통일전선체인 신간회에 참가하기도 하였다. 홍명희는 그 과정에서 좌우익을 망라한 민족주의자들과 많은 인간관계를 맺었다. 그는 이북 지도자들 가운데 1920~30년대에 국내에서 활동했던 김두봉이나 주영하 같은 이들과 친분이 있었다. 그는 또 일제 때 언론계에서 일했기 때문에 일반인들에 비해 해외에서의 항일투쟁에 대해 어느 정도 알고 있었다. 김일성의 항일무장투쟁활동이나 보천보전투 · 혜산사건(갑산공작위원회사건)에 대해 나름대로 정보를 갖고 있었던 것으로 안다.

홍명희가 이북 공산주의자들과 연계를 갖게 된 계기는 그의 주변에 있던 사람들 대부분이 좌익이었기 때문이었다. 특히 그의 장남 홍기문과 차남 홍기무, 그 밑의 딸 홍기연이 모두 좌익동조자였다. 조선공산당의 핵심간부 김삼룡과 홍명희는 먼 인척 사이이기도 했다. 김삼룡의 친조카뻘 되는 김기환이라는 사람이 일제 때 벽초 밑에서 언론계에 몸담았기 때문에 이래저래 홍명희는 좌익의 영향을 받지 않을 수 없었다. 김기환은 해방이 되자 공산당원이 되었지만 홍명희 밑을 떠나지 않고 계속 붙어 있었다.

김기환과 홍기무의 권유

벽초의 자제들 가운데는 홍기무가 공산당원이 되었고 적극적인 활동을 펼쳤다. 홍기무는 일제 강점기에 학생운동을 하면서 좌익사건인 '소련영사관사건'에 연루되어 옥살이를 한 경험이 있다. 딸 홍기연도 공산당원이었다.

장남 홍기문은 신문사 주필인가를 하면서 동생들의 영향을 받고 있었다. 홍기문은 아버지를 닮아 점잖고 말수도 적은 편이었던 데 반해 홍기무는 영리하고 당돌하며 나서기를 좋아하는 편이어서 형제가 딴판이었다. 홍기무와 김기환이 홍명희를 좌익 쪽과 연계시키는 중요한 역할을 맡았던 것이다.

물론 그렇다고 해도 벽초가 선뜻 좌익진영에 가담했던 것은 아니었다. 조선공산당에서도 그에게 당에 참여하도록 권하지도 않았다. 홍명희를 잘 아는 김삼룡이 작용한 탓인지는 몰라도 박헌영의 공산당에서는 홍명희를 민주주의민족전선에도 끌어들이지 않았다. 언제라도 좌익과 연계될 소지가 있는 독자적인 정치세력으로 두는 편이 낫다고 생각했던 것으로 보인다. 그것은 벽초의 지위나 사회정치적 처지를 감안한 것이었다고 할 수 있다.

벽초의 일제 강점기의 문학활동을 보더라도 프로문학 계열은 아니었으며 민족주의적 지향이 강한 작품을 창작한 것으로 유명하였다. 문학계에서 그의 명성이 자자했고 프로문학 계열의 작가들도 그를 높이 평가해왔던 터였기 때문에 홍명희는 1945년 12월 13일에 발족된 조선문학동맹(좌익문인단체)의 위원장을 맡았다(부위원장은 프로문학 계열의 이태준). 이 단체는 1946년 2월 8~9일 서울 종로YMCA에서 열린 제1회 조선문학자대회에서 조선문학가동맹으로 명칭을 변경하고 집행부를 새로 구성했는데 홍명희는 계속 위원장으로 선출되었다(부위원장은 이기영, 한설야, 이태준).

홍명희가 해방 직후의 활동에서 좌익 색채를 보인 것은 두 차례 밖에 없었던 것으로 안다. 하나는 공산당이 그를 민족통일촉진대회 의장으로 내세웠다가 유야무야된 일이었다. 다른 하나는 1945년 12월 16일에 좌익계 단체 20여 개 대표들이 서울시 인민위원회 사무실에 모여 '독립동맹과 김일성 환영준비를 위한 임원선출 모임'을 가졌는데 홍명희가 이 자리에서 환영준비위원장으로 선출된 일이었다. 김일성과 독립동맹 측이 서울로 가지 않는 바람에 이 위원회는 유야무야되고, 따라서 홍명희의 좌익관계 활동도 미미한 것으로 끝났다.

그런데 김일성 등 이북 지도부에서는 이 환영준비위원회의 조직을 나중에 알았고 이를 계기로 홍명희라는 인물에 깊은 관심을 갖게 되었다. 특히 김일성의 항일빨치산그룹은 이북에서도 김일성을 환영하기 위한 자발적인 조직이 없었는데 이남에서 김일성을 환영하기 위한 준비위원회가 만들어졌다는 사실에 크게 고무되었고 준비위원장이 유명한 작가 홍명희라는 사실을 주목하게 되었다. 김두봉·최창익 같은 독립동맹 계열의 지도자들은 홍명희가 『임꺽정』으로 유명하고 신간회에 주도적으로 참여한 인물이라는 사실을 알고 있었지만, 빨치산그룹은 홍명희에 대한 정보가 그다지 없었다고 해도 과언이 아니다. 벽초가 김일성 환영준비위원회의 책임자라는 사실 하나만으로도 빨치산그룹은 그에게 단번에 친화력을 갖게 되었던 것이다.

홍명희의 해방 이후 활동은 모스크바 삼상회의 결정에 따라 1946년 벽두부터 신탁문제를 둘러싸고 정치권이 일대 혼란을 겪을 때까지도 문학가동맹 위원장으로서 문화인운동에 참가하는데 국한되어 있었다. 제1차 미소공동위원회가 3월 20일에 열리고 임시정부 수립문제가 정치적 일정에 올라 있던 상황에서 그가 정치에 무심

홍명희가 사돈인 국학자 정인보 선생과 기념촬영을 하고 있다. 둘째아들 홍기무와 정경완은 1942년 결혼했다.

할 리야 없었겠지만 그의 활동 반경은 문화인운동에 머물러 있었다. 모스크바삼상회의 결정에 대한 그의 입장은 찬탁 쪽에 기울었지만 처음에는 명시적으로 자신의 입장을 밝히지는 않았고 나중에 찬탁의 입장을 공개적으로 표명하였다.

그런 가운데 홍명희로 하여금 정치활동에 관심을 기울이게 만든 장본인은 그의 차남 홍기무와 측근 김기환이었다. 홍기무와 김기환은 미소공위 개최와 임시정부 수립문제 논의과정을 지켜보면서 홍명희도 정치판에 참여해 큰 활동을 해야 한다고 생각하였고, 그에게 이를 강력히 권고하게 된다. 임시정부 수립문제에 참여하자면 조직적 기반을 바탕으로 정치활동에 참여해야 하는데 홍명희에게는 그럴만한 조직적 기반이 없었다.

그래서 홍기무·김기환 등이 나서 조직기반을 만들려고 동분서주하였다. 홍기무와 김기환은 박헌영과 여운형 같은 거물 정치인들이 이북을 방문해 임시정부 수립문제와 관련해 이북 지도자들과도 협의한 사실을 알고 있었기 때문에 벽초의 평양 방문이 필요하다고 느꼈다. 벽초 자신도 정치활동과 무관할 수 없는 처지에서 관망하고 있던 차였다. 홍기무와 김기환은 홍명희를 모시고 평양에 가서 김일성을 만나는 것이 좋겠다고 판단해 벽초를 설득하였다.

홍명희로서도 그 자신이 1945년 12월에 환영준비위원회를 꾸렸던 김일성이 북조선임시인민위원회 위원장이고 독립동맹의 책임자 김두봉도 평양에서 활동하고 있으니 그들을 만나봐야겠다는 정도의 생각을 가졌던 것만은 사실이다.

정치현안에 대한 남북의 공동대응 모색

홍명희는 홍기무와 김기환의 부추김에 따라 1946년 3월 말에 첫 평양 방문 길에 오르게 된다. 그는 평양 방문의 사실이 주위에 알려지는 것을 원하지 않았고, 공산당의 김삼룡이 비밀리에 공산당 루트를 통해 벽초가 북행할 수 있도록 뒤에서 도와주었다. 홍기무가 공산당원이었던 데다가 김기환은 김삼룡의 친조카였던 점이 어느 정도 작용했다고 볼 수 있다. 홍명희는 사나흘 평양에 머문 뒤 4월 2일쯤 서울로 되돌아갔다. 그의 첫 평양 방문은 공산당의 개성 루트를 통해 이뤄졌으며 홍기무가 동행하였다.

홍명희는 평양에서 김일성·김두봉·주영하·김책 등을 만났으며 소련 군정 관계자들을 만나지는 않았다. 김책은 벽초에게 김일성 환영준비위원회를 조직했던 것에 대해 감사의 뜻을 표하였다. 박헌영이나 여운형의 평양행은 정세변화에 따른 남북의 공동대응을 협의하기 위한 것이었던 데 비해 홍명희는 정치현안을 협의할만한 입장은 아니었다.

벽초는 이북 지도자들에게 신탁문제를 둘러싼 이남의 정치실정을 구체적으로 설명하였다. 그 자신이 특정 정치세력을 대표하는 입장이 아니었기에 편견 없이 신탁문제에 대한 각 정파의 입장, 정치지도자들의 활동 평가, 미국의 태도 등을 있는 그대로 전하였고 북에서는 홍명희를 통해 왜곡되지 않은 이남의 실정을 들을 수 있었다.

북측은 홍명희에게 토지개혁 등 여러 민주개혁 조치와 20개조 정강을 설명하였다. 남북의 사정을 설명하는 형식이었지 대응책과 노선문제를 협의하는 자리는 아니었다. 벽초는 북측의 설명에 이해와 공감을 보였다고는 하나, 이 무렵의 벽초는 정치가로 보기는 어렵고 영향력 있는 지식인 정도로 볼 수 있다. 3월 30일 평양에서 열린 미소공위 촉진을 위한 군중대회 자리에도 홍명희는 참가하지 않았다.

그의 평양 방문이 그 자신의 정치적 진로를 잡는데 도움이 되었을 것으로 생각한다. 홍명희는 훗날 이북에서 부수상을 지내면서 김일성과의 첫 만남을 회상할 때면 김일성이 늘 '나라사랑·민주사랑·민족사랑'을 역설해 깊은 감명을 받았다고 말하곤 했다. 김일성은 당시에 누구를 만나든 1945년 10월 14일 평양 공설운동장에서 강조한 민족통일전선을 언급하였고 홍명희에게도 예외는 아니었다.

홍명희는 서울로 돌아간 뒤 곧 '모스크바삼상회의 결정 지지 및 미소공위에서의 임시정부 수립문제 논의 참가' 희망의사를 담은 성명을 발표하였다. 벽초는 그 뒤 민주통일당(민주통일당 등 5개 정당을 합쳐 민주독립당으로 발전)의 조직에 착수한다. 이는 홍기무와 김기환이 여러 차례 홍명희에게 건의한 것을 받아들인 것이라 할 수 있다. 김두봉이 홍명희에게 백남운이 신민당을 만들고 있듯이 독자적인 정치세력을 위한 정당을 결성하는 것이 필요하다고 조언했다고 한다. 벽초는 1946년 3월 말의 평양 방문 이후에 문화인운동에서 정치운동으로 방향을 전환하게 된다.

미소공위 결렬되자 2번째 방북

홍명희는 1946년 8월 초 두 번째 평양 방문길에 올랐다. 이 무렵은 미소공위가 결렬되고 미군정이 정판사사건을 빌미로 공산당에 대한 탄압을 가속화하는 가운데 여운형·김규식이 주축이 된 좌우합작운동이 전개되는가 하면 물밑에서 공산당·인민당·남조선신민당 3당의 합작 움직임이 나타날 때였다. 정세가 긴박하게 돌아가니 홍명희 자신도 평양 재방문의 생각을 갖고 있었고 아들 홍기무와 측근 김기환이 이를 강력히 권하여 실행에 옮기게 된다. 벽초는 앞에서 지적한 대로 3월 말의 평양 방문 이후 정당 결성의 노력을 기울였으며 미소공위가 결렬된 이후 민주통일당 창당을 위한 활동을 가속화하였다. 벽초는 급박한 정세 변화 속에서 이북 지도자들과 구체적으로 협의할 필요가 있음을 느꼈다고 할 수 있다.

홍명희는 2차 평양 방문 시에도 공산당의 개성 루트를 이용하였다. 그는 평양에 사나흘 머물면서 김일성·김두봉 등 이북 지도자들과의 면담을 가졌다. 당시의 정세에서 핵심 현안은 이남의 좌익3당의 합당문제였다. 앞에서 살펴본 대로 박헌영이 6월 말부터 7월 하순에 걸쳐 두 차례 평양을 방문했고 백남운은 7월 중순에 평양을 방문했다. 여운형은 7월 말에 연천에서 김일성과 비밀접촉을 가졌다. 바로 그 직후에 홍명희가 평양을 방문했기 때문에 3당합당문제가 현안이 되지 않을 수 없었다.

홍명희와 이북 지도자들은 결렬된 미소공위의 앞날에 관한 문제도 논의하였다. 이것은 주로 북측이 벽초에게 설명해준 부분이었다. 북측이 벽초에게 주로 질문한 것은 이남의 좌우합작운동에 대한 그의 관찰이었다. 홍명희가 3월 말에 평양에서 밝힌 이남 상황의 객관적 설명이 도움이 됐다고 판단한 이북 지도자들은 이번에도 그에게 이남의 상황을 자세히 물었고, 특히 좌우합작운동에 큰 관심을 보였다.

그러나 홍명희는 1차 방문 때와 달리 2차 방문에서 그 자신의 정치세력화 문제를 북조선공산당·신민당과 깊숙이 논의하였다. 북조선공산당·신민당 지도자들도 홍명희의 독자정당 창당 의지를 적극 지지하였다. 그가 끌어안을 수 있는 독자적인 정치세력에는 지식인들, 특히 일제 강점기의 신간회운동에 참여한 인텔리들이나 언론계·문화계 인사들이 포함되어 있었기 때문에 북조선공산당·신민당 지도부는 홍명희의 정치적 역할에 대해 긍정적으로 평가하고 있었다.

특히 김일성은 벽초가 진보적 민족주의자들을 묶어 민족통일전선을 형성하는 바탕이 될 정당을 결성하려는 것에 적극적인 관심을 보였다. 미소공위가 재개되어 통일적인 임시정부를 수립하는 문제가 다시 현안으로 제기될 때 홍명희의 민족주의적·진보주의적 정당이 좌익정당과 연합전선을 펼 수 있다고 생각했기 때문이다.

홍명희는 2차 평양 방문을 마친 뒤 8월 말쯤에 학계·언론계·문화계·실업계 인사들을 모아 민주통일당 발기준비위원회를 만들어 창당활동을 본격화하였다. 당명은 민주주의국가·통일국가 수립을 지향한다는 취지를 반영한 것이었다. 홍명희는 민주통일당에 머물지 않고 중간파 정당세력을 결집시키는 노력을 기울여 1947년 10월에는 민주통일당, 신한국민당, 신진당, 민중동맹, 건민회 등 5개 정당을 통합하여 민주독립당을 결성하였고 당 대표에 선출되었다.

이들 정당 가운데 신진당의 일부 인사들은 민주독립당으로 들어가지 않고 원래의 당에 잔류하였다. 홍명희의 당에 참가한 사람들 가운데는 신간회 활동을 함께 한 유석현이나 유도 최고권위자 이경석, 건민회를 만들었던 어문학자 이극로, 신한국민당의 안재홍 밑에서 활동하던 조헌식 등이 포함되어 있었다. 벽초의 측근 김기환 등도 민주독립당에 참가하였다. 홍명희는 학계·언론계·문화계 인사들을 모아 새로운 정치세력을 형성하는 한편, 민족주의 정당들과 공조를 취하기도 하였다.

독자 정치세력 결성

홍명희의 3차 입북은 1947년 11월 중순에 이뤄졌다. 그가 11월 10일경부터 사나흘 간 평양을 방문했던 것으로 안다. 이 무렵은 2차 미소공위까지 결렬되고 미국 측에 의해 유엔에 조선문제가 상정되는 한편 소련 측에 의해 미·소 양군의 철수 표명이 나오는 등 새로운 국면이었다. 이남의 좌익들은 소련의 주장에 동조하면서 미군정에 의한 조선문제의 유엔 이관에 반대하고 나선 상황이었다. 홍명희는 민주독립당을 축으로 하여 민족주의적인 중간파 정당들을 한데 묶어 소련의 미·소 양군의 철수 제안을 지지하는 공동성명을 내는 등의 정치활동을 벌이고 있었다.

이 무렵 홍명희의 민주독립당은 그해 7월 여운형 피살 후 백남운이 이끌던 근로인민당과 긴밀한 관계를 맺고 있었다. 백남운이 1947년 10월 중순에 평양을 방문했었다는 이야기를 들은 홍명희도 평양 방문길에 오르게 된다.

당시 이북에서는 1947년 11월 초부터 '통일정부 수립을 위한 임시헌법 제정' 문제가 정치일정에 올라 있었다. 북로당은 이미 남로당·근로인민당과는 이 문제를 논의한 뒤였기 때문에 민족주의적인 중간파 정당과도 논의할 필요성이 있었고 이것이 홍명희의 평양 방문을 재촉하였다.

북로당은 이남의 광범한 정치세력들과 임시통일헌법 제정에 관한 입장을 사전 조율할 필요성을 강하게 느끼고 있었다. 홍명희는 북로당의 이러한 생각을 백남운에게서 들은 데다가 북로당의 전권대표 격으로 서울에서 활동하던 정치공작원 성시백이 홍기무·김기환과 연락을 주고받는 사이여서 북로당의 홍명희 초청의사를 전하기도 하였다. 성시백은 김기환과 홍기무를 통해

1930년대 조카 결혼식 때 기념촬영을 하고 있는 홍명희 선생(맨 뒷줄 오른쪽에서 2번째).

민주독립당의 내부에도 어느 정도 관계하고 있었다. 홍기무는 남로당에 소속되어 있다가 성시백과 연결되면서 북로당선으로 활동했다고 할 수 있다. 즉 김기환과 홍기무는 당초 민주독립당내의 남로당 프락치나 마찬가지였는데 1947년 중반에는 남로당에서 떨어져 나와 북로당선인 성시백과 연결되었던 것이다.

홍명희의 세 번째 평양 방문에도 홍기무가 동행하였다. 홍기무는 늘 아버지에게 조언하려는 태도를 보여 문제가 되기도 했다. 전후에 홍명희가 부수상으로, 홍기무가 중앙도서관 부관장으로 일할 때도 홍기무가 아버지 일에 간섭하려고 한 일화도 있다. 홍기무는 내각 국장급으로 일하다가 입바른 소리가 문제되어 중앙도서관으로 좌천됐는데 아버지 업무에 간섭하다가 벽초로부터 '자기 처지도 모르고 모든 일이 관여하려 한다' 고 꾸지람을 들은 일이 있다는 소문이 조선로동당 내에서 파다한 적이 있었다.

김일성을 비롯한 북로당 지도부는 홍명희에게 헌법제정의 제반 사정을 구체적으로 설명하면서 동의를 구하였다. 북로당은 또 홍명희에게 유엔에서 1947년 10월 30일에 유엔 조선임시위원단의 설립을 가결했다고 해도 위원단의 입북을 절대로 허용치 않을 것임을 명백히 밝혔다. 이때는 아직 유엔소총회가 열리지 않은 때였지만 북로당은 미국이 결국 남조선만의 단독선거를 실시할 것이므로 이남 단독선거에 반대하는 투쟁에 민주독립당이 앞장서 줄 것을 당부하기도 하였다. 이남에서 민족주의적인 여러 정당들이 힘을 합쳐 단독선거 실시, 단독정부 수립을 거부하는 투쟁을 전개해야 한다는 것이었다.

북로당은 나아가 남북협상을 통해 통일정부를 수립해야 하고 그를 위한 기초 작업으로 임시헌법 제정에 나설 때라는 점을 부각시켰다. 같은 맥락에서 미·소 양군을 철수시키고 자주적 통일정부가 수립될 수 있도록 남과 북에서 공동으로 노력하자는 것이 북로당의 강조점이었다. 이를 위해 이남에서 좌우익 정당을 망라한 협의체를 건설할 필요가 있다는 점에 대해 북로당과 홍명희가 뜻을 같이 하였다. 남북의 정당·단체들의 지도자들이 서로 만나 협의해 미·소 양국의 군대 철수를 요구해야 한다는 결론에 이르러서는 북로당 못지 않게 홍명희가 적극적인 태도를 보였다고 한다.

홍명희는 1947년 11월 중순 평양을 방문하고 내려온 뒤에는 주로 자신과 비슷한 처지의 중간파 민족주의 정당들과 연대를 강화하려고 노력하였다. 12월 이후에 홍명희와 신진당, 독립노농당 등 중간파 정당들과의 유대가 본격적으로 진행되었고, 1948년 3월 26일에 통일독립운동자협의회 발기인회가 구성된 것은 벽초의 그 같은 활동의 결실이었다고 할 수 있다. 발기인회는 홍명희와 임정계 아나키스트인 독립노농당의 유림, 임정계의 엄항섭, 사회민주당의 여운홍, 여운홍과 마찬가지로 민족자주연맹의 상무집행위원이던 김붕준 등이 주축을 이루었다.

남북연석회의 참석 차 월북

한편 홍명희는 1948년 2월 26일 유엔소총회에서 미국의 제의에 의해 '조선 내 가능한 지역에서의 총선거 실시'가 결정되기 전인 1월 정초부터 김구·김규식 등을 비롯한 모든 민족주의적 정당·단체 지도자들과 만나 남북의 정당·단체 지도자들이 구국대책을 논의해야 한다고 역설하고 다녔다. 이 무렵 북로당 정치공작원 성시백의 활동이 빈번해지고 홍명희와 긴밀한 유대를 맺었던 점도 중요한 사실이다. 근로인민당의 백남운도 이 무렵에 활발하게 활동하였다.

단독정부 수립을 둘러싼 소용돌이가 몰아치던 1948년 2월 말 백남운은 평양을 방문해 북측과의 공동대응을 모색하였고, 이 소식을 접한 홍명희도 이틀 후쯤 네 번째 평양 방문 길에 오르게 되고 3월 2일쯤 서울로 귀환하였

다. 이때는 북에서 통일임시헌법을 인민 토의에 부친 뒤 2월 초에는 북조선
인민위원회가 임시헌법을 확정한 뒤였기 때문에 이를 논의하고 곧바로 남북
협상문제의 협의에 들어갔다.

이미 김구·김규식이 북에 남북협상 제의 서한(2월 16일)을 보낸 뒤였기
때문에 북측과 홍명희는 통일정부 수립을 위한 남북의 정당·단체 지도자들
의 협의회를 개최해야 할 것이라는 데 뜻을 같이 하였다. 다만 이 시점에서는
이남에서 단독선거가 어떻게 실시될지의 정형을 더 살펴볼 필요가 있다는 것
과 3월 말에 북로당 제2차 대회를 예견하고 있었던 만큼 남북협상의 일정을
그 뒤로 잡자는 것을 확인하는 선에서 그쳤다. 남북협상을 성사시킬 연합전
선적인 조직체를 이남에서 만들어야 한다는 점에서는 홍명희와 북로당 간에
충분한 공감이 이루어졌다.

북측은 1948년 3월 25일 평양방송을 통해 "전조선 정당 사회단체 대표자

1949년 정부대표단의 일원으로 소련을 방문한 홍명희 부수상이 모스크바역에서 벌어진 사열식에 참가하고 있다(오른쪽 1번째).

연석회의를 평양에서 4월 14일에 개최하자"고 제의하는데 그 직전에 홍명희 밑에서 일하던 연락원 강병찬이 비밀리에 평양을 방문해 북측의 제의 예정을 듣고 홍명희에게 전하였다. 홍명희는 이북 지도자들과 1947년 11월 중순과 1948년 2월 말에 협의한대로 남북협상을 성사시킬 연합전선적인 조직체를 건설하기 위해 주도적으로 나서 3월 26일에 통일독립운동자협의회 발기인회를 구성하였다.

이 협의회는 4월 3일에 정식으로 결성되는데 남북협상을 지지하는 각 정파의 모든 지도자들이 참여하였고 군소정당 수십 개가 망라되었다. 김구·김규식·조소앙·홍명희·김붕준·여운홍·백남운·김성숙·김창숙·유림 등이 그 대표적 지도자들이었다. 다만 남로당은 지하활동을 할 때였기 때문에 협의회에 참가하지 않았다. 이 협의회의 결성은 남북협상을 위한 조직적 토대가 마련되었음을 뜻한다. 홍명희는 이 협의회가 결성된 뒤 4월 10일 이

1950년대 중반 홍명희 부수상(왼쪽에서 3번째)이 박정애·박금철 조선로동당 부위원장, 김일성 수상 등 당·정 고위간부들과 함께 황해제철소 건설사업을 둘러보고 있다.

전에 백남운보다 하루 뒤쯤 평양에 온 것으로 기억한다. 벽초는 남북연석회의에 참가한 뒤 백남운처럼 평양에 주저앉았다. 그의 자제들은 남북협상이 이뤄지기 전에 월북하여 평양에 있었다. 북측 기준에서 보면 홍명희는 공산주의자도 좌익분자도 아니었지만 민족주의적·진보적 인텔리로서 남북협상과 조선민주주의인민공화국 수립에 상당히 공헌한 인물이라고 할 수 있다.

5

'박헌영 · 이승엽사건'의 전말

박헌영의 월북 이후 활동
6 · 25 전쟁 전후 김일성과 박헌영의 격돌
'박헌영 · 이승엽사건'이 터지다

1949년 4월 30일 평양시 국립예술극장에서 개최된 '평양시 5 · 1절 기념보고대회'에 참석한 박헌영 부수상과 김일성 수상. 왼쪽으로 허정숙 문화선전상, 박정애 북로당 부위원장이 서 있다.

6·25전쟁이 끝나기 4개월 전인 1953년 3월 5일 과거 남조선노동당의 중심간부였던 이승엽·이강국·조일명·임화·배철·백형복·박승원·맹종호·설정식·조용복·윤순달·이원조 등 12명이 체포되었다. 이들은 8월 6일에 '정권 전복음모'와 '간첩행위'로 재판에 회부되었다. 조선공산당 위원장, 남로당 부위원장을 역임하였고, '조선민주주의 인민공화국'의 부수상이며 외무상이던 박헌영도 3월 11일 같은 혐의로 체포되어 1955년 12월 재판에 회부되어 사형을 선고받았다.

　사건이 발표되자 수사가 진행되고 있다는 사실조차 전혀 모르고 있었던 대부분의 고위층은 말할 것도 없고 일반주민들도 '의혹'과 '충격'에 휩싸였다. 관계된 인물의 면면도 충격적이지만 그들이 범했다는 '죄상'은 더욱 놀라운 것이었다. 특히 이 사건에 남로당의 사실상 1인자였던 박헌영과 2인자였던 이승엽이 관련되어 있었기 때문에 남로당출신 간부들이 받은 충격은 상상을 초월할 정도였다. 이 사건의 여파로 대부분의 남쪽 출신들은 '뼈를 깎고 간을 녹이는 분위기'에서 당성검토를 받아야 했다. 이후 북에서 남로당출신들의 정치적 영향력은 급격히 약화됐다.

　이 사건이 발생하자 조선로동당 중앙당 사회부 지도원으로 활동하다 대남연락부로 자리를 옮겨 조사과정에 참여했던 박병엽은 해방 후부터 남로당과 북로당 사이에 존재했던 노선 차이와 갈등을 비롯해 사건의 전모에 대해 증언했다.

>>>
박헌영의 월북 이후 활동

박헌영은 북로당 지도부가 그의 입북을 여러 차례 권하는 가운데 1946년 10월 이남의 복잡한 정세를 뒤로하고 월북했으며 그 뒤에는 줄곧 이북에서 활동하였다. 북로당이 그의 월북을 권유한 데에는 두 가지 이유가 있었다. 하나는 박헌영이 미군정에 체포되면 이남 좌익진영에 결정적인 타격이 될 것이라는 우려에서였다.

다른 하나는 당시 좌익3당 합당문제가 중대한 현안이었는데 박헌영이 여운형·백남운과의 관계를 그르치고 있어 그를 이북에 데려다 놓을 필요가 있었기 때문이었다. 북로당 지도부는 특히 '10월인민항쟁'이나 3당합당 과정

1948년 9월 8일 최고인민회의에서 대의원들이 만장일치로 김일성을 수상으로 선출하고 있다. 오른쪽부터 김일성 수상, 박헌영 부수상, 김책 부수상.

1949년 9월 박헌영은 윤레나(당시 25세)와 재혼했다. 윤레나는 남로당 간부 조일명의 처제이자 윤대현의 여동생으로 박헌영의 비서로 있었다고 한다.

을 지켜보면서 최종적으로 '박헌영 입북' 생각을 굳히게 되었다. 당시 정황은 '좌익세력의 대동단결에 기초한 민족통일전선'을 더욱 요구하고 있었는데 박헌영이 좌익세력 내부를 분열시키는 작용하고 있었던 것만은 사실이다.

박헌영이 서울을 떠나면 우선 체포의 위험에서 벗어날 수 있고 여운형 등과의 직접적인 갈등도 피할 수 있었다. 그가 이북에 와있으면 북로당 지도부와 자주 접촉하게 되고 그의 '잘못된 노선'이 시정될 수 있을 것이라는 판단이 내려졌다. 당시에는 물론 북로당이 박헌영에게 어떤 '지시'를 내리거나 할 입장은 전혀 아니었다. 조선공산당에서 그의 지위는 확고했기 때문이다.

그러나 현실적으로 혁명의 근거지는 이북일 수밖에 없었고 그 무렵에는 박헌영도 이 점을 인정하고 있었다고 할 수 있다. 박헌영의 입북은 이남 좌익운동의 '지도거점'을 북으로 옮겼음을 뜻한다. 박헌영의 월북 후인 1946년 11월 23일에 남조선노동당이 공식으로 출범하였고 그는 남로당의 부위원장을 맡게 되지만 명실공히 당을 지도하는 존재였다. 그로서도 여러 가지 측면에서 월북이 유리하다고 판단해 북로당 지도부의 권고를 받아들였다고 생각한다.

1949년 9월 박헌영 결혼식 피로
연 모습.(『박헌영전집9』)

　박헌영의 월북 이후의 활동은 1946년 10월 입북에서부터 1948년 4월 남
북연석회의 준비시기 이전까지의 1년 반 남짓한 기간을 살펴볼 수 있다. 1년
반의 활동은 남로당이 처한 조건과 밀접한 관계가 있다. 미군정이 좌익탄압
의 고삐를 늦추지 않는 상황에서 남로당으로서는 지하조직 활동을 활발히 전
개하였지만 당 간부 양성과 선전물 제작만큼은 매우 어려웠다. 박헌영의 이
북에서의 활동은 자연히 남로당이 처한 어려움을 감안해 당 간부 양성과 선
전물 제작에 초점이 모아졌다.

　또한 남로당이 비합법활동으로 전환하면서 심각한 재정문제에 처하게 되
는데 남로당 자체로는 물질적 원천을 마련할 길이 없었고 이를 박헌영이 감
당하게 된다. 박헌영이 월북하지 않았더라면 남로당은 이런 문제를 근본적으
로 해결하지 못했을 것이다. 이런 면에서 이북이 '혁명활동의 근거지'가 될
수밖에 없음을 박헌영도 인정하고 있었다.

　박헌영이 남로당의 실질적인 최고지도자로서 당의 정치노선·조직노선
을 지도하는 위치에 있었음에는 틀림이 없다. 다만 남로당이 부딪친 당 간부

양성과 선전물 제작, 활동비 마련 등을 해결하는데 총력을 기울이지 않을 수 없었다. 이에 따라 박헌영의 입북 이후 활동은 4가지 측면에 집중되었다.

첫째로, 이남에서 비합법활동으로 전환한 남로당에 대한 '정치적 지도'이다. 박헌영은 남로당의 활동에 대하여 북로당 지도부와 긴밀히 협의하는 한편, 38선 인근에 아지트를 마련하여 이승엽·김삼룡 등 이남에서 활동 중이던 남로당 지도부를 수시로 불러들여 구체적인 전술지침을 하달하는 활동을 계속하였다. 박헌영과 이승엽·김삼룡 등이 빈번하게 만났던 연천 루트의 아지트는 38선 이북의 산정호수 근처에 있었다. 개성 루트에서는 금촌에서 자주 만났던 것으로 안다. 1946년 '10월인민항쟁'의 수습대책, 11월의 남로당창건, 1947년 5월의 제2차 미소공위에 대한 남로당의 대책 및 북로당과의 공조 등 중대한 사안이 있을 때마다 박헌영은 38선 인근의 아지트에 남로당 지도자들을 불러들여 대책을 협의하고 결정을 내렸다.

둘째로, 이북에 남로당의 '지원거점을 만드는 것'이었다. 당 간부 양성을 위한 학교 설립, 남로당의 정치노선과 미군정의 폭압을 폭로하는 신문·출판물 제작을 위한 출판사 설립, 남로당 활동자금을 마련하기 위한 남북교역상사 설립 및 이북 기업소의 인수 운영 등의 활동이 지원거점과 관련된 박헌영의 활동이었다.

셋째로, 38선 인근에 설치한 '연락소를 운영·관리하는 것'이었다. 각 연락소에 실무자들이 배치되어 독자적인 체계로 운영되었으나 모든 연락소를 총괄적으로 책임진 것은 박헌영일 수밖에 없었다.

넷째로, 박헌영이 이북의 '각종 주요 행사에 참가하는 것'이었다. 박헌영은 북로당의 정치위원회나 중앙위원회 전원회의를 비롯해 북조선인민위원회 회의나 북조선민전의 행사에도 얼굴을 내밀었다. 특히 북로당과 남로당이 공동보조를 취하는 일이면 박헌영이 참석하지 않을 수 없었다. 박헌영은 남로당을 대표하여 소련군정 측과도 긴밀한 접촉을 가졌다. 박헌영은 이북에 와 있는 1년 반 동안에 그 어느 때보다도 바쁜 나날을 보냈다.

박헌영은 1946년 10월 월북한 직후부터 그 해의 3개월은 이남 지도부와의 긴밀한 연계 루트를 만드는 일로 분주하였다. 그는 이와 함께 인민항쟁에 관한 수습과 좌익3당 합당사업의 마무리에도 힘을 쏟았다. 이 시기에 이남 정세가 복잡했던 만큼 박헌영의 '정치적 지도'가 필요하였다. 정치적 지도를 하자니 박이 이승엽과 김삼룡을 자주 만날 수밖에 없었는데 이를 위해서는 안전한 연결루트를 확보하는 게 큰 과제였다. 박헌영은 북로당의 지원 아래 평양과 해주에 연락소를 만든 뒤 38선 인근의 금촌·연천·양양 등지에 연락거점을 만들었다. 그리고 이승엽에게 지시하여 금촌·연천·양양과 연결되는 개성·동두천·속초에 각각 연락거점을 만들도록 했다. 처음에 이북에서 연락소와 연락거점을 만들 때는 남로당 사람들이 별로 없어 박헌영이 여기저기를 직접 돌아다니며 연락거점을 만드느라 바쁘게 돌아다녔다. 1947년 초부터는 박승원·이원조·임화·박치우 등 남로당 간부들이 해주에서 활동했기 때문에 실무자들이 많이 보강되었다. 연락거점을 만드는 일 자체가 상당한 보안이 요구됐기에 박헌영이 다른 사람들에게 이 일을 맡기고 팔짱만 끼고 구경할 수는 없는 노릇이어서 부리나케 돌아다닐 수밖에 없었다.

박헌영은 1947년에 들어서면서 연락거점을 다지는 한편, 그해 중반부터는 '지원거점을 만드는 일'에 집중하였다. 그는 해주연락소를 중심으로 교육거점·선전거점·재정거점을 만들어나갔다. 더욱이 한 달에 두 차례 정도는 이승엽과 김삼룡을 만나기 위해 38선 인근의 연락거점에 다녀와야 했으므로 그는 계속 바쁜 일정을 보냈다. 선전거점을 만드는데서 중요한 것은 일제 때부터 해주에 있던 제일인쇄소를 북로당 황해도당이 쓰고 있었는데 이를 인수받아 삼일출판사를 설립한 일이었다.

1947년 9월경부터는 삼일출판사가 남로당의 정치선전을 담은 각종 신문·잡지·단행본·전단 등을 찍었고 이 인쇄물들이 비밀리에 이남에 배포되었다. 삼일출판사의 편집진은 모두 남로당 출신이었고 출판사 운영도 완전히 남로당에서 맡았으므로 박헌영이 전반적으로 이를 책임지게 되었다. 선전자료의 침투체계를 갖추는 일까지 모두 결국 그가 맡을 수밖에 없었다.

박헌영은 1947년 중반쯤에 남로당의 당 간부 양성기지, 즉 정치학교를 만드는 일에 착수했는데 이것도 여간한 일이 아니었다. 학교부지를 선정하는 문제에서부터 교수진을 짜는 문제에 이르기까지 모든 일이 박헌영의 책임 아래 진행되었다. 1947년 9~10월에 강동군 대성면에 소재한 대성탄광 자리에 '강동정치학원'을 세웠다. 대성탄광은 무연탄의 질이 좋아 일제 해군함정의 연료로 가져가던 곳이었는데 이곳에 탄광노동자들의 합숙소·식당·강당설비와 학교로 쓰던 건물이 있었다. 정치학교의 장소를 북로당의 중앙당학교, 보안간부훈련소 등이 있는 강서군에 잡지 않고 강동군에 잡은 것은 강서에 더 이상 쓸만한 곳이 남아 있지 않았기 때문이었다. 승호리 사동구역에 쓸만한 부지가 있었지만 정치학원에서는 유격훈련까지 교육해야 했기 때문에 시내 인접지역은 곤란하다고 판단하여 강동군으로 결정하였다. 강동정치학원은 정치군사학교의 성격을 갖는 당 간부양성소였다.

강동정치학원을 만들면서 첫째 부딪친 문제는 교수진을 짜는 것이었다. 이남에서 활동 중인 남로당 출신 간부들을 불러 올려 정치학원 간부진을 구성할 수는 없는 노릇이었다. 그래서 소련에서 나온 박병률을 강동정치학원의 초대원장에 임명하고 군사교관들은 조선의용군과 항일빨치산 출신들로 메웠다. 군사부 주임은 의용군 출신의 박아무개였고 부주임은 빨치산 출신 서철이었으며 교무 부주임은 남로당 출신 박치우가 맡았다. 일반교원들은 이남에서 불러들였다. 교원들은 강동정치학원에 속속 도착하는 대로 교수요강을 만들기에 여념이 없었다.

1947년 10월부터 학생을 받도록 계획하고 있어서 시간에 쫓겼다. 강동정
치학원 학생들은 처음에 '국대안반대사건' 등으로 체포령이 내려진 학생들
이나 체포되었다가 감옥에서 나온 남로당 당원들이 주류를 이루었다. 남로당
이 조직적으로 선발하여 월북시킨 학원생은 청년층이 대부분이었다. 남로당
의 지방 당조직에서 강동정치학원으로 보낼 대상자를 조직적으로 선발해 월
북시켰는데 이 문제도 최종적으로는 박헌영의 책임 하에 진행되었다.

〈자료〉

강동정치학원 원장 박병률의 증언

"나는 1947년 12월 초쯤 북로당의 정치위원회의 결정에 따라 강동정치학원
원장으로 임명되었다. 강동정치학원은 이남에서 좌익이 불법화되어 이남 내에서
의 간부양성이 어려워져 북쪽 지역에 혁명간부양성학교를 세우는 게 필요해짐에
따라 취해진 조치였다.

강동학원에 대해 김일성은 '박헌영학교' 라고 부르곤 하였다. 김일성은 정권
의 창립 전인 강동정치학원 준비기간에 두 차례인가 학원을 방문한 적이 있으며
연수 중에 한차례 방문하여 훈련과정을 둘러보고 식사한 뒤 돌아간 적이 있다.
김일성의 학원 방문에는 박헌영·허가이, 평안남도 도당위원장 김제욱 등이 동행
하였다. 허가이도 학원에 자주 들러 관심을 보였다.

박헌영은 1주일에 한번 꼴로 학원을 방문했고 대체로 토요일에 와서 1박2일
로 지내다 평양이나 해주로 돌아갔으며 이승엽도 마찬가지였다. 나와 박헌영은
인간적으로 몹시 친근한 관계가 되어 내가 평양에 갈 경우 남산에 있던 박헌영의
집에 찾아갈 정도의 사이였다.

강동정치학원은 남로당 출신들이 맨몸으로 와 치료·휴식·훈련 등의 혜택을 받는, 일종의 교육기관이라기보다는 초대소 역할을 겸한 남로당의 유일한 후방보장사업기관이기도 하였다. 나는 6.25전쟁이 나기까지 강동정치학원의 원장직을 수행했는데, 이 학원의 학생 수는 적을 때는 5백여 명 정도였고 많을 때는 1천 2백~3백여 명이었다.

1948년 4월 남북연석회의 및 8월 해주인민대표자대회 때 남조선출신 혁명가들 중 이북에 머물기로 결정하면 모두 강동정치학원에 와 있었다. 이 무렵이 학원의 최번성기였다. 최고인민회의 대의원으로 뽑힌 남쪽출신 360명 중에 강동정치학원생이 2백명이 넘었다.

이남의 지하선거 때도 강동정치학원이 결정적인 역할을 수행하였다. 지하선거는 강동정치학원생들이 치렀다고 해도 과언이 아니다. 투표용지를 가득 담은 투표함을 몇 트럭분을 학원생들이 수거하여 가져온 것을 직접 목격했다. 몇 %의 투표율을 보였는지는 불확실하지만 선거공작에 의해 지하선거를 치른 것으로 보이며 학원생들이 상당한 역할을 하였다. 물론 투표용지를 임의로 지장을 찍어 투표용지 장수만 채웠는지는 모르겠으나 분명히 투표용지가 상당량 도착한 것을 목격하였다. 해주인민대표자대회가 강동정치학원생의 주도로 이뤄졌다고 봐도 틀림이 없다. 그밖에 강동정치학원생 3명이 남북연석회의의결정서, 성명서 등을 이남에 전달하는 일을 맡기도 했는데 제대로 임무를 수행하지는 못했던 걸로 안다."

박헌영이 평양연락소, 해주연락소, 38선 인근에 흩어져있던 연락거점 등을 관리하거나 삼일출판사와 강동정치학원을 운영하자면 상당한 자금이 필요하였다. 그 뿐 아니라 가능한 한 남로당의 지하활동을 위한 자금도 제공해야 했다. 북로당이 이 자금을 계속 대줄 수도 없는 형편이었기 때문에 남로당이 독자적으로 자금을 마련해야 하였고 북로당이 뒤에서 협조하는 식으로 운영되었다.

　북로당은 박헌영에게 이북의 몇몇 기업의 운영권을 넘겨주고 거기서 나오는 이익을 자금줄로 삼도록 조치하는 한편, 남로당이 독자적으로 남북교역상사를 운영해 막대한 이익을 내도록 보장하였다. 북로당의 협조가 있었다고 해도 기업이나 남북교역상사 운영은 남로당이 맡아야 하였고 역시 박헌영이 이를 총괄해야 하였다. 남북교역은 자금줄이었을 뿐 아니라 연락망 구축이나 선전출판물 침투에서도 큰 효과를 발휘할 수 있어 중요한 활동 형태로 여겨졌다. 예를 들어 당시 남북교역물자 중 이남으로 내려가는 명태꾸러미에 선전출판물을 비밀리에 넣어 침투시키는 일이 잦았다.

　남로당은 남북교역상사를 처음부터 만들기는 어려웠기 때문에 이것도 북측이 관리하던 것 두 개를 인수하였다. 해주에 본사를 둔 교역상사는 양양·연천 등 연락거점에 지점들을 두고 있었다. 북측이 박헌영에게 넘겨준 기업

1948년 8월 21일 해주 남조선인민대표자대회에서 박헌영 남로당위원장이 남조선인민대표 선거실시에 대한 보고를 하고 있다.

은 금촌의 돌기와공장, 황해도의 금광·탄광 등이었다. 이들 기업에서 나오는 수입을 남로당의 각종 활동비로 충당했던 것이다. 당시 가장 빨리 자금을 줄 수 있는 기업이 광업 계통이어서 박헌영에게 넘겨준 기업도 대체로 이런 기업이었다.

1947년 5월에 재개된 제2차 미소공위에 대한 대책의 마련과 관련한 남로당과 북로당 간의 공조는 박헌영을 더욱 바쁘게 만들었다. 미소공위가 결렬된 뒤 미국이 조선문제 해결을 유엔으로 이관시킴에 따라 남북 간에 공동보조를 취해야 하였다. 북로당은 통일헌법 제정의 방향으로 나아갔고 이에 대해서도 박헌영과 협의를 갖게 된다. 박헌영은 미소공위에 대한 대책을 협의하는 북로당의 정치위원회나 중앙위원회 전원회의 같은 자리에도 참석해 남북노동당의 공조를 진두에서 지휘하였다. 그는 김일성·허가이·김책 등 북로당 지도자들을 자주 만나야 했고 소련군정 측 지도자들과도 자주 접해야 하였다.

박헌영은 1947년 중반 이후 눈코 뜰 새 없이 바쁜 나날을 보낸, 가장 바쁜 정치인이었다. 이북에서 남로당을 지도해야 하는 사정이었으므로 가만히 앉아서 지시나 할 형편이 아니었다. 평양에만 머문 것이 아니라 해주·강동·연천·양양 등지를 오가며 남로당의 사업 전반을 총괄하며 상황을 구체적으로 점검하고 지침을 하달해야 했던 것이다. 평양의 중앙연락소에 앉아있을 짬이 없을 정도였다. 박헌영이 북로당의 지원 없이는 그런 활동을 하기 어려웠겠지만, 이를 감안하더라도 박헌영이 이 시기에 남로당의 모든 문제에 대한 결정을 내리고 구체적인 활동을 전개했음에는 틀림이 없다. 이런 점이 지금까지 알려져 있지 않았지만 그의 이러한 활동을 빼놓고서는 그의 월북 이후의 행적을 제대로 파악했다고 할 수 없다.

1948년에 들어서면서 조선문제가 유엔에 상정되고 임시한국위원단이 파견되는 등 이전과는 다른 상황이 벌어졌다. 북로당이나 남로당은 미국의 이러한 정책을 남조선 단독정부 수립 음모로 보았다. 남로당과 북로당은 더욱 긴밀한 공조가 필요해졌다. 남로당과 이남의 다른 정당들, 예를 들어 근로인민당·민주독립당·민주사회당 등과의 공조도 중요한 과제로 등장하였다. 이에 박헌영도 더욱 바빠졌다. 더군다나 선전출판물이 38선을 넘다가 발각되는 사고나 강동정치학원 1기생들이 활동임무를 띠고 월남하다가 사고가 터지는 등 크고 작은 사건들이 꼬리를 물자 박헌영은 노심초사하였다. 박헌영은 1948년 정초부터는 거의 38선 인근에 가서 살다시피 하였다. 그는 특히 남로당이 주도한 '2·7구국투쟁'이나 '3·1투쟁'을 직접 지도하기도 하였다.

>>>
6·25 전쟁 전후 김일성과
박헌영의 격돌

6·25전쟁의 발발 원인에 관한 많은 논의가 있어왔지만 이 전쟁은 이북의 인민군대 정규군이 남침한 전면전이었다. 이북 지도부는 당시에 무슨 이유로 전면 무력남침이라는 방식을 선택했으며 누가, 어떤 과정을 통해 이 방침을 결정하였을까. 결론부터 말한다면 이 방침을 놓고 이북 지도부는 오랫동안 격렬한 논쟁을 벌여야 하였다. 동시에 이 결정은 새로운 헤게모니의 정립을 의미하는 것이기도 했다.

이북 지도부의 남조선 해방전략은 계파별로 처음부터 큰 차이가 있었다. 크게 보면 항일빨치산파와 남로당파의 차이였다. 1950년 3월 말까지도 김일성과 김책·김광협·강건·오백룡을 중심으로 하는 항일빨치산파와 박헌영·이승엽의 남로당파는 남조선을 해방시키는 방법을 결정짓지 못하고 있었다. 거기다 막후에서 실력을 행사하는 평양주재 스티코프 소련대사도 이북 지도부와는 또 다른 견해를 갖고 있었다.

김일성의 항일빨치산파는 오직 정규군에 의한 무력남침만이 남조선을 해방하고 통일할 수 있다고 주장했다. 그래서 그는 일찍부터 무력수단인 인민군대를 강화하는 일에 매달리고 있었다. 김일성은 1949년 4월 마오쩌둥의 중국인민해방군이 장개석 정부를 무너뜨리고 중국대륙을 통일하는 승리에 고무되고 있었다.

김일성은 인민군대를 강화하기 위해 혁명이 끝난 중국공산당에 협력을 요청하였다. 중국인민해방군 내의 조선인부대를 조선에 보내 달라는 내용이었다. 그 결과 1949년 7월부터 1950년 4월까지 중국은 3개 사단 3만 5천여 명의 무력을 이북으로 보냈다. 방호산이 이끄는 중국 동북의용군 155사단은 이북에 들어와 인민군 6사단이 되었으며, 김창덕의 164사단은 인민군 5사단이 되었다. 거기에 1950년 3월 중국이 각 부대에 흩어져 있던 조선인들을 모아 창설한, 전우가 이끄는 15사단이 들어와 인민군 12사단으로 개편되었다.

초반 흐름은 남로당 전략이 우세

이에 반해 박헌영의 남로당파는 이남의 혁명을 완수할 주체는 이북의 인민군대 정규군이 아니라 이남의 지하당 조직이라고 주장하였다. 즉 박헌영은 남로당 지하조직과 이남 빨치산들이 능히 이승만 정권을 뒤엎고 통일할 수 있다는 자신감을 보였다. 박헌영은 혁명을 할 수 있는 결정적인 시기가 오면 북에서 단지 남로당의 활동을 물심양면으로 도와주기만 하면 된다고 장담했다.

이러한 양 갈래의 주장은 오랫동안 팽팽히 맞서 있었다. 이 논쟁은 결국 누가 남조선혁명을 주도하느냐의 문제였다. 말할 것도 없이 혁명이 성공적으로 완수되었을 때의 주도권 때문이었다. 지루한 공방 끝에 1950년 3월 말이 되어서야 힘의 축이 항일빨치산파의 주장 쪽으로 확연히 옮겨갔다.

이 논쟁이 벌어지는 동안 박헌영은 허장성세(虛張聲勢)로 초반의 흐름을 잡았다. 박헌영의 주장은 이러하였다. "남쪽에는 20여만 명에 이르는 지하당원이 있다. 남로당만으로도 남조선혁명을 성공시킬 수 있다. 공연히 전면전을 벌였다가는 미군이 개입할 위험이 있다."

이에 대해 김일성은 "이승만이 눈만 뜨면 북진통일, 북진통일 하고 있는데 이러고 있다가는 선제공격을 당할지도 모른다"라고 반박했다. 이에 박헌영은 다시 "북진하면 남로당이 군대 안에서 폭동을 일으켜 제지시킬 수 있다"고 호언장담하곤 하였다.

전쟁이라는 강경책을 들고 나온 항일빨치산파는 나름대로의 복안이 있었지만 워낙 자신만만한 박헌영의 계획을 우선은 따르기로 하였다. 박헌영은 1949년 8~9월에 남로당의 정치 대공세로 이승만 정권을 무너뜨릴 수 있다고 큰소리치고 있었기 때문이다. 항일빨치산파로서는 그렇다고 손을 묶어놓고 남로당만 쳐다볼 수는 없었다.

항일빨치산파는 새로운 카드를 끄집어냈다. 이른바 '국지전 전술'이다. 김일성은 박헌영에게 남로당의 지하당 조직이나 빨치산만으로는 남조선해방이 역부족이라고 주장하고 나섰다. 그 부족한 힘을 인민군대가 적극적으로 도와주겠다는 것이다. 김일성이 제안한 국부전의 내용은 이러하였다. "혁명시기가 도래하면 인민군 정규부대 일부가 서해안의 연안·개성 등을 잇는 황해도 옹진반도 일대를 점령한다(전쟁 전에 이 지역은 이남 관할이었다). 또 하나 동해안 쪽에서는 태백산과 강원도와 경북의 경계에 있는 삼척 일대를 점령한다. 이 두 지역에서 빨치산이 아닌 정규군이 국부적으로 치열한 접전을 벌임으로써 남측의 군대와 경찰력을 이곳에 붙들어 맬 수 있다."

총참모장 강건의 박헌영 전략 비판

김일성은 국지전 전술을 통해 남로당이 혁명을 보다 쉽게 완수할 수 있다고 주장하였다. 그는 1949년 초에 이 전술을 내 놓았다. 그 무렵 김일성은 승전으로 판세가 드러난 중국혁명으로부터 더욱 자신감을 얻고 있었다. 한편으로 국지전이라면 미국도 쉽게 달려들지 못할 것이라는 명분도 있었다. 김일성이 국지전을 통해서라도 남조선혁명에 뛰어들겠다고 생각한 것은 물론 남로당 주도하의 통일을 가정해 주도권을 확보하겠다는 계산에서였다.

박헌영으로서도 국지전에는 반대할 명분이 없었다. 박헌영과 김일성은 국지전 전략에 전격적으로 합의하였다. 혁명의 대체적인 윤곽도 나타났다. 다가오는 8~9월 남로당의 정치 대공세에 맞춰 인민군대 정규군을 두 지역에 국지적으로 배합하는 전략이었다. 산에서는 유격대가, 도시에서는 20여만 명의 남로당 지하당원들이 일시에 들고일어나 기관을 습격하고 무장폭동을 일으키면 인민군대는 옹진반도와 삼척지역으로 쳐들어간다는 시나리오였다. 어디까지나 남로당이 주도적인 위치에서 빨치산파의 도움을 받는 형태였다. 언뜻 남로당파와 항일빨치산파의 지루한 신경전은 이걸로 끝나는 듯 하였다.

그러나 뜻밖에도 소련이 국지전 전술에 동의하지 않았다. 여기서부터 힘의 축이 움직이기 시작한다. 소련은 이북에 군사고문단을 보내 군수물자와 병기를 지원하고 있었다. 국지전이든 전면전이든 군대동원은 소련의 동의가 필요하던 때였다. 김일성과 박헌영이 스티코프 소련대사를 찾아갔으나 좀체 동의하지 않았다. 소련 지도부는 국지전 전술에 회의적이었다고 한다. 결국이 전술은 소련의 동의를 얻지 못해 실행에 옮겨지지 못하였다.

그러던 사이 박헌영이 남조선혁명의 결정적 시기로 본 1949년 8~9월의 대공세도 점차 실패로 드러나고 있었다. 여기저기서 남로당 지하조직이 무너지고 유격대가 토벌되고 있다는 소식이 날아들었다. 이북 지도부는 박헌영의 호언장담을 더 이상은 못 믿겠다는 분위기로 점차 변해갔다. 대신에 한동안 잠잠하던 무력통일론이 고개를 들기 시작하였다. 그때쯤 박헌영 비판론에 도화선이 되는 사건이 일어난다.

조선인민군 총참모장 강건은 1949년 11월 중순에 강동정치학원에서 박헌영의 남조선혁명 전략과 이미 실패로 드러난 8~9월 대공세를 강도 높게 비판하였다. 그는 말할 것도 없이 항일빨치산파로 무력남침 강경론자였다. 그동안 꾹 참고 있었던 이야기를 공개석상에서 거침없이 해댄 것이있다. 강동정치학원도 예사롭지 않은 곳이었다. 그곳은 주로 이남에서 올라온 남로당 간부들을 재교육시켜 이남에 다시 침투시키는, '박헌영 정서'가 강한 학교였다. 그런 강동정치학원의 교직원과 학생들 앞에서 한 강연 자리였다. 그는 비판 끝에 자신 있게 대안을 제시하였다.

"남조선 해방과 통일은 오직 인민군대의 전면 진격으로 가능하다. 박헌영 동지는 호언장담은 했지만 결과는 실패였다. 더욱이 그릇된 노선으로 동지들을 좌경모험주의로 몰아넣었다. 지금이라도 남조선 지하대원들은 무모한 소모전을 그만두고 때를 기다려야 한다. 주력인 인민군대가 이남으로 진격하면 그때 비로소 남조선에 남은 빨치산과 지하당원들이 지서를 습격하고 파업을 주도해 인민군대의 진격 성과를 보장해야 한다."

박헌영의 전략 수그러들게 한 남로당의 조직 붕괴

강건은 4시간 동안 박헌영의 혁명전략노선을 무차별적으로 공격하였다. 이야기를 전해 들은 박헌영과 이승엽 등 남로당 지도부는 노발대발했다. 그러던 와중에도 이남에서는 연일 지하당원들이 잡혀들어가고 빨치산이 토벌되는 등 남로당은 만신창이가 되어갔다. 그 강연을 시작으로 '박헌영 논리'는 비판대에 올랐고 반면 항일빨치산파의 무력통일론은 점차 힘을 얻고 있었다. 1949년 10월 베이징에서 중화인민공화국이 출범한 것도 이북 내의 무력 남침의 논리를 뒷받침하였다.

그러나 당시에는 남조선혁명에서 남로당의 존재와 역할은 여전히 무시할 수 없었다. 1949년 11월 말 남로당과 북로당의 간부들과 군사간부들이 함께 자리하는 연합회의가 열렸다. 이 회의석상에서 박헌영-이승엽과 강건-오백룡은 남로당의 혁명노선을 놓고 일대 논쟁을 벌였다. 논의과정에서 무력남침론이 우세하였지만 그 자리에서는 남로당이 다시 대열을 가다듬을 수 있도록 박헌영을 밀어주자는 결론이 내려졌다. 항일빨치산파로서는 박헌영을 완전히 꺾을 수도 없었거니와 현실적으로 전쟁을 준비하는 데도 시간이 필요하였기 때문이다.

박헌영은 다시 남로당 조직을 추스르는 데 매달렸으나 이듬해인 1950년 3월 들어 심각한 사건이 터졌다. 김삼룡과 이주하의 체포로 남로당 서울지도부가 사실상 와해되었던 것이다. 남로당의 세는 갈수록 위축되었다. 박헌영은 이를 더는 두고 볼 수 없어 조직 재건을 위한 최후의 승부수를 던졌다. 자신이 아끼던 8백여 명에 이르는 김문연 부대과 김상호 부대를 태백산과 오대산으로 파견한 것이었다. 두 부대로 하여금 태백산과 오대산에 근거지를 마련하게 하고 지리산의 이현상 부대와 연계토록 한다는 계산이었다. 그러나 박헌영이 그토록 심혈을 기울인 이 부대들도 근거지에 도착하기 전에 토벌당하고 만다. 항일빨치산 강경파들은 박헌영의 모험주의 노선을 다시 비판하고 나섰다. 이번에는 소련파도 이에 가세하였다. 박헌영으로서도 이제 더 이상 항일빨치산파의 비판에 버텨낼 재간이 없었다. 박헌영의 실패에 따라 힘의 축은 눈에 띄게 항일빨치산파 쪽으로 옮겨갔다.

남로당 조직이 하루가 다르게 와해의 길에 들어선 1950년 4월 초에 조선로동당 중앙정치위원회 확대회의에서 남조선 대책을 마련하기에 이르렀다. 잇따른 체포에 따른 남로당 및 이남 빨치산지도부의 공백을 어떻게 수습할 것인가에 대한 논의였다. 회의석상에서 따가운 비판이 쏟아질 때마다 박헌영의 입장은 옹색해졌다. 그에게는 발언권도 돌아가지 않았다. 참다 못한 박헌영은 "아직도 전남과 경남·북 지역에는 20만 명의 남로당원이 남아 있다"고 치고 나왔다. 그게 화근이었다. 여기저기서 더는 못 참겠다는 듯 고성이 터져 나왔다.

성미가 급한 오백룡이 되받아 쳤다. "당신 말을 더 이상 어떻게 믿겠는가. 전남도당·경남도당·경북도당이 살아 움직이고 있느냐? 도당에서 올라온 보고서라도 있느냐…" 대남연락부장을 맡고 있던 임해도 "20만 명이 있다면 도당 당세 통계보고서라도 가져오라"며 쏘아붙였다. 그때쯤 듣고 있던 김일성이 오백룡을 질책하며 제지하였다. "아, 그러면 믿어야지… 그러면 되겠는가."

  항일빨치산파는 회의장의 여세를 몰아 '전면전 전략'에 못을 박았다. 이제 남조선 해방과 통일은 오직 인민군대가 주력이 되는 전면적인 무력침공으로 가야 한다는 것이었다. 이남에 있는 남로당 20만 당원은 인민군에 배합하여 파업을 벌이고 기관을 습격하며 철도와 교량을 파괴해 배후에서 인민군의 진격을 엄호한다는 전술이었다. 국지전 전술과 비교하면 인민군과 남로당의 역할이 완전히 뒤바뀌는 셈이었다. 박헌영으로서도 그때쯤은 승복할 수밖에 없었다. 결국 그 회의를 통해 김일성의 항일빨치산파와 박헌영의 남로당계는 전면전 전략에 합의를 이룬 것이었다.

  이북 지도부는 별다른 이견 없이 기본전략에 합의하자 내친 김에 그 자리에서 몇 가지 결정을 더 내린다. 남침에 필요한 사전 준비들이었다. 인민군대의 군사력을 어떻게 증강시키고 전투력을 높이기 위해서는 훈련을 어떻게 실시할 것인가 하는 등이었다. 그때쯤 남은 마지막 문제는 이북 지도부가 이 노

1949년 지리산유격대원들이 전투에 앞서 사열식을 갖고 있다. 그러나 이해 겨울 국군의 집중적인 토벌작전으로 유격대는 거의 무력화됐다.

선에 대해 소련과 중국으로부터 동의와 지원을 이끌어내는 일이었다.

지도부는 김일성과 박헌영을 소련과 중국에 파견하기로 결정했다. 그 이전부터 김일성과 스탈린 간에는 몇 차례 비밀전문이 오갔다. 소련의 승인을 받기 위해 이북 대표단이 떠난 것은 3월로 기억된다.

박헌영, 스탈린·마오쩌둥 앞에서도 여전히 호언장담

김일성과 박헌영으로부터 남침계획을 들은 스탈린은 한동안 고심했다고 전해진다. 한반도에서 전면전을 벌일 경우 미국이 개입할 가능성이 있었기 때문이다. 그래서 스탈린은 "성공이 보장되면 우리는 동의"라는 모호한 입장을 보였다. 결정과정이 어렵기는 하였으나 스탈린은 동의는 물론 군수물자의 지원까지 약속하였다.

이북 대표단은 다음으로 마오쩌둥을 찾아갔다. 일자는 1950년 5월 15일께로 기억한다. 마오는 스탈린과는 달리 미국의 개입 가능성을 개의치 않는 분위기였다. 중국은 6개 사단을 보내달라는 요청을 받고 스스로 9개 사단을 보내겠다고 나올 만큼 이북을 지원하는 데 적극적이었다.

박헌영은 스탈린이나 마오쩌둥 앞에서도 특유의 호언장담을 잊지 않았다. 김일성이 이들에게 무력남침의 기본전략을 설명하면 박헌영이 꼭 한마디를 덧붙였다고 한다. 남조선혁명 세력을 대표하는 박헌영으로서는 그럴 만도 하였다. "인민군은 남으로 밀고 내려와 서울만 점령하면 된다. 그 다음 서울에서 거리가 먼 전라남도나 경상남·북도는 20만 남로당원이 들고일어난다. 그래서 전쟁은 반드시 승리할 수 있다." 박헌영의 이런 말을 듣고는 스탈린과 마오쩌둥의 표정도 밝아졌다고 한다.

소련은 4월 중순에 군사고문단을 전면적으로 교체하였다. 총고문 바실리예프 중장과 포스토니코프 소장을 비롯해 10여명의 고문단이 도착하였다. 바

실리예프 중장은 독일·소련전쟁에서 영웅훈장을 받은 실전파로 현역 군단 장 출신이었다. 이전의 고문단이 인민군 창건과 군사훈련의 주역이었다면 새로 도착한 고문단은 작전통 장성들로 채워짐으로써 전쟁계획을 수립하려는 목적이 뚜렷하였다.

4월 들어 청년학생을 대상으로 한 인민군대의 초모사업이 대대적으로 벌어져 새로운 부대가 편성되고 그때부터 합동군사훈련도 시작되었다. 당시까지 인민군의 훈련은 사단 단위까지만 실시되고 있었다. 그러나 전면전은 인민군 전 부대의 훈련을 필요로 하였다. 그래서 군단지휘부인 보조지휘소가 신설되었다.

중서부전선의 제1보조지휘소(후에 1군단으로 개칭)는 황해도 남천에 4개 사단과 1개 탱크사단으로 편제되었다. 중동부전선의 제2보조지휘소(제2군단)에는 강원도 화천을 근거지로 3개 사단과 1개 경탱크여단이 배속되었다. 1군단장에는 조선의용군 출신의 김웅 소장이, 참모장엔 황성복 소장이 임명되었으며 2군단장은 김광협 소장(참모장 최인 소장)이 맡았다.

이제 남은 과제는 남침의 시기를 결정하는 문제였다. 이와 관련하여 이남의 정세나 군대의 전력이 중요한 변수일 수밖에 없었다. 한미관계는 그때까지도 여전히 옥신각신하고 있었으며 남침 가능성에 대한 이야기가 간간이 흘러나왔지만 그다지 주목받지 못하였다. 미국은 이승만 정권의 북진통일론을 선뜻 승인하지 않았으며 그렇다고 고삐를 완전히 놓지도 않은 어중간한 상태였다.

이북 지도부는 당시 이남의 전투력에 대하여 우연찮게 얻은 여러 경로의 정보라인을 통해 자세히 파악하고 있었다. 1949년 5월에 강원도 춘천에 위치한 국방군 제6여단 8연대의 2개 대대가 38선을 넘어 월북하였다. 1대대장 표무원 소령은 5월 4일 야간훈련 도중 대대병력 4백여 명을 인솔해 38선을 넘었으며, 2대대장 강태무 소령은 다음날 3백여 명을 이끌고 북으로 왔다. 물론 2개 대대의 모든 병력이 순순히 넘어온 것은 아니었다. 이들 중 약 반수는 월북 도중에 다시 남하했고 북에 남은 병력은 최종적으로 360여 명에 달하였다. 표무원 · 강태무는 국방군의 창군 대대장이었기 때문에 비교적 군대사정에 밝은 편이었다.

이밖에도 그 무렵 비행기 3대가 38선을 넘어왔으며 초계정 강철호 · 강화호 두 척이 월북했다는 이야기도 있었다. 거기에다 부산에서 군산으로 물자를 싣고 가던 미국 운반선 스미드호도 이북으로 와 중요한 정보선이 되었다.

양양 · 옹진 국지도발 통해 남쪽 전력 사전탐색

이런 루트 말고도 국방군 내부에 심어놓은 남로당 조직이나 북로당의 성시백선이 있었고 심지어는 미군 안에도 유력한 정보망이 있었다. 약간 과장해서 말한다면 이북 지도부는 이러한 여러 정보망을 통해 이남의 군대 동향을 손바닥 들여다보듯 파악하고 있었다. 그러고도 더 구체적으로 전력을 가늠하기 위해 인민군은 개성 · 양양 · 옹진 등 38선 몇몇 지역에서 국지적인 도발을 시도하였다.

지도부는 여러 경로를 통한 이남의 정세나 전력으로 보아 '지금이 적기'라는 판단에 이르렀다. 그러면 D-데이는 언제로 잡을 것인가, 대원칙은 혁명의 시기가 무르익은 지금 '속전속결'로 해치운다는 것이었다. 겨울은 눈으로 곤란하고 아무래도 녹음이 짙은 여름이어야 했다. 여름이라면 장마철은 또 피해야 한다. 그래서 나온 것이 6월이었다. 6월 말쯤 시작해서 8월 15일이나 늦어도 9월 초까지는 전쟁을 끝낼 수 있을 것이라는 복안이었다.

그 무렵 이미 소련으로부터 대규모의 군수물자와 중장비가 이북으로 속속 들어오고 있었다. 전차나 자주포 · 중화기 등 한반도의 산악지형에 효과적인 장비들이었다. 수송은 해상과 육로 수송망을 이용하였다. 해상수송은 주로 블라디보스토크에서 출발한 상선이 은밀하게 나진·청진·원산항에 도착하였고 인근 부대인 5사단이 하역을 맡았다. 하역된 장비는 다시 열차 편으로 각 부대와 계획된 38선 지역으로 옮겨졌다. 그밖에 육로는 만주철도를 이용하여 남양(함북)이나 신의주로 군수물자를 들여오거나 블라디보스토크에서 철도로 홍의(함북)로 수송되기도 하였다.

장비뿐 아니라 군사간부들도 소련과 중국에서 속속 입국하였는데, 당시 소련에서 2천여 명, 중국에서 8백여 명이 들어온 것으로 기억한다. 이들은 군 출신이거나 정치간부들로 대부분이 우리말을 할 줄 아는 조선인 2세들이었다. 시기적으로는 4월부터 6월 초까지 이들이 입국하였다.

6월 들어 평화 대공세 나서

이북 지도부는 남침 시기까지 대체적인 합의에 이르자 1950년 5월 25일께 정치위원회 확대회의를 개최하였다. 각 도 인민위원장과 도당위원장까지 참석한 전례 없는 대규모 회의였다. 전면 무력남침이라는 거대한 계획을 알리고 지침을 내리는 자리였다. 6월 초순부터 중순에 걸쳐 종합 대기동훈련을 한다는 명목으로 모의 전쟁훈련도 시달되었다.

이 회의는 중요한 의미를 갖는다. 무력남침에 관한 주요 결정들은 이 자리에서 사실상 모두 매듭이 지어졌다. 그리고 이 회의가 끝난 다음부터 이북 지도부는 이남을 향해 대대적인 평화공세를 펴나갔다. 김일성이 부대 방문에 나서면서 직접 전력을 점검한 것도 이때부터였다.

이북은 6월에 접어들자 연일 강도 높은 평화공세에 나섰다. 6월 7일께 정당·사회단체들의 연합회의에서 소위 '평화통일추진호소문'이 발표되었다. 대체적인 내용은 이렇다. "해방 5주년을 맞아 구체적 통일방책으로 8월 5일부터 8일까지 남북 총선거를 실시하여 통일최고 입법기관을 설치하자. 이를 위해 남북 제정당 · 사회단체 대표자회의를 제안한다."

제안방식도 이전과는 달리 적극적이어서 방송으로 끝내지 않고 이번에는 대표를 뽑아 38선을 넘어 직접 문건을 전달하려 하였다.

북측은 다시 사흘 후에 평양방송을 통해 조만식 선생(1946년 1월 1일부터 고려호텔에 연금)과 체포된 남로당 간부 김삼룡 · 이주하를 교환하자고 제의하였다. 다시 열흘이 지나고 이번에는 최고인민회의 상임위원회에서 남북 국회를 연합하여 통일입법회의를 만들고 군대를 단일화하자고 제안하였다. 이북의 대대적인 평화공세에도 남측의 별다른 움직임이 없자 북측은 6월 하순부터 이승만 정권의 북진통일론을 공격하기도 하였다.

북측은 평화공세를 펼치는 한편으로 내부에서는 전쟁준비에 박차를 가하고 있었다. 6월 초부터 각 부대에는 전쟁에 필요한 탄약과 포탄 · 수류탄은 물론 피복 · 식량 등이 지급되었다. 동시에 김일성은 군부대 방문에 나서 인민군대의 공격준비 태세를 직접 점검하였다.

6월 10일 이북에서는 마침내 비밀군사작전회의가 열린다. 소련 군사고문

1949년 6월 2일 평양 모란봉극장에서 조국통일민주주의전선이 결성됐다. 조국전선에는 남북의 71개 정당 · 단체가 참가했다. 전쟁 직전 조국전선은 '평화통일추진호소문'을 발표하기도 했다. 앞줄 오른쪽부터 백남운 교육상, 김달현 천도교청우당 위원장, 허헌 최고인민회의 의장, 김일성 수상, 김두봉 최고인민회의 상임위원장 등이 보인다.

단과 합동으로 작전계획을 수립하는 회의였다. 계획의 골자는 주력부대의 진격방향과 단계별 진격 목표, 그리고 부대의 공격위치를 정하는 것이었다. 대략 1·3·4·6사단과 독립여단으로 구성된 1군단이 중서부 전선을 맡아 서울을 공격하고 2·5·12사단과 경탱크여단이 배속된 2군단은 동부전선으로 밀고 내려간다는 시나리오였다. 이 계획은 곧바로 정치위원회의 토론을 거쳐 최종 승인되었다.

6월 28일~7월 1일 중 택일하려고 한 남침일자

이북에서는 6월 12일부터 실전을 가상한 기동합동훈련이 실시된다. 명목은 이번에도 일상적인 합동군사훈련이었다. 다만 기밀유지를 위해 야간에만 훈련을 실시하였다. 그러나 이 훈련은 사실상 전쟁의 시작이었다. 훈련을 가장해 군종·병종 별로 전투가 시작될 자기 진지로 움직여 갔기 때문이다. 이 훈련이 매듭지어진 6월 20일에는 군대 배치가 완료되었다.

6월 18일 이번에는 평양 모란봉극장의 지하 공연실에서 연대장급 이상의 모든 군사간부들이 한자리에 모였다. 이 자리는 김일성이 그 동안 군부대를 직접 방문해 점검한 전력을 결산하고 전쟁준비를 마무리짓는 비밀회의였다. 6월 중에 이남으로 진격한다는 이야기도 나왔다. "절대비밀"이라는 주의가 몇 번씩 되풀이되었다. 그날 저녁 사실상의 전투명령인 조선인민군 총사령부 명의의 「정찰명령 제1호」가 하달된다. 각 부대로 하여금 남침 축 선에서 세부 정찰을 실시해 공격계획을 세우라는 명령이었다. 이제는 공격일자만 불확정적이었지 언제든 진격할 수 있는 태세였다.

같은 날, 모란봉극장의 위층 공연실에서는 지하 공연실 분위기와는 전혀 다른 또 하나의 회의가 열리고 있었다. 남북 국회를 연합해 통일입법기관을 구성하기 위하여 '평화'를 협의하는 조국통일민주주의전선 중앙위원회 확대

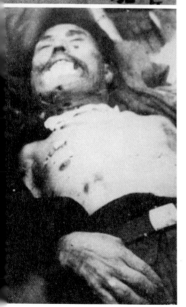

회의였다. 이날 회의의 결론은 다음날 최고인민회의 명의로 '평화통일 추진결정' 으로 발표되었다.

김일성은 6월 20일 소련 군사고문단의 의견을 받아들여 다시 전방 2개 군단을 지휘할 전선사령부를 편성한다. 전선사령관에는 김책 대장, 총참모장에는 강건 중장, 군사위원에는 김일 중장이 각각 임명되었다. 전선사령부는 이동하는 전선에서 효과적으로 작전을 지휘하는 것을 목적으로 하였다.

전선사령부는 6월 24일 일제 강점기에 일본군이 탄약고로 사용하던 평양 근교의 서포 천연동굴 안에 자리를 잡았다. 전선사령부는 6월 25일 아침 9시 정각에 인민군 6사단이 개성을 점령했다는 첫 전황보고를 받았고, 그 뒤 철원으로, 서울로 전황에 따라 움직여갔다.

이북 지도부는 당초에 단계별 점령 시나리오를 구상하였다. 제1단계는 서울 점령이며 제2단계는 대전 점령, 그리고 마지막 제3단계에서 전쟁을 완결 짓는 것이었다. 지도부에 이제 마지막으로 남은 것은 D데이·H아워의 결정뿐이었다. D데이가 하달되기 전에 간부들 사이에서는 6월 28일이나 29일, 늦어도 7월 초하루가 아니겠는가 하는 짐작들이 있었다. 그런데 6월 하순에 접어들면서 몇 가지 해프닝이 일어났다.

1950년 3월 남로당 서울시 책임자였던 김삼룡과 이주하 검거 기사와 사진. 북한은 6·25전쟁 직전 이들과 고당 조만식 선생을 교환하자는 제안을 했으나 이승만 정부의 거부로 무산됐다. 김삼룡과 이주하는 전쟁 발발 다음날 남산 인근에서 총살됐다(위). 1953년 9월 토벌대에 사살된 이현상의 모습(아래).

상식적으로는 일어나기 어려운 사건들이었다.

먼저 6월 20일에 어처구니없는 일이 벌어졌는데 이때는 이미 연대장급 이상에 작전계획이 하달된 이후였다. 문제가 생긴 곳은 황해도 남천 1군단 지휘부였다. 소련파 출신 1군단 참모장 황성복 소장이 그날 오전에 어디를 갔다 오느라고 자리를 비웠는데 오후에 군단 지휘부로 돌아와 보니 군단장 김웅이 사라졌다. 내심 걱정하면서 기다렸으나 2시간, 3시간이 지나도록 김웅 사령관이 나타나지 않았다. 김웅은 참모장인 황성복 소장에게 아무런 이야기도 없이 군부대를 이탈했던 것이다.

당시 38선 부근에서 납치사건이 간혹 일어났기 때문에 황 참모장은 김웅 사령관이 납치되었을지도 모른다는 생각이 문득 들었다. 김웅 사령관이 어디로 갔는지 알고 있는 사람은 아무도 없었고 더욱이 비밀 작전문건도 보이지 않았다. 다급해진 황 참모장은 평소 잘 알고 지내던 평양의 1군단 담당 소련

1946년 11월 북조선임시인민위원회는 보안간부훈련대대부를 편성했다. 이후 1947년 5월 인민집단군사령부가 설치되고, 다음해 2월 8일 '조선인민군'이 공개적으로 창설됐다. 1948년 8월 15일 해방3주년을 맞아 조선인민군이 열병식을 거행하고 있다.

군사고문관에게 김웅 사령관의 소재를 물어보았고, 소련 고문관은 김일성과 전선사령부 강건 참모장에게 "김웅 사령관의 행방불명 사실을 알고 있느냐"고 따져 물었다. 그때쯤에 모두들 "김 사령관이 없어졌다"고 난리법석들이었다. 강건은 황성복에게 전화를 걸어 대뜸 거친 음성으로 "그런 일이 벌어지면 우리한테 먼저 알려주어야 할 것이지 대체 소련 고문관이 무엇이길래…"고 따졌고 두 사람 사이에는 험악하게 고성이 오갔다.

그 난리를 피우고 얼마 안 있어 뜻밖에도 김웅 사령관이 모습을 나타냈다. 알고 보니 그는 작전계획을 들고 참모 둘을 대동한 채 일선 부대에 불시 점검을 나간 것이었다. 그 일로 소련군사대학까지 나온 황성복은 곧바로 1군단 참모장직에서 해임되었다.

같은 날 전연지대 일선에서 하루에 3건의 사고가 발생하였다. 공교롭게도 개성·철원·화천 등 서부·중부·동부전선에 걸쳐 각각 1명씩 하사관급 3명이 월남하였다. 20일 밤부터 21일 새벽 사이에 일어난 일이었다. 어쩌다 그런 일이 일어났는지는 지금도 알 길이 없지만 심상치 않은 사건이었다. 나중에 들려오는 이야기로는 "남쪽에서 전력을 탐색하기 위해 심어놓은 세포"라는 설이 있었다.

이상한 일은 그밖에도 또 있었다. 전방 탱크사단 지휘부의 참모 한사람이 4시간 가량 행적을 감추었다 다시 나타났다. 그는 중국인민해방군 출신이었으나 한때 일본군과 장개석의 국민당 군에도 몸담은 적이 있는 복잡한 이력의 소유자였다. 사단 지휘부는 그를 감금해 놓고 종적을 캐물었지만 남쪽과 내통한다는 말은 끝내하지 않았지만 어딘가 수상쩍었다고 한다.

6월 24일 밤 11시 남도부부대 38선 넘어

이처럼 6월 20일을 전후한 일련의 해프닝으로 이북 지도부는 D데이를 자칫 늦추었다가는 남침 정보가 새나갈 수 있다는 판단을 하기에 이르렀다. 게다가 이남 상황에 관한 정보가 입수되었는데 6월 중순에 선포된 국방군의 비상경계령이 20일께 해제되었다는 정보였다. 그래서 이남에서는 사병들이 다시 휴가를 가기 시작한다는 내용까지 포함되어 있었다. 더 결정적인 정보는 군 수뇌부의 동향에 관한 것이었다. 24일 저녁에 육군회관 준공 축하파티가 열린다는 정보였다. 그 모임에 미국의 군사고문단은 물론 군 수뇌부가 모두 참석할 것이라는 보고가 들어왔던 것이다.

조선로동당 지도부는 6월 21일 밤부터 다음날 새벽 사이에 긴급 비밀 정치위원회를 다시 열었고, 그 자리에서 당시 입수된 이남의 최신 정보를 전달하고 월남자들에 의해 거대한 남침계획이 드러날지도 모른다는 우려도 전달하였다.

결론은 쉽게 났다. 그렇다면 D데이를 6월 말에서 5~6일을 앞당기자는 것이었다. 결국 그 회의에서 D데이는 처음보다 약간 앞당겨진 6월 25일로, H아워는 새벽 4시로 결정되었다. 이때부터 전쟁 준비는 더욱 바삐 돌아갔다. 22일 낮에는 도 안전부장 회의가 소집된다. 사흘 뒤에 있을 거사를 앞둔 내부 단속 지침과 자위대 조직, 그리고 주민 소개사업이 하달된 것이다. 그날 저녁에는 일선 군부대에 「작전전투명령 제1호」가 떨어진다. 6월 25일 새벽 4시에 공격을 개시한다는 명령이었다.

사실상 작전은 6월 24일 밤에 이미 개시되었다. 이날 밤 동해안에 근거지를 두고 있던, 기관총과 박격포로 무장한 766유격대(일명 남도부 부대) 1개 대대가 38선을 넘어 남하하였다. 이날 밤 11시에 766유격대원들은 군사간부 오진우의 환송을 받으며 배를 타고 출발하였고 25일 새벽에는 이미 울진·삼척·포항 등지에 상륙해 교전을 시작하였다. 그것은 전쟁의 시작을 알리는 총성이었다.

>>>

'박헌영·이승엽 사건'이 터지다

사건을 바라보는 시각

박헌영·이승엽사건이 몰고 온 소용돌이가 엄청났던 만큼 이 사건을 어떻게 보아야 할 것인가를 두고 끊임없이 논란이 계속되었다. 이 사건을 제대로 보기 위해서는 단순히 '박헌영이 미제의 간첩이었냐, 아니었냐'는 이분법적 판단에서 벗어나야 한다. 박헌영과 박헌영사건을 다룰 때 우선 견지해야할 관점이 있다.

첫째로, 보통 일반인을 보는 시각에서 박헌영을 본다거나 박헌영사건을 보아서는 옳게 규명할 수도, 평가할 수도 없다는 점이다. 보통 일반인이 아닌 공산당 당원, 그 중에서도 일개 간부도 아닌 공산당 당수라는 측면에서 평가되어야 한다는 것이다. "공산당 당수가 어떻게 미제의 간첩이 될 수 있는가?"라는 낭만적이고 인도주의적인 관점에서 다뤄서는 곤란하다고 생각한다.

둘째로, 일정한 평가원칙이 필요하다는 점이다. 공산주의적·혁명적 원칙에 따라, 공산주의 간부의 평가원칙에 입각해서 이 사건이 규명되어야 한다.

셋째로, 박헌영사건을 평가할 때 역사적 과정을 포괄적으로 보아야 한다는 점이다. 부분적인 사실이나 현상을 가지고서는 이해가 안 되는 사건이기 때문이다. 일제 강점기 이래 박헌영과 관련 인물들의 활동, 조선공산주의운동의 전체 역사를 포괄적으로 이해한 바탕 위에서 하나하나 뜯어보아야 이 사건을 이해할 수 있는 것이다.

넷째는 역사주의적 관점, 객관적인 시각에서 규명해야 한다는 점이다. 구체적 사실에 근거해서 객관적 평가가 이루어져야 하는 것이다.

이러한 네 가지 관점이 전제되어야 이 사건을 다룰 때 선입견에서 벗어나 더 정확하게 이해할 수 있다. 박헌영·이승엽사건의 실체를 파헤치기 위해서는 특히 사건의 배경 내지 기원까지 거슬러 올라갈 필요가 있다.

박헌영은 1945년 해방 직후인 9월 11일 서울에서 조선공산당을 조직하였다. 조선공산당은 1946년 11월 23일 조선인민당·남조선신민당과 합당하여 남조선노동당으로 개편되었다. 한편 평양에는 1945년 10월 10일 김일성을 중심으로 한 조선공산당 북조선분국이 조직되었고, 이 조직은 공산당 북조선 조직위원회, 북조선공산당 등으로 명칭을 바꾸었고 1946년 8월 28일 조선신민당과 합당하여 북조선노동당으로 개편되었다.

북로당과 남로당은 1948년 8월에 '남북조선노동당 연합중앙위원회'가 조직될 때까지 우당적 관계이지 상하의 관계는 아니었다. 긴밀한 형제당으로 적극적으로 도와주고 지원하는 관계였던 것이다. 다만 우당으로서 연합회의를 개최한다든지 연석모임을 갖고 토론하거나 조언하는 것은 가능하였다.

그러나 북로당과 남로당의 지도부 사이에는 감정상·노선상 일치하지 않는 면이 많았다. 이들 간의 알력관계가 표면화되기 시작한 것은 박헌영과 이승엽이 양자의 합의사항을 지키지 않으면서부터였다. 이런 현상은 1946년 8월에 본격화된 좌익3당 합당과 연이어 전개된 9월 총파업에서 단적으로 드러났다.

김일성과 박헌영은 1946년 7월 이남에서 조선공산당·조선인민당·남조선신민당 간의 합당을 통해 좌익 정치세력을 강화하고, 이에 기초해서 10월에 총파업과 농민항쟁을 추진시키기로 합의하였다. 그러나 박헌영은 자파 세력만을 중심으로 3당합당을 추진하여 남로당을 결성하기 위해 10월로 예정되어 있던 총파업을 9월로 앞당겼다.

박헌영이 1946년 9월에 월북한 뒤에는 이 같은 현상은 더 심하게 나타났을 뿐 아니라 북로당 지도부에 대한 불평·불만을 터트리기도 하였다. 대남

문제를 전적으로 책임지던 박헌영이 대남사업을 적극적으로 도와주지 않는다고 북로당에 불평을 했던 것이다.

박헌영은 소련파와 소련군정 인사들과 자주 만나 북로당 지도부가 자기들을 적극적으로 지원해주지 않는다고 불평하였다. 소련군사령관·허가이 등은 이런 이야기를 김일성에게 전달하였다. 이런 일이 되풀이되니 북로당 지도부와 박헌영 사이에 좋은 감정이 생길 리가 없었다. 자연히 호흡이 맞지 않는 상태가 노출되었다.

감정과 노선의 불일치

북로당 지도부와 박헌영 사이에는 이러한 감정상의 불일치와 함께 근본적으로 전체 조선혁명과 통일 수행방도에 대한 노선상의 차이가 있었다. 박헌영은 "남조선혁명은 북의 일정한 지원을 받아 남로당이 주동이 되어 수행한다"고 시종일관 주장하였다. 이러한 주장은 1949년 8월경까지 변함이 없었다.

그러나 북로당의 최용건, 강건 등 항일빨치산파 및 연안파들의 생각은 달랐다. 이들의 생각을 요약하면 이러하였다. "현실적으로 이남에 미군이 들어와 있고 미군정 통치가 실시되고 있다. 미군정은 일제 통치기구를 그대로 받아 군정을 실시한다. 강력한 군정통치기구 때문에 혁명이 빠른 시일 안에 이뤄지기 어렵다. 통일과 남조선해방은 장기적으로 이북의 혁명기지가 주동이 되고 남조선 혁명역량이 배합하는 남북 배합작전에 의해 이룩될 수 있다. 이런 틀에서 남조선혁명을 추진해야 한다. 따라서 결정적 시기에 대비해 남조선 혁명역량을 보존, 축적해야 한다."

즉 북로당 지도부는 남북의 배합작전으로 통일을 이뤄야 히며 이를 위해 이남의 혁명역량이 보존, 축적되어야 한다는 논리를 앞세웠다. 노선상의 대립관계가 상당기간 표면화되지는 않았다. 그러다가 앞에서 밝힌 대로 1948

년 11월 당시에 인민군 총참모장이던 강건이 강동정치학원을 방문해 학생들 앞에서 연설한 뒤에 갈등이 불거져 나왔다.

박헌영이 남로당의 주도권을 강조한 것은 여러 정황증거로 보아 월북 이후 그의 처지와 밀접한 관계가 있음을 지적하지 않을 수 없다. 박헌영은 비록 몸은 이북에 있었으나 '남조선혁명'을 책임진 공산당 당수의 위치에서 벗어날 수 없었다. 때문에 언제나 남쪽의 전반적인 상황에 대해 책임과 압박감을 갖고 있었다. '남조선 해방과 조국통일' 문제에 누구보다도 정치적인 이해관계를 가지고 있었던 것이다.

그런데 박헌영이 1946년 9월에 월북한 뒤에는 이북에서 쭉 활동했지만 이북 지도자들과는 민족해방투쟁에서의 인맥관계가 거의 없었다. 물론 북로당 중앙위원인 최창익이나 주영하 등 일부 지도자들과 안면은 있었으나 조직적 관계는 없었다.

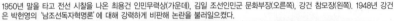

1950년 말을 타고 전선 시찰을 나온 최용건 인민무력상(가운데), 김일 조선인민군 문화부장(오른쪽), 강건 참모장(왼쪽). 1948년 강건은 박헌영의 '남조선독자혁명론'에 대해 강력하게 비판해 논란을 불러일으켰다.

박헌영은 생활 면에서 북로당 측에 의존하지 않을 수 없었다. 북로당에 부탁하는 입장이었지 마음대로 활동할 수 있는 처지는 아니었다. 그런 만큼 그의 입장에서는 자신의 위치를 확보하자면 남조선혁명 수행과정에서의 남로당 및 자신의 역할을 강조할 수밖에 없었다. 그는 북로당 지도부를 크게 의식하였고 결국 남로당에 무모하고 조급한 투쟁을 지시하였다.

박헌영이 북로당 지도부를 의식하다보니 이남에서 벌어지고 있는 모든 일을 정당화하고 미화해서 통보하는 게 버릇이 되었다. 당시 그가 북로당에 보고하기보다는 통보하는 형식이 만들어졌다. 북로당 지도부는 그러나 다른 선을 통해 객관적 정보를 입수하고 있었다. 북로당 지도부는 박헌영의 보고가 미화되기 일쑤이고 황당한 면이 많다고 판단하였다. 그러나 공개적으로 시비하지는 못했다.

북로당 지도부는 대남사업을 총괄하던 박헌영에게 이래라 저래라 할 수는 없었지만, 이남의 정치상황이 지나치게 좌경적, 모험주의적 행동으로 흐르는 데 대해 그때그때 조언했다고 한다. 그러나 이들이 지적한 문제는 시정되지 않았고 북로당 측은 공개적으로 이에 대한 우려를 표출하기에 이른다.

특히 1949년에 벌어진 일련의 사태는 남로당 세력의 붕괴에 결정적 영향을 미치게 된다. 그 중 몇 가지 문제만 살펴보자. 대한민국 정부가 수립된 서울에서는 1949년 6월 5일 남로당을 내부에서부터 와해시키기 위한 국민보도연맹이 조직되었고 사상전향 공작의 열풍이 몰아쳤다. 북로당은 이때 이남의 정치상황을 검토하면서 국민보도연맹의 조직은 남로당을 조직적으로 파괴하려는 조치인 만치 이를 주동적으로 남로당 조직의 보호막으로, 합법활동의 기구로 만들어나가는 조치를 취해야 한다고 결정하였다. 남로당 파괴의 의도를 역으로 이용하여 분쇄하는 역할을 박헌영과 이승엽에게 위임하였다.

박헌영과 이승엽은 이에 대해 "남로당 세력이 강하니까 보도연맹이 나와

봐야 소용없다. 남로당원들 가운데 일부 변절자들을 빼고는 거기 들어갈 사람은 없다"고 큰소리치면서 결정사항을 이행하지 않았다. 수수방관하다가 보도연맹이 남로당 조직을 파괴하고 있는데도 손을 쓰지 못하고 말았다. 더군다나 남로당원들 가운데 보도연맹에 가입한 일부에게는 변절자의 딱지를 붙여 2중, 3중으로 당을 파괴하는 결과를 낳았다.

국민보도연맹은 1949년 10월 1일부터 11월 30일까지의 2개월을 자수기간으로 정하고 전향공작을 실시하였다. 당시 전국적으로 약 30만 명이 가입한 것으로 알려져 있다. 박헌영과 이승엽의 호언장담이 과장에 지나지 않았음이 드러났던 것이다.

남로당은 1948년 10월 '여순군인봉기' 이후 제주도를 비롯한 호남 및 영남 일부지역에서 무장투쟁, 즉 빨치산활동을 전개하였다. 1949년에 접어들면서 무장부대 대열을 확대해 '유격투쟁'을 더욱 강화했다. 박헌영과 이승엽은 산발적으로 진행되던 '유격투쟁'을 보다 조직적으로, 대규모로 전개하기 위해 유격대를 통합해 이른바 '인민유격대'를 편성하였다. 그러나 박헌영의 대규모 부대편성은 당의 결정사항과는 배치되는 것이었다.

조선로동당 정치위원회는 1949년 초 이남에서 전개되던 빨치산활동과 관련해 소부대 생산유격대식 활동을 기본으로 한 활동전술을 채택하였다. 낮에는 생산에 참가하고 밤에는 유격활동을 전개한다는 것이었다. 그러나 박헌영은 계속 대부대활동을 고집하고 진지전을 감행했다. 결국 활동은커녕 대부분 파괴되는 결과를 낳았다. 수백 명으로 구성된 1~3병단을 오대산·태백산 지구에 남파해 별 활동도 못한 채 괴멸되는 비극을 야기하였다. 즉 박헌영과 이승엽은 1949년 7월에 각 지구별로 인민유격대를 3개 병단으로 편성해 대량 남파시켰다가 남하 도중에 군경에 발각되어 타격을 입게 하였다. 이 전술은 정치위원회의 결정을 어긴 독자적인 것이었음을 보여주는 것이다.

더욱 주목할 것은 박헌영이 1949년 9월부터는 폭동을 지시하면서 "인민군이 쳐 내려온다"는 선전을 유포시켰던 점이다. 박헌영은 7~8월까지는 그런 이야기를 하지 않다가 9~10월 폭동지시 때부터는 "인민군이 쳐 내려온다", "있는 힘을 다해서 투쟁하라", "전 재산을 다 팔아 투쟁자금으로 지원하라"고 지시하였다. 박헌영은 이북 지도부에게 빨리 쳐내려가자고 요구하였다. 날이 갈수록 이승만 정권이 강화되기 때문에 이남에서 폭동을 일으키고 무장유격활동을 할 때 밀고 내려 가야 한다고 했다. 박헌영은 이남에서 20만 당원이 봉기할 수 있기 때문에 서울만 장악하면 된다는 주장을 폈다.

박헌영은 1949년 3월 오대산·태백산지구에 대규모 유격대를 파견하는 한편, 7~9월에 연이어 폭동을 지시하였다. 산에 근거지를 마련하고 이와 연

1949년 국민보도연맹 사무실에서 주요 간부들이 기념촬영을 했다. 가운데 왼쪽이 오제도 검사이고, 그 왼쪽으로 정백 명예간사장, 양주동 박사 등이 앉아 있다. 국민보도연맹은 1948년 12월 시행된 국가보안법에 따라 좌익사상에 물든 사람들을 전향시켜 보호하고 인도한다는 취지로 결성됐다. 1949년 말에는 가입자 수가 30만 명에 달했고, 서울에만도 거의 2만 명에 이르렀다. 주로 사상적 낙인이 찍힌 사람들을 대상으로 하였고 거의 강제적이었으며, 지역별 할당제가 있어 사상범이 아닌 경우에도 등록되는 경우가 많았다. 6·25전쟁이 일어나자 정부와 경찰은 초기 후퇴 과정에서 이들에 대한 무차별 검속(檢束)과 즉결처분을 단행함으로써 6·25전쟁 중 최초의 집단 민간인 학살을 일으켰다.

계해 농촌에서 도시로 포위해 들어가고 도시에서는 남로당원들이 폭동을 일으킨다는 구상이었다. 산악근거지의 확보와 도시폭동을 연계해 남조선혁명을 완수한다는 것이었다. 그러나 유격대가 남하과정에서 대부분 희생되었고, 남로당 서울시당 간부들이 전향함으로써 이러한 계획은 완전히 실패로 끝났다.

이 점과 관련하여 박헌영의 '20만 남로당원 봉기설'은 익히 알려진 사실이다. 그러나 막상 전쟁이 일어나 인민군이 서울까지 점령했지만 박헌영이 강조한 남로당원들의 폭동은 일어나지 않았다. 1950년 12월에 열린 조선로동당 정치위원회 회의는 이 문제를 취급했으며 상당한 논란을 불러일으켰던 것으로 확인된다.

북로당 지도부와 박헌영 간에는 이처럼 정치노선이나 감정에서 서로 일치하지 않는 점이 많았다. 박헌영은 남북 노동당 간의 결정사항에 대한 일방적 파기, 지속적인 과장보고 등으로 이북 지도부를 납득시키지 못했고 정치적 야심을 지나치게 드러냈다. 이 때문에 감정이 서로 융화되지 못하고 속으로 앙금이 쌓여 가는 관계가 지속되었던 것이다.

한편 이북의 정권에서 부수상 겸 외교상으로 활동하면서 북로당 지도부

1949년 조선인민군 창립 1주년 기념대회의 주석단 모습.

와는 불편한 관계를 유지하던 박헌영은 독선적 행동으로 이남 출신 간부들 사이에서도 점점 배척 당하게 된다. 그는 모든 이남 출신들이 자기를 명실상부한 이남 대표자로 인정해주지 않는다며 일부 인사들과 심하게 다투었다. 그의 처신 잘못으로 갈수록 이남 출신 간부들에게도 배척 당하게 되었다.

박헌영은 자신을 남조선 대표자로 인정해주지 않는다고 홍명희 같은 이들에게 시비를 걸었고 이병남·김원봉·최원택·이영 등에게도 불만을 드러냈다. 이남 출신 간부들에게 자기를 경유해 수상(김일성)에게 보고하라고 요구하고, 그렇게 하지 않을 경우 욕을 해댔다. 이 때문에 최원택과 다투기도 했다. 홍명희는 늘 아침에 수상에게 안부 전화를 거는 게 버릇이었는데 박헌영은 이를 두고 "당신, 수상에게는 안부 전화하면서 왜 부수상인 나에게는 안 하느냐"라고 윽박지르기도 했다. 당시 교육상이던 백남운에게도 자신을 안 받든다고 노골적으로 언성을 높였다. 박헌영이 이처럼 지나치게 대장 노릇을 하려고 하자 남로당계 간부들조차도 배척하는 분위기가 나타났다.

박헌영은 북에서 활동할 때 자기 주위에 과거의 정치경력이 깨끗하지 못한 사람들을 우대하는가 하면 독선적 행동으로 인해 이남의 다른 당 출신을 물론 남로당 출신의 일부 간부들에게도 따돌림을 당하였던 것이다.

의혹을 불러일으킨 사건들

이런 상황에서 6·25전쟁이 일어나자 북로당 지도부와 박헌영의 관계는 결정적으로 악화되었다. 특히 전세가 불리해지면서 갈등이 수면 위로 드러났다. 유엔군이 서울을 탈환하고 38선을 돌파하자 이북의 당·정 고위간부들은 후퇴할 수밖에 없었다. 이때 박헌영이 당 정치위원이라는 지도적 위치에 있으면서도 후퇴를 제대로 조직하기는커녕 단독으로 내뺀 사실이 드러나 상당한 비판에 직면하였다.

1950년 12월 21일에 열린 제3차 당중앙위원회 전원회의를 준비하던 정치위원회 회의에서 박헌영의 이름이 직접 거론된 것은 아니지만 후퇴시기의 행동에 관한 비판이 굉장하였다. 자기만 살겠다고 개별행동을 한데 대한 비판이었다. 다른 사람은 걸어서 후퇴했는데 고위급 인사들 가운데 박헌영이 차편으로 강계에 제일 먼저 도착한 게 화근이었다.

이 회의에서는 서울만 점령하면 다음은 남로당원들이 알아서 한다고 주장해온 박헌영이 당을 기만했다는 이유로 비판받았다. 이를 둘러싸고 자연히 박헌영의 거짓보고 및 남로당 괴멸에 많은 의혹이 제기되었다.

그러나 당시까지만 해도 북로당 지도부의 분위기는 "박헌영이 남조선에 자기 기반을 갖고 있는 만치 빨리 해방시켜 정치적 기반을 확보하려는 야심에서 20만 당원의 봉기라는 허장성세를 부린 것"이라는 정도로 받아들였다고 한다. 무력남침 결정의 유인책으로 당원 20만명으로 거짓말했다고 이해한 것이다.

전쟁기간 중 박헌영에 대한 의혹이 날로 커가고 있을 때 이를 더욱 부채질하는 몇몇 사건이 터졌다. 첫 사건은 1951년 11월경 당시 유격지도처장 김영식(대구 출신)과 초대 유격지도처장 배철이 술을 마시다 대판 싸웠는데 배철이 김영식에게 늘씬 얻어맞은 일이었다. 이 사건으로 인해 연락부(대남사업) 계통에서 일어난 모든 일을 연락부 부부장 이송운이 당 중앙에 보고하도록 하는 조치가 취해졌다. 이송운은 1937년의 '갑산공작위원회사건'으로 체포되어 8·15 이후 서대문형무소에서 출감한 사람이다.

당시 연락부장은 배철이었고 그 밑에 이송운·윤순달·박승원 등이 부부장이었다. 그런데 이송운은 연락부 내에서 자신이 완전히 배제 당하고 있음을 눈치챘다. 연락부의 모든 사람들이 자기를 따돌리는 것을 참다못한 이송운은 당시 당 업무를 총괄하던 박정애에게 이런 사정을 보고하였다.

이송운은 유격지도처가 상원 등지에서 새로운 유격대를 편성하고 있다는 것, 남으로 공작원을 내려보낼 때 초대소에서 준비 없이 무더기로 보내 다 잡히게 한다는 것, 그리고 백형복그루빠(그룹)가 엉뚱한 사람을 데려다 고문한다는 것 등도 함께 보고하였다.

이송운의 보고에 따라 연락부의 내부상황이 구체적으로 드러나게 되었다. 또 남로당 출신 간부들의 동정 조사에서 배철·임화·박승원·조일명·조용복·이강국·설정식 등이 자주 모여 앉아 불평불만을 터트린다는 것이 포착됐다고 한다. 특히 임화·조일명·이강국·설정식 등은 당시 연락부와 아무런 관계가 없음에도 불구하고 배철 등 연락부 사람들과 자주 어울려 술판을 벌이는 게 석연치 않게 여겨졌다고 한다.

그로부터 얼마 뒤 당시 문예총 부위원장 임화와 유명한 만담가 신불출 사이에 싸움이 벌어져 신불출이 당에 임화를 고발하는 사건이 일어났다. 당시

1950년 6·25전쟁 초기에 전남 목포가 '해방' 됐다는 급보와 각종 선전자료를 한 노인이 읽고 있다. 그러나 박헌영 등이 공언했던 '20만 남로당원의 봉기' 는 한 건도 없었다.

신불출은 군인·노동자들의 사기를 높이는 기여 때문에 당으로부터 높은 대우를 받고 있었다. 임화가 그를 자기 밑에 끌어들이려고 1952년 여름부터 접근했었다. 두 사람은 자주 어울리며 술을 함께 마시고 화투도 치고는 하였다.

그러던 어느 날 신불출·임화·조일명 세 사람이 얼큰하게 취한 상태에서 임화가 신불출에게 듣기 거북한 얘기를 하였다. "당신은 만담가이지만 예술가 아닌가. 내 밑으로 들어와라. 당이 당신을 믿고 높이 대우해주는 줄 아는가. 당신을 이용해먹기 위해 대우해주는 것이다. 지금은 짚차 타고 행세하지만 이용가치가 없어지면 차버릴 것이다. 우리는 남로당이니까 박헌영·이승엽 동지에게 의지해야 한다. 정부를 엎어버려야 한다. 박헌영을 밀어야 한다."

신불출이 웃기는 사람이긴 하지만 객기가 있는지라 자기를 모독하는 소리를 하니까 임화에게 덤벼들었다. 이래서 싸움이 벌어졌고 조일명과 합세한 임화와 치고 받았다. 다음날 술이 깬 신불출은 억울한 생각도 들고 아무래도 낌새가 이상하다 싶어 조일명과 임화를 사회안전성에 고발하였다. 그는 그동안 조일명·임화와 술을 마시고 도박하면서 들은 이야기를 서면으로 당에도 제출하였다.

이 사건 이후 임화와 조일명이 사회안전성의 주목을 받게 됐다고 한다. 이런 상황에서 1952년 10월 말쯤 연락부 책임지도원 조옥래(함안 출신)와 연락부 부부장 윤순달 밑의 윤병삼이 술자리에서 싸움을 벌인 사건이 또 터졌다. 윤병삼이 술김에 "이까짓 것 뒤집어 버려야지"라며 "또 밀고 들어오면 가만 놔두지 않겠다"고 했다. 영문을 모르던 조옥래가 맞장구치며 "그럼, 미군 놈들이 밀고 오면 다시 쳐야지"라고 말했다. 그러자 윤이 "미국 놈이 아니라 딴 놈 치자는 소리야"라고 했다. 깜짝 놀란 조옥래가 "무슨 소리냐. 당신, 반혁명 반당분자 아니냐"라고 나무랐다. 그러자 윤이 "네가 당에 충실하면 얼마나 충실하냐"며 조옥래를 구타하였다.

다음날 조옥래는 술자리에서의 싸움이 문제되어 비판받자 술자리에서 들은 이야기를 이송운에게 전부 털어놓았다. 이송운은 이 사실을 당을 책임지던 박정애와 사회안전상 방학세에게 보고하였다. 조옥래가 이송운의 직속 부하였기에 사건이 즉각 당에 보고되었던 것이다.

1951년 말 이래의 김영식·배철의 다툼, 이송운의 연락부 내부상황 보고, 조옥래·윤병삼의 다툼 등 일련의 사건을 조사하는 과정에서 북로당 지도부는 박헌영과 그 측근들에게 의혹의 눈길을 보내던 차제에 '뭔가 음모가 있다'는 심증을 굳게 되었다. 특히 임화·조일명·박승원·이승엽 등의 행동이 이상하다고 판단했다. 이들에 대한 사회안전성의 치밀한 감시가 시작되었다.

방학세 사회안전상은 사람을 붙여 이들을 미행하게 했을 뿐 아니라 집에 정보원을 침투시켰다. 1952년 11월부터 이들의 지위를 한 등급 높여주고 차 없는 사람에게는 차를 내주었으며 차가 있는 경우에는 운전수를 교체하였다. 모두 식모도 한 명씩 붙여주었다. 대우를 높여주고 특별훈련을 받은 여성당원들을 이들 집에 배치했던 것이다.

이들을 감시하는 과정에서 이남 출신끼리 모여 연회를 열고 당에 불평불만을 갖고 있다는 정보가 속속 들어왔다. 당 지도부는 남로당 출신들의 분파행동이 일반화되어 더는 묵과할 수 없다는 판단을 내리게 됐다고 한다.

조선로동당 내에서 이남 출신들의 분파주의적·자유주의적 행동이 심각하게 표출되어 당의 통일과 단결을 파괴하는 우려할만한 수준에 이른 상황이었다. 남로당·북로당 간의 감정적 대립이 심화되어 이남 출신이 많은 일부 큰 기업소에서는 집단 패싸움이 벌어지기도 했다. 결국 당 지도부는 "그대로 둬서는 안되겠다"는 결론에 이르렀다. 뒤에서 비방·모략하는 것도 문제지만 전쟁통의 긴장국면임에도 불구하고 남로당 출신들이 끼리끼리 모여 술 마시고 불평불만을 늘어놓는 현상을 묵과할 수는 없었다.

한편, 이러한 자유주의적, 개인영웅주의적 경향은 남로당 출신 뿐 아니라 일부 북로당 출신 간부들에게서도 나타났다. 함경북도 당위원장 박열이 그 대표적 인물이었다. 북로당 출신들 가운데에서도 당 중앙의 지시를 하부에서 제대로 집행하지 않는 사례들이 나타났고 관료주의가 만연되었던 것이다. 그러나 일반적으로 이남 출신 간부들에게서 이런 경향이 더욱 심하였다.

이러한 정세 아래 1952년 12월에 제5차 당중앙위원회 전원회의가 소집되었다. 전선에서는 춘계공세요, 하계공세요, 추계공세요 해서 유엔군이 적극 공세로 나오는 상황이었고 당 내부에는 분파주의와 관료주의가 만연됐었다. 이를 수습하고 규율을 세워야 했다. 당 지도부는 당을 조직사상적으로 교양하지 않으면 전선에서 적을 막을 수 없다는 결론에 도달했다.

제5차 전원회의는 '당대열 분열' 경향을 제거하는데 목적이 있었다. 극소

1952년 12월에 열린 5차 전원회의에서 김일성 위원장이 연설하고 있다. 김 위원장이 발언한 「로동당의 조직적 사상적 강화는 우리 승리의 기초」라는 연설문 초고.

수 주모자들을 제거하고 많은 사람을 교양해 당을 강화해야 한다는 취지였다. 원래 전원회의는 1953년 2월에 열릴 예정이었지만 신불출과 이송운의 보고, 남로당 출신 일부 간부들의 심상치 않은 움직임, 관료주의를 비롯한 당내 문제의 심각성 등으로 인해 1952년 12월 중순으로 앞당겨졌다.

김일성, 당의 조직적 사상적 강화 선언

김일성은 전원회의에서 「로동당의 조직적 사상적 강화는 우리 승리의 기초」라는 보고에서 당내의 자유주의적 경향과 종파주의적 경향, 그리고 개인 영웅주의에 대해 비판하였다. 구체적으로 이름을 거론하지는 않았지만 그 동안 수집된 자료에 입각하여 주로 박헌영·이승엽 등 남로당 출신 일부 간부들의 행동을 겨냥하였다. 당시 이승엽을 비롯한 연락부 간부들은 남로당 출신에게 늘 '반북로당 감정'과 '애향주의'를 고취시키는 '선전교양'을 한 게 사실이었고 박헌영 우상화에도 힘 쏟고 있었다. 전원회의 보고는 바로 이 점을 염두에 둔 것이었다.

김일성은 "이런 분자들은 당 앞에서 솔직히 고백하고 자기의 비당적 행동을 그만두는 것이 좋을 것 같다"며 노골적으로 자기비판을 요구하였다. 이 지적은 직접 이름을 거론하지는 않았지만 구체적인 행동을 암시하면서 이에 해당되는 사람들이 솔직히 자신을 비판하고 태도를 고치라고 요구한 것이었다. 물론 박헌영·이승엽 등 남로당 출신 간부들은 그대로 그냥 넘어갔다.

결국 사흘 간의 전원회의에서는 주로 당 내부와 사회단체에 나타난 잘못된 경향에 대한 비판으로 그치고 결정서가 채택되었다. 그러나 결정서에는 이남 출신 간부들의 불건전한 행동이 구체적으로 지적되었다. 또 회의에서는 「전 당원에게 보내는 붉은 편지」가 채택됐는데 당원들을 교양·각성시키기 위한 것이었다.

전원회의를 통해 기회를 주었는데도 박헌영·이승엽 등이 당 중앙에서 모르는 줄로 알고 아무런 이야기도 하지 않았다. 그러자 회의 결정서와 「붉은 편지」에서 보다 구체적으로 잘못을 지적하고 전 당원과 당·단체들이 전원 회의의 정신에 기초하여 당 생활과 당성을 재검토하라고 했다. 서로 감싸주고 끼리끼리 모여 비방하며 일 잘하는 사람을 헐뜯고, 반국가적 반당적 발언을 하는 것 등을 시정할 것을 분명히 촉구했다.

조선로동당은 1953년 1월부터 전원회의 보고서·결정서·붉은편지 등 3가지 문헌을 토의하는 '문헌토의사업'에 들어갔다. 토의는 문헌에 기초해 자신의 당 사업을 총화하는 것이었다. 1월 중순부터 전당적으로, 세포단위로 진행되었다.

우선 세포비서가 문헌에 지적된 사항에 입각하여 세포원들의 당 생활에 나타나는 경향성을 구체적으로 총화하여 회의에 보고했다. 이 보고서는 어느 당원이 어떻고, 누가 자유주의적이며 누가 관료주의적 오류를 범했다는 등 구체적으로 작성되었다. 이 보고에 기초해 개별당원의 당 생활과 당성을 검토하는 과정이 진행되었다. 물론 기준 틀은 세 가지 문헌이었다.

문헌토의사업은 북로당·남로당출신 간부 구별 없이 세포에 망라된 전원을 대상으로 삼았다. 이 사업은 한 차례에 그치지 않았다. 1953년 1월 중순부터 1953년 9월까지 1차 문헌토의사업이 전반적으로 진행되었고, 한달 반 동안 1차 토의사업에 대한 총결이 진행되었다. 이를 기초로 1953년 11월부터 재차 문헌토의사업에 들어갔다. 2차는 1차에서 불충분한 부분을 대상으로 1954년 5월까지 약 6개월 간 진행되었다.

문헌토의사업이 이렇게 길어진 것은 박헌영·이승엽사건과 직접적인 관련이 있었다. 1953년 1월에 문헌토의사업을 시작할 때는 일반토의에 그치려고 했는데, '박헌영·이승엽의 국가전복음모'가 드러나면서 이 사업이 확대되었던 것이다.

두 차례에 걸친 문헌토의사업이 진행되는 동안 박헌영·이승엽의 과거 비리와 문제점이 하나둘 폭로되었다. 이 과정에서 전쟁 전에 발각된 미국의 정보원들과 이승엽·임화 등이 관계되어 있었다는 놀라운 사실과 미국의 정보공작라인이 여럿 침투되어 있다는 충격적인 사실이 폭로되었다.

현앨리스·이사민 사건

먼저 1950년 초에 체포된 현 앨리스와 이사민의 관계가 추궁되었다. 현 앨리스와 이사민이 북에 들어온 것은 1949년 4월이었다. 이들은 해방 이후 이남에 들어와 2년쯤 미군정의 정보계통에서 활동하던 사람들이었다. 전형적인 직업 정보원이었다. 이들은 미국으로 되돌아갔다가 체코 프라하로 가서 체코 정부에 북조선으로의 정치적 망명을 요구하였다. 이때가 1949년 1월이었다.

이들의 망명요구가 받아들여지기까지 3~4개월이 걸렸는데 체코 정부가 이들의 정치적 망명을 불순하게 판단했기 때문이었다. 체코 안전기관은 이들의 정치적 망명 동기가 불분명하고, 북조선이 부모의 고향이라고 밝혔으나 근거 없는 것으로 판명되자 이들의 정체를 의심하기 시작하였다. 결국 체코 안전기관의 의견에 기초해 당시 이북 내무성 안전국에서도 이들의 망명을 받아들일 수 없다고 통고하였다.

그러나 당시 외무상 박헌영이 내무성의 판단을 무시하고 입국사증을 내주었다. 현 앨리스와 이사민이 북에 도착했을 때 외무성 측이 나서 환영행사를 해주기까지 했다. 그 후 이사민은 조국통일민주주의전선 중앙위원회 조사연구부 부부장으로, 현 애리스는 조선중앙통신사 번역부장을 거쳐 1949년 11월에 외무성 조사보도국으로 자리를 옮겼다. 그야말로 파격적인 대우였다.

이들은 이북에 들어와 5~6개월 동안은 아주 성실한 태도를 보이며 어느 지방을 고향이라고 찾아가는 등 주변사람들이 믿게끔 행동하였다. 그러다가 1949년 말부터 수상스런 행동을 하기 시작했다. 입국 때 체코 정부가 '신원이 모호하다'고 통보해옴에 따라 내무성 안전국이 이들을 계속 주시했는데, 두 사람이 인적 드문 곳에서 비밀리에 만나는 것이 포착되었다.

또 이상하리 만치 구라파에 편지를 자주 했는데 답장은 한 차례도 없었다. 이들이 단파라디오를 듣는 사실도 포착되었다. 결국 1950년에 들어서는 감시와 편지검열을 강화했다. 이들은 1950년 3월 당국에 유럽 여행을 요청하였다. 내무성에서 '불가' 통보를 하니 계속 졸라댔다. 그러자 박헌영의 외무성 측은 4월에 출국사증을 내주었다. 안전국은 사람을 붙여 이들을 계속 미행했다. 이들이 출국할 때 모스크바를 경유하도록 하고, 모스크바공항에서 이들의 몸과 집을 샅샅이 수색했다. 의심했던 대로 이들의 몸에서 그 동안 이들이 수집한 자료가 쏟아져 나왔다. 군대관계 비밀자료도 다수 발각되었다.

이들은 그 길로 이북으로 강제 귀환되었다. 내무성 안전국은 이들을 다그쳐 미국 정보기관으로부터 정보수집 임무를 띠고 침투한 정보요원임을 밝혀냈다. 이들은 다른 임무를 부여받으려고 체코에 가려다 꼬리가 잡혀 되돌아온 것이다. 이들이 체포되자 입국 경위가 문제되었다. 체코 정부의 '신원불분명' 지적과 안전국의 '고향불명' 판단에도 불구하고 박헌영이 입국사증을 내준 사실이 곧 드러났다. 박헌영이 이에 그치지 않고 이들의 입북 환영 행사를 열고 고위 직책까지 준 것도 드러났다.

그러나 박헌영이 이들과 직접 연결되었다는 사실이 당시에는 드러나지 않았다. 나중에 박헌영·이승엽사건이 터지자 이 문제가 다시 거론되지 않을 수 없었다.

뒷날 재판과정에서 박헌영은 이 사건에 대해 "1948년 6월 서울에 갔다오

6·25전쟁이 터진 후 한 달쯤 지난 7월 말, 평양 교외의 한적한 들판에서 12명에 대한 공개재판이 열렸다. 이들의 죄목은 '반혁명과 간첩분자'였다. 재판관들의 기소내용 낭독이 끝나자 군중들 속에서 "미제의 간첩을 죽여라"는 목소리가 터져 나왔다. 곧이어 요란한 총소리와 함께 12명은 고개를 떨구었다.

이중에는 재미교포 2명과 재일교포 2명이 포함돼 있었다. 특히 재미교포 1명은 40대 중반의 여성이었다. 그녀의 이름은 현 앨리스였다.

현 앨리스는 독립운동가였던 현순(玄楯) 목사의 큰딸로 해방후 주한미군정청의 직원으로 있었고, 1949년 월북 후에는 외무성의 간부로 활동한 특이한 경력의 소유자다.

1920년대 초 상해에서 중국에서 온 박헌영과 친밀한 관계로 지냈다. 그후 미국에서 유학을 떠나 대학졸업 후 하와이에서 노동운동을 했고, 태평양전쟁 중 LA에서 미국 전쟁부에 고용돼 일했다. 종전직후 이사민, 변준호, 김강, 오빠 현 피터 등과 함께 미국공산당에 참가했고, 1945~46년도엔 전쟁부의 촉탁으로 미군정에 들어와 민간통신검열단(CCIG-K)에서 일했다. 이 기간에 현은 박헌영과 재회했다. 미군정의 주간보고서에는 현이 1946년 1월 11일 박헌영과 단독으로 만났으며, 3월 2일에는 제펠린, 노만, 클론스키 등이 박헌영을 만날 때 동석했다.

미국으로 돌아간 현 앨리스는 그후 체포 프라하를 거쳐 북한에 입국했다. 북한에 들어간 현은 중앙통신사 번역부장을 거쳐 1949년 11월 외무성 조사보도국으로 자리를 옮겼다. 현은 프라하에 유학 중이던 아들 정월리 등에게 여러 차례 편지를 보냈고 전쟁직전 이사민과 함께 '미제의 고용간첩'이란 혐의로 체포, 처형됐다.

1953년 박헌영·이승엽사건이 터지자 당시 외무상이던 박헌영이 입국사증 발급과 신원보증을 한 것이 논란이 됐다. 북은 남쪽에서 활동하던 '지리산유격대원'들에게도 "목사의 딸이 평양에서 무전을 치다가 걸려 총살됐다"는 내용을 교양했다.

는 서득은 편을 통하여 하지가 주는 지시를 전달받았던 바 그 내용은 현 앨리스를 비롯한 몇 사람의 미국 정보원을 구라파를 통해 북조선에 파견하였으니 그들의 입국을 보장하여 주며 입국 후 당 및 정권기관의 중요 기밀을 수집할 수 있는 제반 조건을 보장하라는 것이었습니다. 그후 나는 현 앨리스와 그에 따르는 미국 정보원들을 하지의 명령대로 입국시켰습니다"라고 진술하였다.

이사민과 현 앨리스의 정체가 빨리 폭로된 데에는 '조창영 부부사건'이 작용했다. 일본 재일조선인연맹에서 활동했다는 조창영이라는 사람이 1949년 11월에 부인과 함께 중국을 경유해 이북에 들어왔다. 그는 박헌영과 이승엽을 만나게 해달라고 요구했다. 조창영은 박헌영과 이승엽을 만났고 대외문화연락위원회에 배치되었다가 얼마 후 조국보위후원회로 자리를 옮겨 일하였다.

그런데 이들 부부는 이북에 서너 달 살면서 심리적 갈등을 심하게 느껴 1950년 3월에 자신들이 미국의 정보원이라며 자수했다. 심문과정에서 조창영이 입북한 뒤 현 앨리스와 이사민을 2~3차례 접촉한 사실이 확인되었다. 이것을 다그치자 조창영 부부는 입북할 때 "이러저러한 사람이 먼저 들어갔으니까 만나서 협력을 구하라"는 지시를 받았다고 자백했다.

현과 이사민을 불러 사실 여부를 캐물었으나 물론 현과 이는 발뺌하였다. 그러나 이 사건 뒤 현과 이는 더욱 의심받게 되었고 정체 파악에 중요한 단서가 되었다. 조창영은 박헌영과도 여러 번 만났고 이승엽과는 수시로 접촉했음이 확인되었다.

조창영 부부사건으로 이들과 접촉한 인물들이 조사선상에 올랐고, 이때 현 앨리스와 이사민이 직접적으로 의심받기 시작하였다. 이러한 사실은 공판기록에는 빠져 있다. 조창영 부부는 자수한 게 참작되어 처벌받지 않았으며, 특히 부인이 문화예술부문에서 중요한 활동을 하고 있었기에 사건 자체가 공개되지 않았다.

이처럼 현 앨리스나 조창영의 경우는 전쟁 전에 이미 발각되었다. 이들 말고도 남로당과 직접 관계는 없으면서 박헌영·이승엽의 비호를 받으며 활동한 사람들이 있었다. 먼저 남로당 서울시위원회 특수부 위원인 안영달·조용복을 앞세워 월북한 전 서울치안국 분실장 백형복을 들 수 있다.

드러난 백형복의 정체

백형복은 1950년 4월 이북에 들어올 때 안영달·조용복과 서울을 탈출해 의거 입북하는 형식을 취했다. 38선 경비대에 잡힌 이들은 "우리는 남로당 간부들이다. 박헌영·이승엽 선생을 만나게 해달라"고 요구했다. 경비대가 이승엽 측에 문의해 보니까 보내달라고 해서 이들은 당시 대남연락부 비서 이승엽에게 보내졌다.

이승엽은 안영달을 다시 이남으로 보내는 한편, 조용복은 인민검열위원회에, 백형복은 이남 수사기관 근무를 참작해 월북 간첩을 다루는 내무성 사회안전부 예심국에 배치하였다. 백형복은 배치되자마자 높은 직위를 안 준다고 불평불만을 늘어놓고, "사회안전부 사람들이 수준이 낮다"며 비방하고 돌아다니면서 이남 출신 사람들과 어울려 술타령, 도박 등의 행각을 벌였다. 이러면서 박헌영과 이승엽을 팔고 다니니까 내무성 안에서 말썽꾸러기로 찍혀버렸다.

그는 또 이남에서 올라온 사람은 무조건 간첩이 아니라며 비호하는 행동을 했다. 그의 행동에 석연치 않은 점이 많아 의심받기 시작했다. 내무성은 그를 그대로 둘 수 없어 이미 전쟁 직전에 직위를 해제한 상태였다. 그래서 그는 1950년 5월경부터는 대남연락부 산하 중앙연락소에 와 붙어있었다.

다음으로는 박종열이라는 인물을 들 수 있다. 박종열은 경기도 부천 사람으로 일제 때부터 중국에서 일제 특무로 활동하던 친일반민족행위자였다. 해방 후에는 미국 특무기관의 정보원으로 고용되어 대북공작을 하면서 비합법적으로 38선을 오고간 경험을 갖고 있었다.

전쟁 직전인 1950년 6월 초에 38선을 넘은 수상스런 3명이 있었는데 박종열이 조장이었다. 이들은 남로당 경기도 부천군당 조직원으로 위장하면서 간부들이 다 체포되어 하는 수 없이 38선을 넘게됐다고 진술했다. 이들도 역시 "박헌영·이승엽 선생을 찾아왔으니 만나게 해달라"고 요구하였다. 38선 경비대가 평양에 이 사실을 문의하자 박헌영·이승엽은 무조건 이들을 올려 보내라고 지시했다. 그런데 이들이 평양으로 갈 때 꼬리표가 하나 붙게 된다.

왜냐하면 이들이 38선을 넘어올 때 수상스런 행적이 있었기 때문이다. 이들은 북측 감시초소의 감시병이 자신을 한참 관찰하는 상황인지도 모르고 무장한 미군과 한참 쑥덕거리더니 곧 미군들이 돌아가고 이들만 38선을 넘는 장면이 목격되었던 것이다. 감시순찰병 4명 중 한사람이 이 장면을 목격해 보고했고 38선 경비대가 이 사실을 내무성 사회안전부에 보고했다. 즉 "넘어

올 때 미군 병사들과 얘기하고 넘어오는 것을 보았다는 경비병이 있다"고 통보한 것이다.

사회안전부는 자세한 내막을 알아보려고 백형복과 안전부 요원을 함께 보내 이들을 조사했다. 그러나 백형복이 "이 사람들이 무슨 특무인가? 이 사람들은 남로당 사람이다. 생사람 잡지 마라. 경비병이 눈이 먼 것 아니냐"라고 따져 일단 이들에 대한 의심은 유야무야 되었다. 그런데 이들의 정체는 뒷날 전쟁 중에 폭로되어 모두 체포되었다.

전쟁이 나자 백형복과 이 세 사람은 이남으로 내려가 이승엽이 조직한 토지개혁위원회에서 활동하였다. 그러다가 다시 평양으로 후퇴해서는 이승엽 · 배철이 장악하고 있던 연락부에서 일하였다.

당시는 전시인지라 혼란한 틈을 타 지하당 · 빨치산 계통으로 위장해서 이남에서 많은 정보원들이 이북으로 잠입하였다. 이남에서 올라온 사람들에 대해서는 일단 연락부에서 취급해 정체가 발각되면 사회안전부로 넘겨졌다.

그런데 문제는 이남에서 넘어온 사람들을 검토하는 연락부 내의 5~6명의 그룹 속에 백형복 · 박종열 등이 포함되어 있었다는 사실이다. 이들은 연락부 산하의 초대소에 사무실을 차려놓고 이남에서 넘어오는 사람을 취급했는데, 정보원으로 들어온 사람들은 정체를 은닉하고 진짜 지하당원이나 빨치산들은 간첩으로 몰아 고문을 가했다.

이들은 간부들을 이간시키는 일도 서슴지 않았다. 이남에 가족이 있는 간부들을 데려다가 엉뚱한 죄목으로 취조, 고문하였다. 해방 직후 이남에서 학병동맹에서 활동하던 왕익권과 이춘영이 이들에게 고생을 당한 대표적인 경우였다. 당시 이춘영은 평양시 인민위원회 부위원장이었고, 왕익권은 중앙당 책임지도원으로 있을 때였다.

박종열 등은 이들에 대해 "(1945년) '학병동맹사건' 때 의심스러운 일이 있다"고 날조해 "미국 정보원임을 자백하라"고 고문을 가했다. 이춘영은 이때의 고문 휴유증으로 불구가 되었다.

또 엉뚱한 자료를 만들어 이남 출신 간부들을 데려다 고문하기도 하였다. 이남 간부들이 이들에게 며칠씩 고초를 당했고 이남에서 활동하다 조직선이 끊겨져 이북으로 올라온 사람들이 첩자로 내몰리기도 하였다. 첩자로 몰려 사회안전부로 넘겨져 조사를 받았지만 무혐의로 풀려 나온 사람도 여럿 있었다. 대남연락부 내에 이런 조직이 있다는 사실이 알려지면서 이남 출신 간부들에게는 공포분위기가 조성되기도 했다.

그러나 이들도 오랫동안 그 같은 활동을 유지하지 못하고 결국 체포되어 본색이 드러나게 된다. 많은 사람들이 고초를 겪게 되자 끌려 갔다온 사람들이 김일성에게 탄원서를 내는 사태로 발전하였다. 김일성은 탄원서를 보고 "생생한 사람에게 이게 뭐냐? 빨치산 시절의 민생단과 같은 것이다. 연락부의 관계자들을 검토하라"라고 지시했다.

박종열 등을 조사하는 과정에서 그들이 이남에서 임무를 받고 월북한 것이 드러났다. 이들의 공작임무는 박헌영과 이승엽을 통해 높은 자리를 차지한 뒤 이남 출신과 이북 출신 간부를 이간시키는 것이었다. 이들은 1952년까지 활동하다 발각되었다.

이승엽에게 쏠린 의혹의 눈초리

이 조직의 정체가 폭로되는 데는 연락부 부부장 이송운의 보고도 단서가 되었다. 뒷날 문헌검토사업 과정에서 이들이 진짜 간첩을 놓아준 사실이 확인되기도 했다. 문헌검토사업 과정에서 적발된 간첩들이 박종열 그룹의 비호를 받았음도 폭로되었다. 이들은 주로 이승엽 주변에서 활동한 것으로 드러났다.

이처럼 남로당과 직접 관계가 없는 사람들이 미국 측의 지시를 받아 박헌영과 이승엽을 찾아가 그 주변을 맴돈 조직선이 5~6개선이나 되었다. 이중 백형복과 설정식은 이승엽 등과 함께 기소되어 사형을 선고받는다.

그러면 이들이 박헌영·이승엽사건에는 어떤 영향을 미쳤는지도 한번 살펴볼 필요가 있다.

앞에서 밝혔듯이 박헌영과 이승엽 주변에 이들을 찾아가 활동한 미국의 간첩선이 많았다. 박헌영·이승엽사건이 나기 전에 폭로된 것도 있고, 사건을 조사하는 과정에서 폭로된 것도 있다. 문제는 박헌영과 이승엽이 이들을 무조건 비호하고 직접 일을 시키기도 했다는 점이다.

상식적으로 보아 어지간한 사람이 찾아오더라도 밑에서 처리하도록 맡기는 게 관례일터인데 박헌영과 이승엽은 직접 나서서 이들을 중용하였다. 나중에 문제가 터지니까 이런 저런 것들이 모두 의심받았다. 박헌영·이승엽에게 찾아온 동기나 과정도 이상했지만 이름도 모르던 사람들을 주변에 배치해 맴돌게 한 것은 상식적으로 이해되지 않는 일이었다. 자연히 이승엽 등에 대한 예심과정에서 사건 하나 하나가 소급되어 다시 거론되기에 이르렀다.

'국가전복음모'에 대한 조사에서 '간첩행위'에 대한 조사로 사건이 확대되어 간 것이다. 명백하게 '간첩' 혐의로 체포된 사람들과 박헌영·이승엽 등의 관계가 밝혀지면서 이승엽·조일명·이강국 등에게도 '간첩행위'가 있었음이 드러났다. 재판기록에는 이강국이 미군 제24사단 헌병사령관 버트와, 조일명은 1946년 2월 초순부터 미군 헌병대위 존슨과 각각 연계됐던 것으로 되어 있다. 남로당의 2인자인 이승엽도 1946년 2월 초순 미군정에 체포되었다가 하지의 정치고문인 버취 중위에게 포섭되어 미국의 간첩이 될 것을 서약하고 석방된 것으로 되어 있다.

이제 초점을 바꾸어 박헌영·이승엽의 '국가전복음모'는 어떻게 발각되었는지를 밝히고자 한다. 폭동계획이라는 게 실제로 있었다는 것은 분명한 사실이다.

이승엽 등은 국가전복음모를 계획하면서 모의 장소로 대남연락부 초대소(안가)를 주로 이용했다. 초대소 가운데 호남리 초대소와 청암리 초대소가 대표적인 모의 장소였다. 이곳은 특별초대소여서 박헌영·이승엽·배철 등 고위간부들만이 대남공작원을 만나는 비밀스런 곳이었다. 이승엽 일파는 전쟁 중인데도 불구하고 이곳에서 술자리를 자주 갖고 폭동계획을 모의하였다.

여기에서 박헌영·이승엽사건의 구체적인 단서가 잡혔다. 초대소에는 식모·요리사·관리원·접대원들이 있었는데, 그 가운데 청암리 초대소 관리원으로 전북 전주사람인 성아무개가 있었다. 그는 제5차 전원회의에서 채택한 붉은 편지를 받자마자 잃어버렸다. 이 사실을 당국에 통보하지 않을 수 없었다.

그가 이 사실을 통보하자 그렇지 않아도 초대소에 이승엽·배철·박승원 등이 들락거린다는 것을 파악한 사회안전성이 그를 비밀리에 데려다가 치밀하게 조사를 시작했다. 2~3일 조사하는 과정에서 그의 입에서 "배철·박승원 등이 모여 앉아 이상한 음모를 꾸미는 것 같다"는 말이 나왔다.

1952년 말에야 사건의 구체적인 단서가 드러나기 시작한 것이다. 11월에 배치한 운전수와 식모로부터도 계속 심상치 않은 보고가 수집되었다.

1953년 정초에 새해인사 명목으로 이승엽·이강국·박승원·배철·조용복·조일명·설정식 등이 박승원·조일명·배철 집을 돌면서 술자리를 벌였다. 이 자리에서 국가전복 및 당전복 이야기들이 흘러나온 정황이 포착되었다.

미리 배치해놓은 식모들로부터 보고된 이들의 대화 내용에는 "1952년 춘기공세 때 틀림없이 들어온다고 했다가 안 들어오지 않았는가", "1952년 추기공세 때도 들어오려고 했으나 실패하지 않았는가", "그때가 가장 좋은 기회였는데, 우리가 시기를 놓친 것이 아닌가", "어떻게든 정전을 막아야 한다"는 등의 이야기들이 포함되었던 것으로 안다.

사회안전성은 이런 정보들을 종합하면서 박헌영·이승엽 등에 의한 '폭동음모'가 구체화되고 있다는 확신을 갖게 된다.

1953년 3·1절 기념행사를 끝내고 박승원의 집에 모여 이승엽 등이 한잔 마시고 하는 말이 심상치 않았다. 이날 임화가 "정전을 파탄시키기 위해서는 사람을 이남으로 보내야 한다. 우리가 만반의 준비를 하고 있으니 정전하지 말고 밀고 들어오라고 미국에 우리의 의사를 전달해야 한다"고 목소리를 높였던 것으로 밝혀졌다. "지난 9월에 짜놓은 것이 수포로 돌아가지 않았는가"라는 이야기도 있었다. 이 대화들은 식모·운전사들에 의해 고스란히 사회안전성에 보고되었다.

이러한 정보를 종합한 결과, 위험한 지경에 이르렀다고 판단한 방학세는 마침내 3월 3일 박헌영을 제외하고 열린 정치위원회에서 이 문제를 보고하였고 토의가 이어졌다. 정치위원회는 우선 임화·조일명·박승원·이승엽 등을 체포하여 종합된 자료에 따라 음모를 밝혀야 한다는 결정을 내렸다.

폭로된 '반혁명음모사건'

마침내 3월 5일 밤 방학세의 지시로 임화·조일명·이강국·이승엽·박승원·조용복·배철 등 7명이 곧바로 체포되었고, 이어 윤순달·이원조·맹종호·설정식·백형복 등이 체포되었다. 다음으로 윤병삼·정진호·유원식·길화영 등 연락부 소속 간부들이 잇따라 체포되었다. 나중에 체포된 문학가인 김남천·이태준 등을 포함하면 체포자는 약 30명에 이르렀다. 처음 이들을 체포할 때는 이들의 음모가 행동단계에 들어갈 정도로 진행된 줄 알고 비공식적으로 비상사태까지 선포해놓고 있었다.

체포된 임화·조일명에게 그 동안 수집된 자료를 제시하면서 추궁하여 "1951년 가을부터 정부전복음모 계획을 시도했다"는 진술을 받아냈다. 이들의 입을 통해 "1952년 9월에는 국가를 전복할 수 있도록 무장폭동을 일으킬 계획을 구체적으로 짜놓고 조각까지 해 놓았다"는 사실이 폭로되었다.

이들이 예비로 짜 놓은 '새 정부'의 구성원은 박헌영(수상), 주영하·장시우(부수상), 박승원(내무상), 이강국(외무상), 김응빈(무력상), 조일명(선전상), 임화(교육상), 배철(노동상), 윤순달(상업상) 등이었다. 조선로동당을 대체하는 '새 당'의 제1비서로 이승엽을 추대하기로 했던 것으로 밝혀졌다.

반정부폭동의 총본부=지휘부는 배철의 대남연락부 및 유격지도처였다. 폭동계획의 총책임자는 이승엽이었고, 무장폭동의 지휘는 배철, 실제 현장지휘는 연락부 부부장이자 금강학원장이던 김응빈이 각각 맡기로 되었다.

현장지휘부는 책임자 김응빈과 부책임자 맹종호로 구성되었고, 각 지대 지휘자들이 행동대장으로 되었다. 김점권(전 경기도당 위원장), 김영식(유격지도처 부처장), 윤병삼(연락부 책임지도원), 정진호, 길화영, 조영호(1지대 부지대장), 윤순달, 유원식(부부장) 등이 행동부대의 책임자들이었다.

연락부 외에는 문예총 부위원장 임화, 문화선전성 부상 조일명, 문화선전성 부국장 이원조 등이 폭동지휘부에 선전책임자로 가담했다.

인민군 내에서는 남로당 출신으로 예비사단 사단장이던 전라도 출신의 주영광이 폭동행동대로 유일하게 가담했다. 이승엽은 1949년에 월북한 강태무·표무원(당시 독립연대 여단장)을 끌어들이려는 계획을 갖고 있었지만 정작 본인들은 모르고 있었다. 또 송호성이 교장으로 있던 의거자학교 학생들도 동원할 계획이었다.

폭동의 주력은 중화군의 제1지대 약 5백 명, 황해도의 제10지대 약 1천명, 상원군의 제5·제7지대 각 2백 명 등 총 4개 지대와 금강학원생 약 6백 명, 유격지도처 대기병 약 2백 명 등 약 2천 7백여 명으로 되어 있었다. 여기에 개천 지역에 있던 인민군 1개 예비사단 병력 중 일부, 강태무·표무원이 이끄는 독립여단 2개와 의거자학교 학생 4백 명 정도를 끌어들이려고 시도하였다.

이승엽 등은 미군의 1952년 추기공세, 혹은 1953년 춘기공세 때 북측이 미군을 끌어들여 반격하기 위해 안주·청천강 선까지는 전략적으로 내줄 수 있다고 판단했다. 이렇게 되면 극도의 혼란이 조성될 것이며 바로 이때 전쟁 패배의 책임을 제기하여 국가와 당을 전복하고 지휘권을 장악한다는 계획이었다.

이들은 심지어 무장폭동으로 정권을 장악했을 때를 예상해 미군과 이승만 정부에 보낼 대표단까지 선정해놓고 있었다. 정식으로 구성되지는 않았으나 교섭대표단장으로 설정식·조일명·이원조가 거론됐던 것으로 확인되었다.

모의 장소로는 대남연락부의 초대소 외에도 임화의 문예총 사무실과 관계자들의 집들이 이용되었다.

폭동음모는 상당히 구체적이었다. '음모'의 실질적인 주모자는 이승엽이었다. 그래서 이북에서는 이 사건을 '박헌영사건'이라고 하지 않는다. 반드시 '박헌영·이승엽사건'이라고 불렀다. 그 이유는 박헌영이 책임자로 추대됐지만, 이승엽이 실질적인 조직자였기 때문이다. 박헌영은 '물위에 뜬 기름' 같은 존재였고, 실제 지도는 이승엽이 담당한 것이다. 그렇다고 박헌영이 빠져나갈 수 있는 상황은 아니었다. 적어도 박헌영은 도의적 책임, 정치적 책임에서 볼 때 빠져나갈 여지가 없었다.

참고로 주모자인 이승엽은 일제 강점기에 전향하여 인천의 식량조합 이사로 있으면서 안락한 생활을 한 치명적인 경력의 소유자였다. 해방 직후 박

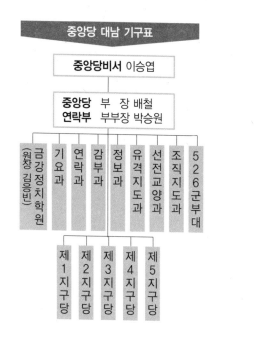

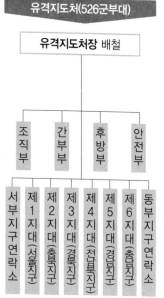

헌영에게 발탁되어 남로당의 2인자 자리를 차지했지만 일제시기 경력 때문에 많은 남로당 간부들로부터 배척 당한 인물이었다. 『공판기록』에는 1946년 2월에 미군정에 걸려들어 버취 중위와 관계를 맺은 것으로 되어 있다.

이승엽은 미군과 다양한 경로를 통해 정보를 전달했다. 처음에는 백형복·조용복과 '의거 월북' 형식으로 북에 온 안영달을 통해서 연락했다. 이승엽은 안영달을 연락책임자로 임명한 후 무전기를 주어 1950년 5월에 서울로 다시 내려보냈다. 서울지도부와 중앙과의 연락을 원활하게 하기 위한다는 명목이었다. 이 보다 앞서 남로당은 김삼룡이 체포된 후 이중업을 서울지도부 책임자로 보냈다. 이승엽은 안영달에게 노블과 연계하고 그의 지시를 무전기를 통해 신속하게 연락하라고 지시했다. 대남연락부 통신실이 당시 평양에 있었는데 통신실 3개 중 하나는 이승엽, 하나는 성시백이 사용했다.

1948년 초대 내각 사법상에 임명됐을 때의 이승엽. 이승엽이 6·25전쟁 초기 남반부책임자로 서울에 와 인민위원회 청사 앞에서 연설하고 있다.

6·25가 터진 직후 안영달은 등뒤에서 총을 맞고 죽은 시체로 발견된다. 김삼룡의 부인인 이순금 등 전쟁 직후 서대문형무소에서 나온 남로당 출신들로부터 '김삼룡 밀고자가 안영달이다' 라는 소문이 퍼지자 이승엽이 비밀리에 안영달을 죽인 것으로 알고 있다.

이승엽은 유엔군이 서울에 들어오자 후퇴하면서 박모, 최모 두 사람을 묻어 놓았다. 이들의 임무는 미군이 들어오면 노블과 연계한 후 다시 사람을 보낼 때까지 기다리는 것이었다. 이들과 연락하기 위해 1951년 7월경 이승엽은 서울에 2명의 연락원을 파견했다. 묻어 놓았던 2명 중 한 명이 노블과 연락을 하고, 2명과 만나 다시 3명이 북에 월북했다가 다시 돌아갔다. 이러한 사실은 조사과정에서 서울에 내려왔던 사람 중의 하나가 폭로하면서 알려졌다.

『공판기록』에는 박헌영이 북한의 비밀문서들을 넘겨주었다고 되어 있는데, 이것은 밑에 있던 사람이 박헌영이 주었다고 진술했기 때문이다. 박헌영의 입장에서는 설사 자기가 주지 않았다고 하더라도 버틸 수 없는 입장이었다. 사실 박헌영이 넘겨주었다고 『공판기록』에 나와있는 자료는 꼭 박헌영이 아니더라도 입수할 수 있는 것이었다. 부수상의 위치에서 중좌(중령)급 예심원들과 입씨름한다고 해서 되는 일도 아니고 죄가 경감되는 것도 아니었다.

한편 관련자들에 대한 체포와 동시에 폭동의 주력부대로 계획된 지대와 금강정치학원이 해체되었다. 중앙당 간부들은 3월 6일부터 지대원과 학원생을 소집하여 박헌영·이승엽의 음모를 폭로하기 시작했다. 이들을 개별적으로 분산해 천마군으로 이동시켰다. 조선로동당은 금강정치학원 수용자 전원을 1952년 3월 11일 도보로 출발시켜 3월 말께 평북 천마군 탑동리의 중앙당학교 제1분교에 수용했다. 이들은 문헌검토사업과 함께 1년 동안 교육을 받고 각자의 처지에 따라 군대·직장·학교에 분산 배치되었다.

그러나 남로당과 관계가 있다고 모두 처벌을 받은 것은 아니었다. 6·25 때 서울시당 간부부장을 지내고 박헌영사건 때 제1지대장이던 홍현기의 경우 생각하기에 따라서는 무장폭동계획의 주력부대니까 응당 처벌받아야 했다. 그러나 그는 문헌토의사업과 강습과정에서 많은 비판을 받은 후 함경남도 함주군 인민위원회 부위원장으로 옮겨갔다. 그리고는 1956년에 대남연락부 책임지도원으로 발탁되었다. 당시 노동당 지도부는 "비판은 엄격히 하지만 처벌은 최소화한다"는 방침을 세워놓고 있었다.

지대 해체에 이어 연락부도 해체되었다. 연락부가 무장폭동 음모의 총본부가 되어 연락부장·부부장·책임지도원 등이 음모계획에 가담했었기 때문이다. 당시 인민군 총정치국 총국장 대리였던 박금철이 연락부장으로 새로 부임해 연락부를 새로 조직했다. 연락부가 재조직될 때 과거 연락부원들 중 절반 가량이 재등용되었고, 나머지는 군 인민위원회 부위원장이나 내각의 부국장급으로 충원하였다.

이승엽·임화·조일명 등이 체포된 뒤 문헌토의사업은 이들의 행적에 초점을 맞춰 진행되었다. 이승엽·조일명 등에 대한 예심을 진행하는 동시에 문헌토의사업도 이에 초점을 맞춰 진행하였던 것이다. 예심은 3~4개월 동안 집중적으로 이뤄졌으며, 정전과 함께 7월 말 쯤 거의 일단락 되었다.

그러나 예심을 거치면서 사건은 더욱 확대되었다. 월북 경위, 임화 발언의 진위, 현 앨리스·이사민 사건과의 관계, 백형복의 행적 등 의심 가는 문제들을 집중 추궁하는 과정에서 이들의 '간첩' 행위가 드러났기 때문이었다.

새로운 사실은 주로 예심에서의 참고인 진술과 문헌토의사업 과정에서 터져 나왔다. 예심원들이 처음 미국과의 관계를 따졌을 때는 아무런 사실이 나오지 않았다. 그러다가 문헌토의과정에서 조일명과 이승엽이 미국과 관계가 있다는 비판이 구체적으로 나왔다. 특히 김삼룡·이주하와 함께 마지막 남로당 서울시위원회를 구성했던 정태식이 주로 발언을 많이 했다. 처음에 잡아떼던 이승엽·조일명 등도 여러 사람의 입에서 구체적인 사실이 드러나자 시인하지 않을 수 없었다.

정전회담 과정에서 이북의 결정사항이 미군 측에 넘겨졌다는 사실도 드러났다. 조선로동당 정치위원회는 정전위원회를 진행할 때 사전에 토의한 결정사항을 협상대표인 남일에게 전달하였다. 그런데 남일이 회담에 참가하고 돌아와 정치위원회의 토의사항을 미군이 알고 있는 것 같다고 보고했다. 당시 정전협상에서 논란이 되던 포로교환 문제와 군사분계선 설정 문제에 대해 미군이 북측의 결정사항을 알고 있는 듯이 대응한다는 것이었다.

그래서 당 지도부도 정치위원회의 토론 내용이 어떻게 새나갔는가 하고 의아스럽게 생각했다. 이런 차에 박헌영·이승엽사건이 나자 정전협상과 관련된 결정사항이 박헌영·이승엽을 통해 새나간 것이 아닌가를 추궁하였다.

이 과정에서 이승엽이 미군 측에 밀서를 보냈다는 놀라운 사실이 드러났다. 이승엽은 1953년 2월 한달 동안 전선시찰 명목으로 개성에 가 있었다. 이때 개성에 있던 제1지구당 위원장인 김점권과 여주군당 위원장을 지낸 이아무개를 직접 장악해 미군에게 밀서를 보냈다. 이아무개는 고랑포-임진강을 거쳐 미군 지역으로 들어갔는데 도중에 지뢰를 밟아 폭사했다. 사람은 그 자리에서 죽었지만 밀서는 미군 손에 들어갔고, 이 밀서 중에 정전협상에 관한 정치위원회의 결정사항이 들어있었던 것으로 밝혀졌다. 이 사실은 김점권에 의해 폭로되었다.

이승엽도 1950년 2월부터 노블의 지도를 받으면서 대북 군사첩보공작을 담당하던 미군 첩보부대장 니콜스에게 밀서를 보냈다는 것을 시인했다. 폭사 사실도 조사해 본 결과 사실로 드러났다. '박헌영이 정전회담 결정사항을 무전으로 미군에 알렸다'는 풍문이 돌았지만 그것은 사실과 다르다.

이승엽사건이 나면서 유격지도처 내의 통신부가 집중검열을 받았다. 이때 이승엽 비서를 하다가 무전수로 온 여자가 있었는데, 박헌영·이승엽사건이 나자 "내가 언제인가 무전을 치는데 내용이 이상한 적이 있었다"고 들고 나왔다. 그래서 무전변신원을 굉장히 추궁했지만 흔적을 잡지는 못했다.

예심 후 재판에 기소

체포된 이승엽·조일명 등은 3~4개월 간 예심을 받았다. 예심은 1차 문헌토의사업과 병행하여 진행되었기 때문에 이 기간에 여러 관련인사들이 증언했다. 예심 진행과정에서 간첩행위, 반국가범죄, 일제 때의 전향 등 관련사항이 관련자들에 의해 폭로되었다. 구두증언이나 서류작성 등으로 관련증거들이 모아졌다. 또 제5차 전원회의 문헌토의사업 때의 관계자 발언도 종합 검토하였다. 이승엽은 처음에 혐의사실을 부인하다가 결정적인 증언과 자료가 착착 쌓여가자 결국 시인했다.

7월 말의 정치위원회 회의에서는 '이승엽 일파'에 대한 심문과 문헌토의 사업 결과가 토의되었다. "그들에 대한 추궁과정에서 간첩행위와 반당반국가적 행위가 드러났다"는 결과가 보고되었다. 이 회의의 결정에 따라 이승엽 등은 7월 30일에 기소되어 8월 3일부터 재판을 받게 된다.

연락부 부부장을 역임하다가 1952년 말에 최고검찰소 검사총장으로 자리를 옮긴 이송운에 의해 기소가 이루어졌다. 이승엽 등의 재판에는 남로당 출신 간부 일부가 방청했으며 새로 조직된 대남연락부 성원들과 중앙당 조직부 · 최고검찰소 · 사회안전성 · 예심국 간부 등 1백여 명이 방청을 하였다.

재판정에 나온 이승엽은 "저는 자기의 죄과로 인하여 미제의 간첩으로 전락되어 그들에게 이용되었고, 만일 기회가 있어 정권을 얻는다면 좀 살아보고 못되면 죽든지 할 수밖에 없었습니다. 새 정부를 망상은 하였으나 구체적 계획도 없는 최후의 발악이었고, 설혹 정권을 잡는다면 소부르주아의 이익을 대표하는 정권으로 되었을 것입니다"라고 진술했다.

3일간의 재판이 끝나고 8월 6일 오후 늦게 이들에 대한 언도가 있었다. 이승엽 · 조일명 이하 10명이 사형언도를 받았고, 윤순달이 15년, 이원조가 12년을 언도 받았다. 윤순달과 이원조에게 사형이 언도되지 않은 것은 이들이 박헌영 · 이승엽의 영향을 받아 종파적 행동과 전복음모에는 가담했지만 국가전복 · 간첩의 구체적 행위에는 가담하지 않은 점이 고려됐기 때문이다.

또 윤순달 · 이원조는 변론인의 도움을 많이 받았다. 변론인은 이들을 이승엽 등과 같이 보아서는 안 된다는 점, 간첩행위에 가담하지는 않았다는 점, 반국가행위에 사상적으로 동조했더라도 실제 행동에는 참가하지 않았다는 점 등을 고려해야 한다고 역설했고 이 변론이 어느 정도 통하였다.

특별재판소에서 이승엽 등의 재판이 끝난 후 잇달아 일반재판소에서 나머지 사람들에 대한 재판이 열렸다. 연락부 부부장과 책임지도원인 윤병삼 · 김점권 · 유원식 · 김영식 · 길화영 · 조영호 · 정진호 등이 반당적 국가전복행위 동조 혐의의 관련 정도에 따라 8~10년의 형을 선고받았고 이태준과 김남천 역시 같은 혐의로 8년을 선고받았다.

1987년 서울을 다시 방문한 도널드 니콜스. 그는 공군과 육군, 한국인과 미국인으로 구성된 특수부대(美 공군 제6006항공첩보부대)를 이끌고 6 · 25전쟁에서 혁혁한 전과를 올렸다. 그는 19세 때인 1946년 미(美)방첩대(CIC) 훈련학교를 졸업하고 그해 6월 도쿄 주재 극동공군사령부의 607CIC 파견대 산하 'K분견대' 특별요원으로 한국에 파견됐다. 그의 임무는 육군 · 항공대 요원과 시설에 대한 전복행위의 예방과 비밀취급 허가가 필요한 한국인 및 미국인의 배후를 조사하는 일이었다. 특히 그는 대인정보 (Humint : Human Intelligence)에 실력을 발휘해, 인맥과 간첩을 통해 남한 좌익세력과 북한을 대상으로 한 정보활동에 뛰어났다.
전쟁 직전 그는 백형복 서울 치안국 분실장을 통해 안영달과 조용복을 전향시켜 남조선노동당 서울지도부 책임자 김삼룡(金三龍)을 체포함으로써 남한 좌익세력의 붕괴에 결정적 역할을 하기도 했다. '박헌영 · 이승엽사건' 의 재판기록에 가장 많이 등장하는 미군 정보관계자이기도 하다. 미극동 제5공군사령관 패트리지 장군은 그를 '전쟁의 달인' '정보의 천재' 라고 평가했다.

이승엽 · 조일명 등에 대한 조사와 1차 문헌토의사업에 나타난 결과를 종합한 이북 지도부는 처음에는 상당한 충격을 받았다. 예상보다 엄청난 일들이 벌어졌기 때문이다. 지도부가 실제로 문제삼은 것은 '간첩행위' 라기보다는 '국가전복음모' 사건이었다

박헌영 · 이승엽사건에서 가장 중요한 범죄사항으로 다뤄진 것은 무장폭동에 의한 국가전복음모였던 것이다. 이 사건의 조사과정에서 간첩죄, 남조선혁명역량 파괴죄가 덧붙여졌다. 박헌영과 이승엽에 대한 사형언도는 그러나 무장폭동 음모가 원인이었다. 사형언도를 받은 사람 외에는 주모자가 아니라면 알고 가담했더라도 징역형을 언도하였다. 자신도 모르는 사이에 박헌영과 이승엽이 끌어들이려고 했던 사람들이 체포되거나 조사 받은 일은 없었다.

조선로동당은 많은 당원과 남로당 출신 간부들이 박헌영과 이승엽이 저지른 행동을 잘 모르는 만큼 이것을 옳게 깨우치도록 교양해야 한다는 결정을 내렸다. 그 결과 과거에 박헌영과 이승엽에게서 어떤 영향을 받았고 오류를 범했는가를 깨닫게 하고 교양하기 위해 재토의사업에 돌입하게 된다. 문헌재토의사업에서도 교양이 잘 안되니까 다시 핵심인사들을 모아 강습회를 가져 많은 남로당 출신 간부들을 구제하였다.

[자료]

「조선민주주의인민공화국 주재 소련대사관 1등 서기관 바슈께비치와 조선로동당 중앙위원회 비서 박창옥과의 대담록」

1953년 4월 4일 대사의 위임에 따라 박창옥을 방문하였다. 바슈께비치는 정부성원 가운데 이남출신 상의 수에 관심을 나타났다. … 박창옥은 구성원 총원 25명 가운데 홍명희·박문규·백남운·이영·김원봉·이병남·이극로 등이 있고 이전에는 9명이었으나 반당적 음모의 적발과 관련하여 박헌영·이승엽이 해임되었다고 말했다.

"현재 당과 국가 기구, 사회단체들의 지도적인 지위에서, 각기 다른 시기에 이남에서 온 노동당원이 500여명 이상이 일하고 있다.…그 중에 82명은 중요한 당사업에서, 237명은 인민정권기관에서, 186명은 여러 협동조합 및 사회단체 그리고 출판기관에서 일하고 있다.…이승엽을 지도자로 한 음모자 그룹의 적발과 관련하여 조선로동당 중앙위원회는 이남에서 온 상기 주요 일꾼들을 보다 면밀하게 연구하기 위한 대책을 강구하고 있다."

박창옥은 중앙위원회 전 비서 허가이의 사업에 불만을 표시하였다. 허가이는 이렇다 할 검토도 없이 이남에서 온 노동당원들을 여러 책임있는 직위에 임명하였다.

[자료]

「조선민주주의인민공화국 주재 소련 대리대사 수즈달레프 일지」(1953년)

7월 20일

박창옥을 방문하였다. 대담과정에서 그는 대략 8월 5일 정도에 조선로동당 중앙위원회 제6차 전원회의를 소집하기로 예정되어 있으며 거기에서는 다음과 같은 문제들이 토의될 것이라고 통보했다

1. 정전협정 체결과 나라의 인민경제복구 사업에서의 당의 임무에 대한 김일성의 보고
2. 이승엽 그룹에 대하여
3. 조직문제들

박창옥은 또 정전 직후 이승엽 간첩도당 사건에 대한 재판이 조직될 예정이라고 말했다. 그는 이때 정치위원회가 박헌영에 대해 어떤 조치를 취할 것인지에 관한 문제를 다시 한번 검토했지만 이 문제에 대해서는 아무런 결정도 하지 않았다고 첨언하였다.

박창옥은 허가이의 자살문제에 대한 금년 7월 18일자 조선로동당 중앙위원회의 결정을 나에게 전달하고 이 결정을 모스크바에 알려줄 것을 요청하였다. 그는 이 결정서 문안은 중국 친구들에게도 전달되었다고 말했다.

[자료]

「조선민주주의인민공화국 주재 소련 대리대사 수즈달레프 일지」(1953년)

7월 27일

박창옥의 요청에 따라 그를 접견하였다. 대담과정에서 박창옥은 협정체결 직후 대략 8월 3일쯤 평양에서 이승엽 그룹에 대한 공개재판이 있을 것이며, 박헌영 문제는 이 재판에 넘겨지지는 않을 예정이라고 알려주었다.

박은 또 말했다. "박헌영 문제는 이승엽 그룹 문제의 토의와 관련하여 조선로동당 중앙위원회 제6차 전원회의에서 토의할 예정이다. 전원회의에서는 이 그룹에

대한 박헌영의 방임 문제가 제기될 것인데, 그 방임의 결과 그 그룹은 오랜 기간 동안 간첩활동에 종사할 수 있었다."

나는 박헌영이 전원회의에 초청될 것인지 질문하였다. 박창옥은 나의 질문에 부정적으로 대답했는데, 그가 가택연금 상태에 있는 만큼 초청하는 것은 불가능하다고 말했다. 박창옥은 중앙위원회 전원회의를 통해 박헌영이 당에서 제명되거나 심지어는 그를 재판에 회부하게 될 가능성을 생각하고 있다고 첨언했다.

8월 10일

박창옥의 요청에 따라 그를 접견하였다... 박창옥은 8월 5~9일 제6차 확대전원회의가 개최되었다고 통보했다.…전원회의는 박헌영을 당에서 제명하고 재판에 부치기로 결정했고, 내무성에 박헌영의 모든 활동을 신중히 검토할 것을 위임하였다.… 전원회의는 당 중앙기관의 재조직 결정 채택... 조직위원회를 폐지하고 15명의 중앙상무위원회를 설치하기로 결정하였다. 중앙상무위원으로는 김일성 · 김두봉 · 박정애 · 박창옥 · 김일 · 박영빈 · 박금철 · 최창익 · 김승화 · 정일룡 · 김광협 · 김황일 · 남일 · 강문석 · 최원택이 선출되었다.… 중앙위원 가운데 이승엽 사건과 관련자 전원과 기타 이유로 몇 명이 축출되었다.

9월 26일

자발적으로 대사관을 방문한 박창옥을 접견했다.…또 박창옥이 말했다. 현재 심리 결과 이승엽 그룹에 대한 박헌영의 연루와 그가 하지 장군과 관계를 갖고 있었다는 점이 확인되었다. 그는 하지로부터 이후에도 계속 지시를 받고 있었다. 심리 당시 이승엽 그룹의 피고인들과의 대질심문이 큰 역할을 하였다. 이승엽 그룹이 적극적인 행동을 했으며 박헌영 또한 거기에 가담하여 자기 주위로 당원들을 파벌화 시켰다는 점이 확인되었다.

오랜 시간이 걸린 박헌영 조사

한편 한쪽에서 이승엽 등에 대한 재판이 진행됐음에도 불구하고 처음에는 '폭동음모'의 대표격인 박헌영은 기소되지 않았다.

박헌영은 3월 11일 체포되어 사회안전성 예심국 유치장에 감금되었다. 전쟁시기에 예심국은 평남 강동군에 있었기 때문에 유치장도 그곳에 있었다. 유치장은 사무실 한쪽을 막아 설치했으며 밖에서만 경비를 섰다. 박헌영은 라디오를 듣거나 신문, 책 등을 읽으면서 지냈다. 1955년 초에 예심국이 평양으로 이동하면서 박헌영도 평양으로 옮겨졌다.

새로 마련된 예심국 유치장은 독립가옥으로 외부에 경비만 두고 있어 박헌영은 독립가옥 안에서 자유롭게 운동하고 독서할 수 있었다. 취조 때는 사무실로 부르거나 예심원이 그곳까지 가서 했다. 식사는 경비소대 식당에서 따로 특별히 만들어 공급하였다.

박헌영에 대한 기소장은 1·2차 문헌토의사업, 강습회, 이승엽 등의 재판을 종합해서 1955년 11월에 가서야 작성되었다.

박헌영에 대한 정식 예심은 사회안전성과 검사국 합동으로 재토의사업이 끝난 1954년 6월부터 시작되었다. 그때까지 박헌영은 사회안전성 유치장에서 책을 읽으면서 지냈다. 이승엽 등의 재판을 위해 중간 중간에 확인 질문을 하기도 했지만 정식 심문은 한참 지나 이때쯤 시작되었다. 예심기간과 강습기간은 거의 비슷하였다. 그래서 강습 받는 사람들이 주로 남로당 간부들이었던 관계로 이들이 예심국에 와서 증언했다. 김형선·권오직·이주상·김응기·정태식 등이 예심국에서 증언한 대표적인 인물들이다.

예심은 약 1년 동안 진행되었다. 예심기간이 이처럼 오래 걸리고, 박헌영이 이승엽 등과 분리되어 그것도 2년 4개월이나 지나 재판 받은 것을 두고 여러 의혹이 제기되어 온 것으로 안다. 그러나 박헌영 재판은 단순히 박헌영 개인에 대한 것이 아니라 일제 강점기의 공산주의운동 전반에 대한 결산을 의미하였다. 그만큼 검토해야 할 사안이 많았고, 박헌영 스스로를 이해시킬 필요가 있었다.

예심이 1년 이상 걸린 것은 첫째, 박헌영이 끝까지 국가전복을 위한 폭동 음모에 가담하지 않았다고 주장했기 때문이다. 둘째로 그의 행위가 객관적으로 간첩행위였다는 것을 시인하게 해야 했기 때문이다. 셋째는 남조선 혁명 역량 파괴에 대해서는 그가 혁명을 잘 하려고 했지만 뜻대로 안되어 결과적으로 역량이 파괴된 것이라는 주장을 폈기 때문이다.

예심이 계속되면서 박헌영은 먼저 '간첩행위' 부분에 승복하였다. 증인들이 나서 의심스러운 사항을 진술하고 이승엽·조일명 등 자기 측근들의 간첩행위가 명백했기 때문에 변명의 여지가 없었다.

예심과 강습과정에서는 박헌영의 과거 경력에 대한 의문들도 많이 제기되었다. 먼저 당시 같이 신의주형무소에서 징역을 살았던 황태성이 1927년 박헌영이 광인 행세를 해서 보석 석방된 것에 대해 의문을 제기하였다.

황태성은 박헌영이 미치광이 행세를 해서 석방된 것에 대해 "그 같은 일은 공산주의자에게 있을 수 없는 일이다. 일제 경찰과 짜고 벌인 연극이다"라고 폭로했다. 그러자 "일본 놈과 결탁해서 혁명을 포기하고 외국으로 가기로 하고 미치광이 짓을 하고 이 조건 하에서 보석되었다"는 주장이 여러 사람의 입에서 나왔다. 박헌영에게 이 문제를 추궁하자 박헌영도 "조선에서 활동하지 않고 외국으로 떠나겠다는 조건으로 보석되었다"라고 시인했다.

박헌영이 1933년에 체포되었다가 1939년에 석방된 사실에 대해서도 의문이 제기되었다. 1933년에 박헌영과 같이 체포되었던 김형선이 박헌영은 만기 출옥한 것이 아니라고 강력하게 주장했다. 김형선은 이 사건으로 8년형을 선고받고 만기가 되어도 사상범예방구금령에 의해 해방될 때까지 예방구

금소에 있었던 사람이다.

김형선은 형을 마치고 출감했던 공산주의자들을 다시 잡아들이는 때에 박헌영이 나왔다는 점을 문제삼았다. 또 "박헌영이 6년 만기 출옥했다고 하는데 1927년에 보석된 것을 고려한다면 6년은 말도 안 되는 형량이다. 오히려 거짓말했기 때문에 더 중형을 때렸을 텐데. 만약 진짜로 6년형을 내렸다면 그 형 자체에도 의문이 있다. 같은 사건으로 체포된 사람 중 최고간부가 다른 사람보다 형을 낮게 받은 것은 상식적으로 이해가 안 된다"고 주장했다.

또 1939년에 박헌영이 언더우드를 만난 것도 사실이었다. 그가 언더우드로부터 공산주의운동에 들어가라는 지령을 받았다는 검사의 논고에는 문제가 있다고 본다. 미국보다는 일본과 결탁한 것이 더 문제였다. 그러나 일단 간첩혐의를 받게 되자 일제시기의 경력이 하나하나 문제되기 시작된 것이다. 이전에는 그의 직위 (조공 위원장, 부수상) 때문에 감히 제기하지 못했던 문제들이 쏟아져 나왔다. 박헌영은 일제시기 자기 경력에 대해 상세한 시말서(경력서)를 작성해야만 했다.

예심원들이 여자시론에 들어갔던 것, 언더우드를 만났던 것, 전향문제 등을 집중 추궁하지 박헌영은 "그 문제에 대해 부정하지 않는다. 그런 약점이 있는 사람인데 내가 어떻게 변명할 수 있겠는가, 그대로 접수하겠다"고 진술했다. 예심원 중에서 박헌영을 가장 잘 이해할 수 있었던 사람이 이송운이었다. 그는 국

1953년 3월 체포되기 직전 박헌영의 모습.

내 공산주의자로 일제시기 공산주의자들의 활동방식과 문제점을 파악하고 있었던 사람이다. 또한 연락부 부부장으로 있을 당시 박헌영이 접촉한 인물들을 상세하게 파악하고 있었다.

이송운은 "박헌영의 미군 접촉문제는 합법 신분을 이용한 측면도 고려해야 한다. 언더우드를 만난 것은 언더우드를 이용하려고 했을 수도 있다"며 "일제시기 간첩이라는 것을 본인이 납득이 가겠는가"라고 예심원들을 불러 놓고 얘기를 하기도 했다. 이에 대해 예심원들도 확고하게 자신을 하지 못했던 것으로 기억한다.

경성콤그룹사건과 관련된 주요 간부들 가운데 박헌영만이 체포되지 않고 광주로 피신해서 있었던 사실도 문제가 되었다. 이 문제에 대해서는 경성콤그룹사건에 관련되었던 권오직 · 김형선 · 이주상 · 이인동 등이 주로 발언했다.

박헌영의 과거 행적에 대한 증언 쏟아져

권오직은 "내가 체포될 때 일제 경찰이 조직의 명단을 다 입수하고 거처를 다 알고 급습했다. 이 명단이 어디에서 나갔겠는가. 내가 이현상보다 늦게 체포되었지만 김삼룡이나 이현상을 의심하지는 않았다. 8 · 15 이후 김삼룡은 제주도 출신으로 붙들렸다 도중에 나간 강문석을 의심했다. 어찌되었든 누군가에 의해 조직명단이 넘겨 진 것은 사실이다"라고 주장했다. 강습과정에서 이주상이 이 문제에 대해 "박헌영이 명단을 넘겨주었다"라고 구체적으로 폭로했다. 또 박헌영이 숨어 있었던 벽돌공장의 주인 이득균의 아들은 "아버지 말에 의하면 박헌영이 집에 와 있을 때에는 경찰이 신통하게 한번도 얼굴을 비추지 않았다"라고 증언했다.

박헌영의 활동에 대한 폭로는 이에 그치지 않았다. 정태식 · 조일명 등은 해방 직후 박헌영을 부각시키기 위해 자신들이 어떻게 했는가를 폭로하였다.

1945년 8월 18일 서울 길거리에는 '위대한 박헌영 선생 나오시라!' 는 삐라가 붙었다. 정태식이 폭로한 바에 의하면, 이것은 정태식 · 조일명 · 서득은 · 이관술 등이 주동이 되어 박헌영 중심의 당 조직을 위한 사전준비로써 박헌영의 이미지 부상을 위한 것이었다. 박헌영이 서울에 있으면서 이런 일을 시켰다. 공산당의 간부 원칙에 의거해 과거 경력을 돌이켜 봤을 때 양심이 있는 사람이라면 당수 자리를 사양했어야 했다. 명성 측면이 아니라 실제 활동 측면에서 박헌영보다 더 유능한 사람들이 있었다고 본다.

박헌영은 예심과정에서 '국가전복행위' 에 대해서는 직접 회합에 참가해 모임을 가진 적이 없다는 점을 강조했다. 그러나 결국 "회합에 참가하진 않았지만 보고는 받았다"고 시인하였다. 이승엽 등이 박헌영도 자신들의 회합을 다 안다고 이미 진술했기 때문이다. 박헌영은 다만 직접적으로 모의 회합에 참석하지 않은 사실만 애써 강조하였다.

당시 예심원들은 박헌영에게 "이승엽 · 조일명 등이 모의하는걸 몰랐는가. 보고를 통해 폭동계획을 알고 있었고 그것이 적극 추진되기를 바란 게 아닌가. 그렇지 않았더라면 그런 계획을 제지시키고 당에 보고해야 하지 않는가. 지금 와서 회합에 참가하지 않았다고 국가전복행위에 가담한 사실을 승복하지 않는 게 말이 되는가"라고 추궁하였다.

'남조선 혁명역량 파괴행위' 부분도 박이 시인하기까지 시간이 걸렸다. 그가 시인하도록 하자니 강습 도중인 도당 간부급 이상의 남로당 출신 간부들의 구체적 증언이 필요했다. 결국 발을 뺄 수 없는 증언들이 속속 나오자 박헌영도 자포자기의 분위기에 휩싸여 시인할 수밖에 없었다.

예를 들어 박헌영이 월북하기 전 하지 중장과 만난 사실은 이미 공개된 것이었고, 아무런 문제없이 넘어갈 수 있는 사항이었다. 그러나 사건이 터지자 하지와 만나 나눈 구체적 내용이 추궁됐다. 박헌영의 입장에서는 예심원

들의 추궁에 뺄 수도, 받아들일 수도 없는 상황이 되어 버렸다. 젊은 예심원
들과 아웅다웅 싸울 처지가 못됐던 것이다. 박헌영의 입장에서 일제시기 활
동에 대해서도 별다른 변명을 하지 않았다. 예심과정에서 콤그룹에서 활동했
던 김형선은 "박헌영은 일제의 임무를 받고 공청위원장 간판을 가지고 콤그
룹에 끼어 들었다"라고 증언했다. 이인동도 "박헌영이 다 밀고했다. 벽돌공
장에 숨어버려 일본경찰이 못 찾았다는 것은 당시 일본경찰의 조직력을 무시
한 눈 가리고 아웅하는 소리다"라고 증언했다. 이런 증언을 거론하며 예심원
들이 추궁하자 박헌영은 아무런 말도 안 했다.

배철을 연락부장에 임명한 것도 논란이 됐다. 1950년을 전후로 해서 민애
청 위원장을 지낸 이환기(당시 총정치국 민청사업부장)이 집중적으로 "배철
이 어떻게 유격지도처장, 연락부장이 되었느냐"고 문제를 제기했다.

배철이 1949년에 경북도당 위원장으로 활동할 때(당시 이환기는 민청위
원장) 서울시위원회의 청년사업부장 오기옥이 다른 한사람과 함께 1949년
여름에 경북도당에 나간 일이 있었다. 그런데 배철과 접선하고 나오다가 체
포되어 두 사람이 총살당했다. 배철을 도당아지트에서 만나고 나오다가 길목
을 지키고 있던 경찰에게 걸려들었던 것이다. 그런데 배철은 붙들리지 않고
계속 활동했다. 9·28때도 올라오지 않고 남아 있다가 1951년 3월 말에 동부
전선으로 넘어왔다. 이환기는 "남로당 경북지도부의 다른 사람이 다 잡혔는
데 배철이 어떻게 살아남았는가?" "경험 많은 다른 간부도 많았는데 잘 알지
도 못하는 배철을 유격지도처장, 연락부장에 누가 임명했는가?"라고 몰아 붙
었다.

박헌영은 이승엽이 추천해서 배철을 임명했다고 진술했다. 그래서 이환
기와 민청간부였던 조승환 두사람이 오기옥문제를 가지고 배철과 대질하기
도 했다. 그러나 끝내 배철은 오기옥 체포건과 관련된 사실을 부정했고, 이승

엽도 완강히 부인했다. 이러한 사실은 공판기록에는 나와있지 않지만 내부문건에는 자세히 기록되어 있다. 그런데 일제시기에 일본공산당 중앙위원까지 지냈고, 해방후 재일조선인연맹 위원장, 조총련 고문을 지낸 김천해가 "송성철(외무성 국장)과 배철을 묶어서 미군이 박아 놓았다는 이야기가 일본조직에서 돈 적이 있다"고 폭로했다. 그러나 끝내 증거를 찾아내지는 못했다.

이처럼 박헌영 자신이 혐의 사실을 수긍하고 또 이것이 완벽히 입증되도록 하는데 오랜 시간이 걸렸던 것이다.

길고 긴 예심을 거쳐 마침내 1955년 11월에 박헌영은 기소되었고 재판은 12월에 시작되었다. 재판은 박헌영 개인에 대한 재판일 뿐만 아니라 일제시기 공산주의운동부터 남로당운동에 이르는 '공산주의 조직운동의 총결산'이라는 성격을 갖고 있었다.

1955년 12월 중순 최고인민회의 상임위원회는 특별재판소를 구성했다. 재판은 1955년 12월 15일에 열렸다. 이날 아침 10시 재판정이 개정되었다. 재판장의 지시에 따라 입회서기 박경호가 기소장을 낭독했다. 이어서 기소장에 적힌 범죄 사실에 대한 인정심문이 있었다. 박헌영은 "새 정부, 새 당의 조직에 관한 것과 무장폭동음모에 직접 참가하거나 그러한 범행을 조직, 지도한 사실이 없기 때문에 이 부분에 대한 책임을 지기 곤란하다. 기타는 전부 시인한다"라고 대답하였다. 이어서 한철·권오직·조일명·이강국 등 증인들의 증언이 계속되었다.

증인으로 나온 권오직은 박헌영이 '조선 인민의 수령으로 자처해왔다'면서 해주 제일인쇄소의 대남 출판물을 악용하여 주로 자기의 공명을 선전하도록 하였다고 말했다. 자신이 중국대사로 임명되어 가던 때에도 중국에서는 아무 것도 배울 것이 없다고 말하였으며 그들과 교섭할 때 속을 털어놓고 할 수 없다고 말하였다고 증언했다.

조일명은 1946년 초부터 박헌영이 미국 간첩이라는 사실을 알고 있었다고 말했다. 그는 해방일보, 노력인민의 주필로 있다가 박헌영의 지시로 월북하였으며 제일인쇄소에서 임화, 박승원 등을 조종하여 출판물에 박헌영을 조선 인민의 지도자인 것 같이 선전하였다고 증언했다. 1951년 9월 초순에는 중앙당 이승엽의 사무실에서 공화국 전복의 무장폭동을 일으키려는 음모를 토의했는데 이승엽을 총사령으로 하고 참모장 박승원, 군사조직책임 배철, 폭동지휘책임 김응빈, 정치 및 선전선동책임은 임화와 조일명으로 하는 무장폭동 지휘부를 결성했다고 시인하였다.

이강국은 박헌영의 비호 보장에 의하여 자신이 북조선인민위원회 외무국장으로 등용되었으며 박헌영의 지시에 따라 간첩활동을 수행하였다고 말했다.

이날 재판정에서는 오후 6시 10분에 검사총장 이송운이 "공판의 의의와 특수성, 남북부 민주역량 파괴, 약화행위, 공화국정권 전복 음모행위" 등 박헌영의 죄상을 지적한 다음 사형을 구형하였다. 박헌영은 최후진술에서 자신의 과오를 다음과 같이 인정하였다.

"검사총장의 논고는 전적으로 지당하다. 따라서 나의 죄악의 엄중성으로 보아 사형은 마땅한 것이다. 내가 미국 간첩들의 두목이고 그들로 하여금 나 자신이 희망하는 범죄를 감행하도록 모든 것을 비호 보장하여 온 장본인인 까닭에 전적으로 나에게 책임이 있다. 끝으로 내가 과거에 감행해온 반국가적 죄악이 오늘 공판에서 낱낱이 폭로된 바이지만 여기 온 방청인들 뿐만 아니라 더 널리 인민들 속에 알려 매국역적의 말로를 경고해 주기 바란다."

이미 이승엽 등이 모든 죄를 시인하였고, 문헌토의사업 과정에서 남로당 출신 간부들에 의해 박헌영의 모든 과오가 폭로되었기 때문에 박헌영이 더 이상 부인할 수 없었다.

이날 하오 7시 35분 조성모가 판결문을 낭독했다. 박헌영에 대해 사형이 언도됐음은 알려진 대로이다.

박헌영은 기가 팍 죽어 사형 언도를 숙명적으로 받아들였다. 국가전복 음모에는 직접 가담하지 않았지만 자기가 잘못해 이승엽 등이 그런 음모를 계획했기 때문에 자신이 책임지겠다는 말도 하였다. 논고를 듣거나 응답하면서 눈물을 비치기도 했다. '저 사람이 미국과 자기 부하 때문에 어쩔 수 없이 책임을 지는구나' 라는 생각이 들기도 하였다.

박헌영의 경우 '자발적 간첩행위' 보다는 객관적 상황이 그를 죽음으로 몰고 간 것으로 볼 수 있다.

이날 방청석에는 대남연락부, 당 조직부, 최고검찰소, 사회안전부, 예심국 간부들 외에 강습과정을 마친 이남 출신 간부 30여명이 자리잡고 있었다고 한다. 이남 출신 중에는 황태성 · 정태식 · 김형선 · 김응기 · 이주상 · 권오직 · 허성택 · 최원택 · 성주식 · 김창준 · 백남운 · 이영 · 박문규 등 전 남로당 및 민주주의민족전선의 고위간부들이 포함되었다.

사형 언도 뒤 조선로동당 정치위원회에서는 사형 집행을 결정했고, 1956년 3월 초 내무성은 박헌영으로부터 몇 가지 보충진술을 받는 대로 형을 집행하라고 지시하였다. 몇 달 후인 1956년 여름 무렵에 박헌영은 교수형에 처해졌고 곡절 많은 한 생을 마감하였다. 입회검사는 1945년 12월에 월북한 경남 하동 출신으로 김일성대학 법과 1회 졸업생이었다. 박헌영은 마지막에 "할 말이 없다"는 말만하였다.

[자료]

「조선민주주의인민공화국 주재 소련대사 V. 이바노프 동지 일지」(1956. 4. 19)

4월 19일

김일성을 방문해 제3차 조선로동당대회에 소련공산당 중앙위원회를 초청한 데
대한 소련공산당 중앙위원의 감사전문을 전달했다.…이어 나는 김일성에게 조선
동지들이 우리 대사관의 수석참사(KGB)를 두 차례 만나 박헌영에 대한 조선 최
고재판소의 조처에 대한 소련 최고재판소의 견해를 물었다고 일러주었다. 나는
소련 최고재판소의 견해에 따르면 박헌영에 대한 극단적 조처를 자제하는 것이
합당할 것이라고 말해 주었다. 사형선고 이후 많은 시간이 흘렀고 박헌영이 정치
적으로 망가지고 고립되어 있으며 현재 사형 집행이 조선 내에서는 물론 해외에
서도 바람직하지 않은 반향을 불러일으킬 수도 있다는 점을 염두에 둬야 한다.

이 같은 나의 이야기를 들은 김일성은 당혹스러운 기색이 역력했다. 그는 수즈달
레프가 대사로 있을 때 박헌영의 신병 문제에 대해 문의했으나 당시 소련의 회
신이 없어 우리는 소련 최고재판소가 이에 관심이 없는 것으로 간주했다고 말하
였다.

나는 소련 최고재판소가 지금도 박헌영 건에 개입하지 않고 있으며 다만 조선 동
지들이 수석참사에게 문의한 것과 관련해 견해를 피력했을 뿐이라고 말할 수밖에
없었다. 현재로서는 상응하는 최고재판소에 의해 피력되고 있는 현시점의 상황을
고려하여 처리하는 것이 타당하다.

김일성은 "동지들이 수석참사에게 박헌영의 향후 신병에 대해 의견을 물어본 것
은 개별적 행동이며 당에서는 이미 박헌영에 대한 사형선고를 집행하라는 결정이
내려져 있다"고 말하였다. 김일성은 박헌영으로부터 몇 가지 보충진술을 받아내
는 대로 그 결정을 받들어 형을 집행하라는 내무성의 지시가 이미 달포 전에 내

려졌는데도 왜 지금까지 집행되지 않고 있는지 조사해보겠다고 밝혔다. 그는 박헌영에 대해서는 공개재판이 실시됐으며 사건 처리가 잘못되었다는 아무런 근거도 징후도 없다고 말했다. 박헌영은 예비심문에서는 물론 재판에서도 자신의 혐의 사실을 모두 시인했다. 그는 간첩이다. 조선 인민은 한결같이 형 집행을 찬성하고 있다. 해외에서 아무런 부정적 반응이 없을 것이다.

김일성은 형을 집행해야 하며 재검토의 근거가 없다는 게 자신의 개인 견해라고 말했다. 그러나 소련 최고재판소의 이견이 있는 만큼 우리는 정치위원회에서 그런 사정을 논의할 것이라고 덧붙였다.

박헌영·이승엽사건이 몰고 온 파장

박헌영의 사형으로 1953년 3월부터 55년 12월까지 2년 10개월 간 이북 사회를 충격과 경악으로 몰아넣은 '박헌영·이승엽사건'은 마무리되었다. 그러나 이 사건의 여파는 여기서 그치지 않았다.

박헌영·이승엽의 '무장폭동음모'가 계획에 그치고 행동단계로 들어가지 않았기 때문에 음모에 가담한 주동자만 사형에 처하고 나머지는 경중에 따라 징역형을 받았다. 그밖에는 피의자로 취급되지도 않았다.

박헌영·이승엽사건으로 사형 당한 사람은 박헌영을 포함해 11명에 불과하다. 그 외 징역을 산 사람은 윤순달·이원조를 비롯해서 15명 정도이다. 그밖에 문헌재토의사업 과정에서 견디지 못하고 자살한 사람 3명, 강습과정에서 고집부리다 철직된 사람 7~8명, 그리고 지방 당에서 철직된 일부 간부가 전부이다. 그밖에는 남로당 출신 간부라고 하더라도 피의자로 조사받은 일이 없다. 물론 증인으로 출두하거나 참고진술을 위해 조사를 받은 사람은 수백 명에 이른다. 다만 당성검토를 위해 두 차례 문헌토의사업이 진행되었고 그 과정에서 문제가 있다고 드러난 사람들은 따로 강습을 받았다.

'박헌영·이승엽의 음모'가 적발되고 2차 문헌토의사업이 끝난 뒤에 당 검열위원회 산하에 강습소가 생겼다. 강습소 책임자는 남로당 경남도당 부위원장 출신의 강영순이었다. 강습소는 1·2차 토의사업에서 당성 검토가 더 필요하다고 비판받은 사람들을 교육하기 위해 1954년 6월에 설립되었다. 한 기수에 6개월 과정이 기본이었으나 그중 문제가 심각한 사람들에게는 1년 6개월 간 강습을 받게 하였다. 그러나 다음해 10월까지는 강습도 기본적으로 종결되었다.

중앙당 강습은 1954년부터 1955년 사이에 집중적으로 진행되었다. 강습과정으로 6개월반과 1년 6개월 반이 있었다. 6개월반은 군당위원장급 이상 약 4백여 명이 대상이었고 1년 6개월반은 약 1백50명 정도가 강습을 마쳤다. 1년 6개월반에는 도당위원장, 중앙당 부부장급 이상과 재토의사업에서 비판을 많이 받은 사람들이나 보도연맹 관계자들이 소속되었다. 1954년에 처음 강습 받은 사람들은 약 80여명이었다.

황태성·정태식·이문홍·유혁 등 과거 장안파·대회파·콤그룹 출신을 비롯해 월북해있던 국내파 주요 공산주의자들이 거의 망라되었다. 이들 대부분은 박헌영 예심과정에 증인으로 출두하였고 박헌영 재판을 방청하였다. 특히 황태성·정태식·이주상은 1기 강습을 마치고 강습소의 강사로 활동하기도 했다.

문헌토의사업과 강습 과정은 과거 남로당 출신들을 숙청하기 위한 것이라기보다는 박헌영·이승엽 사건의 직접 관련자들을 가려 죄상을 명확히 하는 과정이었다.

[자료]

소련대사관 1등 서기관 I.S 뱌꼬프 「1953년 12월 28일 조선로동당 중앙위원회 조직부장 박영빈과의 대담록」

박영빈의 초청에 따라 중앙위원회로 방문하였다.…(1952년) 제5차 전원회의 결정의 재검토 혹은 올 6월 정치위원회 결정에 따라 실시되고 있는 당성 검열 캠페인은 절차에 의거한 당의 숙청이다.…이 캠페인은 실무적으로 어떻게 실시되고 있는가?

"사업은 두 개의 단계로 구분된다.…첫 번째 단계에서는 중앙위원회 대표 혹은 도, 군(구역) 위원회 당 대표의 지도아래 '당의 조직적 건설에 대하여', '당내 민주주의에 대하여' 등 당적인 주제에 대해 일반적 성격을 가진 강연과 보고들이 진행되고 있다.

두 번째 단계에서는 각 당원에 대한 검토와 더불어 당 단체들의 활동이 검토된다. 이 모든 것이 평균적으로 15~20일 걸린다."

그러나 이 숙청은 소련공산당에서 과거에 실시되었던 숙청과는 차이가 있다.… 당원 제명은 극히 적은 수에 그치고 있다. 1953년 12월 1일 현재 당성 검열 캠페인 경과에 대한 예비 총결 결과, 1953년 12월 1일까지 전체 당원숫자 중 18%가 검열을 통과하였다… 약 20만 명에 해당한다. 그 외 전체당원 중 25%가 검열 진행중이나 아직 끝나지 않았다.…

"20만 명 가운데 검열 당시 2만 2천여 명 이상이 다양한 비(非)당적인 범죄와 반당·반국가행위를 범한 것으로 드러났다. 그것은 다음과 같다: a) 기만적인 방법으로 당에 침투한 자 3,000명, b) 반체제 종사 3,600명, c) 국가재산 착복 4,500명. 당성 검열 당시 폭로된 2만 2천여 명 가운데 401명이 당에서 제명되었으며 535명이 당의 여러 책벌을 받았다."…

"당 중앙위는 국내 상황과 근로자의 대중정당으로서의 조선로동당의 성격을 고려

하여…명백한 원수들만을 당에서 제명할 것을 하급단체들에게 지시했다."

　형을 받은 일부 관련자들은 출소한 뒤에 지방으로 배치되었다. 12년형을
선고받은 이원조는 출감한 뒤 평성에 있던 외국문출판사 산하의 번역그루빠
에서 일했다. 그의 부인은 박헌영·이승엽사건 이후 평남 개천의 식당 식모
로 일하다가 감옥에서 나온 남편과 함께 평성에서 살았다. 15년을 선고받은
윤순달은 1968년경에 출감하여 생활능력이 없어 공장 부지배인으로 일하던
처남 집에 가 얹혀 살았다.
　윤병삼도 1960년대 초에 출감했지만 그후 행적은 듣지 못했다. 정진호는
이화여전을 나온 부인의 구명운동에 힘입어 출감 후 외국문출판사에 들어가
번역에 전념하였다. 김점권은 12년형을 살고 출소해 징역 받고 나온 사람들
이 집단적으로 생활하는 농촌부락에 가 살았다.
　문학가인 김남천, 이태준은 8년형을 마치고 출감하여 각각 가족과 함께
자강도와 함경도 지역의 농촌마을에 정착하였다.
　과거 남로당 중앙위원이나 주요 간부들은 사건 당시 나이가 들고 능력 면
에 문제가 있어 현직보다는 주로 조국통일민주주의전선이나 고전연구소에서
활동하였다. 고전연구소에 배치된 한학에 능한 사람들은 주로 {리조실록}을
비롯한 고전번역 일을 맡았고 외국어에 능한 일부는 마르크스레닌주의 저작
을 번역하는 일을 하였다.
　활동조건을 갖춘 사람들 일부는 기업소 부지배인으로 임명되기도 하였
다. 물론 숫자는 얼마 안되지만 박문규·허성택·이병남 등과 같이 당과 내
각의 고위직에서 활동한 사람도 있다. 황태성은 무역성 부상까지 지내다
1961년 5·16 군사쿠데타로 박정희가 집권하자 밀사로 이남에 내려왔다가

체포되어 사형 당했다.

박헌영의 오랜 측근이었고, 김삼룡 · 이주하와 함께 마지막 남로당 서울 지도부를 형성했던 정태식은 사건 후 대남연락부 과장으로 복귀하였다. 그가 상부의 눈치를 많이 보았던 것으로 기억한다. 그가 업무가 끝난 후에도 부장이나 부부장 사무실에 불이 꺼진 것을 확인한 뒤에야 퇴근하는 모습을 여러 차례 본 적이 있다. 남로당 강원도당 위원장을 지낸 최선규도 대남연락부에 들어와 1960년대까지 간부로 활동하였다.

박헌영 · 이승엽사건의 충격이 컸던 만큼 그 여파도 이북 사회에서 오랜 기간 지속되었다. 우선 남로당 출신들은 당수와 부당수가 처형당했기 때문에 생활이 위축되고 떳떳치 못한 가책 속에서 살게 되었다는 점이다. 일부 북로당 출신 간부들이 남로당 출신 간부들을 대할 때 선입관에 사로잡히는 병폐가 나타나기도 했다. 남로당 출신들이 지방의 군인민위원회 부위원장으로 일하는 경우에 그 밑의 북로당 출신 간부들이 "당신은 박헌영의 졸개"라고 힐난하거나 따돌림 하는 경우도 있었다.

이런 분위기는 1956년 8월에 이른바 '8월 종파사건'이 터져 연안파와 소련파에 비판의 화살이 집중되면서 급격히 수그러들기 시작한다. 이에는 송도 정치경제대학과 공산대학을 나온 남로당 출신 간부들이 대거 재배치된 사정이 일조하였다. 특히 1950년대 중반이래 평화통일 문제가 전면에 제기되고 4 · 19를 겪으면서 이북에서 남로당 출신 간부들에 대한 편견이 완전히 사라졌다.

[자료]

미군CIC '이강국파일'의 미스터리

"이승엽 등 남로당 핵심간부 미 정보기관에 포섭됐을 가능성 암시"

2001년 9월 초 중앙일보와 경향신문은 해방 직후 결성된 조선공산당 위원장 박
헌영의 직계인 이강국(북조선인민위원회 외무국장), 임화(작가) 등 남조선노동당
(남로당)의 일부 핵심간부들이 주한 미군방첩대(CIC:Counter Intelligence
Corps) 요원으로 활동한 사실이 CIC문서를 통해 드러났다고 보도했다.

이 보도가 사실이라면 1953년 8월 휴전직후 북한 당국이 발표한 '이승엽 등의
정권 전복음모와 반국가적 간첩사건'에 연루된 12명의 남로당 고위간부들이 실제
로 미국의 정보기관에 포섭됐을 가능성을 시사한다.

미군방첩대가 작성한 '이강국파일' 공개

이 사건에 연루된 인물은 이승엽(조선노동당 중앙위원회 비서), 조일명(내
각 문화선전성 부상), 임화(조쏘문화협회 중앙위원회 부위원장), 박승원(노동
당 연락부 부부장), 이강국(무역성 일반제품 수입상사 사장), 배철(노동당 연
락부 부장), 윤순달(노동당 연락부 부부장), 이원조(노동당 선전선동부 부부
장), 백형복, 조용복(인민검열위원회 상급 검열원), 맹종호(조선 인민군 유격
대 제10지대장), 설정식(인민군 최고사령부 총정치국 제7부 부원) 등이다.

모두 남로당의 주요간부로 활동하다 월북해 이북정권에 참여한 인물들이
다. 1956년 이북이 공개한 {조선 민주주의인민공화국 정권 전복 음모와 반국
가적 간첩 테로 및 선전선동행위에 대한 사건 공판문헌}에 따르면 이들은 남
한에 있을 때 미국의 정보기관과 연결돼 많은 비밀정보를 제공했으며 1952
년에는 이북정권을 전복하려고 시도했다고 한다.

새로 수립하려는 정부의 수상에는 박헌영, 부수상에는 주영하 · 장시우, 내무상 박승원, 외무상 이강국, 무력상 김응빈, 선전상 조일명, 교육상 임화, 노동상 배철, 상업상 윤순달, 그리고 노동당 제1비서에 이승엽 등이 내정돼 있었다. 이들 중 '간첩행위'에 가담하지 않은 윤순달(징역 15년)과 이원조(징역 12년)를 제외한 10명에게는 사형이 선고돼 집행됐다. 이들과 같이 1953년 초에 체포된 박헌영(내각 부수상)은 2년 후인 1955년 12월에 별도로 재판을 받고 다음해 총살됐다.

지금까지 이 사건은 6 · 25전쟁이 끝난 직후 김일성 당시 내각 수상이 남로당 출신의 정적을 제거하는 차원에서 간첩혐의를 씌워 이들을 제거했다는 것이 학계의 정설이었다.

과연 어떤 것이 역사적 사실인가?

문제의 CIC문서가 소장돼 있는 미국의 국립문서보관소에 사건의 진실을 밝힐 수 있는 열쇠가 있지 않을까? 그러나 유감스럽게도 아직까지 이 사건의 전모를 보여주는 문서는 공개되지 않았다. 다만 조그마한 단서만이 이 사건을 추적할 수 있는 실마리를 제공해 줄뿐이다.

1996년 중앙일보 현대사연구소(현재의 통일문화연구소)는 방대한 양의 {미군CIC정보보고서}(4권, 선인문화사)를 간행했다. 이중 1권이 이승만 · 신익희 · 모윤숙 등 해방직후 활동했던 주요 정치지도자들에 대한 인물보고서이다.

1994년 공개된 이 자료는 국립문서보관소의 문서군(Record Group:RG) 319의 IRR(US Army Investigative Repository 미육군 CIC 조사자료소장처)문서 중의 일부이다. IRR에는 미 CIC에서 각국에서 조사,보고한 중요인물의 신상조사 기록이 모아져 있다. 현재 공개된 문서 중 한국인으로 추정되는 인물은 100여명 정도이다. 이 인물파일 속에는 남로당 관계자도 일부 포함돼 있는데 이강국(Kang Kuk Yi)파일도 바로 여기에 있다. 최근 추가 공개된 이 파일 속의 1953년 문건에 다음과 같은 대단히 논쟁적인 한 구절이 포함돼 있다.

"1953년 11월의 보고에 따르면 이강국은 일본 동경도 차기구 내 잭(JACK)에 고용되었다고 한다."

이강국이 고용됐다는 '잭' 이란 미 중앙정보국(CIA)가 대북공작을 위해 운영하던 한국합동공작단(the Joint Activities Commission, Korea)의 약자이다. 이 조직의 기본임무는 정보수집, 사보타지, 북한요인납치, 북한에 격추된 유엔군 비행사를 위한 은신·도피처 및 안전가옥망을 제공하는 것이었다. ["White Tigers-My Scret War in North Korea" (Col. Ben S. Malcom, with Ron Martz/ 1996 by Brassey's(US)) pp.130~132쪽 참조]

이 기록이 맞는다면 어느 시점에선가 이강국은 미 CIA의 정보원으로 활동한 셈이 된다. 그러나 이 문서에는 이강국이 잭에 고용됐다는 보고만 있을 뿐, 이강국이 언제, 어떤 경로로 잭과 연계됐는지를 확증할 만한 내용이 없다. 이 문서만으로는 이강국이 미 CIA의 정보원이었음을 100% 단정짓기 어렵다는 것이다. 다만 또 다른 문서를 통해 이 문제를 유추해 볼 수 있는 단서는 있다.

미국의 이강국·김수임사건 조사결과보고서도 공개돼

미 육군부가 1950년 8월부터 3개월에 걸친 조사 뒤 작성한 「베어드 조사보고서」(미 국립문서보관소, RG 338)가 바로 그것이다.

이강국은 6·25 직전 이북의 간첩혐의로 체포된 이화여전 출신 김수임과 연인 사이였다. 일반적으로 이강국은 당시 미군정의 실력자였던 베어드(미8군 사령부 헌병감.대한민국 경찰 최고고문)대령과 동거하던 김수임을 이용해 남한의 경찰 및 군의 고급기밀, 정부의 1급비밀을 빼냈던 것으로 알려져 있다.

김수임의 혐의는 19가지였다. "1946년 6월 베어드 대령의 지프로 이강국을 개성까지 데려다줌. 1947년 12월 이강국이 남로당에 보낸 정치자금을 땔 감을 가장, 베어드 대령이 제공한 군용트럭으로 서울에 옮긴 뒤 일부를 받음. 48년 9월 베어드 대령으로부터 2대의 지프를 공짜로 얻어 남로당에 1백만원 받고 판매. 48년 11월 미군이 이듬해 5월까지 철수한다는 사실을 베어드 대령으로부터 듣고 북측에 전달. 50년 1월 미 대사관이 남한 경찰의 무장해제를 요구했다는 사실을 같은 방법으로 전달."

전쟁 10여일 전인 6월 14일부터 16일까지 진행된 군정재판에서 김수임은 사형을 선고받고 1950년 6월 28일(미국 기록) 총살당했다.

김수임이 사형 당한 지 한 달여 뒤인 8월 2일 미 육군부는 이 사건과 관련해 베어드 대령의 독직 여부에 대한 조사에 착수했다. 그가 정부인 김수임에

1947년 북조선민족통일전선 청사 앞에서 기념촬영을 한 북조선인민위원회 주요 간부들. 앞줄 맨 오른쪽이 이강국 외무국장으로 그는 이승엽 등과 함께 1953년 3월 '미제간첩과 반혁명혐의'로 체포되어 사형됐다.

게 주한미군에 대한 정보를 제공했는지 여부와 그녀의 공산주의 활동을 보호, 지원했다는 사실을 입증하는 게 핵심이었다. 육군부는 3개월에 걸친 조사를 마친 뒤 200여 쪽에 이르는 보고서를 작성했다.

보고서의 최종 결론은 '증거 불충분'. 김수임의 자백 및 재판기록을 토대로 베어드 대령의 관련성을 조사한 결과 대부분 '증거 불충분'으로 결론이 난 것이다. 보고서는 이강국을 월북시키거나 남로당 정치자금을 운반하는 데 미군 차량이 동원된 부분, 군용 지프가 김수임을 통해 남로당으로 흘러 들어갔다는 내용 등에 대해서도 입증할 수 없는 사실로 규정했다.

이는 기본적으로 용의자의 자백이나 주변사람들의 증언에 전적으로 의존한 당시 한국의 수사관행과 철저한 물적 증거를 내세우는 미국측 관행의 차이에서 비롯된 것일 수 있다. 그러나 이렇게 보기에는 석연치 않은 대목이 너무 많다.

우선 베어드 대령 자신이 "1948년 당시 미군철수에 대해 어떤 정보도 갖고 있지 않았으며 1950년 미 대사관의 한 직원에게서 한국 경찰의 화기를 곤봉으로 대체해야 되지 않느냐는 질문을 받았으나 실행되기 어려운 일이라고 말했다"며 김수임에게 정보를 제공한 사실을 전면 부인했다. 또 미군 지휘관들도 베어드 대령이 미군철수계획의 전모나 구체적 실행계획을 알만한 위치에 있지 않았으며, 1948년 9월 철수개시계획이 무산된 이후 1949년 새로운 계획이 수립됐으나 유사한 정보가 일본에서 출간되는 〈성조〉지에 보도되는 등 충분히 예측 가능한 내용이었다는 사실을 증언했다.

무엇보다도 중요한 점은 이강국이 1948년 9월 이북정권이 수립되는 과정에서 실각해 김수임과의 관계가 단절됐다는 것이다. 북한의 공판문헌에 따르면 1953년 8월 진행된 재판 때 이강국은 "1948년 8월 후는 김수임으로부터 연락이 없기에 김수임은 나와는 련계를 끊고 이승엽과 직접 련계를 맺는다고 생각"했으며 1950년 김수임이 사형 당한 후에야 그녀의 소식을 들었다고 진술했다.

실제로 이강국은 이북 정권 수립 후 한직으로만 전전했다. 즉, 김수임의 정보제공 혐의는 1948~1950년 사이의 일들인데, 이때는 이미 북에 있던 이강국이 실각해 둘 사이에 연락이 끊긴 시점이었던 것이다. 김수임사건이 상당부분 조작됐고, 그녀가 미국 정보기관과 남한 사찰기관의 갈등이 가져온 희생양이었음을 보여주는 대목이다. 이승만 대통령과 2인자였던 이기붕 서울시장의 수사 중단 압력, 김수임과 교분을 나눴던 사회지도층 인사들의 광범위한 구명운동 등도 이같은 추론을 가능케 하는 증거이다.

이강국이 김수임을 통해 남한 정보를 수집해간 것이 아니라 거꾸로 베어드 대령이 김수임과 연결된 이북의 간부(이강국의 공판기록에는 당시 내각 사법상이자 남로당의 2인자였던 이승엽이라고 돼 있다)를 통해 북측 정보를 빼냈을 가능성이 있는 것이다.

이강국은 재판과정에서 1차는 1947년 3~4월경에 1947년 인민경제발전계획서, 2차는 1947년 8월에 소미공동위원회에 대한 소련측과 북측의 태도와 북조선 인민위원회 기구표, 3차는 1947년 12월 평양학원·금강학원을 견학하고 무장상태·훈련 등이 정규군과 같다는 세밀한 내용, 4차는 1948년 3월 1947년 인민경제계획 실천정형, 5차는 1948년 8월 8·25총선거를 위한 문건들과 간부 책벌 결정을 위시한 1948년도 북조선 인민위원회 결정과 문건 2건 등을 모두 5차례에 걸쳐 김수임을 통해 베어드 대령에게 전달했다고 진술했다.

그렇다면 왜 남한의 사찰기관은 김수임을 체포했는가라는 의문이 제기된다. 당시 김수임 사건 담당검사였던 고(故) 오제도 변호사는 "김이 검·경·군 합동수사분실의 수사망에 걸려든 것은 50년 2월말. 대한민국 경찰 및 군대의 고급기밀과 정부의 1급 비밀들이 속속 남로당에 보고되고 있었다. 이로 인해 대공수사 계획이 실패로 돌아가는 경우가 한두 건이 아니었다. 그러나 당대의 세도가인 베어드 대령의 동거녀를 수사한다는 것은 달걀로 바위를 치는 격이었다"며 김수임 검거의 어려움을 토로한 적이 있다.

당시 대공수사진은 김수임이 북쪽에 가 있는 남로당 간부와 연계를 갖고 있으며, 그 간부는 당연히 연인 사이였던 이강국일 것이라고 단정했던 것 같다. 김수임이 남로당의 첩자가 아니라 남한 경찰의 고문이었던 베어드 공작원임을 눈치채지 못한 채. 수사과정에서 이 사실을 알았는지는 불분명하지만 이미 엎질러진 물이었다. 김수임이 존재가 드러난 이상 그동안의 공작사실을 덮기 위해 그녀를 희생양으로 삼았던 것은 아닐까.

치안국 중앙분실장의 '의거 월북'

실제로 이것과 아주 유사한 사례가 비슷한 시기에 있었다. 1953년 이승엽·이강국 등과 함께 간첩혐의로 재판을 받은 백형복·조용복의 경우다.

백형복 총경은 1950년 3월 당시 남한 치안국 중앙분실장으로 남로당 서울지도부 총책 김삼룡을 검거한 '일등공신'이었다. 그는 내무부 치안국 사찰과 고문인 도널드 니콜스(Donald Nichols)의 지휘를 받고 있었다. 강원도 사찰과장이던 그를 중앙분실장으로 추천한 게 니콜스였다.

니콜스는 이북의 공판문헌에도 나오는 인물로 제2차 세계대전 중 중국·미얀마·인도전선에서 활동했고, 1946년 미군방첩대(CIC)훈련학교의 특별교육과정을 수석 졸업했다. 그해 6월 그는 동경주재 미극동공군사령부의 607CIC파견대 산하 'K분견대' 특별요원으로 남한에 파견됐다. 그는 정보수집을 위해 남한 정계·군부의 여러 요인들과 밀접한 관련을 맺었고, 이들로부터 고급정보를 빼냈다. 1946년 가을부터 니콜스는 이승만 대통령과도 아주 가깝게 지냈다. 니콜스는 이 대통령의 절대적 신임을 바탕으로 1949년 9월 대한민국 공군창설에도 결정적 역할을 수행했다.

니콜스의 주특기는 인문정보(Humint:Human Intelligence)였다. 특히 인맥과 스파이를 통해 수행된 남한 좌익세력과 북한측을 대상으로 한 정보활동이 백미였다. 그는 좌익관련 정보수집을 위해 1947년 이미 남로당에 스파이를 침투시켰고 월남하는 피난민·망명자를 신문해 정보를 수집했다. 그는 정보수집을 위해 직접 북한지역을 다녀오기도 했다. 니콜스의 활동반경이 넓어지자 1948년 말경 북한도 니콜스의 존재를 눈치챘다. 이때부터 북한은 니콜스를 '천의 얼굴'이라 부르며 생포든, 사살이든 거액의 현상금을 걸었다.

1950년 니콜스는 서울에 남은 남로당의 최후 지도부를 검거하기 위해 백형복 총경과 함께 김삼룡의 대북연락책인 남로당원 안영달과 조용복을 포섭

해 이용했다. 당시 상황을 백형복은 공판과정에서 이렇게 진술했다.

"1950년 1월에 조용복의 공작으로 김삼룡과 안영달이 련결되여 안영달은 김삼룡의 아지트를 정하여 주게 되므로 이때부터 저는 김삼룡의 일체 행동, 공작 정형 등을 그의 옆방에서 들을 수 있었고 얼굴도 볼 수 있었으며 김삼룡을 마음대로 할 수 있게 되였습니다.… 1950년 3월 26일 서울시(시경) 분실에서 김삼룡 체포에 날뛰고 있음을 알고 저희들의 공로

1950년 6월 육군본부 고등군법회의에 나가기 위해 걸어가는 김수임. 그는 사형선고를 받고 총살됐다. 일제시기 이화여자전문을 졸업한 미모의 인텔리여성이었던 그는 해방 후 이강국, 베어드 대령과 인연을 맺음으로써 남쪽에서는 북의 간첩으로, 북에서는 미군의 간첩으로 규정돼 아직도 사건 자체가 미스터리로 남아 있다.

를 벗길 것을 겁내여 제가 직접 안영달과 형사들을 지휘하여 가지고 김삼룡을 체포하였습니다."

그러나 검찰과 시경 사찰과는 안영달이 치안국에 포섭돼 있다는 사실을 몰랐다. 남로당 서울시당 부위원장으로 있다가 전향해 시경 사찰과에서 활동했던 홍민표의 증언이 이를 뒷받침한다.

"시경사찰과 별관 형사대에 의해 김삼룡의 아지트가 급습되었음을 안 치안국 사찰과는 매우 곤란한 처지에 놓이게 되었다. 사실 안영달은 이미 해군 첩보대와 시경사찰과 별관에서 추적하고 있던 인물이었는데, 치안국 사찰과는 안영달을 공작상 필요하다는 이유로 보호하고 있었다. 그런데 김삼룡에 대한 수사망이 좁혀지자 치안국 사찰과는 안영달로 하여금 김삼룡을 체포케 하지 않을 수 없는 궁지에 몰린 것이다. 결국 치안국은 안영달을 앞세워 김삼룡을 검거하게 되었다."

6·25가 터진 직후 안영달은 등뒤에서 총을 맞고 죽은 시체로 발견된다. 박병엽은 "김삼룡의 부인인 이순금 등 전쟁 직후 서대문형무소에서 나온 남로당 출신들로부터 '김삼룡 밀고자가 안영달이다' 라는 소문이 퍼지자 이승엽이 비밀리에 안영달을 죽인 것으로 알고 있다"라고 말했다.

김삼룡이 체포된 지 2달 후 백형복과 조용복은 38선을 넘어 월북했다. 오제도 검사는 이들이 수사중인 비밀서류를 가지고 월북했다고 증언했지만 '좌익 검거' 의 선봉이었고 니콜스의 총애를 받던 치안국의 총경이 갑작스럽게 월북할 아무런 이유가 없는 상황이었다. 오히려 월북이유와 관련해서는 재판정에서 한 백형복의 진술이 신빙성을 갖는다.

"1950년 4월 25일 저의 집에서 니콜스, 안영달 등 회합에서 니콜스는 백형복이가 의거 입북의 형식으로 안영달과 조용복과 같이 이북에 들어가라고 하므로 저는 주저하다가 못하겠다고 하니 안영달은 니콜스의 제안이 좋다고 하며 북에서는 의거 입북자는 관대히 볼뿐만 아니라 이북에는 리승엽이가 있으니 무사하다고 하므로 저는 무사하리라고 생각하였습니다."

미공군 특수첩보부대 니콜스 대장

역사작가 오세영 씨는 "미국 기록은 니콜스 특무상사가 직접 평양에 침투해 이승엽을 지칭하는 듯한 '남로당 고위간부'를 만나고 돌아온 적이 있음을 밝히고 있다. 정황과 기록, 그리고 결과로 봐서 니콜스 특무상사와 이승엽이 비밀리에 접촉하고 있었던 것은 분명해 보인다"(「남로당과 북로당, 미군간의 숨막히는 첩보전—전운 감도는 1950년 초」『신동아』 2010년 6월호)라고 지적했다.

오 씨는 백형복이 월북한 후 받은 남한 정보기관의 충격을 다음과 같이 실감나게 묘사했다.

"대공수사기관의 책임자가 월북한 초유의 상황이 몰고 온 충격은 엄청났다. 2개 대대 월북에 비견될 만한 충격적인 사건이었다. 백형복 총경이 대공 비밀서류를 들고 월북한 바람에 일선 수사기관이 큰 혼란을 겪고 있었다. 치안국은 물론 시경과 방첩대, 육본 정보국이 발칵 뒤집혔고 경무대는 엄중 문책을 공언하고 나섰다.

그렇지 않아도 미국이 한국군을 제2의 장제스 군대로 의심하고 있는 마당에 이게 또 무슨 날벼락이란 말인가. 빨리 사태를 수습해야 한다. 그래서 군검경합동수사본부가 긴급회동을 한 것이다.

"이상합니다."

김창룡 소령이 의혹이 가득한 얼굴로 입을 열었다.

"조용복이 월북을 주도했다는 게 말이 안 됩니다. 왠지 수상합니다."

조용복은 안영달과 함께 김삼룡 체포에 협조한 남로당 간부다. 그 두 사람이 전향하면서 김삼룡 체포가 가능했던 것이다. 그런 그들이 다시 치안국 간부를 포섭해서 북으로 넘어갔다? 아무리 배신과 음모가 횡행하는 현실이라고 해도 쉽게 이해가 가질 않는 상황이다. 혹시 미군 당국에서 시도한 공작이 아닐까. 김창룡 소령은 니콜스 특무상사라면 능히 그럴 수 있을 거란 생각이 들었다.

"혹시 미군 첩보대에서?"

최운하 과장도 같은 생각을 하고 있었다.

"그렇다면 당분간 지켜보는 게 좋겠군."

오제도 검사도 위장망명 쪽에 무게를 두고 있었다. 미군 첩보대에서 공작을 펼치는 중이라면 일단 지켜보는 게 좋다. 다른 기관에서 추진하는 공작에는 간여하지 않는 게 이쪽 세계의 불문율이다. 남로당과 북로당도 그렇지만 대한민국 수사기관과 미군 정보당국은 사안에 따라 협조하기도 하고 따돌리기도 하면서 자국의 이익을 최우선으로 하고 있었다. 여기에 라이벌 의식이 더해져 군과 경찰이 경쟁을 하고, 같은 경찰이라도 치안국과 서울시경은 서로 견제하고 있었다. 미군과 치안국에서 펼친 공작이라면 육군 정보국과 시경 사찰과로서는 뒤통수를 맞은 꼴이다. 기분이 좋을 리 없었다."

월북 후 백형복은 내무성에서, 조용복은 인민검열위원회에서 활동하다 1953년 3월 체포됐다.

종합해 보면 니컬스와 백형복은 내무부 치안국에서는 김삼룡을 체포하면 남로당 내에 정치적 파동이 일어나서 안영달의 정체가 폭로될 뿐 아니라 하부 당 조직들이 더욱 깊이 지하로 들어갈 것을 우려해 체포를 유예하면서 남로당의 기밀을 세밀히 알아내려고 했다. 그런데 이를 눈치채지 못한 시경 사찰과가 끼어 들면서 안영달과 조용복의 신분이 노출되자 니콜스가 3명을 '의거월북' 형식으로 이북에 잠입시킨 것이다.

미군방첩대, 남로당 전남도당에도 스파이 침투시켜

미군CIC의 정보활동이 심심찮게 남한 경찰의 방해(?)를 받은 사례는 울리버리(Prudencio D. Uliberri)소령의 「남로당에 침투한 CIC의 정보원들에 대한 인터뷰」내용을 기록한 CIC문서에서도 확인된다. 그는 1947년 6월부터 1949년 1월까지 한국에 근무하며 미군CIC 전라북도 책임장교로 일한 장교이다. CIC 전북지부는 전주에 지부사무소, 군산에 분소를 두고 있었다. 이 문서의 주요 내용을 간추리면 다음과 같다.

"허만 로저스(Herman Rogers)준위는 남한 점령기간 동안 971 CIC파견 대가 보유했던 정보원 가운데서 비록 가장 최고는 아닐지라도 우수한 정보원을 획득함으로써 울리버리의 신임을 받았다. 로저스는 당시 전주분소의 책임 장교였다. (그가 획득한) 정보원은 북조선인민군의 전직 장교로 소련당국과 문제가 생겨서 영창에 처박혔던 인물이다. 결국 그는 탈출해서 남한을 향해 여행했다. 그는 38선에서 CIC 요원들에 의해 체포되었다.

그는 요원들에게 자기는 전라북도에 가서 친척들과 살고 싶다는 의향을 표시했다. 예비심문을 한 요원들은 그가 적어도 전투서열(OB : Order of Battle) 및 적극정보 수집에서 CIC에 일정한 도움이 될 수 있음을 알았다. CIC는 그에게 직업을 구해 줘 도와준다는 구실 하에 전라북도의 현지 CIC에 보고할 것을 제안했다. 이것을 기억한 그는 전주에서 로저스에게 보고했다.

그후 그는 현지 남로당 지방지부 침투를 위해 선발됐다. 6개월 동안, 이 정보원은 남로당의 정식당원이 되기 위해 분주했다. 정보원이 침투할 때쯤, 남로당은 극도로 활동적인 상태였다. 매달 파출소에 대한 습격으로 말미암아 수많은 경찰이 죽어나갔다. 이 정보원은 남로당의 전북도당 조직부장(Chief of the SKLP's Organization Bureau of the wholeprovince)으로 임명받는데 성공했다. 이후 그는 도심 외곽의 볏단 속에서 개최된 당 고위간부의 비밀회의에 참가했다. 남로당이 습격 및 소요계획을 결정하는 것은 바로 이 회의를 통해서였다. 회의가 예정되었을 경우, 그날 저녁 일찍 정보원은 전주의 CIC 사무소를 지나며 그날 밤 회의가 있을 예정이라는 일종의 신호를 보냈다.

이 정보원은 비밀회의가 끝난 후 아주 세밀한 공격계획을 CIC에 건네주었다. 정보원은 어두워진 후 CIC 사무소에 슬쩍 들러서 자기가 입수한 정보를 떨어뜨리고 갔는데, 이 정보는 종종 미농지에 작은 글씨로 쓰인 것으로 둥글게 말아서 그가 가져온 플래시 스프링 속에 감춰져 있었다. 그리고 나서 정보원은 교외 시골로 수송되어 떨어뜨려진 후, 도심으로 걸어 들어옴으로써 의심을 피하곤 했다. 그는 위장된 짚차로 호송되었다. 즉각 서울까지 연락이 취해졌다.

통상 울리버리는 작전장교인 올랜도 몰리나(Orlando Molina)에게 스페인어로 얘기하는 절차를 밟았다. 첩보가 너무 비밀스러운 것이어서 전화로 얘기할 수 없다고 판단될 경우, 울리버리는 비행기를 타거나 아니면 짚차로 서울까지 장거리 여행을 했다. 남한경찰은 지속적으로 남로당을 감시했고, 오래지 않아 경찰은 이 정보원의 활동을 알아채고 결국 그를 체포했다.

CIC는 경찰에 대해 그들이 체포한 죄수 중 누구라도 심문을 요구할 권한을 갖고 있었다. 다른 사람들을 먼저 신문했다. 그동안 CIC는 자기 정보원을 위한 탈출계획을 수립했다. 창문을 통해 의자 하나를 들여보냈고, 경찰에게는 죄수가 창문을 뛰어넘어 탈출해서 유감이라고 말했지만, 사실 정보원은 아직 CIC 사무소 내에 있었다.

울리버리는 서울에 무전으로 비행기 한대를 요청했고, 정보원은 모든 한국인들에게 접근이 금지된 지방비행장으로 보내졌다. 정보원은 서울에서 수주일간 '냉각기'를 가졌고, 작전을 계속하기 위해 전주로 돌아왔다. 울리버리는 아마도 경찰이 이 사람이 CIC의 첩자임을 어렴풋이 눈치챘다는 점을 느끼고 있었다.

물론 남로당은 곧바로 자기 조직 내부의 상당한 고위직에 정보원이 있다는 점을 눈치챘다. 이들이 올바로 첩자를 지목하는 것을 방해하기 위한 조치들이 취해졌다. 점령당국에 우호적인 현지 한국인들이 허위 보고를 유포시키는데 활용되었다. 통상적인 방식은 이들 중 한 명이 현지 남로당의 성원과 술을 엄청 마시며 공산당 간부에게 실제로는 충성스런 당원인 아무아무개가 CIC에 정보를 제공하고 있다는 정보를 흘리는 것이었다. 이 무고한 당원은 당에서 축출되고, 한동안 남로당은 정보누설을 막았다는데 만족하게 된다.

이 소중한 정보원은 지속적으로 전주 및 전라북도 전역의 CIC에게 항상 남로당의 활동에 대한 정보를 제공할 수 있었다. 그는 파출소 습격 및 총체적 불안을 야기하려는 남로당의 모든 계획에 대한 상세한 정보를 제공했다. 한번은 소요 발생 72시간 전에 일을 알아낸 경우도 있었다. 정보원은 비행기로 서울에 보내졌고, 국립경찰과 협동 하에 작전이 수행되었지만 전라북도에서만 33명의 경찰이 사망했다. 아주 자주 CIC는 문제가 발생한 직후 폭동참가자들을 은신처에서 검거할 수 있었다. 모든 경우에 현지 남한경찰에게는 향후 남로당 활동에 대한 정보를 제공했다. 전주 내 CIC 한국인 가운데서 가장 신뢰할 수 있었던 오직 2명만이 이 가치 있는 첩보를 번역하는데 활용되었다."

도당의 조직부장이면 도내의 남로당 활동과 중앙당의 노선까지 속속들이 알 수 있는 핵심간부다. 이런 간부가 미군CIC의 주요 정보원으로 활동했던 것이다. 이런 사실을 모르는 경찰이 이 간부를 체포하자 CIC가 그를 빼돌리기까지 했다.

1947~48년에 남한에 근무했던 파넬(Panell, Marion R.)소령의 인터뷰 내용도 주목된다. 그는 "남로당 내부에는 고위급 정보원들(informants)이 있었다"며 자신이 관리한 한 정보원은 "남로당 선전부장으로 들어갔고 후에

중앙상임위원회 자리를 얻었다. CIC는 남로당 선전물이 배포되기 약 2주전에 남로당의 선전 전단들을 보았고, 몇몇 경우 정보원이 일부를 편집하는데 도움을 주기도 했다"고 말했다. [미 국립문서보관소 RG 319, 육군참모문서 (Records of the Army Staff), Assistant Chief of Staff, G-2 (Intelligence) Counter Intelligence Corps Collection, Historian's Background Material Files Concerning CIC History, Box no.6]

이처럼 해방정국의 '그림자 조직'이라고 일컬어지는 미군 CIC는 다양한 방법으로 정치정보를 수집하고 약점 있는 일부 남로당 간부들을 정보원으로 포섭해 남로당의 활동을 무력화시킬 수 있었다. 실제로 파넬 소령은 "빅3(이승만·김구·김규식)를 제외하고 모든 정치지도자들을 매주 CIC 사무실로 불러 활동경과를 보고토록 하고, 구금도 마음대로 했다"고 말했다.

미군 CIC는 남한에 진주하면서 일제 경찰이 갖고 있던 주요 인물 사찰기록을 고스란히 넘겨받은 것으로 알려져 있다. 1953년 사건에 관련된 이승엽(인천 식량영단 이사), 조일명(서울 대화숙 일본어 강사), 임화(친일 문학활동)·이원조(서울 대동출판사 부주필), 박승원(대구 대화숙 위원, 총독부 기관지 매일신보 기자) 등이 실제로 미 정보기관과 연계가 있었다면 이들 대부분이 일제말기에 사회주의운동가로서는 치명적인 약점을 가지고 있었다는 점에 주목해야 할 지도 모른다.

공개된 이강국파일 중의 일부는 '비밀의 뚜껑'이 열리기 시작했음을 의미한다. 그것도 단 한 줄의 논쟁적인 구절이 눈길을 끌뿐이다. 그러나 이강국파일의 존재는 그보다 높은 직위에 있던 박헌영, 이승엽파일도 있다는 증거이며, 언제 가는 그 모른 비밀파일들이 세상에 공개돼 '김수임사건'의 미스터리와 1953년 '박헌영·이승엽사건'의 전모가 밝혀질 수 있다는 기대를 갖게 한다.